16	3	2	13
5	10	11	8
9	6	7	12
4	15	14	1

Márcio Seligmann-Silva

O LOCAL
DA DIFERENÇA

Ensaios sobre
memória, arte, literatura e tradução

editora■34

EDITORA 34

Editora 34 Ltda.
Rua Hungria, 592 Jardim Europa CEP 01455-000
São Paulo - SP Brasil Tel/Fax (11) 3811-6777 www.editora34.com.br

Copyright © Editora 34 Ltda., 2005
O local da diferença © Márcio Seligmann-Silva, 2005

A FOTOCÓPIA DE QUALQUER FOLHA DESTE LIVRO É ILEGAL E CONFIGURA UMA
APROPRIAÇÃO INDEVIDA DOS DIREITOS INTELECTUAIS E PATRIMONIAIS DO AUTOR.

Edição conforme o Acordo Ortográfico da Língua Portuguesa.

Imagem da capa:
Carimbos, parte da instalação *Greifswalder Str. 138*, de Leila Danziger, 2003

Capa, projeto gráfico e editoração eletrônica:
Bracher & Malta Produção Gráfica

Revisão:
Ricardo Lísias
Marina Kater
Telma Baeza Gonçalves Dias

1ª Edição - 2005, 2ª Edição - 2018

CIP - Brasil. Catalogação-na-Fonte
(Sindicato Nacional dos Editores de Livros, RJ, Brasil)

S569l
Seligmann-Silva, Márcio
   O local da diferença: ensaios sobre memória, arte, literatura e tradução / Márcio Seligmann-Silva.
— São Paulo: Editora 34, 2018 (2ª Edição).
360 p.

ISBN 978-85-7326-339-8

1. Literatura - Teoria e crítica. 2. Arte - Teoria e crítica. I. Título.

CDD - 801

O LOCAL DA DIFERENÇA

Apresentação 9

I. AS CATÁSTROFES E OS IMPERATIVOS DA ARTE:
O TRABALHO DA MEMÓRIA, O SUBLIME E O ABJETO

    1. Após o "violento abalo".
       Notas sobre a arte — relendo Walter Benjamin 19
    2. Do delicioso horror sublime ao abjeto e à escritura do corpo 31
    3. Arte, dor e *kátharsis*.
       Ou: variações sobre a arte de pintar o grito 45
    4. Elogio da *mímesis*: Mario Perniola 57

II. TRAUMA, TESTEMUNHO E LITERATURA

    5. Literatura e trauma: um novo paradigma 63
    6. Literatura, testemunho e tragédia: pensando algumas diferenças 81
    7. Literatura de testemunho:
       os limites entre a construção e a ficção 105
    8. Era da destruição — era da memória: W. G. Sebald 119

III. WALTER BENJAMIN E A ESCRITURA DO TEMPO

    9. Walter Benjamin e os sistemas de escritura 123
    10. Passagem de Walter Benjamin 141

IV. HISTÓRIA, DESLOCAMENTOS E IDENTIDADES FRAGMENTADAS

    11. O século das catástrofes 145
    12. Revisionismo ortográfico 148
    13. "Nostalgéria" e a origem da desconstrução 151
    14. Judeu-brasileiro:
       traduzindo o passado em um contexto hospitaleiro/hostil 153

V. TRADUÇÃO COMO ARTE DA PASSAGEM

    15. Filosofia da tradução — tradução de filosofia:
       o princípio da intraduzibilidade 167
    16. Haroldo de Campos:
       tradução como formação e "abandono" da identidade 189
    17. Globalização, tradução e memória 205
    18. Do gênio da língua ao tradutor como gênio 214
    19. *Coisas e anjos de Rilke* e o desafio da tradução 226

VI. A (PERDA DA) ANTIGUIDADE E O NASCIMENTO DA MODERNIDADE

20. Ulisses ou a astúcia na arte de trocar presentes 237
21. "Como um raio fixo".
    Goethe e Winckelmann: o Classicismo e suas aporias 252
22. *Physiognomia*, paisagem ideal e ficção autobiográfica:
    a *Viagem à Itália* de Goethe 268
23. A formação da Alemanha a partir da Grécia:
    Winckelmann e F. Schlegel 292

VII. POÉTICAS DA FRAGMENTAÇÃO

24. Hieróglifo, alegoria e arabesco: Novalis e a poesia como *poiesis* 309
25. Friedrich Schlegel e Novalis: poesia e filosofia 317
26. Onde começa a poesia 330

Sobre os textos 334
Bibliografia 337
Sobre o autor 357

O LOCAL
DA DIFERENÇA

APRESENTAÇÃO

"*Aufklärung verweist den Unterschied aus der Theorie*"[1]
(ADORNO E HORKHEIMER 1987: 109)

Em um dos momentos mais brilhantes da *Dialética do Esclarecimento*, Adorno e Horkheimer, no capítulo "Elementos do antissemitismo", notam que uma das características da mentalidade "por tickets" (ou seja, do tipo de pensamento das massas que só sabem pensar "em bloco") é o fato de que seus portadores tornam-se "inimigos da diferença". E os autores ainda escreveram: "Não é apenas o ticket antissemita que é antissemita, mas, antes, a mentalidade 'por tickets' [*Ticketmentalität*] de um modo geral" (ADORNO E HORKHEIMER 1987: 238). Adorno e Horkheimer são autores de algumas das palavras mais agudas que já se voltaram contra o próprio *lógos* durante seu exílio na Califórnia. O estudo sociológico da vida cotidiana norte-americana abriu muitos caminhos para uma profunda revisão crítica da história do Ocidente, que teve como resultado, entre outras obras, a *Dialética do Esclarecimento*. Ou seja: a mentalidade que funciona "por tickets" comporia não apenas um dos *elementos do antissemitismo* (e não preciso recordar que o livro todo de Adorno e Horkheimer foi escrito sob a sombra de Auschwitz) mas também estaria no cerne da própria vida norte-americana.

Agora, no início do novo milênio, em pleno momento de guerra contra as diferenças, parece que não ocorreu nada de novo no fronte nos últimos 50 anos. Ser inimigo da diferença ainda implica querer aniquilar "o outro". Isso sem dúvida corresponde a um dado estrutural da humanidade,[2] mas, olhando na filigrana do presente, não podemos dizer que nada mudou. A guerra contra "os outros" que a escalada "antiterrorista" deslanchou é apenas um dos momentos dentro da relação com a "outridade" que domina a política nas últimas décadas. Como contraponto essencialmente vinculado a este momento de afirmação da globalização como imposição das vontades imperialistas, ocorre também uma afirmação cada vez maior do *local*. De resto, a própria "grande política" incorporou o pensamento da "diferença" que se tornou um *must politically correct*. Ou seja, de um lado temos os movimentos pós-coloniais de autoafirmação da independência de culturas que se externalizam com modalidades de expressão que haviam sido sufocadas

---

[1] "A *Aufklärung* bane a diferença da teoria". Todas as traduções são de minha responsabilidade, exceto quando houver remissão bibliográfica a uma edição em língua portuguesa.

[2] Quanto à noção da estruturação da identidade no conflito hostil com "o outro", cf. as noções de hospitalidade e hostilidade que pontuam diversos dos ensaios aqui reunidos, como em "Ulisses ou a astúcia na arte de trocar presentes".

por séculos de domínio. De outro, os poderes metropolitanos que encampam essa retórica da diferença no seu discurso e políticas sociais e econômicas, revertendo-a a seu favor. Quando "o outro" se insinua de modo "ameaçador", a mentalidade "por tickets" continua a postos para acionar seus mecanismos de "limpeza étnica" e "genocidários".

Mas, novamente, as coisas não são tão simples assim. É notório que nos últimos anos não apenas as potências "centrais" lançaram mão da força para anular "o outro". Movimentos de autoafirmação fundamentalista das sociedades têm atingido diversas partes do planeta. O fundamentalismo pode ser entendido como uma modalidade radical da autoafirmação do "próprio" que nega de modo aniquilador qualquer oposição. Ele é marcado por um tipo de disfunção da memória que se julga autônoma e autossuficiente, acredita na "pureza" de sua origem e luta com unhas e dentes para mantê-la. Essa memória absolutamente não-dialógica possui uma certeza tão inabalável quanto sua identidade (e superioridade) que produz uma *revisão* geral da história a partir de sua perspectiva. Esse revisionismo também elimina "o outro" e louva "o próprio". Se, por um lado, o fundamentalismo pode ser interpretado como reação a uma situação de colonização duradoura, por outro, ele também marca a mentalidade do colonizador. A diferença é que este último possui mais meios para impor o seu "revisionismo" e projetar nele um teor de "versão verdadeira dos fatos".

Tampouco este pensamento fundamentalista — de afirmação radical da *ipseidade* — manifesta-se apenas na política e na cultura de massas. Recordo aqui a famosa obra de Adorno e Horkheimer, destacando sua origem nos anos 40 do século XX e no solo californiano, porque creio ser importante destacar que a doutrina dos Estudos Culturais também tem uma origem, por assim dizer, norte-americana. Estes estudos têm divulgado amplamente uma — necessária e mais do que bem-vinda — atenção para com culturas "menores" e até então marginalizadas nos trabalhos realizados dentro das Universidades ocidentais: mesmo daquelas do chamado "Terceiro Mundo" (por mais que os países aí incluídos sejam normalmente *excluídos* da noção de Ocidente: se ainda não se escreveu um livro sobre o "Ocidentalismo" é porque se costuma acreditar que existe esta instância transcendental). Os ganhos que a "virada culturalista" trouxeram para os estudos humanísticos de um modo geral não podem ser exagerados. O simples fato de se deslocar as abordagens tradicionais e introduzir questões transdisciplinares já é mais do que suficiente para o reconhecimento deste elemento positivo. Por outro lado, são estes mesmos Estudos Culturais que reproduzem este tipo de pensamento fundamentalista no interior de diversas disciplinas. Paradoxalmente, isto se dá muitas vezes dentro de um discurso a favor das diferenças e mesmo de uma comemoração do "Terceiro Mundo" como local (ou desterritório!) da "hibridização", da "mistura" e — por que não? — da "carnavalização". Esse gesto aparentemente democrático esconde o mesmo pensamento autoritário que ele quer exorcizar. Isso não apenas por causa de seu viés claramente paternalista. Primeiro, porque ele pensa a partir de categorias biológicas (e, portanto, arqui-fundamentalistas), reduzindo a identidade e a cultura a conceitos como raça, genes etc., sendo que a hibridização valorizada não desconstrói de modo algum o pensamento por categorias estanques culturais, étnicas e, na verdade, "por tickets". Nesse sentido ele leva a uma regressão ao cientificismo do século XIX. Em segundo lugar, esta valorização "do outro", a saber, do si-mesmo como "outro", tende a um pensamento político também fundamentalista (e potencialmente exterminacionista), justamente por possuir na sua base uma noção de identidade estanque e originária. A valorização do colorido híbrido, ou do brilho do "próprio" nas identidades autoexotisantes, esconde ainda a história trágica pela qual estas populações e culturas passaram. Esse movimento de ocultamento da *facies hipocratica* da história só faz, por sua vez, repetir o gesto da indústria cultural que transforma "o outro" no último produto nas prateleiras dos supermercados e nas vitrines das agências de viagem.

O que quero dizer com isso não é que a "virada culturalista" foi um grande erro e que devemos lutar contra ela. Antes, eu diria que devemos criticar tudo aquilo que nela reproduz esse modelo de identidade estanque e essencialista. Devemos tentar eliminar desses novos estudos aquilo que eles reproduzem do velho historicismo e positivismo. É o modelo de identidade ontologizante que constitui, na verdade, o cerne daquele modelo representacionista e historicista de pensamento que dominou (e ainda domina de certo modo) as nossas Universidades e páginas de jornais. Os Estudos Culturais não conseguem criticar este modelo justamente porque possuem amplos vasos comunicantes com ele. Acredito que temos todos os elementos para radicalizar a crítica a este modelo historicista que amarrou durante décadas o pensamento em torno de questões determinadas única e exclusivamente por uma visão orgânica de identidade que tinha na sua linha de frente a ideia de *cultura como nação*. Este modelo heroico da leitura da sociedade (lembrando aqui a crítica nietzschiana à historiografia monumental) tendia a ser centrado em certos personagens (concretos ou abstratos) e tudo aquilo que não podia ser encaixado nos limites estreitos de suas "identidades" (o não-idêntico, "o resto", "o outro") era posto de lado. Ao final, toda a história ficou de fora. Suas versões desgastadas da história e dos fenômenos culturais não condiziam mais com as questões contemporâneas e começaram a parecer cantigas de ninar — que roubavam nosso sono.

O modelo de pensamento fundamentalista dentro dos Estudos Culturais reproduz, por exemplo, esse modo de pensar as identidades na medida em que idealiza tanto a outridade "pura" e "originária", como também costuma projetar nas nações metropolitanas um modelo perfeito, no qual haveria uma identidade absoluta e definível do todo e em cada indivíduo. A partir desse mesmo esquema, o historicismo do século XX ficou preso a questões "bizantinas", que só se sustentavam dentro desse modelo estanque de identidade que, por sua vez, tem como uma de suas colunas de sustentação a visão teleológica do processo histórico. Uma crítica deste modelo poderia se iniciar mostrando que mesmo as chamadas metrópoles sofrem desde sempre de "crise de identidade" tanto quanto os países "menos desenvolvidos". É nesse sentido também que um autor como L. Venuti pensa a tradução como um meio de desconstruir as hierarquias entre as identidades nacionais.[3]

---

[3] Cf. neste volume o ensaio "Globalização, tradução e memória".

Não existe uma fonte originária, provedora de ideias próprias à Metrópole ou à Colônia. Os fatos da cultura não se desenvolvem como galhos que se afastam paulatinamente do solo e se ligam por caminhos perceptíveis às suas raízes. Não por acaso essa mesma tendência a naturalizar o fenômeno cultural vai de mãos dadas com o biografismo e o voluntarismo histórico.

No século XVII Leibniz já percebia a tendência de cada cultura a um autocentramento. Com ironia, este pensador alemão escreveu em francês: "Il est plaisant de voir comment chacun veut tout tirer de sa langue" (É divertido ver como cada um quer tirar tudo de sua língua).[4] Mas ele tampouco estava imune às armadilhas do pensamento da identidade (que acredita em sua origem absoluta), muito pelo contrário. Em outra carta, de 1696, no contexto do *paragone* com as grandes nações europeias (e sobretudo com a França), ele escreveu:

> "É ridículo escutar o meio-francês na cátedra e vê-lo nos atos públicos e nas peças mais sérias, uma vez que não nos faltam palavras excelentes para dizer a mesma coisa em alemão. Mas isso não é tudo. Faz-se necessário que pensemos, seguindo o exemplo dos estrangeiros, em escrever as boas coisas na nossa língua, em fazer traduções dos antigos, e mesmo dos excelentes modernos, e, enfim, fazer algo de nossa própria lavra que merecesse ser traduzido para outras línguas."[5]

Essa passagem é digna de nota não apenas por representar um momento de autoafirmação da cultura alemã, mas por explicitar esse gesto em toda sua contradição. O Leibniz, filósofo alemão que escreve em francês (língua franca de sua época, ao lado do latim que ele também praticou), critica os catedráticos com seu meio-francês e conclama a uma escritura em alemão. Não contente com isso, ele sugere ainda um potente meio de formação desta língua: a *tradução* (a saber: imitação) dos antigos e dos excelentes modernos — seguindo neste ponto o *exemplo dos estrangeiros*... Só assim os alemães se tornariam eles mesmos em originais dignos de serem copiados.[6] A questão é clara: todo aquele que entra na estrutura da identidade considerando-a como propriedade fechada em si mesma está exposto às mais trágicas — e tragicômicas — contradições. O eu, na verdade — o que não deixa de recordar Aristóteles na sua *Poética* —, só existe através da *mímesis*. É a negação deste fato que está no coração da metafísica[7] — reproduzida em grande parte por Leibniz. Assim, ele também afirmou em um texto de 1679 que "mais vale ser um original alemão que uma cópia dos franceses. Tudo seria diferente se nós pudéssemos encontrar no nosso próprio fundo [*dans notre fond propre*] algo cujo encanto

---

[4] Carta a Sparvenfeld, 07/04/1699, *in*: Leibniz 2000: 170.

[5] Carta a Lorenz Hertel, 04/12/1696, *in*: Leibniz 2000: 161.

[6] Para este mesmo encadeamento de ideias em Winckelmann, cf. neste volume o capítulo "'Como um raio fixo'. Goethe e Winckelmann: o Classicismo e as suas aporias".

[7] Cf. Lacoue-Labarthe 1986 e 2000.

force os estrangeiros a imitá-lo. Mas como nossas palavras, nossos escritos, nossa vida, nossas sutilezas reduzem-se a uma macaquice, é fácil ver que nós tomamos a casca pela semente".[8] Leibniz critica ainda na mesma passagem os alemães que correm "atrás da sombra estrangeira, perdem a retidão da ação alemã e não veem que aquilo que é imposto e imitado não possui gosto". Difícil ver uma manifestação mais clara da "angústia da identidade". Sua lógica é espectral: o indivíduo deve fugir da sombra do "outro" e se plantar no seu solo, sobre o "seu próprio fundo", no local de *sua* cultura. Caso contrário ele estará *pervertendo* o *gosto*: justamente aquilo que é o mais *próprio, originário, natural* e percebido pelo sentido mais sensual e anticonceitual, o paladar. O macaqueador é uma reles cópia sem caráter próprio e identidade. Não nasce da semente germinal, fonte da ipseidade autêntica, mas sim copia a casca, a superfície. Leibniz não pôde ver que "nosso próprio fundo" é, para o bem e para o mal, sem fundo. A vertigem da identidade enquanto processo sem fim e sem fundo só foi exposta à luz do dia mais tarde, entre outros por seus "continuadores" alemães, Friedrich Schlegel e Novalis. A "conclusão" de Leibniz, no entanto, na sua carta de 1696, é cristalina: o "próprio" só existe via tradução do "outro", através do diálogo e do conflito para além do eu.[9] O eu só possui uma casa em ruínas: a macaquice e o papaguear lhe são essenciais, sendo que o seu "modelo" nunca deixa de ser idealizado e ele mesmo faz parte da cadeia mimética.[10] Só existe o *local da diferença* — que sempre *difere* e afasta a possibili-

---

[8] *Ermahnung an die Deutschen ihren Verstand besser zu üben, samt beigefügtem Vorschlag einer deutschgesinnten Geselschaft* [Advertência aos alemães para usarem melhor seu entendimento, junto com a sugestão de uma sociedade germanista], *in*: LEIBNIZ 2000: 139.

[9] Leibniz, como comprovam suas cartas e escritos, dedicou boa parte de seu esforço intelectual à construção de um monumental *Glossarium Etymologicum*, o que revela o seu culto da origem enquanto guardiã da pureza e da dignidade das culturas/línguas. No seu texto *Unvorgreifliche Gedanken, betreffend die Ausübung und Verbesserung der deutschen Sprache* [Considerações inatendidas acerca do uso e da melhora da língua alemã], de 1697, ele reservou as seguintes palavras para este projeto: "Quanto a nós, os alemães, nosso desejo por ele [a saber, o *Glossarium Etymologicum*] deveria ser tanto maior, não apenas porque ele seria o mais útil para nós, como também, mais ainda, ele contribuiria para nossa glória: ele faria com que transparecesse ainda mais que a origem e fonte da essência europeia devem em grande parte ser procuradas em nós" (LEIBNIZ 2000: 73). Estes primórdios dos estudos linguísticos comparativos tiveram desdobramentos trágicos no século XIX e, sobretudo, no século XX, quando serviram de base para a afirmação de "raças" "superiores" e "originárias".

[10] Existem vários gêneros e formas literárias que potencializam este "fato mimético" que está na base de toda produção, como a paródia, o pastiche, a falsificação e a própria tradução (cf. MAURER 1976). Na história da pintura também a cópia (e a falsificação) desempenha um papel importante enquanto índice deste mesmo fato. O tema do "pintor macaco" é recorrente ao longo da modernidade e trata desta questão ao mesmo tempo com ironia e autocrítica. Curtius (1993: 522 ss.) recorda a metaforologia simiesca que vem da Antiguidade e atravessa os tempos. Ela tem sua base na dupla retórica *natura/ars* e na doutrina da *imitatio*: *simius humanae naturae simia*, escreveu Johannes von Hanville no final do século XII (cf. Dante: "Com'io fui di natura buona scimia" [que fui, por natureza, bom macaco], *Inf.* 29, 139. F. Yates [1987: 166], recorda também a imagem estampada em uma obra do renascentista místico Robert Fludd representando a "Na-

dade de se captar a identidade "primeira". Não por acaso a metafísica desde seus primórdios condenou a arte — Platão expulsando o poeta de sua República[11] — e, com raras exceções, desprezou a tradução (esta potente metáfora do ser como *Ekstasis*, trânsito constante que cria o "si-mesmo" na circulação entre eu e não-eu). Paul Valéry, que possuía uma extrema consciência do ser como constante construção e autorreflexão — "point de 'moi' sans 'toi'" (nada de "eu" sem "tu"), era uma de suas máximas —, tinha também plena clareza quanto à essência intertextual da literatura e da linguagem: "Plagiador é aquele que digeriu mal a substância dos outros: ele apresenta delas pedaços irreconhecíveis. A originalidade, uma questão de estômago".[12]

Introduzindo temas que põem em questão a própria representação, perscrutando os seus limites, discutindo os mecanismos de construção da identidade cultural e de sua transmissão (recepção, tradução etc.), pensando a linguagem de modo geral e as novas linguagens que trazem outra vez a questão da relação entre a palavra e a imagem e, sobretudo, tendo como imagem do homem não mais aquele ser totalmente consciente de si e voluntarista, mas sim um ente em eterna construção, que é ele mesmo uma constelação de diferenças e só existe no diálogo/atrito e *nesta*

---

tureza e a arte" que apresenta o homem sob a forma de um macaco). A virada de paradigma romântica, que implicou a passagem da metáfora do artista como "espelho" (imitador) para sua visão como uma "lâmpada" que emana de si — ou seja, de seu *gênio* — a sua obra, serviu para ocultar este elemento mimético que passou a ser considerado uma falta da parte do artista (cf. o texto clássico quanto a essa virada: ABRAMS 1953). Os românticos, como veremos, estão tanto na origem desta supervalorização do papel do "autor" e do eu (o subjetivismo condenado por Hegel), como também desconstruíram este eu com a sua visão do ser como oscilação, *Schweben*. Ou seja, por um lado criticam os modelos da identidade como representação (que trazem consigo uma visão instrumental da linguagem) e das artes como *imitatio* de um "original" pleno em si mesmo; por outro lado, eles salvam destes modelos o *momento reflexivo*: o eu construindo-se a partir do seu reflexo negativo/afirmativo em um não-eu. Daí não ser incompatível, dentro da visão de mundo romântica, o "elogio da *mímesis*" — que veremos com Perniola (já que se trata aí do elogio do modelo reflexivo, dinâmico de identidade como "repetição diferente") — com a "crítica da *mímesis*" (no seu sentido de *imitatio* que está ainda vinculado ao paradigma da representação e da identidade pré-diferencial). O eu romântico (que só ultimamente entrou em crise) é caracterizado por ser paradoxalmente, ao mesmo tempo, "tudo" (origem do mundo) e "nada" (sem identidade fixável), sendo que esta tensão é projetada tanto na visão da linguagem como na das artes. Nosso momento na história da teoria literária e das artes é o do abandono das grandes "epifanias" românticas que foram escritas do ponto de vista da hipervalorização do "eu autoral" e das descrições antropomórficas da história, de seus períodos e dos gêneros.

[11] Mas lembremos também de Nietzsche, na sua *Gaia ciência*, condenando a *Verstellung* (simulação). Nos românticos de Iena, Friedrich Schlegel e Novalis, havia um culto da *Verstellung* que era posta em confronto com a *Vorstellung* (representação), que estava umbilicalmente ligada à visão de mundo iluminista. Em Nietzsche vemos uma crítica dessa tradição romântica. Nietzsche, no parágrafo 361 da *Gaia ciência*, aproxima não apenas artistas, mulheres e judeus da arte da simulação, mas também os pobres (que devem se virar para sobreviver e jogam o jogo de esconde-esconde eternamente, como os animais com seu princípio mimético) e os diplomatas.

[12] VALÉRY 1960: 677. Com relação à noção do eu como resultado em Valéry (cf. LECHANTRE 1972; DERRIDA 1972 e WEBER 1992).

diferença: com estes tipos de questionamento e de concepções creio que podemos tanto criticar leituras realizadas com base naquela visão estanque de identidade, como também abrir novas portas para o pensamento e para a reflexão crítica de um modo geral. Tal pensamento só pode ser concebido como inteiramente voltado para o seu presente: mergulhado em uma crítica radical da sociedade que, para ser exercida, deve se livrar de suas amarras e encarar a tarefa de reescritura do passado vigiando-se para que esta reescritura "a contrapelo" (Walter Benjamin) não se transforme em uma prática cega fundamentalista. Só assim os fundamentalismos ("centrais" ou "periféricos") podem ser desconstruídos. Inúmeros autores ao longo do século XX se bateram por esta nova concepção de trabalho crítico de reescritura. Vivemos um momento de profundas mudanças no *design* das disciplinas universitárias e nossa esperança é que discutindo o aporte desses pensadores possamos reencaminhar essas transformações em uma direção que permita uma relação mais direta entre o "sistema acadêmico" e o mundo que lhe contém.

Com os ensaios aqui reunidos gostaria de apresentar algumas ideias para este debate. Eles tratam de história, literatura, tradução, mídias, testemunho, estética, teoria da identidade e de determinados autores que importam muito, creio, para este projeto. Alguns motivos principais permitem alinhavar os trabalhos deste volume: uma concepção de diferença como processo, *différance* (*sic*) no sentido que Derrida atribui a esta noção, ou seja, em uma definição mínima, diferenciação constante; uma tentativa de pensar modelos históricos para além da linearidade e sem perder de vista a potente dialética "sem superação" que amarra as noções de memória e de esquecimento; a questão dos limites da representação e da tradução; sendo que estes conceitos são aqui aproximados e pensados dentro de uma teoria da "passagem constante", da leitura infinita, em uma palavra, do ser como "trânsito" (Novalis e Perniola; ou do ser como "oscilação", Friedrich Schlegel). Mas esta noção de leitura que defendo não se reduz de modo algum ao "vale-tudo pós-moderno" que pensa de modo anti-histórico e reduz o mundo à linguagem. Nesse tipo de pensamento não existe lugar para se pensar todas as dificuldades e sutilezas implicadas na noção de testemunho. Tal noção deve necessariamente ser pensada no campo histórico. Estes ensaios visam formular um conceito rigoroso de "fidelidade" que deve acompanhar toda tentativa de se estabelecer uma ética da representação. Daí a centralidade do conceito de *testemunho*, já que ele substitui uma postura positivista da interpretação histórica na mesma medida em que serve de antídoto contra o relativismo ou construtivismo radicais. O desafio está em manter esta noção de "fidelidade" e ao mesmo tempo defender uma concepção aberta de identidade como diferenciação constante. A crítica radical — do pensamento e da sociedade — que caminha nesta trilha não pode temer o movimento aporético envolvido em todo ato de pensamento. A questão está em reivindicar esse momento de negação, em reafirmar a negatividade em meio à (re)construção. Assumindo os riscos e os abismos que pontuam a reflexão: como na arquitetura contemporânea de um Daniel Libeskind que é capaz de estruturar prédios em torno do vazio e da falta.

* * *

Este livro representa o resultado de um percurso intelectual e "de vida" ao longo de cerca de dez anos, de 1994 a 2003, e só foi possível graças ao apoio que recebi de colegas e amigos durante este percurso. Registro aqui a título de agradecimento os nomes daqueles diretamente ligados ao nascimento destes ensaios, mesmo correndo o risco de me esquecer de outros tantos: Marc Jimenez (Paris I), Edson Rosa e Silva (UFRJ), Marcelo Jacques de Moraes (UFRJ), Maria Lúcia de Barros Camargo (UFSC), Graziela R. S. Costa Pinto (*Insight*), Márcia Tiburi (Unisinos), Manuel da Costa Pinto (*Cult, Folha de S. Paulo*), Ettore Finazzi Agrò (Università "La Sapienza" di Roma), Roberto Vecchi (Bologna), Jaime Ginzburg (USP), Flora Süssekind (Casa de Rui Barbosa, Rio de Janeiro), Anne-Marie Christin (Paris VII), Vera Lins (UFRJ), Regina Igel (Department of Spanish and Portuguese, University of Maryland), Walter Carlos Costa (UFSC), Jacques Leenhardt (École des Hautes Études en Sciences Sociales, Paris), Sandra Pesavento (UFRS), Francisco Costa (*Revista USP*), Luiz Montez (UFRJ), Marlyse Meyer (USP), Christian Viktor Hamm (UFSM), Eliane Chiron (Paris I), Flávio Ribeiro de Oliveira (Unicamp), Rodrigo Duarte (UFMG), Virgínia Figueiredo (UFMG), Imaculada Kangussu (UFOP), Marco Lucchesi (UFRJ), Izabela M. Furtado Kestler (UFRJ), Luiz Fernando Franklin de Matos (USP), Arthur Nestrovski (PUC-SP), John Smith (Unicamp), Horacio Gonzalez (UBA, Buenos Aires), Berta Waldman (USP), Nancy Rozenchan (USP), Francisco Foot Hardman (Unicamp), Maria Inês Rosa (Unicamp), Winfried Menninghaus (FU-Berlim), Sigrid Weigel (TU-Berlim), Lisa Block de Behar (Universidade de La República, Uruguai), Luiz Costa Lima (UERJ), Lúcia Santaella (PUC-SP), Winfried Nöth (Universidade de Kassel), Renato Lessa (IUPERJ), Sérgio Dávila (*Folha de S. Paulo*), Moacir Amâncio (O *Estado de S. Paulo*, USP), Philippe Lacoue-Labarthe (Université Marc Bloch, Estrasburgo), Haroldo de Campos, *in memoriam*, Roberto Ventura, *in memoriam*. Não posso deixar de expressar meu agradecimento a Eduardo Sterzi, que leu e revisou com atenção os manuscritos, e a Alberto Martins, por seu trabalho como editor deste livro. A Claudia, Gabriel e Matias um especial agradecimento pela paciência e pelo amor, alimento principal desta jornada.

Márcio Seligmann-Silva

I.
AS CATÁSTROFES
E OS IMPERATIVOS DA ARTE:
O TRABALHO DA MEMÓRIA,
O SUBLIME E O ABJETO

1.
APÓS O "VIOLENTO ABALO".
NOTAS SOBRE A ARTE — RELENDO WALTER BENJAMIN

Walter Benjamin é um desses autores que já há mais de quarenta anos é relembrado com frequência e cujo trabalho é amiúde citado quando se trata de pensar a obra de arte. Em que medida o que ele escreveu nos anos 1920 e 1930 sobre a literatura, a narrativa, a experiência (*Erfahrung*), a memória, a historiografia e sobre a *arte*, ainda pode ser válido diante das impressionantes modificações que a cena social, tecnológica e artística tem sofrido nas últimas décadas? Talvez não encontremos muitos opositores à afirmação de que o seu famoso diagnóstico das doutrinas totalitárias enquanto perpetradoras de uma "estetização da política" (BENJAMIN 1989: 384; BENJAMIN 1985a: 196)[1] não só estava correto, como também se provou eficiente para descrever a nossa atual sociedade pós-totalitária. Por outro lado, sabemos que a "politização da arte" não engendra, como ele pensava, necessariamente mais liberdade... Mas esse é apenas o último axioma do famoso ensaio de 1936 sobre a obra de arte. No que segue gostaria de "testar" não só essas, mas também algumas outras teses benjaminianas desse mesmo trabalho de 1936 na tentativa de responder à questão: "o que é — hoje — uma obra de arte?".

I. ARTE E POLÍTICA

Se para Friedrich Schlegel e para Benjamin (que gostava de citar esta frase), "o historiador é um profeta às avessas", poderíamos dizer que, para o último, Marx também era um tal profeta — não menos, diríamos ainda, que o próprio Benjamin. Assim, a introdução do ensaio "A obra de arte na era de sua reprodutibilidade técnica" abre-se com uma reflexão sobre Marx enquanto historiador do capitalismo e concomitante autor de prognósticos sobre o seu futuro: afinal a "superestrutura" leva tempo para se "adequar" à "infra-estrutura", e a descrição correta desta permite — ao menos "teoricamente" — uma antecipação da primeira. Do mesmo modo, as próprias reflexões de Benjamin deveriam ser lidas, conforme seu autor, como prognósticos acerca das tendências de "desenvolvimento" da arte. Seu obje-

---

[1] Cito o ensaio de Benjamin "A obra de arte na era de sua reprodutibilidade técnica" (*Das Kunstwerk in Zeitalter seiner technischen Reproduktzierbarkeit*) a partir da "segunda versão" publicada no volume VII (BENJAMIN 1989) da edição de suas obras, pp. 350-84. Também utilizo nas citações a versão francesa de Pierre Klossowski e autorizada por W. Benjamin que se encontra no volume I da mesma edição (BENJAMIN 1974) pp. 709-39. A tradução para o português citada, "A obra de arte na era de sua reprodutibilidade técnica" encontra-se em BENJAMIN 1985a, pp. 165-96.

tivo programático é colocar nas mãos dos leitores uma série de conceitos que seriam condizentes com as "exigências revolucionárias na política artística" e que não poderiam ser apropriados pelo fascismo (BENJAMIN 1989: 350). Essa reflexão de cunho político, que abre o ensaio, é retomada, no final, na tese sobre a politização da arte. Essa arte política permitiria a concretização das promessas e profecias lidas pelo historiador da arte nas obras do passado. Assim nos aproximamos de uma primeira e paradoxal definição — benjaminiana e ainda atual — da obra de arte como artefato a um só tempo "politizado" e também uma espécie de "hieróglifo"[2] contendo inscrito em si desejos libertários não realizados. Se com "politizado" não entendemos mais a "grande política" mas sim a micropolítica das relações cotidianas — que vai do nosso corpo, passa pelas relações interpessoais do nosso círculo mais próximo e apenas eventualmente se estende a um diálogo com a ampla sociedade —, então de fato já podemos reconhecer as obras de muitos artistas atuais ao mesmo tempo como "políticas" e como "arquivos" de desejos. Como lemos nos fragmentos preparatórios para o ensaio sobre a obra de arte:

> "A história da arte é uma história de profecias. Ela pode ser escrita apenas a partir do ponto de vista do presente imediato, atual; pois cada período possui a sua própria possibilidade nova e não transmissível de interpretar as profecias que a arte de épocas passadas guardou justamente para ela." (BENJAMIN 1974: 1.046)

Esse tipo de reflexão sobre a historiografia — que pode ser reencontrada nas teses "Sobre o conceito de história", de 1940 — pode não guiar de modo consciente os trabalhos dos estudiosos das artes hoje em dia: mas eu me pergunto se essa observação de Benjamin não deve ser interpretada como um chamado à consciência de um elemento que está de algum modo sempre presente. Mesmo se insistirmos em denominar nossa época de pós-utópica, pós-moderna, "pós pós-moderna" — pós-tudo —, ainda assim o impulso profético das nossas "ciências humanas" — seja de qual coloração política o "cientista" for — não pode ser negado. Pelo contrário, profetas, pelo visto, nunca faltarão. O texto de Benjamin ainda tem muito de produtivo em termos de uma explicitação da tarefa quase que "redentora" do historiador e dos artistas. Valeria perguntar se a estetização homogeneizadora da era da "globalização" — quando o mundo tendencialmente assume a cara de uma só e gigantesca fachada de McDonald's! — não representaria uma realização invertida dos sonhos da fusão entre arte e vida, na chave que fora pensada por Benjamin e outros vanguardistas. Nesse sentido, a resposta da estética adorniana (com a sua valorização da arte de vanguarda) à sociedade colonizada pela indústria do

---

[2] Benjamin teorizou o hieróglifo sobretudo no seu livro sobre o drama barroco alemão (cf. BENJAMIN 1974: 346 ss.). A obra de arte barroca seria marcada — diferentemente da obra de arte clássica, orgânica — pelo entrelaçamento entre imagens e palavras e exploraria a sua não-legibilidade imediata. Nela os significantes valem mais do que um improvável significado final, como de resto ocorre em muitas obras marcantes das vanguardas e da nossa cena artística.

entretenimento pode ser interpretada como uma saída genuinamente benjaminiana (apesar de abandonar toda crença — inocente — no papel das massas como órgãos ativos da revolução). Hoje como ontem, a estética não pode pretender sua total autonomia com relação às demais esferas da sociedade, sob a pena de cair na mera reprodução da ideologia estética — que não é nada mais que uma ideologia política "glamourizada" que esconde a sua face conservadora.[3] Como veremos mais adiante, a política agora não pode mais ser confundida com a política dos "grandes partidos" — ou de mobilização das "massas" — mas sim, pelo contrário, é compreendida como engajamento cotidiano contra as diversas modalidades do pensamento único: da imposição da monolíngua. A crença inocente no poder das massas, que Benjamin compartilhava com a sua época, condizia com aquele período de expansão do modelo industrial da sociedade. Hoje em dia, no entanto, na era "pós-trabalho", a figura das massas foi diluída: a televisão já anunciava esse movimento que agora se concretiza com a Internet. As massas ocupavam grandes espaços de modo compacto e eram orquestradas por líderes "populistas". Agora o indivíduo está "conectado" sem sair do seu lugar. Assim traça-se também novamente a linha de demarcação entre as esferas privada e pública. Em termos da rede, tal linha praticamente não existe mais. O privado é o todo. Daí haver uma correspondência entre a micropolítica e a política da memória individual que domina o que há de melhor na cena artística atual.

II. Um violento abalo: reprodução, suporte e testemunho

A tese central do ensaio de Benjamin é a da reprodução mecânica da obra de arte: ao atingirmos um novo patamar na história das técnicas de reprodução de imagens — com a litografia a partir do início do século XIX e sobretudo com a fotografia, que "liberou nossas mãos" do ato de reprodução — atingimos também uma nova era da arte e do seu envolvimento com a sociedade. O Benjamin dos anos 1930 está trabalhando no grande projeto sobre a história do século XIX que seria contada — mostrada — a partir das passagens parisienses. A fotografia com o seu dispositivo mecânico de multiplicação das imagens representou uma parte essencial dessa pesquisa. O que é deixado de lado com a reprodução para Benjamin é o seu *hic et nunc* (VII 352; I 710): *na reprodução ocorre um descolamento da relação essencial que antes havia entre o suporte e a imagem*. As modificações das obras tradicionais eram passíveis de análise via estudo dos *traços (Spuren)*, que

---

[3] Benjamin expressou algo semelhante com outras palavras no seu ensaio sobre a obra de arte: "o valor único da obra de arte 'autêntica' tem sempre um fundamento teológico, por mais remoto que seja: ele pode ser reconhecido, como ritual secularizado, mesmo nas formas mais profanas do culto do Belo" (Benjamin 1985a: 171; Benjamin 1989: 356; Benjamin 1974: 714). Ou seja: aqueles que acreditam ser possível fazer uma reflexão teórica "para além do político" apenas negam — de modo inocente!? — a sua pertença à esfera do político/ritual. Para uma crítica das posturas (a)políticas da teoria estética contemporânea, cf. Jimenez 2000. Mais adiante trataremos da questão do culto na cena artística atual.

iam se acumulando com o *passar do tempo*. Também a história dos proprietários das obras não deixa mais traços na era da reprodução: assim perdemos uma tradição que só poderia ser reconstituída com base na relação das obras com os *lugares* que ela ocupou. Solta do tempo e do espaço, a reprodução pode circular livremente. O preço dessa liberdade é o *fim da autenticidade* da obra: na qualidade de reprodução ela não é mais *algo idêntico a si*. Portanto, a questão da sua potencial falsidade — da cópia manual que falsifica — também não se coloca mais. Não há uma relação de autoridade entre a cópia e o original: primeiro, porque a reprodução é uma apropriação parcial da obra, ela acentua certas caraterísticas do original em detrimento de outras; em segundo lugar, ela pode penetrar os locais mais inusitados que o original não penetraria, ela *aproxima* a imagem (ou o som: como no caso do toca-discos) das pessoas. Sem a sua base material, a obra — transformada em puro meio; e as teorias das mídias só poderiam, portanto, nascer nessa era — perde também a sua autenticidade, vê-se descolada da tradição, não tem uma "origem" e não pode mais *testemunhar a história*. Perde-se assim, como formula Benjamin, o "testemunho histórico", "*die geschichtliche Zeugenschaft*", da obra (BENJAMIN 1985a: 168; BENJAMIN 1989: 353; BENJAMIN 1974: 711).[4] Os produtos da arte grega eram marcados pela sua unicidade absoluta: daí a escultura ter sido considerada a mais elevada das artes, uma vez que é feita a partir "de *um só* bloco" (BENJAMIN 1985a: 176; BENJAMIN 1989: 362; BENJAMIN 1974: 719). A esse estágio da técnica correspondia a criação de valores eternos. Em termos de uma estética da *mímesis*, a superação da relação instrumental com o suporte, poderíamos pensar hoje — com o computador, com mais razão ainda que Benjamin, que viveu na era do sistema de escritura mecânico —, levou-nos a essa nova paisagem onde os valores se pulverizam na mesma medida em que atingem largas esferas da publicidade.[5] Hoje temos ao invés da solidez da pedra, a perfeita virtualidade da imagem eletrônica nas telas dos monitores. E do mesmo modo: no lugar das "ideias eternas" um turbilhão de imagens e linguagens. Nossa arte, com a sua exposição das "mitologias pessoais" e apego a uma *materialidade*, liberada da sua função de portar um "significado" meramente simbólico, responde a essa situação.

---

[4] J. Derrida ecoa essa linha de pensamento benjaminiano no seu projeto de repensar a psicanálise a partir das revoluções na mídia da segunda metade do século XX. No seu *Mal d'archive* (1995: 47) ele se pergunta: "Peut-on penser une archive sans fondement, sans support, sans substance, sans subjectile?".

[5] Paradoxalmente podemos encontrar em Benjamin uma concepção próxima a essa, mas elaborada por ele não para descrever a nossa sociedade privada de valores universais após as catástrofes do século XX, mas sim dentro da tradição judaica. No anúncio da revista *Angelus Novus*, que ele não chegou a publicar, lemos: "Segundo uma lenda talmúdica, por acaso não são os anjos criados — novos, a cada momento, em bandos incontáveis — para, depois de terem cantado o seu hino diante de Deus, cessarem e definharem no nada? Que à revista [*Angelus Novus*] caiba uma tal atualidade, que é a única verdadeira, é isto que o seu nome deve significar" (BENJAMIN 1974a: 246). Se levarmos em conta a noção judaica — e benjaminiana — da história como uma única catástrofe, a atualidade dessa passagem de Benjamin torna-se mais compreensível. Cf. SELIGMANN--SILVA 2003.

A técnica de reprodução descola (*ablöst*) o reproduzido da tradição. O tempo é interrompido via técnica da reprodução assim como a relação com a espacialidade se torna frouxa: tempo e espaço não se inscrevem na obra reproduzida, esta não se inscreve no tempo e no espaço da tradição. Esse descolamento da obra e a sua sobrevida na forma de uma "existência serial" que possibilita a sua atualização em um tempo e um espaço qualquer geram o que Benjamin denominou "eine gewaltige Erschüterung des Tradierten", um "violento abalo da tradição" (BENJAMIN 1989: 353; BENJAMIN 1985a: 169; BENJAMIN 1974: 711). Esse abalo é definido ainda como o *outro lado* da crise e da renovação da humanidade. É nos anos de 1930 que Benjamin desenvolve essa noção que depois foi batizada em 1947 por Adorno e Horkheimer com o nome de "dialética do Iluminismo". Mas esse aspecto específico do abalo daquilo que era parte da tradição, do seu *deslocamento* para um *meio* de multiplicação, seria um fenômeno central para Benjamin dentro desse movimento dialético: esse abalo é resultado do avanço dos meios de produção que permitem a reprodução em série de obras, imagens, bem como de mercadorias. O "mundo das ideias/imagens" na sua forma descontrolada — "desterritorializadora" e "extemporaneizadora" — retransmitiria para a sociedade, com a mesma violência, a carga de espoliação do trabalhador que estava na origem da produção/técnica. Para Benjamin, como se sabe, freudianamente a civilização traz "repressões" consigo (BENJAMIN 1989: 377; BENJAMIN 1985a: 190; BENJAMIN 1974: 732), ou, em termos de uma teoria cultural: "nunca existiu um documento da cultura que não fosse ao mesmo tempo um [documento] da barbárie" (BENJAMIN 1974: 696). É interessante ler a tradução do próprio Benjamin dessa famosa passagem das suas teses "Sobre o conceito da história": "Tout cela [l'héritage culturel] ne témoigne [pas] de la culture sans témoigner, en même temps, de la barbarie" (BENJAMIN 1974: 1.263). Ou seja, nessas teses, sem levar em conta a obra de arte *na era da sua reprodutibilidade técnica* — sem o seu lastro de suporte de inscrição do testemunho do tempo e do espaço —, Benjamin vislumbra, portanto, uma possibilidade — uma necessidade — de leitura do *teor testemunhal* das obras da cultura/barbárie.[6] É a explicitação

---

[6] Essa ideia já se encontrava *in nuce* no ensaio "A obra de arte na era de sua reprodutibilidade técnica", se levarmos em conta a cena da sua abertura com a articulação dos teoremas marxistas superestrutura/infra-estrutura. Por outro lado, nesse texto a relação entre cultura/barbárie era explorada em toda a sua dialética: na medida em que Benjamin — como no ensaio "Experiência e pobreza" — soube valorizar as forças destruidoras da técnica como uma parte positiva, libertadora, da arte moderna. A questão novamente — como no caso da obra de arte politizada — é perceber que essa dialética se desdobra mesmo dentro da aplicação desse elemento destrutivo à arte: ela pode ser utilizada via técnica de montagem, por exemplo, tanto em um filme que *revela* nossos mecanismos mnemônicos e de esquecimento do modo mais positivo (como na obra de um Resnais), como também pode ser aplicada à propaganda — mesmo dos sistemas totalitários. Benjamin considerou a arte mais eficaz aquela que se orienta em função da reprodutibilidade (BENJAMIN 1974: 452). Ele compartilhava do otimismo vanguardista — do qual comungou uma certa esquerda do período entreguerras — com relação às novas modalidades das artes. Ele elogia, por exemplo, o fim da separação entre público e autor — que não se concretizou como ele esperava (e Andy Warhol, depois dele), a não ser que consideremos a nossa sociedade como um macabro *Gesamtkunstwerk* (obra de arte total). E mais, para ele o cinema seria o local da "revanche" — na chave da *kátharsis*

desse teor testemunhal da obra de arte que tem se revelado um dos *traços* mais atuais da teoria benjaminiana da arte. Na arte da memória tal como podemos presenciar na produção de inúmeros artistas contemporâneos, não podemos mais — como, de resto, já ocorria nas obras das vanguardas históricas — falar de "representação" da realidade ou de *mímesis* no sentido de cópia: a noção de testemunho permite uma leitura que mantém a complexidade da relação dessas obras com o "real".[7]

III. AURA E ARTE PÓS-AURÁTICA: O FIM DA TRADIÇÃO

O leitor do texto de Benjamin deve estar sentindo falta de uma de suas principais teses: "o que se atrofia [*verkümmert*] na era da reprodutibilidade técnica da obra de arte é sua aura" (BENJAMIN 1985a: 168; BENJAMIN 1989: 353; BENJAMIN 1974: 711). A aura é definida tanto como a participação da obra na tradição como também como um fenômeno (religioso, místico) da ordem da "distância", afinal a aura é "uma trama singular de tempo e espaço: a aparição única de uma coisa distante, por mais perto que ela esteja" (tradução modificada, BENJAMIN 1985a: 170; BENJAMIN 1989: 355; BENJAMIN 1974: 712). A "perda da aura/auréola" — recordando a interpretação que Benjamin fez do importante poema em prosa de Baudelaire — é uma consequência do fim da autenticidade, do arrancar a obra da tradição que leva a uma *aproximação* e transformação da "obra única" em *meio* potencialmente onipresente. Benjamin trata não só das "causas sociais" ligadas ao "declínio [*Verfall*] da aura" (BENJAMIN 1985a: 170; BENJAMIN 1989: 354; BENJAMIN 1974: 712), mas também fundamenta de modo histórico e antropológico esse declínio. Nosso "*medium* de percepção" se transforma na contemporaneidade. Essa nova percepção é, por sua vez, típica das massas modernas com sua necessidade de aproximar tudo de si e com sua "tendência a superar o caráter único de todos os fatos através da sua reprodutibilidade" (BENJAMIN 1985a: 170: BENJAMIN 1989: 355; BENJAMIN 1974: 713). A estatística — outra das paixões da modernidade — expressaria também essa tendência a obliterar a unicidade e a reduzir tudo ao nosso "Sinn für das Gleichartige in der Welt", "sentido para o idêntico no mundo".[8] Já a aproximação se confunde

---

— das massas sobre o trabalho alienado (BENJAMIN 1989: 365; BENJAMIN 1985a: 179; BENJAMIN 1974: 723)... Nessa linha, o seu entusiasmo com Disney também se mostrou precipitado. Por outro lado, ele foi um dos primeiros a reconhecer que o cinema poderia ser apropriado pela propaganda fascista e pelo ditador que, ao invés de se apresentar no palco do Parlamento, atua diretamente diante das "massas".

[7] Refiro-me por exemplo às obras de artistas (e arquitetos) com poéticas tão distintas quanto Joseph Beuys, Louise Bourgeois, Naomi Tereza Salmon, Christian Boltanski, Cindy Sherman, Nan Goldin, Horst Hoheisel, Andreas Knitz, Nuno Ramos, Marcelo Brodsky, Micha Ullman, Anselm Kiefer, Doris Salcedo e Daniel Libeskind. A noção de testemunho também é essencial para se pensar boa parte da produção literária contemporânea — após Auschwitz. Mas este não é o espaço para desenvolver esse ponto. Cf. os capítulos 5 a 8 deste livro assim como os volumes: NESTROVSKI E SELIGMANN-SILVA 2000 e SELIGMANN-SILVA 2003a.

[8] Discordo da tradução de Klossowski, "sens du semblable dans le monde", e também da

com um desejo de *posse* via conquista da cópia, da reprodução imagética: prova mais cabal da impossibilidade de uma estética kantiana com a sua entronização da ausência de interesse do espectador com relação às obras.

Esse teorema benjaminiano é sem dúvida um dos mais banalizados e malcompreendidos dentre os desenvolvidos no artigo sobre a obra de arte. Por um lado, afirma-se que a reprodução não significaria uma quebra da aura, mas sim a sua re-auratização (como nas obras de artistas como Andy Warhol com a exploração da imagem em série influenciada pelo universo da propaganda), e desse modo não se leva em conta que aura para Benjamin é um fenômeno que não pode ser compreendido sem se observar a sua relação com a teia espaço-temporal da *tradição*. O fim da aura no sentido que ele toma esse conceito se confunde com o fim da tradição: fim da história, como passamos a dizer após a Segunda Guerra Mundial. Do mesmo modo, quando se afirma que continuamos a fazer obras de arte com "aura", novamente se banaliza essa noção benjaminiana e então se procede — confirmando o diagnóstico de Benjamin da era pós-aurática — sem nenhum sentido para o "original", para o "único", a saber, para o *contexto* de onde o termo/a citação foi "arrancado".

IV. Reprodução, citação e montagem

Mas as coisas não são tão simples: afinal Benjamin também é um teórico da *citação*. A citação, para ele, arranca os elementos dos seus contextos originais (Benjamin 1974a: 365) e lança-os às suas "origens" (Benjamin 1974a: 363); portanto realiza o ato de conhecimento como leitura, trabalho de *atualização*, de entrecruzar o ocorrido e o agora. O seu trabalho de intelectual baseou-se muitas vezes — como no livro sobre o drama barroco alemão e o incompleto trabalho sobre as passagens — numa *montagem* de citações: esta atua no trabalho de arrancar os textos das suas falsas totalidades — de enfatizar a descontinuidade da história (Benjamin 1989: 755) — e trazê-los para o presente, *atualizá-los*, reestruturando-os sobre a base de um princípio construtivo. Mas é claro que com isso não se pode pensar em Benjamin como uma espécie de antecessor da hermenêutica do "vale-tudo" que encontramos amiúde hoje em dia na academia impregnada pelo ponto de vista do pensar pragmático: afinal ele soube combinar análise filológica com comentário textual dentro da melhor linha crítica (literária, social — ou midrashista). Mas esse não é nosso tema aqui, a não ser que pensemos na citação como um *dispositivo de reprodução do texto* — que o arranca do contexto/tradição. Novamente aqui não podemos pensar em Benjamin nem como um pensador "conservador" — no sentido de praticar uma reflexão ainda presa à "era da arte aurática" — nem como um relativista absoluto que performaticamente retiraria de sob seus pés qualquer pos-

---

de Rouanet, "capacidade de captar '*o semelhante no mundo*'", que levariam a uma confusão com a doutrina benjaminiana das semelhanças, *Ähnlichkeiten*; Benjamin 1989: 355; Benjamin 1974: 713; Benjamin 1985a: 170.

sibilidade de se pensar ao aniquilar a noção de contexto. Antes podemos vislumbrar na sua obra uma modalidade de "real" muito próxima da pensada na atual literatura de testemunho (ou no *récit* tal como ele foi pensado por Blanchot). Para vislumbrarmos isso basta recordar a dedicatória que ele fez ao amigo Gershom Scholem no livro — injustamente esquecido — *Deutsche Menschen* (Alemães): "Espero que você, Gerhard,/ encontre uma câmara para a sua juventude/ nessa arca que eu construí/ quando o dilúvio fascista/ começou a se elevar. Janeiro, 1937. Walter". Tanto essa visão da história como catástrofe — aprimorada nas teses "Sobre o conceito de história" — como a noção da sua obra intelectual como um testemunho arquivado em uma arca negam a possibilidade de reduzir a teoria benjaminiana da citação e da montagem de textos (e imagens, como ele costumava empregá-las nos seus ensaios, lembremos a do *Angelus Novus*) a uma concepção do texto como algo autônomo e irreparavelmente descontextualizado.[9]

V. Valor de culto e valor de exposição: recepção distraída

Benjamin estabelece uma polaridade que segundo ele pode nos ajudar a reler toda a história da arte: se nas suas origens a arte estava a serviço da magia e tinha um alto *valor de culto* — da época das cavernas até as imagens nas igrejas que muitas vezes ficam escondidas a maior parte do ano —, "*com a reprodutibilidade técnica, a obra de arte se emancipa, pela primeira vez na história, de sua existência parasitária, destacando-se do ritual*" (Benjamin 1985a: 171; Benjamin 1974: 442). O valor de exposição das obras é sem dúvida ainda essencial para compreendermos a arte contemporânea. Arte e espetáculo caminharam de modo cada vez mais unido ao longo do século XX. Mas a temporalidade da arte se modificou: a revolta das vanguardas contra a instituição-arte teve como um de seus desdobramentos a transformação da obra em puro evento: em gesto, em performance e em "rito sem mito" — para usarmos a expressão de Mario Perniola (2000). O mais "exponível" virou também o mais efêmero e a arte de certo modo tenta recuperar a sua nobreza através da incorporação dessa efemeridade. Por outro lado, quando Benjamin criticou Abel Gance e Séverin-Mars por aproximarem ainda a arte do culto (Benjamin 1985a: 176-7; Benjamin 1989: 363; Benjamin 1974: 720) não podemos acompanhá-lo por completo. Pois um culto — ainda que "secular", seja o que isso queira dizer — persiste na apreensão da arte: isso se mostra tanto nas peregrinações incessantes que fazemos pelos museus, exposições e monumentos em todo o mundo, como também nos valores nunca antes imaginados que as obras atingiram no mercado.

---

[9] Vale recordar uma distinção que Benjamin fez no seu artigo "Goethes *Wahlverwandtschaften*": "A crítica visa o teor de verdade [*Wahrheitsgehalt*] de uma obra de arte, o comentário o seu teor coisal [*Sachgehalt*]" (Benjamin 1974: 125). No limite, poderíamos dizer que Benjamin abandonou ao longo da sua vida intelectual a dicotomia entre crítica e comentário e caminhou na direção de um comentário que ao mesmo tempo abarcava a crítica (mas sem a noção de um teor de verdade atemporal) e a montagem de fragmentos do passado.

Também não podemos aceitar — devido a essa mesma espetacularização da arte — a afirmativa de Benjamin que nega a recepção coletiva da pintura e que, segundo ele, só poderia ocorrer nas artes mais técnicas e sobretudo no cinema (BENJAMIN 1985a: 188; BENJAMIN 1989: 375; BENJAMIN 1974: 729). Isso também porque nossa noção de "pintura" se modificou. A hibridização dos meios/suportes das artes impede uma diferenciação das artes no sentido tradicional: o processo de mediatização das artes detectado por Benjamin permite uma recepção coletiva das obras, mesmo se essas "obras" se transformam a cada passagem para uma nova mídia. Mas, por outro lado, é claro que a noção de "recepção coletiva" deve ser repensada em função da hibridização entre o privado e o público, assim como *devemos pensar novos paradigmas para a obra de arte não mais tanto na era da sua reprodutibilidade técnica, mas sim da sua síntese técnica*. A teoria benjaminiana dos suportes e meios da arte pode nos ser útil aqui.

Nesse sentido permanece válida a sua definição da recepção na chave da *distração (Ablenkung* ou *Zerstreuung)* — em oposição à baseada no *recolhimento, concentração* ou *submersão (Sammlung* ou *Versenkung)* — como mais própria para a descrição do comportamento do espectador diante da obra de arte contemporânea (BENJAMIN 1985a: 191-4; BENJAMIN 1989: 379-80; BENJAMIN 1974: 733-5). Assim, a mistura híbrida que ocorre cada vez mais entre a arquitetura do museu, a decoração das exposições e as próprias obras confirma também a relação que Benjamin detectou entre a dispersão na recepção e a percepção da arquitetura. Esta, de resto, não apenas é recebida de modo coletivo e dentro do critério da *dispersão/ distração (Zerstreuung)*, como também segundo o hábito: conforme movimentos estabelecidos por nossos costumes. Essa recepção, para Benjamin, é tanto ótica como tátil. Mais ainda: ela funde o ótico ao tátil e é essa visão que caracteriza para ele também a recepção do cinema. E aqui chegamos ao cerne da atualidade do seu texto: a sua teoria do cinema.

VI. CINEMA, REAL E ARTE DA MEMÓRIA

O ataque à tradição é levado a cabo antes de mais nada pela arte que é por excelência filha da técnica de reprodução: o cinema (*"A reprodutibilidade técnica do filme tem seu fundamento imediato na técnica de sua produção"*; BENJAMIN 1985a: 172; BENJAMIN 1989: 356 n.2; BENJAMIN 1974: 714 n.2). Sua função social — positiva — só pode ser compreendida se levarmos em conta os seus aspectos destrutivo e catártico (BENJAMIN 1989: 354, 356). O filme exercita o homem para a percepção e para reagir aos choques onipresentes na vida moderna (*"O cinema é a forma de arte correspondente aos perigos existentes mais intensos com os quais se confronta o homem contemporâneo. Ele corresponde a metamorfoses profundas no aparelho perceptivo"*; BENJAMIN 1985a: 192; BENJAMIN 1989: 380 n.16; BENJAMIN 1974: 734 n.14). Antevendo de certo modo a expansão em rede das mídias eletrônicas, lemos em Benjamin: "Fazer do gigantesco aparelho técnico do nosso tempo o objeto das enervações dá ao cinema o seu verdadeiro sentido" (BENJAMIN 1974: 445, que corresponde à primeira versão do texto sobre a obra de arte). Não caberia aqui apresentar em detalhes a descrição — em parte bem conhecida — que Benjamin faz do cinema como arte de apresentação do nosso "inconsciente ótico": mas não pode nos escapar o fato de ele acentuar que esse inconsciente possui "as relações mais estreitas" com o inconsciente pulsional da psicanálise (BENJAMIN 1985a: 189; BENJAMIN 1989: 376; BENJAMIN 1974: 731). O cinema, para ele, faz explodir a nossa realidade cotidiana revelando as suas ruínas fragmentadas: "a natureza que se dirige à câmara não é a mesma que a que se dirige ao olhar" (BENJAMIN 1985a: 189; BENJAMIN 1989: 376; BENJAMIN 1974: 731). A arte cinematográfica funciona para Benjamin como uma "terapia de choque" para o *violento abalo* que está na origem da nossa era pós-aurática: seu *phármakon* (remédio, veneno, droga) é um novo choque e trauma que através da percepção tátil permite uma leitura de nossas demais feridas. Com a sua luz de uma frequência inusitada, o cinema revela um acúmulo de catástrofes nos locais onde costumamos ver, na nossa vigília, uma "bela" realidade. O cinema foi além do Dada, para Benjamin, porque este ainda mantinha o choque físico enredado no choque moral. A técnica abriu ao cinema a possibilidade de revelar "a realidade imediata" como uma paradoxal "flor azul no jardim da técnica" (BENJAMIN 1985a: 186; BENJAMIN 1989: 373; BENJAMIN 1974: 728). O cinema é uma técnica que penetra "profundamente as vísceras dessa realidade" como, afirma nosso autor, o bisturi de um cirurgião (BENJAMIN 1985a: 187; BENJAMIN 1989: 374; BENJAMIN 1974: 728).

Se levarmos isso em conta, bem como as noções de inconsciente ótico, de recepção tátil, do cinema como "explosão terapêutica do inconsciente" (BENJAMIN 1985a: 190; BENJAMIN 1989: 377; BENJAMIN 1974: 732), a definição de arte como "un projectile [...] L'oeuvre d'art acquit une qualité traumatique", "um projétil [...] A obra de arte adquire uma qualidade traumática"(BENJAMIN 1974: 734),[10] poderíamos sem grande esforço reconhecer aqui uma teia conceitual que de modo algum se esgarçou com o tempo: e isso mesmo apesar da catástrofe — um outro "violento abalo" — que se encontra entre nós e Benjamin. Se Auschwitz não fez empalidecer a sua obra, muito pelo contrário — e Benjamin tem em Kafka um irmão, também nesse sentido: ambos são cada vez mais atuais —, então talvez seja legítimo ver nas obras atuais de artistas que trabalham no registro da memória (do corpo, da matéria como campo de inscrição hieroglífica e de apresentação da erosão) respostas artísticas ao movimento de formalização da arte a partir da sua autonomização com relação ao seu suporte — determinada pelas técnicas de reprodução. Com Auschwitz a essência destruidora da técnica foi levada a um limite extremo. A arte pós-Auschwitz tendeu a exacerbar esse movimento de explicitação do "real" traumático que passava por uma denúncia da técnica — denúncia essa que Benjamin reconhecera na sua época na própria arte cinematográfica. A arte agora ainda uma vez se volta para essas técnicas: mas frequentemente as convertendo — como em uma vingança — em um "suporte" matérico (sobretu-

---

[10] No alemão — o que não deixa de ser importante — ao invés de "qualité traumatique" (qualidade traumática) lemos "taktische Qualität" (qualidade tátil). BENJAMIN 1989: 379, BENJAMIN 1985a: 191.

do a fotografia).¹¹ A pedra, o metal, a terra, o barro (o corpo com a sua pele e os seus fluidos) também entram em cena como ingredientes de rememoralização (retemporização e espacialização) da obra de arte. Se é verdade que todo objeto de cultura testemunha uma barbárie — catástrofes, traumas etc. —, esse movimento de "revolta das matérias" a que assistimos na cena artística e a relação (metonímica ou metafórica) que a obra estabelece com a nossa memória explicitam esse teor testemunhal da arte contemporânea.¹² A tela de cinema, da televisão e do com-

---

¹¹ A bem da verdade, mal podemos falar em "suporte" em muitas obras contemporâneas. A noção de arte como *evento* e a ênfase no teor matérico das obras impedem esta separação — metafísica — entre suporte e *ergon*, obra.

¹² Vale a pena nesse contexto recordar uma frase de Walter Benjamin no seu "A obra de arte na era de sua reprodutibilidade técnica" que remete ao rico espectro semântico que o verbo/radical *Zeugen* — testemunhar — tem em alemão: "Es ist von jeher eine der wichtigsten Aufgaben der Kunst gewesen, eine Nachfrage zu *erzeugen*, für deren volle Befriedigung die Stunde noch nicht gekommen ist" (BENJAMIN 1989: 378; grifo meu) (uma das tarefas mais importantes da arte foi sempre a de *gerar* uma demanda cujo atendimento integral só poderia produzir-se mais tarde. BENJAMIN 1985a: 190; grifo meu). *Zeugen* significa não só testemunhar, mas também gerar, procriar no sentido do papel do homem na reprodução. *Erzeugen*, o verbo empregado aqui, significa produzir, gerar, provocar. *Zeugen* no sentido de gerar é derivado de *Zeug* (matéria, material, coisa), que, por sua vez, origina-se de *ziehen*, puxar, tirar. *Zeugen* no sentido de testemunhar também deriva originalmente de *ziehen*: no sentido que vemos na expressão "das Ziehen vor Gericht", ou seja, "citar alguém [diante do tribunal]". Dentre os termos latinos para testemunho encontramos essa noção jurídica na etimologia de *testis* como "terceiro", segundo o mote jurídico já dos tempos bíblicos, *testis unos, testis nullus*. Em latim ainda existe outro termo para testemunho, *superstes*, que corresponde ao grego por nós ainda utilizado, mártir. Benjamin joga com a duplicidade do termo alemão *Zeugen*, como fica claro no seu livro *Einbahnstraße* (Rua de mão única; 1928), quando escreve sob a rubrica "Für Männer" (Para homens) a seguinte frase: "Überzeugen ist unfruchtbar", "convencer é infecundo", sendo que *Über-zeugen* também pode ser lido de modo analítico como supergerar, supercriar. Nessa frase de Benjamin entrecruza-se, como Sigrid Weigel já teve a oportunidade de destacar (cf. WEIGEL 2000), a sua filosofia da linguagem (e da história), na qual ele critica uma visão instrumental da linguagem tal como ela é característica da modernidade, com, por outro lado, uma reflexão sobre a criação intelectual que, no caso, é sexualizada. De resto, *überzeugen* ainda carrega uma forte conotação jurídica, se levarmos em conta que originalmente este termo ainda tinha o sentido de "convencer alguém no tribunal por meio de testemunhos". Apenas no século XVIII *überzeugen* passou a significar "levar alguém a reconhecer com base em evidências que algo é verdade, correto, necessário" (*Duden* 1989, p. 829). "Überzeugen ist unfruchtbar" indica, portanto, não apenas que a linguagem do convencimento é vazia, vã, como também que a linguagem da criação (da super ou sobrecriação) o é. Esse espaço assombrado aberto pela poética do convencer, onde criação e "verdade dos fatos" embatem-se, é o próprio terreno onde o testemunho se dá. Nele a citação (em termos literários e jurídicos) desdobra a sua lógica de descontextualização (de descolamento do suporte "originário"). Em um fragmento do trabalho de Benjamin sobre as passagens de Paris lemos: "Escrever a história quer dizer, portanto, *citar* a história. No conceito do citar está implícito, no entanto, que o objeto histórico é retirado do seu contexto" (BENJAMIN 1982: 595). Por fim, vale lembrar uma passagem surpreendente de Freud que provavelmente está na origem da frase de Benjamin. Trata-se de uma nota do seu texto de 1909, *Notas sobre um caso de neurose obsessiva*, o famoso caso do "homem dos ratos". A nota afirma que representou um "grande progresso cultural/civilizatório quando as pessoas se decidiram a pôr o silogismo ao lado do testemunho [*Zeugnis*] dos sentidos e a passar do matriarcado para o pa-

putador também funcionam como "tabletes de cera efêmeros" para a inscrição dessa arte dos "traços" e "rastros" — em uma palavra: arte da escritura imagética da memória.

---

triarcado. — Figuras pré-históricas, nas quais uma pessoa menor senta-se sobre a cabeça de uma maior, apresentam a descendência do pai: a Atena sem mãe salta da cabeça de Zeus. Ainda na nossa língua significa o *Zeuge* [testemunha] diante do tribunal, aquele que atesta [*beglaubigen*] algo, a partir do modo de participação masculino no trabalho de procriação, e já nos hieróglifos a testemunha [*Zeuge*] é escrita com a imagem das genitálias masculinas" (FREUD 1970: VII, 91). Deste conjunto de ideias seria, creio, lícito deduzir que o testemunho patriarcal e falocêntrico seria aquele que se atém às regras positivistas e crê em uma "presença originária" total (lembremos do julgamento de Orestes, na Oresteia de Ésquilo), enquanto o testemunho histórico que nos interessa funcionaria no registro dos traços e rastros (*Spuren*) e da escritura ruinosa da memória (que sempre está articulada ao esquecimento). A voz testemunhal não é apenas falo e fonocêntrica, mas sim, antes, deve ser pensada como um espaço escritural e ambíguo.

2.
DO DELICIOSO HORROR SUBLIME
AO ABJETO E À ESCRITURA DO CORPO

"Os poetas desejam ou ser úteis, ou deleitar, ou dizer coisas ao mesmo tempo agradáveis e proveitosas para a vida", afirma uma famosa passagem da *Arte poética* de Horácio (333) redigida em torno de 13 a.C. Como Aristóteles já ressaltara na sua *Poética*, esse deleite tem uma origem que pode ser estabelecida, em termos antropológicos, no prazer que o homem tem em imitar e que se manifesta nele desde a sua infância. "Prova disso — ele escreveu — é o que acontece na realidade: das coisas cuja visão é penosa temos prazer em contemplar a imagem quanto mais perfeita; por exemplo, as formas dos bichos mais desprezíveis e dos cadáveres." Além desse passo evidenciar que "a arte de referência *par excellence* ao longo da *Poética* é [...] a pintura"[1] — ou seja, aqui o campo do *lógos* está submetido ao do olhar —, devemos reter a afirmação que de modo algum é evidente: para o filósofo em questão temos prazer em contemplar a *representação* de cadáveres e "dos bichos mais desprezíveis".[2] Na mesma obra, Aristóteles, na sua definição da tragédia, volta a tematizar a morte — ou o seu espectro —, que é tratada como estando na base desse gênero da poesia: "A tragédia é a *representação* de uma ação nobre, de alguma extensão e completa, em linguagem elevada, cada parte com o seu adereço adequado, com atores agindo, não narrando, a qual, inspirando pena e temor, opera a catarse própria dessas emoções" (VI). Contra Platão, Aristóteles afirma aqui não o poder corruptor da *mímesis* trágica, mas sim o seu poder de depuração das emoções de piedade e de temor: para ele a pena seria substituída pelo prazer através da *mímesis* trágica. Portanto, dentro da perspectiva da teoria poética clássica, o abalo — em termos conceituais, o *movere* — provocado pela representação de cenas chocantes, que geram pena e medo, poderia ter uma consequência tanto prazerosa quanto útil.

Dito isso podemos dar um salto para a cena da reflexão poética no final do século XVII. É nesse período que a teoria do conceito de sublime — que aqui nos

---

[1] Cf. os comentários dos tradutores em ARISTÓTELES 1980.

[2] Santo Agostinho desenvolverá este tópico dentro de sua doutrina cristã, que estabelece uma conexão entre o prazer e a busca do "belo, do harmonioso, do suave, do saboroso, do brando" e que tem como fim último o encontro com Deus, em oposição à curiosidade, "que disfarça-se sob o nome de 'conhecimento' e 'ciência'" e está submetida à "concupiscência dos olhos". Arrematando esta crítica à curiosidade seu exemplo é também uma cena terrífica: "Que gosto há em ver um cadáver dilacerado, a que se tem horror? Apesar disso, onde quer que esteja, toda a gente lá acorre". Esta crítica à curiosidade com relação à *presença* de cadáveres é desdobrada em seguida em uma crítica da *representação* das monstruosidades nas artes. O tom platônico de toda esta passagem é evidente (SANTO AGOSTINHO 1999: 254 ss.).

interessa em primeira instância — foi inicialmente elaborada. Nessa época o domínio da tríade Verdade-Bom-Belo nas artes começou a ser posto em questão: foi abalada a crença — renascentista — no necessário império do Belo sobre todas as manifestações artísticas. Essa crença tinha uma fundamentação metafísica, vale dizer: neoplatônica. Perfeição, conformidade aos fins e regularidade, as qualidades tradicionalmente atribuídas ao belo, tampouco permanecem ditando todas as regras de composição e da crítica. É evidente que essa crise no paradigma do belo não se deu de modo abrupto: ela se desdobrou em um longo processo, que se estende do final do século XVII até o final do século seguinte, quando foram estabelecidas as doutrinas estéticas românticas.

A teoria do sublime e sua valorização se dão paralelamente ao aumento do interesse com relação à recepção da obra de arte. Ao invés do privilégio e teorização da *inventio*, ou seja, da ideia que a obra de arte estaria apenas *comunicando*, dá-se no final do século XVII uma virada em termos de uma poética ou retórica da recepção e da sua psicologia. Com essa virada a especificidade dos *meios* de cada modalidade artística passou a receber uma atenção maior — no campo da teoria da pintura surgem então as primeiras teorias modernas da cor. Na esfera da reflexão sobre a poesia, a análise da química da recepção das obras recebeu o foco de atenção das poéticas: se até então esse foco estivera concentrado no âmbito das regras da composição, agora ele se voltou para o estudo dos sentimentos ditos compostos. Fenômenos como o prazer que advém da contemplação de aparições asquerosas, do feio e de seres monstruosos passam a ser objeto de intensos debates. Essa incipiente estética da recepção — compreendendo recepção aqui no sentido da análise da psicologia da recepção — desenvolve-se num fecundo diálogo com uma determinada tradição retórica, a saber, com aqueles autores da Antiguidade que valorizavam o momento do *movere*. Não podemos nos esquecer que o livro *Sobre o sublime* do Pseudo-Longino fora publicado em 1674 — numa tradução de Boileau. Essa exigência de imediatez e de intensidade presente nessa nova estética levou também a uma mudança radical nas concepções de objetividade, distância e idealidade da obra de arte; "ela também reduziu a importância [...] do papel da imitação enquanto tradução e transformação" de um modelo (Dieckmann 1966: 272). Ao invés da análise da imitação e da relação de semelhança entre o "original" e a "cópia", a atenção é dirigida ao espectador, à sua patologia; estuda-se a relação entre os estímulos e as emoções por eles desencadeadas.

Essa mudança de paradigma do final do século XVII — que também pode ser descrita como uma virada do racionalismo para a emotividade — pode ser ilustrada com a reação do público à peça de Colley Cibber, *Love's Last Shift, or the Fool in Fashion* (A última virada do amor, ou o louco na moda), que foi encenada em 1696 no Drury Lane Theater.[3] O tema da peça, a infidelidade conjugal, levou o público a crer que veria uma comédia e teria uma noitada leve e alegre. Mas o seu "horizonte de expectativa" foi ludibriado. Em meio aos risos correram lágrimas na plateia. Também na França as *comédies attendrissantes* ou *comédies larmoyantes*

---

[3] Cf. Dieckmann 1966: 273.

tornaram-se comuns então. As *sensations composées* ou emoções complexas tornaram-se moda também entre os teóricos.

Dito isso, passemos ao conceito de sublime propriamente dito, ou melhor, passemos aos conceitos de sublime; pois pretendo distinguir ao menos duas modalidades do sublime no século XVIII.

O SUBLIME SENSUALISTA DE BURKE

Edmund Burke é um dos teóricos-chave do conceito de sublime em meados do século XVIII. A sua obra *Uma investigação filosófica sobre a origem de nossas ideias do sublime e do belo*, publicada em 1757, estende-se longamente sobre esse afeto que se localiza para ele além da nossa capacidade de saber. O sublime é alheio à conceituação justamente porque ele é a manifestação do ilimitado: e o saber só constrói os seus conceitos através da "formatação" do objeto. Burke procura ainda assim teorizar esse negativo absoluto que é avesso ao *lógos*. No início da sua investigação ele faz uma distinção importante: ele reserva o termo *pleasure* (prazer) para o prazer simples ou positivo e o termo *delight* (deleite) para o prazer relativo, advindo, por exemplo, da diminuição da dor física, do perigo ou de um sofrimento qualquer (BURKE 1990: 33; BURKE 1993: 45). Um outro axioma central na sua pesquisa é a tipificação das paixões mais intensas — com as quais o sublime justamente se relaciona. Essas seriam aquelas ligadas à preservação do indivíduo; elas derivam da dor e do perigo. De modo consequente nosso autor afirma: "Tudo que seja de algum modo capaz de incitar as ideias de dor e de perigo, isto é, tudo que seja de alguma maneira terrível ou relacionado ao terror constitui uma fonte do *sublime*, isto é, produz a mais forte emoção de que o espírito é capaz. Digo a mais forte emoção, porque estou convencido de que as ideias de dor são muito mais poderosas do que aquelas que provêm do prazer" (BURKE 1993: 48). O sublime é a manifestação de um máximo; é um abalo de muita intensidade que provoca deleite ou o "horror deleitoso" (BURKE 1993: 141). A dor que pode estar na origem do sublime provoca, no entanto, uma impressão muito menos intensa que a gerada pela ideia da morte. A dor mais insuportável, para Burke, é apenas uma emissária da morte. (E ainda: "O medo [*fear*] ou o terror [...] é uma percepção da dor ou da morte", BURKE 1993: 137). Para Burke: "Quando o perigo ou a dor se apresentam como uma ameaça decididamente iminente, não podem proporcionar nenhum deleite e são meramente terríveis; mas quando são menos prováveis e de certo modo atenuadas, podem ser — e são — deliciosas [*delightful*] como nossa experiência diária nos mostra" (BURKE 1993: 48.; BURKE 1990: 36 ss.). Não é o fato de os espectadores estarem a salvo do perigo e distantes da fonte da dor que gera o sentimento delicioso do sublime (BURKE 1993: 55). O sublime exige um envolvimento da parte do espectador; ele exige o sentimento de perda de controle e o face a face com a morte. Ele é uma *força* superior que nos domina (BURKE 1993: 72). Um dos modos de "atenuar" esse perigo ou a dor enquanto fontes do "prazer" de deleite consiste em apelar para a nossa capacidade de empatia ou simpatia. Burke — não sem razão! — estava "convencido de que sentimos um certo deleite [...] nos infortúnios e dores reais de outrem" (BURKE 1993: 53). Ou seja, ao contrário do conceito renascentista de Belo como representação da *Idea* que atuava no sentido de uma idealização do objeto, o sublime, como sentimento que nasce da dor e do perigo, é despertado por fatos reais ou que sejam representados de modo extremamente realistas (BURKE 1993: 55). Segundo Burke, sentimos algo muito mais agradável ao ler sobre a queda de um Estado e o infortúnio de um príncipe do que sobre a sua glória. "Comovemo-nos tanto com uma tal catástrofe na história quanto com a destruição de Troia na fábula" (BURKE 1993: 54). O sublime, portanto, é o real enquanto manifestação da morte, ele "nos arrebata com uma força irresistível" e impede a nossa mente de raciocinar (BURKE 1993: 65). Esse "sublime da morte" que aponta para uma *realidade-como-morte* se manifesta tanto sob a figura da privação extrema, ou seja, do real como uma falta primordial — como no caso das trevas, do vazio, da solidão e do silêncio (BURKE 1993: 76) — como também sob a figura da vastidão que nos oprime e amedronta ao revelar nossa in*significância*. O medo, mesmo que gerado por uma imitação, leva-nos a pressentir a dor e a morte e, portanto, "atua de maneira semelhante ao real" (BURKE 1993: 65). O sublime é uma manifestação do real como princípio de morte que nos abala de tal modo que perdemos a capacidade de criar conceitos; vale dizer, de dar forma à realidade: daí o sublime, como Burke ressalta com propriedade, ser despertado de modo especialmente intenso tanto pela realidade como manifestação de uma falta essencial como também por tudo que sugere a infinidade (BURKE 1993: 70). Ao invés do campo das ideias claras e distintas, a estética do sublime privilegia o campo — típico da *aisthesis*, i.e. do âmbito dos órgãos dos sentidos — que é o do obscuro e das ideias confusas, sem limites delineados. A manifestação máxima do sublime enquanto infinito e poder que nos domina por inteiro é a própria ideia de Deus (BURKE 1993: 74), que nos anula, ou ainda, que nos ofusca na medida em que ele representa uma luz tão intensa que nos cega (cf. BURKE 1993: 86 ss.).

Para Burke não há uma relação necessária entre o feio e o sublime, apenas uma grande compatibilidade entre ambos na medida em que o feio auxilia a despertar o terror (BURKE 1993: 125), o que não impede que o sublime seja despertado por objetos belos (BURKE 1993: 163). Nosso autor parte de uma doutrina (de origem retórica) que estuda a relação entre as imagens mentais e os sentimentos por elas despertados. Como não poderia deixar de ser para um autor de meados do século XVIII, Burke leva em conta também a semiótica que está na base dessa doutrina. Ele analisa a especificidade da ação dos meios das diferentes artes e conclui que a poesia é a arte mais apta para despertar sentimentos sublimes. O seu meio, a linguagem simbólica, produz seus efeitos sobre o ouvinte por meio de três canais: do *som*, da *imagem* que representamos e da *afecção* da alma que os dois anteriores provocaram (BURKE 1993: 172); sendo que a tradução dos sons em imagens não é uma parte essencial na poesia: ela atua via *força* da sua expressão e não através da sua clareza, apanágio do discurso voltado para o entendimento (BURKE 1993: 180).[4]

---

[4] Nesse sentido, Burke nota que a poesia não é propriamente uma arte imitativa — a não ser a poesia dramática — pois o seu meio não é semelhante (icônico) com relação ao representa-

A poesia é particularmente propícia para a representação do sublime justamente pelo seu aspecto extramaterial, pelo seu caráter de não-objeto, pela sua indefinição.

O SUBLIME ESPIRITUALISTA DE MENDELSSOHN

Eu poderia expor aqui a teoria do sublime no século XVIII lançando mão de outros autores, tais como Addison, Du Bos, Diderot, Klopstock, Johannes Elias Schlegel, Hugh Blair ou Kant, mas preferi Burke porque nele, sem dúvida, essa teoria apresenta-se do modo mais didático e, portanto, mais propício para o contexto. No entanto devo mencionar ainda mais dois autores desse século antes de passar para a análise da teoria do abjeto. Burke possui uma concepção do sublime que não corresponde totalmente à de seus colegas teóricos alemães. Se para ambas as linhas de autores o sublime é uma categoria que indica algo "inominável", não é menos verdade que para os teóricos alemães o sublime é uma categoria que tende mais a ser tratada como uma manifestação do infinito enquanto uma entidade superior, vale dizer, divina. Se o sublime burkiano pode ser posto facilmente como uma espécie de antecessor do nosso moderno conceito de abjeto, já o sublime kantiano e de outros autores alemães do século XVIII está na base da moderna teoria do sublime de autores como Lyotard.[5]

Para Moses Mendelssohn, o sublime — *das Erhabene* — é um sentimento de natureza mista que nasce da apreensão de objetos cuja grandeza "não pode ser abarcada de uma só vez pelos sentidos". Há uma inadequação entre o objeto e a nossa capacidade de percepção tanto em termos sensíveis como também do ponto de vista intelectual: não existe uma Ideia (ou conceito) que corresponda ao percebido, o que nos leva, afirma Mendelssohn, à perda dos sentidos. O objeto que gera o efeito sublime atua como uma espécie de *soleil noir*, um potente facho de luz que "queima" a nossa mente e o nosso aparato sensorial, escurecendo os "conceitos laterais" (*Nebenbegriffe*). O sublime também representa para esse autor o grau mais elevado do poético. Ou seja, para ele — diferentemente do que Kant posteriormente afirmará — haveria uma *continuidade* entre o belo e o sublime, sendo que este último implicaria apenas numa intensificação do primeiro. Como o sublime é a manifestação de um máximo que desarma o nosso arsenal conceitual, ou seja, ele está "além" do bem e do mal, além da linguagem com a sua estrutura binária, na poesia ele pode ser expresso (e não representado) via *corte* na narrativa. O corte e o *silêncio* são os meios de que o poeta dispõe para *indicar* o sublime. O desvio e a ausência devem significar de modo indireto o sublime como um desvio da norma e como algo que nos leva para fora de nós mesmos; algo para o qual "não temos palavras".

---

do; BURKE 1993: 177s. Essa concepção já fora defendida antes — com o sinal invertido — por Leonardo da Vinci, e foi encampada também por Lessing.

[5] Lyotard, aliás, deve muito a Adorno também. Cf. LYOTARD 1988. Quanto ao conceito de sublime em Adorno cf.: WELSCH 1990.

Moses Mendelssohn foi não apenas aquele que resenhou no âmbito alemão a obra de Burke sobre o sublime como também deve ser considerado um dos principais teóricos desse conceito na Alemanha dessa época (vejam-se os seus ensaios "Sobre o sublime e o ingênuo nas belas letras", e "Averiguação filosófica sobre a origem das nossas ideias de sublime e de belo", ambos de 1758).[6]

Se o seu conceito de sublime deve mais à passagem de determinados *topoi* do "sistema religião/teologia", então decadente, para o então ascendente "sistema arte/estética", não é menos verdade que, como teórico das emoções mistas, ele também se aproximou do conceito burkeano de sublime. Citarei aqui apenas uma importante passagem da sua obra que caracteriza as emoções complexas ou mistas destacando a acima referida importância do abalo que a obra de arte deveria gerar no seu receptor:

> "As emoções mistas possuem a característica particular de, não sendo tão suaves quanto o prazer puro, penetrarem mais profundamente na nossa mente [*Gemüth*] e também parecem permanecer aí por mais tempo. O que é simplesmente agradável traz consigo logo a satisfação e, por fim, engendra asco [*Ekel*]. Nossos desejos [*Begierde*] estendem-se sempre para além do nosso prazer [*Genuß*] e se eles não encontram a sua satisfação completa então a mente anseia por modificação. Por outro lado, o desagradável [*Unangenehme*] que se encontra misturado com o agradável cativa a nossa atenção e impede a satisfação precoce. No que tange aos gostos sensíveis a experiência cotidiana demonstra que se uma doçura pura não estiver misturada com algo atrativo [*reizend*] logo desencadeia asco." (*apud* Dieckmann 1966: 273 ss.)

Ou seja, para Mendelssohn, se o ideal da arte é o abalo prazeroso do seu espectador, ela necessariamente fica submetida tanto ao império das emoções mistas — que nos impressionam mais — como também tende para uma corrida vertiginosa em direção à representação do que há de mais chocante se ela não quiser se ver reduzida à monotonia e, no dizer de Mendelssohn, gerar apenas asco. A insatisfação — estrutural — dos nossos desejos, ou seja, a incomensurabilidade entre nossos desejos e o prazer (que não os satisfaz) está na origem dessa exigência do "chocante" tão presente na arte moderna: o homem moderno é o homem que deseja, vale dizer: que não é capaz de fechar a ferida aberta no seu corpo com a separação da "natureza". A arte passa aos poucos a ser o campo do novo e do *chocante*; nela concretiza-se a busca de um abalo que é gerado por aquilo que não tem limites, pelo sublime "espiritual" e "teológico" de que Mendelssohn fala, mas também é provocado pelo real-como-morte, como vimos em Burke.[7] O campo da arte moderna

---

[6] Ambos os textos podem ser encontrados na coletânea: Mendelssohn 1986.

[7] Diferentemente de Burke, no entanto, Mendelssohn afirma numa nota aos paralipomena do *Laocoonte* de seu amigo Lessing: "Nem todo terrível incita o sentimento de sublimidade". Lessing 1990: 226.

estende-se cada vez mais — desde o final do século XVIII, ou seja: desde o Romantismo — entre o "grito" de dor diante do real-como-morte e o silêncio: reflexo da incapacidade de se abarcar o mundo de modo conceitual; corte na linguagem que deveria "curar" — via *mímesis* — o corte entre a "natureza" e a "cultura".

Lessing, no seu *Laocoonte*, publicado em 1766, também possui importantes reflexões sobre o nosso tema, apesar de não estar preocupado diretamente com a teorização do conceito de sublime que aparece apenas esporadicamente nesse texto. Essa obra trata da diferença entre a poesia e a pintura; nela Lessing quer estabelecer os *limites* entre uma arte e a outra, traçar o terreno de cada uma. Não posso entrar aqui nos detalhes dessa fascinante obra — que se encontra no limiar entre o Iluminismo, com a sua tentativa de estabelecer as fronteiras internas ao saber, e o Romantismo, com a sua dissolução das mesmas —; vou apenas destacar algumas reflexões que me parecem fundamentais no nosso contexto.

Assim como para Mendelssohn, também para Lessing o asqueroso constitui um limite para arte; mas ele fala do asqueroso não no sentido de algo que nasça da repetição e da monotonia do belo, mas do asqueroso "em si". Lessing concede a tematização do feio e até mesmo do asqueroso à poesia — justamente porque ela se utiliza de um "meio artificial", i.e. de nossa linguagem arbitrária, e não, como a pintura ou a escultura, de um meio icônico, no qual predomina uma semelhança entre os signos e o objeto representado. Também devido a essa premissa, a sua concepção das artes plásticas permaneceu extremamente restrita ao paradigma renascentista e portanto submetida ao conceito do belo. Falando da expressão de dor contida do Laocoonte representado na famosa estátua redescoberta em Roma em 1506 e que se encontra atualmente no Vaticano, afirma:

> "O mestre [autor do *Laocoonte*] visava a suprema beleza sob as condições aceitas da dor corporal. Esta, em toda a sua violência desfiguradora, era incompatível com aquela. Ele foi obrigado a reduzi-la; ele foi obrigado a suavizar o grito em suspiro; não porque o grito denuncia uma alma indigna, mas antes porque ele dispõe a face de um modo asqueroso. Pois, em pensamentos, abra-se a boca do Laocoonte e julguemos. Deixemos que grite e olhemos. Era uma construção que suscitava compaixão porque mostrava ao mesmo tempo beleza e dor; agora é uma construção feia, repugnante, da qual desviamos de bom grado a nossa face, porque a visão da dor excita desprazer, sem que a beleza do objeto que sofre possa transformar esse desprazer no sentimento doce da compaixão.
>
> Esse simples largo abrir a boca — pondo-se de lado o quanto as demais partes da face assim são deformadas e desordenadas de modo violento e asqueroso — na pintura é uma mancha e na escultura uma cavidade que gera os efeitos mais desagradáveis do mundo." (LESSING 1998: 92; cap. II)

O artista plástico deve, portanto, para Lessing, evitar a representação do grito, do escancaramento da boca; ele deve se manter, antes, em um nível aquém dessa representação. Só assim a arte pode ser um jogo, só assim ela pode despertar prazer através da ativação da nossa imaginação.[8] Pois o momento fecundo da representação artística é aquele que deixa uma abertura para a nossa imaginação ir além do representado: a representação de uma boca escancarada impede esse trabalho da imaginação porque representaria de modo imediato a morte; ou seja: a carne, as entranhas — se para Burke a dor extrema *indicava* sempre a morte, para Lessing ela é um *ícone* do cadáver em decomposição e tão asqueroso quanto ele. A boca aberta nas artes plásticas implica, para Lessing, a saída do campo do estético: aqui não há mais espaço para o pensamento — apenas para a realidade. Ou seja, o realismo pregado por Burke é complexificado nessa teoria. Lessing cita a seguinte passagem do seu amigo Mendelssohn para reforçar a sua argumentação:

> "As representações do medo, diz ele, da tristeza, do terror, da compaixão etc. podem excitar apenas desprazer na medida em que nós tomamos o mal como algo efetivo. Elas podem [no entanto] ser dissolvidas em sentimentos agradáveis por meio da recordação de que se trata de um engano artístico. Mas o sentimento desagradável de asco, em virtude das leis da imaginação, resulta da simples representação na alma por mais que o objeto seja tomado como efetivo ou não. Portanto, em que ajuda ao nosso ânimo violentado a arte se denunciar tanto enquanto imitação? O seu desprazer não nasce do pressuposto de que o mal seja efetivo, mas antes da simples representação do mesmo, e esta está realmente aí. Os sentimentos de asco são, portanto, sempre natureza, nunca imitação." (LESSING 1998: 259; cap. XXIV)[9]

Esta última frase — "Os sentimentos de asco são sempre natureza", ou seja: Realidade, "nunca imitação" — é essencial para nós e com ela eu passo a tratar do segundo conceito a que me propus, a saber, o de abjeto.

---

[8] "Se o artista só pode utilizar da natureza sempre em transformação nunca mais do que um único momento e o pintor em particular, esse único momento também apenas a partir de um único ponto de vista; se ainda as suas obras são feitas não apenas para serem meramente olhadas, mas antes, consideradas, serem longamente e repetidas vezes consideradas: então é certo que aquele momento único e único ponto de vista desse único momento não podem ser escolhidos de modo fecundo demais. Mas só é fecundo o que deixa um jogo livre para a imaginação. Quanto mais nós olhamos, tanto mais devemos poder pensar além. Quanto mais pensamos além disso, tanto mais devemos crer estar vendo. Mas no decorrer inteiro de uma emoção nenhum momento possui menos essa vantagem, do que o degrau mais elevado da mesma. Além dele não há nada e mostrar ao olho o extremo significa atar as asas da fantasia e obrigá-la, uma vez que ela não consegue escapar da impressão sensível, a ocupar-se sob ela com imagens fracas, sobre as quais ela teme a plenitude da expressão como se fosse a sua fronteira. Quando, portanto, Laocoonte suspira, a imaginação pode escutá-lo gritar; se, no entanto, ele gritasse, ela não poderia nem subir um degrau acima na sua representação, nem descer um degrau abaixo, sem olhá-lo em um estado mais tolerável e, portanto, mais desinteressante. Ela o escuta apenas gemendo ou já o vê morto" (LESSING 1998: 99; cap. III).

[9] Quanto à teoria do sublime de Lessing esboçada nas notas do *Laocoonte* cf. os fragmentos dos paralipomena no *Laocoonte*, in: LESSING 1990: 226; e LESSING 1880: 418 ss.

O ABJETO

A teoria do sublime no século XVIII se desenvolveu como parte do movimento tanto de autonomização das diversas artes, como também do sistema das artes (a Estética) com relação aos demais sistemas (político, religioso e moral). Esse conceito estabeleceu-se de modo paralelo a um conceito forte de imaginação. O indivíduo do romantismo do final do século XVIII e início do XIX estava plenamente familiarizado com a estética do sublime. Para se convencer desse fato, basta lembrarmos aqui as telas de um Kaspar David Friedrich que tematizam o incomensurável — montanhas, planícies e o oceano — (cf. as telas *Der Mönch am Meer*, 1808-10; *Morgen im Riesengebierge*, 1810-11; *Wanderer über dem Nebelmeer*, 1817 e *Das Eismeer*, de 1823-24), das obras de um Turner, de um Constable, de Blake ou das séries de gravura de Goya, *Caprichos* (1793-94) e *Desastres da guerra* (1810-16, publicada em 1863). Aqui nessas gravuras não há mais idealização das catástrofes, mas apenas a representação da realidade do terror e da morte. Na literatura tanto E. T. A. Hoffman representou essa estética do sublime como também, na França, Baudelaire, entre muitos outros, se encarregou da sua propagação (lembremos evidentemente das suas *Flores do Mal*, mas também dos seus pequenos poemas em prosa e dos seus verdadeiros tratados sobre a caricatura). Mas nesses artistas e poetas já percebemos uma transformação do sublime na direção do abjeto: aos poucos, o sublime burkeano triunfa sobre o "espiritual".

Eu me pergunto então: qual a diferença entre a estética do sublime e a do abjeto? Por que houve um deslizamento de uma para a outra? Quando isso ocorreu?

Kristeva é a principal teórica desse conceito, que ela discute no seu livro *Poderes do horror* (1980). Se os teóricos do sublime eram poetas ou teóricos da poesia e das artes de um modo geral, já é digno de nota o fato de a teoria da abjeção ter sido formulada por uma psicanalista teórica da literatura que estabelece esse conceito em diálogo com Freud, Winnicott e também com Bataille, com Lévi-Strauss e outros antropólogos. Nessa obra, Kristeva aproxima inúmeras vezes o abjeto do sublime, sem, no entanto, se preocupar em estabelecer a diferença entre os dois conceitos.[10] O abjeto, como manifestação do que há de mais primitivo na nossa economia psíquica, origina-se para ela de um recalque originário, anterior ao surgimento do eu: o abjeto não é o objeto, é uma espécie de primeiro não-eu, uma negação violenta que instaura o eu; trata-se, em suma, de uma "fronteira" (KRISTEVA 1980: 17). O abjeto é a manifestação dessa violenta *Urspaltung* (protocisão); é um não-sentido que nos oprime — assim como o sublime é um sobre-sentido que nos escapa. Diferentemente do sublime, a manifestação privilegiada do abjeto é o cadáver: ele "é a poluição fundamental; um corpo sem alma" (KRISTEVA 1980: 127), corpo-matéria; ele nos envia novamente a essa protomorte de onde o eu começou a se desenvolver; ele nos atira de volta ao campo caótico e pré-simbólico da Natureza. A abjeção, não obstante, assim como o sublime também está intimamente ligada à falta: ela revela a falta como fundadora do ser; e, ainda, tal como o sublime,

---

[10] Ela fala apenas da diferença entre a sublimação e o abjeto; cf. KRISTEVA 1980: 19.

ela nos amedronta: "O fóbico não possui outro objeto que não o abjeto", afirma Kristeva (1980: 14). Como o sublime, também o abjeto é uma manifestação de uma ausência de limite — mas diferentemente dele, a abjeção representa esse não-limite, por assim dizer, "para baixo". Se o sublime representou no século XVIII uma categoria através da qual migraram para a estética elementos da teologia em dissolução, o abjeto, por sua vez, não aponta mais para o céu, para um excesso de significado, mas sim para o negativo pré-significado[11] ("Que cherchent-ils au Ciel, tous ces aveugles?" [o que procuram no céu, todos estes cegos?], perguntou-se ironicamente Baudelaire enquanto arauto de uma sociedade pós-aurática). O abjeto vem à tona como parte daquela mencionada "corrida" em busca do novo e do "chocante"; ou, antes: essa corrida não é senão um sintoma, a manifestação do abjeto como um *tópos* "originário" que nos suga para ele. Ambos conceitos, sublime e abjeto, lidam com o inominável e sem-limites, mas falando esquematicamente o sublime remete ao sublime espiritual — e o abjeto ao nosso corpo. Ambos são conceitos de fronteira marcados pela ambiguidade e que nos abalam: o abjeto nos remete para baixo — cadáver, vem do latim *cadere*, cair: um corpo que cai. O abjeto representa a noite arcaica da relação pré-objetal; "é a violência do luto de um 'objeto' sempre já perdido" (KRISTEVA 1980: 22).

Kristeva, aristotelicamente, vê na arte uma das modalidades de purificação do abjeto: a sua aparição teria o papel de controlar a sua força (KRISTEVA 1980: 24); nesse movimento a arte remontaria às fundações do edifício simbólico. Dostoiévski, Lautrémont, Proust, Artaud, Kafka, Céline, Sartre são autores que ela menciona dentro dessa linha de tematização do abjeto. O abjeto e as suas manifestações nas artes no nosso século teriam a função de violentar os limites — os tabus — numa espécie de reencenação da *Urspaltung*, dentro de uma sociedade marcada pela dissolução das regras e dos tabus. Uma das características marcantes dessa arte abjeta seria o *voyeurisme* (KRISTEVA 1980: 57): essa é a marca da relação "objetal" antes dela desaguar no símbolo; a escritura do abjeto se dá nesse espaço ambíguo anterior ao *lógos*. O abjeto na arte "se dá" numa arte-*ação* não simbólica (KRISTEVA 1980: 89) que se diferencia da *representação* que está ligada ao paradigma da imitação: o abjeto — como o sublime das obras de um Barnet Newman descrito por Lyotard — é o *inenarrável* que apenas pode ser *apontado* por um *gestus*; ele brota (KRISTEVA 1980: 180), irrompe como a lava que jorra de uma fenda. O fato de as culturas sem

---

[11] Evidentemente o sublime em Burke não é tão sublime (ou seja: algo que eleva) quanto o é em Mendelssohn e em Kant, que foi um antissensualista na sua estética. Devemos ter em mente essa tensão interna ao conceito de sublime do século XVIII. Como já afirmei acima, a concepção burkeana do sublime é uma legítima antecessora da moderna concepção de abjeto. A distinção que Kant fez na sua terceira *Crítica* entre o sublime matemático (em comparação com o qual "*todo o resto é pequeno*", KANT 1959: 94) e o sublime dinâmico (ligado à natureza como *Macht*, poder) abarca *apenas longinquamente* a polaridade entre os sublimes burkeano e o de Mendelssohn. Tentar resolver um par conceitual com o outro seria equivocado, pois a questão que levou Kant a esta divisão não é a mesma que determina a diferença entre as noções de sublime em Mendelssohn e em Burke. Cf. KANT 1959: 87-113. Kant retoma a ideia de Mendelssohn que afirma o limite do estético no asco (KANT 1959: 166).

escrita possuírem mais frequentemente rituais ligados à sujeira faz pensarmos na escritura como uma espécie de rito e como uma hipóstase da autoridade — materna — aquém do Nome próprio (do pai), ou seja: aquém do simbólico (Kristeva 1980: 90).[12] A arte-ritual abjeta seria, portanto, uma espécie de "écriture du réel" [escritura do real] (Kristeva 1980: 90).[13] "Céline definiu a escritura como escritura da morte", nos lembra Kristeva (Kristeva 1980: 189); por minha vez, eu recordo que Paul Celan fala das palavras que são elas mesmas cadáveres (no seu poema "De noite, na escória"). A encenação do abjeto tende a retraçar o *ato* originário — o assassinato do pai, diria Freud — que se encontra na base dos tabus, das leis e da cultura. Nela a exclusão-separação é o gesto central: separação entre o dentro e o fora, entre o sujo e o limpo, vale dizer com Kristeva: entre o semiótico e o simbólico. A pele, os seus orifícios, dejetos e fluidos são os suportes privilegiados dessa arte abjeta; o corpo é um campo semiótico, dividido em zonas — a base sobre a qual se desenvolveu e se assenta o discurso simbólico da linguagem (Kristeva 1980: 87). Se o corpo só se torna limpo com a perda da matéria fecal, essa separação reencena a separação originária (Kristeva 1980: 127).

É importante destacar que para Kristeva a estética do abjeto de um Céline não poderia ser compreendida sem a sua profunda relação com a Guerra (Kristeva 1980: 178, 245). Poderia se estabelecer sem problemas um paralelo: se a teoria freudiana do trauma não pode ser compreendida sem a sua relação íntima com a Primeira Grande Guerra, a nossa atual "cultura do abjeto" é uma filha direta da Segunda Guerra Mundial e, sobretudo, do seu núcleo mais obscuro e resistente ao discurso simbólico: a Shoah.[14]

---

[12] Já nas culturas sem o tabu fundador, ou seja, sem o tabu de incesto, desaparecem também os rituais em torno do abjeto e a ausência de distinção entre o limpo e o sujo permite até mesmo a prática do canibalismo, como parece ser o caso da população dos Fore (Kristeva 1980: 94).

[13] Kristeva nota nesse sentido no capítulo "Semiótica da abominação bíblica" que o corpo não deve ter nenhum traço da sua origem na Natureza, "ele deve ser limpo para ser plenamente simbólico"; apenas a circuncisão, marca da separação entre os sexos e da mãe, é aceita (Kristeva 1980: 121). A autora cita Levítico 19, 27-28: "Não cortareis o cabelo, arredondando os cantos da vossa cabeça, nem danificarás a ponta da barba. Pelos mortos não dareis golpes na vossa carne, nem fareis marca alguma sobre vós".

[14] Por que dizer *Shoah* e não *Holocausto*? Holocausto deriva do termo grego *holócauston*, que aparece na mais antiga versão grega da Bíblia, a dita tradução "dos setenta", e que foi transcrita por São Jerônimo na Vulgata pelo termo *holocaustum*. Essa palavra significa "queimar totalmente" e era empregada para denominar o sacrifício ritual marcado pela imolação não apenas entre os judeus. No pós-guerra esse termo passou a ser empregado para designar o assassinato dos judeus europeus nos campos de concentração nazistas. Essa denominação, no entanto, não é aceita por muitos estudiosos do tema e pela maioria dos judeus. Esses negam que aquele morticínio possa ser considerado como um sacrifício e muito menos reduzido a um fenômeno a mais na linha ascendente da história. Daí a opção pelo termo hebraico *Shoah*, ou *Shoa*, que — apesar de também ser um termo bíblico — quer dizer catástrofe, destruição, aniquilamento e é utilizado neste sentido no hebraico atual. Na França esse conceito ganhou mais popularidade desde o filme *Shoah*, de Claude Lanzmann. Outros autores preferem simplesmente falar em Auschwitz para designar o mesmo evento, como, por exemplo, Adorno e Enzo Traverso; outros ainda preferem falar em "solução final", uma expressão utilizada pelos próprios nazistas (*Endlösung*). Deve-se levar em con-

A teoria do abjeto como escritura do corpo enquanto um elemento central da nossa contemporaneidade foi abordada por diversos autores, partindo muitas vezes de terrenos bem distantes. Cathy Caruth, por exemplo, baseando-se no conceito freudiano (e lacaniano) de trauma, propõe, no seu artigo "Unclaimed Experience: Trauma and the Possibility of History" (Experiência sem destinatário: o trauma e a possibilidade da História; 1991), o paradigma da História enquanto trauma como modo de se ir contra a paralisia advinda do pós-estruturalismo no que concerne à política e à ética. Geoffrey Hartman, Shoshana Felman e Dori Laub compartilham dessa tentativa de tratar da volta do real e da História sob o signo do trauma. Todos esses autores partem de uma reflexão sobre a Shoah — lançada sobretudo por Adorno e por Lyotard — sendo que os "Holocaust Studies" (Estudos do Holocausto) expandem-se dia a dia de modo vertiginoso e isso não apenas nas universidades norte-americanas. A literatura de testemunho é um dos objetos principais desse novo campo de estudos.[15]

No âmbito das artes plásticas Rosalind Krauss em obras como o seu *The Optical Unconscious* (O inconsciente ótico; 1993) e Hal Foster no seu livro *The Return of the Real* (1996) desenvolvem a teoria da arte abjeta, quer utilizando esse conceito de Kristeva, quer tematizando o "informe" e o conceito lacaniano de real. A arte abjeta que tenta um retorno à cena da *Urspaltung* procederia via uma dessimbolização dos objetos — como já é patente na arte pop, por exemplo, de um Warhol. Hal Foster denomina a sua arte, sobretudo a série "Death in America" (Morte na América) dos anos 60, de *traumatic realism* (realismo traumático; 1996: 130). O seu princípio é o da mimetização do choque, cuja presença tornou-se insuportável na sociedade de produção em série: "Se você não pode vencê-lo, Warhol sugere, junte-se a ele" (FOSTER 1996: 131). A repetição em série do real é vista como uma encenação da definição lacaniana do trauma enquanto um encontro abortado com o real: enquanto algo perdido, o real não pode ser representado (ou seja, traduzido para o registro do simbólico), mas apenas *deve* ser repetido (FOSTER 1996: 132). Foster cita vários exemplos de outros artistas que tematizam esse des-encontro com o real na forma da mimetização da sua estrutura, tais como o super-realista Richard Estes, Richard Prince, representante da *appropriation art* (arte com apropriação), Kiki Smith e sobretudo Cindy Sherman. As obras desses artistas servem tanto como "prova da ferida do trauma" (FOSTER 1996: 157) como também almejam desencadear uma reflexão sobre esse real-abjeto. Diferentemente da preocupação de Lessing, que, como vimos, proibia a representação de cenas extremas, *agora o extremo é a regra*. Contra Mendelssohn, Lessing e Kant, que viam na representação de objetos asquerosos um tema estranho à arte por ser "sempre Natureza e nunca imitação", o que conta agora é justamente o antiilusionismo do asqueroso como realidade *tout*

---

ta que a denominação está vinculada tanto a uma ética da representação, como também a uma "negociação" identitária entre os participantes do discurso da memória.

[15] Cf. neste livro os capítulos 5 a 7 bem como: AMISHAI-MAISELS 1993; CARUTH 1995; FRIEDLÄNDER 1991 e 1992; HARTMAN 1994 e 1996; HUYSSEN 1994; LANGER 1979 e 1991; LANZMANN 1985; LAUB E FELMAN 1991; YOUNG 1993; LEVI 1990.

court. Ele bloqueia a nossa imaginação, mas estimula a nossa reflexão. A arte — como Benjamin já notara —, assume agora o papel de domesticadora dos indivíduos para a vida numa sociedade onde o choque se tornou parte da ordem do dia (FOSTER 1996: 140); afinal, "o sujeito deve possuir um domínio, ainda que incompleto, do abjeto; ele deve mantê-lo sob controle e a distância para poder se definir como objeto"[16] (Benjamin, aliás, com o seu conceito de fotografia como reveladora do "inconsciente ótico" e com a sua teoria do choque, encontra-se como o "patriarca" da moderna teoria da arte e da literatura como trauma). Foster vê nessa arte abjeta um sintoma da repressão pós-estruturalista do real que teria retornado como traumático (FOSTER 1996: 166): na forma da regressão, da violência e da Aids.

A verdade parece residir agora no trauma: no corpo como anteparo dessa ferida; num corpo-cadáver que é visto como uma protoescritura que testemunha o trauma. Nessa nossa cultura fascinada pelo trauma estabelece-se uma nova ética e estética da representação. A fotografia concebida não na sua definição metafísica de espelho do real, ou romântica de transformação do real, mas sim como "traço de um real", deve ser tomada como um ideal da arte do trauma. A fotografia assim concebida não seria nem um ícone nem um símbolo do real, mas sim um índice do mesmo: assim como a fumaça é um indício do fogo, a *sombra* indica uma presença, a *cicatriz* é a marca de uma ferida ou a *ruína* um traço do passado.[17] Se Lessing no século XVIII não suportava a representação da boca escancarada, agora, se nos recordarmos de um artista como Bacon, veremos que ela se tornou uma de nossas obsessões.[18] Queremos registrar o *instantâneo* do grito, registrar o tremor visceral, o frio na espinha, nosso grito de horror primevo.[19]

---

[16] GROSS 1990.

[17] Cf. DUBOIS 1998: 50. Vale notar ainda que tanto a arte do abjeto como a atual literatura com forte teor testemunhal (Paul Celan, Primo Levi, Aharon Appelfeld, Charlotte Delbo, entre outros) têm em comum as quatro características do índice, tal como ele foi definido por Peirce: *conexão física* (a foto enquanto índice é uma *impressão* deixada por um corpo), *singularidade* (a imagem indicial remete sempre a um único referente), *designação* (a foto como índice *aponta*, é um *gesto*) e *atestação* (o índice atesta: dá um *testemunho* de uma existência).

[18] Cf. DELEUZE 1984, bem como as importantes reflexões de Winnicott sobre Bacon (sobretudo em: "O papel de espelho da mãe e da família no desenvolvimento infantil", 1975). Cf. também o ensaio de Rogério Luz: LUZ 1998.

[19] Bacon é uma figura paradigmática da arte traumática. Ele mesmo notou que há uma diferença fundamental entre os seus quadros e o *Grito* de Munch (1893): em Bacon não se trata de representar a alma e a natureza do homem: "não estou dizendo nada", disse ele (SYLVESTER 1993: 82). Sua arte é descrita por ele como "uma tentativa de refazer a violência da própria realidade" (*idem*, p. 81). Ele não quer pintar o sofrimento humano, mas o seu grito ("Eu queria pintar mais o grito do que o horror", SYLVESTER 1993: 48): falando dos seus quadros representando o papa gritando, ele afirma que "Eu queria fazer a boca, com a beleza da sua cor e tudo mais, parecer-se com um dos ocasos ou com outras coisas de Monet e não apenas o papa gritando" (SYLVESTER 1993: 72). Cf. também: BOHRER 1998, que cita uma passagem de Hofmannsthal sobre a origem da poesia no ritual de sacrifício, que se aproxima da concepção depois descrita por Kristeva. Nessa concepção de arte não há representação; apenas um *instantâneo*: como nos famosos fotogramas de László Moholy-Nagy. Quanto à relação da fotografia com a teoria da arte do trauma (do real, do abjeto) cf. Philippe DUBOIS 1998: 45-62 e 268-304.

A resposta a essa necessidade premente de registro e escritura sobre o corpo--cadáver não se resume de modo algum a uma *mímesis* quase patológica do choque. Paul Celan, por exemplo, traz para a nossa cultura abalada pela Shoah uma escritura que não se entrega ao abjeto, mas antes se confronta com ele. A sua poesia tenta reatar um diálogo com a morte enquanto um Tu, e não perpetrar uma *mímesis* da mesma. "Fales também tu,/ fales como a última,/ profiras teu dito.// Fales —/ Mas não separes o Não do Sim./ Dê ao teu dito também o sentido:/ dê sombra a ele."

3.
ARTE, DOR E *KÁTHARSIS*.
OU: VARIAÇÕES SOBRE A ARTE DE PINTAR O GRITO

Dor, terror e morte nas tradições clássica, cristã e romântica

A relação entre arte e dor pode parecer estranha à primeira vista. A arte, segundo certa concepção clássica, é o campo da fruição do belo e, segundo outra tradição clássica ainda, a arte seria um meio de ensinar o "bem". Poder-se-ia perguntar, então, se seria possível uma conciliação entre a arte "da dor" e essa visão tradicional da arte? Ora, na verdade isso não só é possível, como também, de certo modo, essa modalidade da arte sempre foi no mínimo tão importante — e "clássica" — quanto a sua face avessa à representação da dor.

Como é bem conhecido, na mitologia clássica podemos encontrar representadas todas as paixões, do amor ao ódio, e cenas das mais variadas tonalidades. Assim a *Ilíada*, uma das obras fundamentais na nossa literatura e que está na base de inúmeras obras de arte, é toda um retrato da guerra e de seus aspectos tanto heroicos quanto terrificantes. Também a tragédia grega é em muitos sentidos uma encenação da dor, em todos os seus graus, da dor física à dor pela perda, pela privação, até a dor da ferida mortal. A arte cristã também é fundamentalmente a arte da representação da paixão de Cristo; da história do seu martírio e de sua dor extrema.

Ao falar de arte e dor devemos ter em mente esse fato. Já Aristóteles colocou no centro da sua teoria da tragédia a "purgação" das paixões *eléos* e *phóbos*, da piedade e do terror. Essa purgação só funciona graças à *identificação* e à consequente *com-paixão*. Sentimos terror diante da morte e tendemos a nos identificar com quem sofre: sem esse pressuposto a tragédia e as representações cristãs da paixão não funcionariam. Diante de uma tragédia de Sófocles, de uma tela de Grünewald (pensemos na sua crucificação de Cristo), de uma *pietá*, das inúmeras representações de martírios dos santos — lembremos por agora apenas dos quadros representando São Sebastião amarrado recebendo flechas no seu corpo —, sempre "assistimos" a uma encenação da dor mediada pela identificação com aquele que sofre. Na cena da *mímesis* artística sempre "vivenciamos" no nosso próprio corpo, imaginariamente, a dor que é transmitida pela visão e/ou pela audição. A arte sempre esteve relacionada à morte e ao terror a ela ligado — como encenação do sacrifício e como culto dos mortos: nos dois casos, portanto, na qualidade de apaziguamento e exorcismo do poder incontornável de Tanatos.

Podemos assim compreender por que a representação da dor na história da arte e da literatura é tão importante quanto as noções — complementares e não opostas a ela — de "belo" e de "harmonia". Afinal o belo e a dor não se excluem. Por outro lado, existe uma associação possível e tradicional entre as representações da dor e a quebra na harmonia (essa quebra reforça, numa tradução "literal" do estado psíquico, a apresentação da dor), e também estabeleceu-se muitas vezes um vínculo entre a dor e o feio, e ainda, entre a dor e o sublime.

Edmund Burke, no século XVIII, foi um dos principais teóricos dessa "paixão mista" do sublime, como lemos no seu livro *Uma investigação filosófica sobre a origem de nossas ideias do sublime e do belo*, publicado em 1757. Paixão mista porque nela o prazer nasce da contemplação dos *limites* do ser humano, vale dizer, da visão da *morte* não necessariamente inserida no contexto da encenação trágica ou da narrativa épica.[1] O século XVIII foi a época que deu à luz as obras de H. Füssli, com as suas representações de pesadelos, e também as de William Hogarth, autor da série *Os graus da crueldade*; assim como o século seguinte foi marcado pela publicação dos *Desastres da guerra* e dos *Caprichos* de Goya — e pela obra de seu grande admirador, Baudelaire. A história da arte e da literatura sofre no século XVIII uma virada que, por um lado, rompe com a tradição poético-retórica da *mímesis* como *imitatio*, indissociável da tradição prescritiva da crítica, no mesmo momento em que funda uma compreensão estética do fenômeno artístico, e anuncia o Romantismo.

Lessing no seu *Laocoonte* (1766) analisara o famoso grupo escultórico do mesmo nome tentando conciliar o seu gosto "clássico" pela arte marcada por uma determinada noção de beleza e a sua admiração por essa obra. Segundo ele, Laocoonte não grita, apenas entreabre a boca, porque caso contrário ele desfiguraria por demais a sua face e a obra deixaria de ser bela. Como vimos no capítulo anterior, ele propõe que tentemos imaginar o Laocoonte com a sua boca escancarada:

> "Era uma construção que suscitava compaixão porque mostrava ao mesmo tempo beleza e dor; agora é uma construção feia, repugnante, da qual desviamos de bom grado a nossa face, porque a visão da dor excita desprazer, sem que a beleza do objeto que sofre possa transformar esse desprazer no sentimento doce da compaixão." (LESSING 1998: 92)

Ou seja, caso a boca estivesse escancarada no Laocoonte, a "mecânica" da arte, a saber, da sua recepção baseada na identificação, deixaria de funcionar e ao invés da compaixão, do envolvimento do espectador, haveria lugar apenas para a *repugnância* (*Ekel*, em alemão). O limite na representação da arte é, para Lessing, um limite estético a partir do qual a arte deixa de ser arte (cf. MENNINGHAUS 1999). A visão da dor deveria ter a contrapartida do belo, da contenção. Nesse sentido Lessing não se afasta tanto do seu interlocutor nessa obra, ou seja, de Winckelmann, quanto ele quer parecer. Este último, como se sabe, atribuía a contenção do grito do sacerdote troiano ao seu caráter, heroico, nobre e estoico. A diferença é que o argumento de Lessing é estético e não procede segundo a doutrina retórica do *éthos*.

---

[1] Cf. capítulo anterior.

Na linha da interpretação instrumental da arte como meio de ensinar ao mesmo tempo que deleita, o *prodesse et delectare* da retórica clássica, Hegel nas suas *Lições sobre a Estética* admite a representação da dor e do martírio apenas sob o prisma da *reconciliação* do indivíduo com o mundo e da reafirmação tanto da subjetividade quanto do ideal:

> "Mesmo o Deus cristão não está subtraído à passagem pela humilhação do sofrimento, inclusive pelo opróbrio da morte e não é libertado da dor da alma, na qual ele deve gritar: 'Meu Deus, meu Deus, por que me abandonaste?'; sua mãe sofre semelhante dor áspera e a vida humana em geral é uma vida de conflito, de lutas e de dores. Pois a grandeza e a força medem-se verdadeiramente apenas na grandeza e na força da oposição, a partir da qual o espírito consegue novamente se reconciliar na unidade em si mesmo; a intensidade e a profundidade da subjetividade se distinguem tanto mais fortemente quanto mais infinita e terrivelmente as circunstâncias se encontrarem em tensão e quanto mais despedaçadoras forem as contradições, sob as quais a subjetividade, contudo, deve permanecer firme em si mesma. É apenas neste desdobramento que se confirma a potência da Ideia e do ideal, pois a potência consiste apenas em manter-se no negativo de si." (HEGEL 1999: 188)

É evidente que nem Hogarth nem Goya podem ser compreendidos à luz dessa possibilidade de reconciliação, e muito menos à luz de uma estética voltada para uma funcionalização moral da representação da dor. Esses artistas indicam um caminho pelo qual as artes enveredaram cada vez mais fundo — e que se tornaria central nos cenários atuais das artes e literatura. Não é mero acaso que nesses dois artistas a representação do feio, do grotesco e da dor seja acompanhada por representações do picaresco, do carnavalesco e de outras modalidades do excesso e do riso, irônico ou não. A arte nessas obras chega à idade da sua autoconsciência: tanto de sua "materialidade" estética, como também de seu "ser artístico". Toda a "parafernália" da teoria normativa ou moralizante deixa aos poucos de responder a essa nova arte. A abordagem da *recepção* das obras, dos seus *efeitos*, ganha então um lugar ainda maior, ao lado de uma reflexão sobre a sua *materialidade* e sobre a função da arte na sociedade burguesa capitalista.

Nesse processo, acelerado com o Romantismo, de autorreflexão da arte e de concomitante ascensão da importância do seu lado *material*, ligado à percepção (*aisthesis*), tanto o *corpo* como a representação da *dor* ganham uma nova dimensão. A arte, como que liberada das amarras do classicismo, pôde retomar o seu papel de *ritual* (sacrificial): de espaço de cruzamento das fronteiras e concomitante reestabelecimento dos limites; local de teste e abalo das ideias que ajudam a manter a sociedade coesa. A arte surge como "espaço marginal" — ou seja, de apagamento/traçamento das margens — onde tanto aquilo que é posto "de lado", "para baixo", na sociedade voltada para a produtividade, pode se manifestar "livremente", como também, ao fazê-lo, volta-se contra esse recalque que sustenta a vida social cotidiana. Daí a relação íntima entre apresentação — e não mais representação —

da dor (trágica) e da ironia (romântica) corrosiva e autorreflexiva. Não por acaso a metáfora de Dioniso surgirá no meio do século XIX com Nietzsche para sintetizar, novamente, essas duas tendências.

Também não é de surpreender, portanto, que a arte seja aproximada não só do corpo, mas das suas funções vitais, sobretudo do sexo. Autores como o próprio Nietzsche, Hofmannsthal, Freud e Bataille perceberam e refletiram sobre esse fato. A arte como a vingança de Orfeu (que havia sido despedaçado, como lemos nas *Sátiras*, de Horácio): eis o novo contexto das representações da dor nas artes, no qual prazer e morte, Eros e Tanatos, misturam-se. A arte torna-se — ou volta a assumir o seu papel de — rito iniciatório. Mas também — e exatamente por isso — torna-se regressiva. O artista que fora tratado como "gênio" no século XVIII, assume agora a identidade do proto-homem; em termos tanto da espécie como também ontogenéticos. Ele representa tanto o excluído, o "outro" que está na nossa origem, pois é aquilo que marca a diferença que institui a identidade e a "normalidade" — e por isso ele encena o papel daquele que é marginalizado, do *outsider* —, como também ele pode ser ainda cultuado como se cultuava a arte "aurática"; pois ele encarna a nossa origem e está "além do bem e do mal", vale dizer, "além de todo valor". Ele é a origem pura, pré-diferencial do valor e dos valores.[2]

Essa "origem" é a origem do simbólico: e essa ordem simbólica nasceu de um

---

[2] É interessante aproximar esta tentativa de esboço de topografia do "campo do estético", aberto a partir do século XVIII, onde "a arte/o artista" ocupa este lugar ao mesmo tempo central e marginal, com a reflexão schmittiana sobre a *Ortung* (localização), que orienta os limites entre o normal (normatizável pela lei) e o caos. Para Carl Schmitt, o estado de exceção é o local "atópico" e onipresente de onde o soberano comanda este traçamento de fronteiras. Ou seja, assim como na teoria política existe este espaço paradoxal, que é tanto nuclear como externo a qualquer norma e lei, a qualquer fronteira e identidade fixa, de onde emana a própria fundamentação da lei (e, portanto, toda lei depende da possibilidade *a priori* da sua violação, o soberano está aquém e além da esfera do direito), do mesmo modo o campo estético tem uma relação externa e nuclear com relação ao traçamento das identidades e valores na sociedade romântica e pós-romântica. A análise que Giorgio Agamben (cf. AGAMBEN 2002), nos passos de Nietzsche, fez dessa "estrutura de bando" (inclusão que exclui) entre a figura do soberano e a fundação da organização política leva-o a detectar a figura especular do soberano, ou seja, o *homo sacer*, aquele que, ao contrário do soberano, é uma espécie de *sobra necessária* que, por se encontrar também banido da esfera humana e divina, é um "alimento simbólico" cobrado para manutenção da estrutura de domínio. Nesse ponto Agamben parte de Walter Benjamin que, no ensaio "Crítica da violência — Crítica do poder", apresentou a relação umbilical entre o sistema jurídico e a *injustiça*, a saber, entre qualquer poder instaurado (e sua estrutura jurídica) e a violência constituinte que estava na sua origem. Onde quero chegar com essa aproximação entre reflexão política e teoria estética? Benjamin e Agamben falam de uma "vida nua" que vem à tona e é sacrificada nessa estrutura. A vida como *zoé* (vida natural, animal) que vem à luz, afirma Agamben, e não como *bios* (vida em grupo). Se recordarmos a relação originária entre a arte e o sacrifício, acho que não seria ousado pensar também nas artes o mesmo movimento de vir à tona dessa vida nua — que para Agamben levou aos massacres, genocídios e à figura (biopolítica, em termos foucaultianos) do campo de concentração no século XX. No campo das artes o vir à tona da vida nua se manifesta, creio, na arte abjeta, "do corpo" e no processo geral de dessimbolização da estrutura representativa da arte. Para esta pesquisa sobre as afinidades entre o "estético", tal como ele é pensado a partir do século XVIII, e a política totalitária, cf. LACOUE-LABARTHE E NANCY 2002.

sacrifício. Para Freud, como é sabido, esse sacrifício foi justamente o proto-assassinato, o assassinato do pai. Também Hugo von Hofmannsthal descreve, no início do século XX, a origem da poesia no sacrifício para acalmar a fúria dos deuses. Aquele que sacrifica estabelece uma troca — simbólica. Nessa troca o "outro" substitui o "próprio" e o libera da morte. Esta passa a ser apenas encenada. Desse ponto de vista, a arte é um martírio, uma passagem pela dor, pelo sofrimento e pela morte — para garantir a vida.[3]

A arte pós-Segunda Guerra Mundial

Esse artista Dioniso e Orfeu é, tanto quanto esses personagens, um ser para quem arte e existência não se diferenciam mais. O artista por excelência é o *performer*; nele, arte e corpo são uma e a mesma coisa. Esse artista, no entanto, só pôde se desenvolver na sua plenitude na segunda metade do século XX. Após o ritual máximo de violência da história da Humanidade — a Segunda Guerra Mundial com os seus milhões e milhões de mortos, mas também após o nazismo com a estetização paroxística do político como *obra de arte total* (*Gesamtkunstwerk*) — o artista foi mais do que nunca necessário para "aplacar a fúria dos deuses".

É evidente que a arte do pós-guerra não pode ser reduzida à performance ou às mais variadas modalidades da "arte do corpo/da dor"; é evidente também que não se deve de modo algum reduzir a arte ao nível da manifestação do retorno do recalcado. Também tem sido comum uma leitura da arte a partir de um arsenal advindo da psicanálise sem a necessária mediação com base na reflexão sobre os fenômenos da arte e da sua história. Devemos ter em mente que tanto a psicanálise como a arte possuem um desenvolvimento paralelo no século XX: e esse percurso paralelo não é nem harmônico nem epifenomênico. Mas não há dúvidas quanto ao fato de que um movimento também traduz e ilumina o outro.

A reconstrução de nossa "gramática originária" através da arte leva a arte/o artista a reencenar a protocisão (*Urspaltung*) do homem, em uma escala desconhecida na arte moderna. Protocisão significa aqui a construção do "eu" através da

---

[3] A arte como sacrifício bem como a tentativa de erigir uma obra a partir do projeto de se pintar o grito são *topoi* que encontramos nas pinturas de um artista em torno do qual se mantém até hoje um verdadeiro culto e que é tido como referência central na história da arte: Caravaggio. No seu *Sacrifício de Isaac*, o anjo que impede Abraão de sacrificar seu filho — que grita — aponta para o substituto: o carneiro. O grito aparece também em obras como *David e a cabeça de Golias*, *Judite e Holofernes* e na *Cabeça de Medusa*. Louis Marin, em uma bela leitura dessas obras, analisa o "cri-silencieux" da Medusa como a inscrição do artista na sua própria obra enquanto aquele que petrifica e está petrificado. A Medusa teria sido representada por Caravaggio no momento em que ela se vê refletida no escudo de Perseu. O artista teria congelado o momento — sublime — imediatamente antes de sua morte. Arte, morte, representação do irrepresentável e grito entrelaçam-se em uma poética que não por acaso Marin atualiza e lê em plena década de 70 do século XX. De resto, a metáfora do escudo de Perseu como uma superfície que permite que lancemos um *olhar* sobre o *real* tem sido aplicada ao cinema enquanto máquina de revelar o nosso inconsciente sem que sucumbamos diante de tais imagens (cf. MARIN 1997).

"passagem pela experiência da dor" — e da sua negação. A "arte da dor" justamente desfaz a negação/recalque da experiência dolorosa, bem como, em termos da "história da civilização", quebra os tabus que haviam sido construídos em torno do corpo e de suas excreções. Se as demais instâncias garantidoras da identidade colapsaram ao longo dos últimos duzentos anos — tais como a Religião, a Nação, o Estado, as Utopias — deixando apenas a esfera do "ínfimo cotidiano" como último elo de ligação/identificação com o mundo, então a perda das coordenadas que garantiam uma unidade ao mundo e do sentimento de pertença daí advindo é "compensada" por esses rituais de regressão.

Sobretudo na modalidade de arte em que o corpo humano/animal está no centro, esse fenômeno é evidente. Nessa arte que quer "redesenhar" o homem, é preciso primeiro apagar os limites dos conceitos e das polaridades que sustentavam a sua identidade: daí advém uma série de ambiguidades típicas dessa modalidade de arte. Para Freud a "dor, em si e para si, engloba a possibilidade do sentimento de prazer": em outros termos, pulsão sexual e crueldade sempre andaram juntas desde as nossas "origens". A "arte do corpo" tenta reinscrever o simbólico: apagar/retraçar os limites entre o homem e a natureza. Devemos atentar também para o fato de que na medida em que o homem avança no domínio dos códigos da natureza, paradoxalmente esta parece se diferenciar cada vez menos enquanto uma instância destacável da "cultura". O artista é, portanto, aquele que, hoje, leva mais adiante as visões do homem-animal e também do homem-máquina.

Podemos afirmar com certa segurança que a tendência ao emprego do corpo como "suporte/tema" da arte não será logo superada; muito pelo contrário. A arte do corpo — dos seus limites e do *corte* (literal, como em algumas obras de Gina Pane e dos *performers* de Viena dos anos 60 e 70 Gunter Brus, Otto Muehl, Hermann Nitsch e Rudolf Schwarzkogler)[4] desses limites, arte do *abjeto*, como Kristeva a denominou, das excreções, daquilo que desestrutura a ordem, a identidade e os significados controlados/controladores — é uma arte que ao mesmo tempo é fruto da violência da técnica e a desafia (como nas obras do casal *performer* sadomasoquista Bob Flanagan e Sheree Rose): nela muitas vezes arte e técnica se unificam, mas de um modo bem diferente do que ocorria na *techné* da Antiguidade. Agora não se trata de produção de algo, de *mímesis*, mas sim de uma manifestação da arte como "interiorização do sacrifício", como Adorno e Horkheimer a definiram. Essa arte é filha de uma "cultura da pulsão de morte" — e do *culto* dessa pulsão, como afirma por sua vez Hal Foster (FOSTER 1995: 92-3).

---

[4] Vale a pena notar que as ações desses artistas *performers* autodestrutivos têm muito de *mise en scène* e estão cercados de mitologias e lendas que a crítica de arte alimenta generosamente. Para um interessante levantamento da construção desses mitos de autoemasculação e de suicídio em performances (ação atribuída por muitos autores até hoje a Rudolf Schwarzkogler), cf. DRÜHL 2001 (o volume da *Kunstforum*, vol. 153, janeiro-março/2001, que contém este ensaio apresenta, de resto, um dossiê muito informativo sobre arte e violência, "Choreografie der Gewalt", pp. 44-229). É evidente que a encenação muitas vezes enganosa das amputações em público ganha importância justamente pela recepção ávida e acrítica dos espectadores, especializados ou não. Há uma óbvia complementaridade entre os dois movimentos, do público e dos artistas.

O *performer* australiano Stelarc representa um exemplo conhecido nesse sentido. Suas máquinas funcionam como extensões da *pele*, este que é nosso maior órgão e dos mais "esquecidos" apesar e devido à sua supervisibilidade. É este tecido que traça nossos limites que é antes de mais nada posto à prova pela *body art*. É interessante notar o percurso de Stelarc. Ele vai da exploração das entranhas com seus filmes sobre seus pulmões, estômago e intestino — rompendo de modo explícito o tabu que estava na origem da reflexão estética do século XVIII (voltaremos a esse ponto ao tratar de Serrano) —, passa pelas 25 suspensões de seu próprio corpo nu, elevado no ar apenas por enormes anzóis enfiados em sua pele e atados a fios amarrados no teto da galeria de arte, até as ações com máquinas que prolongam a pele e permitem uma "conversa tátil" a distância que muitas vezes dispensa a imagem do parceiro; verdadeira anulação da fotografia enquanto meio radicalmente visual e entronização do tato, o sentido mais matérico/concreto e visto desde o Renascimento como o menos preciso.[5]

Já uma artista como Cindy Sherman — ou mesmo Nan Goldin — dá mostras dessa nova modalidade da arte; por um lado, como exercício de *desconstrução da representação* — tanto no seu sentido de *representação ilusionista* (e nesse sentido ela é continuadora das Vanguardas), como também das diversas representações dos *papéis* atribuídos às mulheres —; por outro, ela apresenta uma arte nascida de uma cultura onde a identidade se tornou uma vestimenta que pode ser trocada conforme a ocasião, como uma *roupa* (ou como uma *pele*, como no caso da artista francesa performática Orlan, cuja obra consiste em mudar periodicamente a sua face por meio de operações plásticas). Essas artistas não tanto comemoram essa "nova barbárie" pós-moderna e a *liberdade* que a acompanha — que Benjamin já detec-

---

[5] Para uma esclarecedora história da pele, de suas metáforas e usos, cf. BENTHIEN 1999. Paralelamente às impressionantes transformações na Biologia e, mais especificamente, na Genética, houve um verdadeiro *boom*, nos últimos anos, de obras, exposições e catálogos sobre a questão do corpo e da violência. A ligação entre um tema e outro é tópica. Eu lembraria aqui da exposição e do catálogo *Abject Art (Arte abjeta)* do Whitney Museum (Nova York, 1993) e da exposição ocorrida em 1995 em Berlim que originou o catálogo *Gewalt/ Geschäfte. Eine Ausstellung zum Topos der Gewalt in der gegenwärtigen künstlerischen Auseinandersetzung (Violência/ negócios. Uma exposição sobre o tópos da violência na cena artística atual)*. Uma das mais importantes exposições sobre a história da representação do corpo ocorreu na Hayward Gallery de Londres em 2000/2001, "Spectacular Bodies" ("Corpos espetaculares", cf. KEMP E WALLACE 2000). Na Alemanha a recente exposição do médico Gunther von Hagens "Körperwelten" ("Mundos do corpo"), que apresenta com estrondoso sucesso a sua coleção de "esculturas" feitas com cadáveres humanos e conservada por um método de "plastination" por ele desenvolvido, é também uma mostra eloquente da atração mórbida da nossa sociedade e da nossa "crise do corpo", "da vida" ou "do real". Vale lembrar o subtítulo desta exposição: "Die Faszination des Echten", "a fascinação do autêntico". Uma dessas "esculturas" segura na mão a sua própria pele, com altivez, como na tradição dos tratados de anatomia desde o século XVI. O fato que veio à tona recentemente: Hagens utiliza na sua fábrica de corpos *plastinados* na China cadáveres fornecidos pela polícia (a poucos metros de sua fábrica localizam-se campos de execução) chinesa e de países da ex-União Soviética, bem como seu hábito de fazer referência aos cadáveres utilizando termos eufemísticos semelhantes aos empregados pelos nazistas em campos de concentração — isto tudo torna ainda mais clara a relação entre esta "arte abjeta" e a radicalização da figura biopolítica do *homo sacer* na nossa época.

tara[6] — mas sobretudo expõem o *trauma*, a dor dessa nova situação. Qual a modalidade dessa encenação? Pura *mise en scène* neo-romântica? Isso pouco importa e seria um moralismo barato condenar essa arte por tal viés. A própria Nan Goldin está consciente dos limites da noção da "self-destruction as glamorous" que estava na base do seu livro *The Ballad of Sexual Dependency* (A balada da dependência sexual), de 1986, assim como Cindy Sherman se diverte com a apropriação da estética dos filmes de terror "B" que marca as suas obras desde o final dos anos de 1980.

Essa arte "do corpo" não pode, portanto, ser limitada à superfície da nossa pele (e aos seus excrementos): existe uma arte do amorfo que se multiplica por inúmeros suportes. A fotografia e a *land art* são dois exemplos dessa arte, sendo que a primeira no contexto da análise da *arte-dor* é essencial, como as obras de Sherman e Goldin o testemunham.

O OLHAR SOBRE O REAL

Um aspecto central dessa arte é a sua recepção. Se o *voyeurismo* é uma das marcas da relação com o pré-simbólico — com o "real" enquanto esfera que escapa ao simbólico —, ele também não deixa de ser essencial tanto na nossa sociedade colonizada pelas imagens como nas suas manifestações artísticas. Assim como Andy Warhol tomou a radicalização da reprodução *ad nauseam* das imagens como um dos princípios da sua arte — sendo que a sua série sobre a violência e a morte na América expõe o que restou da "civilização" industrial na era da Guerra Fria: a repetição melancólica do trauma —, Richard Prince, por sua vez, trabalha com o *glamour* de uma sociedade dominada pelas fotos publicitárias. A repetição das imagens não apenas destrói a unicidade e a tradição — a "aura" das obras — mas também *dessimboliza* as imagens: estas regridem a um estágio pré-simbólico (cf. DUBOIS 1998).

Nan Goldin registra com a sua câmara não apenas a esfera do seu ínfimo cotidiano *bas-fond* — tentando assim criar a "sua família" via álbum de fotografias —, mas também seus amigos doentes soropositivos, sendo que as fotos tornam-se *atos e gestos de despedida*. A foto funciona aqui em diferentes níveis: como *arte da memória*, que é acompanhada, paradoxalmente, por uma *afirmação da perda da tridimensionalidade da cultura* (ou seja, da sua densidade histórica) e também como *arte antimimética*. A foto funciona no registro *indicial* (como índice) como uma cicatriz, ruína, traço de algo com o qual ela mantém uma conexão física. Ela *testemunha* algo: via de regra doloroso. Como nos fotogramas de László Moholy-Nagy, também na arte do trauma as coisas deixam um traço — uma *sombra* — na superfície da memória que é queimada pela luz dos "acontecimentos"; daí a fotografia ser uma espécie de suma dessa modalidade de arte da memória.[7]

---

[6] Cf. W. Benjamin, "Experiência e pobreza", *in*: BENJAMIN 1985a.

[7] Cf. o capítulo anterior.

O observador diante dessas "imagens da dor/do trauma" sente justamente a repugnância mencionada na passagem de Lessing acima citada. Mas nós já nos despedimos há tempos da arte ilusionista: agora a arte abjeta quer nos confrontar com uma imagem diante da qual muitas vezes nossa mente — como na contemplação do sublime — não pode mais pensar; nós como que "nos perdemos" diante dessas imagens. Como achar um conceito para as imagens, por exemplo, de *The Morgue* (O necrotério), de Andres Serrano? Essa arte abjeta embota a reflexão. Podemos considerar que esse embotamento também pode significar uma pausa necessária, imposta pela arte. Por outro lado, essa espetacularização da dor leva não mais a uma improvável *kátharsis* com a sua participação identificatória (*méthexis*), mas se dá na chave de um olhar que foi educado pela perspectiva estética, elaborada a partir do século XVIII e que culmina agora com o avesso da identificação piedosa, ou seja, com a pura dessubjetificação sem o momento de fusão *ecstasica*. Aqui a *kátharsis* só pode ser pensada enquanto fusão regressiva com o proto--eu pré-simbólico.

Susan Buck Morss tentou explicar essa arte abjeta a partir do conceito benjaminiano de *choque*: a onipresença do choque e da violência imposta pela tecnologia na modernidade teria essas obras como seu "resultado". Talvez a noção benjaminiana de "inconsciente ótico" também nos auxilie nesse contexto: essas fotos seriam a manifestação de uma camada oculta da nossa economia psíquica que se manifesta em uma cultura abalada pela violência e que procura a todo momento retraçar as suas fronteiras.

Confrontado com os poemas de Paul Celan, Adorno, na terceira parte de sua *Dialética negativa*, escreveu que "a dor perene tem tanto direito à expressão, como o torturado ao grito; por isso pode ter sido errado afirmar que não se pode escrever mais nenhum poema após Auschwitz" (ADORNO 1975: 355 ss.). O "grito" da poesia de Celan não é de modo algum um grito como o de Filoctetes, de Sófocles — lembrando Winckelmann, que comparou esse grito ao do Laocoonte —, mas sim uma voz mais "contida" ou, melhor dizendo, mais "quebrada", fragmentada, vale dizer: sufocada. Nesse poeta a arte da memória — da dor e do trauma — não pode de modo algum ser resumida ao *acting out* que marca muitas das obras contemporâneas (sem que com isso eu queira dizer que essas obras devam ser reduzidas a um "sintoma", ou mesmo que elas sejam "inferiores"). Sem "trair" o passado — sem abandoná-lo a uma impossível perlaboração/tradução total ou a um entendimento (pseudo)totalizante que significaria o mesmo que esquecer — ele enfrenta a difícil tarefa de dar forma ao sem-forma, que, no seu caso, de modo bem específico, tem um nome: Auschwitz. A arte de Celan — diferentemente da arte para Lessing — possui um limite muito mais determinado pela *ética* (da memória) que pelo estético (cf. SELIGMANN-SILVA 2000).

Também um artista como Francis Bacon tem uma obra que em boa parte pode ser vista como uma série de variações sobre o grito. Na sua famosa entrevista a David Sylvester (1993) ele volta diversas vezes a esse tema. É importante notar que ele se diz mais obcecado pelo grito "em si", por sua pureza material e visual, e não tanto pelo horror que ele exprime (sendo que essa preocupação com a expressão estaria presente tanto na retórica plástica do Laocoonte como no famoso *Grito* de

Munch, de 1893). Ele quer captar o *movimento* do grito "e a forma da boca e o dente". O que importa para Bacon é "a cintilação e a cor que vêm da boca". Como vimos no capítulo anterior, ele afirma ainda que gostaria de ter pintado uma boca, como Monet pintou um pôr-do-sol. Essa preocupação com a *cintilação da boca* que o atraía e essa busca de uma representação que dessignificasse o grito, transformando-o em um *evento estético*, são momentos característicos da arte do trauma que vimos acima. Bacon é um dos artistas que, antes de Cindy Sherman, melhor registrou a tendência da arte contemporânea para esse apagar e retraçar incessantes dos limites do "eu". Suas representações de pessoas gritando, de carniças, de atos sexuais, de faces deformadas e de pessoas "posando" (ou representando pessoas que posam) são muitas vezes "enquadradas" por formas cúbicas ou círculos que reduplicam o espaço emoldurado da tela: que retraçam o campo do limite e do ilimitado, tanto do "eu" como da "cena do estético". As imagens "violentas" são expostas para o prazer *voyeurista* dos espectadores (cf. Menke 1995). A encenação desse "eu" que se desmancha é realizada na verdade sobre uma espécie de palco, o que não apenas acentua o tom "cênico" dos quadros, distanciando o observador, como também esse distanciamento permite um *voyeurismo* mais *reflexivo* da violência (diferentemente, portanto, do que ocorre com a série de Andres Serrano mencionada acima ou na *body art*). O fato de Bacon estar preocupado com o *movimento*, com a materialidade do grito, é trabalhado tanto na forma do tríptico — na apresentação de três cenas, que na verdade desconstroem os três momentos arquetípicos passado, presente e futuro congelando-os em um agora estático — como também na sua tinta acrílica e nas suas cores fortes e contrastantes. A violência e a dor que emanam dessas obras são tão encenadas que se torna impossível qualquer forma de identificação imediata. Aqui também o espetáculo da dor e da violência é um espetáculo do estético e do eu reduzido a uma "autoperformance" desestruturadora/estruturadora de si mesmo.

No caso extremo de Serrano, na sua série *The Morgue* mas também de muitas outras obras (fotográficas) suas, não se trata tanto da representação da dor, mas sim da apresentação da morte e sobretudo do *cadáver*, daquilo que sempre se deixa de fora, que "cai" (cadáver, assim como o verbo esquecer, vem do latim *cadere*, cair) como algo ob-sceno que, de algum modo, *atrai* e por isso mesmo deve ser obscurecido, ocultado. Mas nessa série — como nas obras do casal Flanagan e Rose (essas sim, espetáculos da dor) — o próprio espectador é "violentado", traumatizado. Não ocorre aqui o movimento reflexivo de apresentação reiterada da cena da representação artística, como em Bacon. A fotografia revela de modo mais direto o "inconsciente ótico". É interessante notar que em *The Morgue* as imagens que menos chocam são também as menos estetizadas — como em "Pneumonia Due to Drowning" (Pneumonia por afogamento) e "Multiple Stabbing" (Esfaqueamento múltiplo). Nessa última, o elemento terrífico que acompanha a contemplação das demais obras é atenuado pela visão do sangue e da sujeira, que tem o efeito de "humanizar" a morte. Serrano também possui obras sobre temas cristãos, como *Pietà* e *Crucifixion* (Crucificação), nas quais ele trabalha imagens sacras com urina e com certas técnicas que paradoxalmente atingem o efeito de *sfumato* de Leonardo e da escola veneziana. Assim ele — ironicamente! — re-auratiza as suas obras.

Aura e urina: com fórmulas como esta Serrano quer não só chocar ou empregar técnicas aprendidas na publicidade (cf. as fotografias de Oliviero Toscani para Luciano Benetton). Ocorre também nas suas obras uma encenação do corpo/do artista como campos específicos para dramatização da dor e da paixão. A arte de Serrano, ao querer estetizar a *visão* da morte, caminha no sentido de uma super--estetização que culmina, no limite, em uma antiestética: percepção (*aisthesis*) em demasia transforma-se em impossibilidade de percepção. Cegamento, como na arte sublime, mas pela via do abjeto: do cadáver que nos puxa para baixo e não do sublime, que nos "eleva".[8] A arte quer mostrar o i-limitado, sem medo da "queimadura" que a visão do "real" implica. Este "corte" na fina película do "real" representa na verdade um momento no processo de dissolução das fronteiras que é característico do que se convencionou denominar de pós-modernidade. Diferentemente de um Celan, Serrano não se defronta com a questão da ética do limite: ou se defronta com ela apenas de uma forma negativa, apagando todos os limites e a possibilidade de uma reflexão sobre a ética (que é sempre uma reflexão sobre o limite e o respeito ao *outro*). O fundamentalismo estético de Serrano bloqueia a passagem para o ético e leva, paradoxalmente, à desmontagem (e recriação) do estético. Ele dessignifica e desrealiza o cadáver e a morte via sua estetização, por outro lado, diferentemente de Bacon, que busca um paroxismo do olhar estético, suas obras tendencialmente bloqueiam a relação de apreciação estética. O olhar fica cegado e dominado pelo movimento-reflexo do asco. O mesmo ocorre, de resto, com algumas fotos que *documentam* catástrofes extremas, como os cadáveres nos campos de concentração nazistas ou em certas descrições de pessoas torturadas.[9]

Nada mais distante, por exemplo, da estética eminentemente marcada pela ética da representação de um Claude Lanzmann,[10] que seguiu no seu filme *Shoah* o tabu

---

[8] Cf. o capítulo anterior.

[9] Cf. catálogo CHÉROUX 2001. O tema da "descrição" constitui um capítulo à parte na teoria da representação/apresentação da dor e da violência e infelizmente não posso entrar nele aqui. Lessing e Goethe, apesar de não concordarem totalmente com respeito a essa questão, expressaram ideias interessantes sobre esse tema. — Quanto às descrições de pessoas torturadas, uma das passagens mais violentas que conheço encontra-se no relato de Rigoberta Menchú das torturas sofridas por seu irmão e sobretudo da (polêmica) cena em que seu irmão foi queimado pelos militares da ditadura em praça pública junto com um grupo de prisioneiros. Apesar do texto de Rigoberta ser uma transcrição feita por Elisabeth Burgos, o fato de ele ser narrado em primeira pessoa por um personagem político de destaque e que desperta nossa identificação traz uma dimensão e um peso que a ficção não pode atingir. Se nos recordarmos que Lévinas em 1962 escreveu sobre o *Yossel Rakover* de Zvi Kolitz — uma obra que então ainda era considerada pela maioria de seus leitores como sendo um documento testemunhal autêntico — que aquele texto era "verdadeiro como apenas a ficção o pode ser", podemos pensar no efeito de desrealização que a descrição "em primeira mão" de uma tal cena *pode* criar. A verdade é, no entanto, que ela não cria *necessariamente* este efeito. Afinal, não existe "grau zero" do testemunho e não existe meio de se delimitar onde o "literário" (e também o "ficcional") começa. Cf. LÉVINAS 1998.

[10] Cf. Shoshana Felman, "Educação em crise, ou as vicissitudes do ensino", e Peter Pál Pelbart, "Cinema e Holocausto", ambos *in*: NESTROVSKI E SELIGMANN-SILVA 2000, pp. 13-71 e 171-83.

da proibição das imagens dos cadáveres justamente para evitar a dessignificação da Shoah. Se Lanzmann no cinema, Celan na poesia e Anselm Kiefer (cf. Salzman 1999) nas artes plásticas trabalham na delicada e tensa linha de demarcação entre o abjeto e o sublime, Serrano, por sua vez, tenta estabelecer uma conexão implausível entre o abjeto e o aurático (marcado pelo domínio do "valor de culto").

Kristeva (1980), como vimos, sugere que a arte abjeta possui uma função catártica. Talvez ela tenha razão, mas essa catarse não é aquela teorizada por Aristóteles, mas sim apenas uma versão simplificada da mesma que vê na arte uma válvula de escape e um balanço compensatório dos recalques cobrados pela cultura. Mas devemos ter em mente que a arte atual passa pela *reflexão* — como no caso tanto dos artistas que trabalham dentro de uma "ética da representação", como também na linha do olhar estético que marca as obras de um Bacon — como também passa por uma recepção pós-estética, como em Serrano e outros artistas do abjeto. As obras destes últimos não podem ser pensadas dentro de uma ética da *pólis* (ou da política da representação, no seu sentido também da representação política) pois estão além e aquém da questão do contexto e portanto não levam em conta o histórico.[11]

Evidentemente se quiséssemos discutir todos os aspectos da questão arte e dor/violência deveríamos analisar ainda a função dessa arte em um registro que não o do âmbito muito restrito das Bienais e exposições de arte. Mas esse não foi o objetivo aqui. A arte contemporânea, no entanto, apesar de ter conquistado uma esfera da *liberdade estética* oposta ao programa da educação estética da humanidade de um Schiller, representa uma esfera onde os principais problemas da contemporaneidade estão sendo refletidos e retrabalhados de um modo ao mesmo tempo vertiginoso e criativo. Se para Schelling o artista era o mediador do Universal, hoje em dia tendemos a ver na sua arte a manifestação de um "real" que assombra a nossa sociedade super-tecnológica. Essa arte decerto não pretende dar "respostas" aos nossos atuais dilemas. Mas cabe a nós dialogar com a "arte da dor" que pode nos mostrar não apenas como pensar as fraturas das nossas identidades, mas também pode justamente nos ensinar a não esperar respostas completas e prontas para os desafios impostos pelo convívio em uma sociedade agredida pelas violências tecnológica, urbana e social, acuada pela questão da diferença e pelas duas vertentes mais irracionais da "solução" dessa questão: a da globalização, que nega as diferenças, e a do fundamentalismo, que reafirma a velha ontologia racista. O campo do estético não pode mais ser pensado como independente do ético.

---

[11] A questão de fundo — e essencial — aqui é se essa arte não significa um desdobramento da estetização do político. A recusa da ética e da política da representação também é um fato político. Por outro lado, deve ficar claro que não cabe à crítica ou à reflexão sobre a arte de um modo geral estabelecer um tabu com relação às diversas modalidades de arte. O papel desses metadiscursos é refletir sobre as "origens" e consequências — estéticas, éticas e políticas — dessas manifestações.

4.
ELOGIO DA *MÍMESIS*: MARIO PERNIOLA

A filosofia acadêmica e institucionalizada sempre teve de enfrentar a crítica ácida de pensadores avessos aos paradigmas da filosofia filológica e guardiã da tradição. Também não é novidade o fato de que a disciplina filosófica soube incorporar essas críticas e negociar as substituições no seu panteão. O filósofo italiano Mario Perniola tem tudo para ser considerado um *enfant terrible* no amplo panorama da filosofia contemporânea. Ele leva ao extremo a prática filosófica da releitura da tradição. De sua obra emana a mensagem que nem sempre agrada aos mais conservadores: a filosofia é antes de mais nada *gestus*, rito. Ele leva ao limite a violação do "decoro" filosófico — transforma a filosofia na cerimônia de expor o ser como jogo de simulação e cópia.

Se é verdade que as obras das vanguardas terminaram nos museus, apesar de terem nascido da revolta e do ímpeto de ruptura, não é menos correto afirmar que o museu finalmente cedeu às críticas e tem se transformado de modo vertiginoso nos últimos anos. Com Perniola estamos penetrando em uma nova maneira de se pensar a Filosofia — para além da Filosofia.

Em *Pensando o ritual: sexualidade, morte, mundo* (2000) o leitor encontra uma boa mostra desse pensamento que sabe manter a vivacidade e a inquietude sem perder o tradicional rigor da leitura filosófica. Portanto seria válido nos perguntar: quais são os conceitos que servem de fio condutor ao pensamento de Perniola? Quais os seus precursores?

Seus conceitos são quase todos anticonceitos: Perniola nos fala de *trânsito*, de *simulacro*, de *rito sem mito* e, sobretudo, de *repetição diferente*. Ele nomeia alguns de seus precursores: Nietzsche, Benjamin, Heidegger, Klossowski, Foucault, Deleuze, Derrida, Lyotard, Baudrillard... mas é indiscutível que seu pensamento não se resume a uma mera continuidade desses autores. Perniola afirma a sua voz filosófica a partir de uma leitura da tradição que enfatiza Roma antiga e o Barroco. E mais: seu pensamento estabelece-se sobre o tripé sexualidade, morte e (re)leitura do mundo.

Trânsito, simulacro, rito e tradução

Trânsito é uma noção derivada da experiência contemporânea do fim das fronteiras estáveis. Se tudo é provisório e nenhum lugar corresponde à origem, só resta o deslocamento e o trânsito. Na tradição filosófica, trânsito desdobra noções como a hegeliana de *Aufhebung* (superação) ou a *Überwindung* (ultrapassagem) de Nietzsche e ainda a noção heideggeriana de *Verwindung* (reparo, restabelecimento).

Com a noção de *simulacro* Perniola enfatiza a superação da polaridade "original-cópia". Essa ideia é central e segue a tradição de Nietzsche (que reverteu e implodiu a hierarquia platônica que privilegiava a Ideia em detrimento da aparência), Heidegger (para quem a *mímesis* não diminuía o objeto) e Deleuze (que via no simulacro um conceito para além da dicotomia modelo/cópia implícita na noção tradicional de ficção). É através de um "mimetismo vertiginoso" que a "cópia" se emancipa — e a unicidade, a marca ontológica do ser original, dissolve-se. Aqui a fidelidade só existe na diferença, a saber, na *différance*, diríamos com Derrida, como princípio de eterna diferenciação, desvio. A *mímesis*, que Aristóteles percebeu como sendo essencial na formação do "ser" (e, portanto, também na concepção da arte), é pensada agora como uma modalidade "transgressora" de *tradução* que junta de modo aporético fidelidade (na cópia) e criação (desvio, diferença).

Esse elogio da reprodução como produção — que desdobra e transforma a ideia benjaminiana de reprodução técnica — tem nesse autor a marca de uma era caracterizada pela informatização e pelo "sincretismo". Perniola aposta nas possibilidades libertadoras da mídia eletrônica, tanto nas artes como no âmbito da informação e da sexualidade.

Já o sincretismo tem para ele tonalidades românicas, ou seja, da cultura romana. Roma é descrita como uma cidade sem origem: "em Roma todos são estrangeiros, começando por Rômulo, que vem de Alba Longa, por Tito Tácio e por Numa... Roma é desde o início uma cidade simulada". A cidade, afinal, foi fruto da reunião dos sem-pátria. Nela a mistura dos sem-identidade simula uma *urbs*. A religião romana foi marcada pela assimilação, acolhimento e veneração dos deuses dos inimigos. Poderíamos pensar aqui em uma relação subterrânea de Perniola com concepções mais do que românicas, propriamente românticas, como a do romance como "gênero" que mistura todos os gêneros, uma forma que desfaz identidades para recriá-las — de um modo infinito, aberto (como na sátira latina). De resto o simulacro pode ser pensado ao lado das noções românticas de "ironia" (*"Ironia"* — afirmou F. Schlegel — "é o claro caos em agilidade, intuição intelectual de um caos eterno") e de *Verstellung* (simulação, disfarce) que Schlegel via como parte essencial da ironia socrática. Faz parte da teoria da ironia a ideia da construção do ser com base na oscilação entre ser e não-ser (*"Ironia* é alternância", também formulou Schlegel).

Em Perniola não se faz concessão a nenhuma forma ontologizante de caracterizar a identidade e, portanto, não há lugar para o neo-racismo implícito em conceitos em voga advindos da biologia como o de "hibridismo" (que só pode ser pensado dentro da clausura metafísica da "pureza"). Muito pelo contrário: a "origem" em Perniola é revelada como prótese. Também não existe um local "mais próprio" ou "mais puro", mas apenas trânsito e simulacro. O discurso cultural (acerca da identidade, sempre...) não deve nem lamentar a decadência (a perda da "pureza"), nem raciocinar em termos de adequação ou inadequação entre ideias e *topoi*: o *decorum*, o discurso retórico acerca da adequação, deve ser pensado com Perniola, antes, como uma capacidade de apreender, com presença de espírito, diria Benjamin (*Geistesgegenwart*), na atualidade de um *kairós*, as imagens e ideias que respondem às nossas necessidades presentes.

Já a *repetição diferente* é uma noção que dá conta de uma antropologia pós-metafísica que determina um peso absoluto do presente não como simples manutenção do passado (e aqui ele segue a crítica de Kierkegaard à gravidade da recordação) mas como *amor fati* nietzschiano, apropriação e transformação do presente em algo bem-vindo (Perniola não contrabalança a doutrina do *amor fati* com uma dose "crítica" de melancolia, como ocorria em Benjamin... O *amor fati* é incompatível com uma ética da representação, a meu ver essencial hoje em dia).

Um exemplo dessa *repetição diferente* pode ser encontrado no capítulo sobre "O charme venusiano" que descreve a Vênus da religião romana arcaica como junção de *veneratio* (veneração incondicional, abertura para o outro), *venia* (graça divina), *venerium* (sucesso) e *venenum*. Este último termo, como o *phármakon* grego e o nosso "droga", mantém a ambiguidade entre cura e veneno mortal. Mas, diferentemente do *phármakon* grego que estava ligado às cerimônias sacrificiais, o *venenum* era marcado em Roma pelo "mimetismo astuto", pelo *détournement*, que substituía o sangue pelo vinho e a morte pela embriaguez orgiástica. Aqui também reencontramos o "rito sem mito", que se baseia no agarrar-se ao presente e estabelece o trânsito das "identidades", a passagem — como na tradução não-metafísica — do mesmo ao mesmo.

Arte, sexo, abjeto e morte

Em um capítulo dedicado à veste e ao nu, Perniola descreve a arte barroca da *transição* entre a roupa e a pele, que culminou na representação da pele como roupa, como nas lâminas do corpo humano que Gérard de Lairesse fez para a obra de Gottfried Bidloo, *Anatomia humani corporis*, publicada em Amsterdã em 1685. Perniola fala das "belas superfícies dos músculos e dos órgãos internos" e, ainda, que "os órgãos internos são tão belos quanto os seios". Essas observações contrastam com as ideias de um Edmund Burke que, no seu tratado sobre as origens das ideias do sublime e do belo de 1757, afirmou que "o estômago, os pulmões, o fígado, assim como os demais órgãos são incomparavelmente bem adaptados aos seus fins; no entanto eles estão muito distantes de possuírem alguma beleza" (III, 6).

Em Perniola a descrição do belo e do sensual no espetáculo da própria morte estabelece-se em diálogo com Klossowski, mas também poderia muito bem ser identificada com um filão da cultura contemporânea que poderíamos denominar de arte-abjeta (produzida por artistas como Marc Quinn, John Isaacs, Andres Serrano, Nan Goldin e inúmeros outros). A marca dessa arte é a saída do campo da *mímesis* como *imitatio* e passagem para uma noção de arte como manifestação das pulsões: rito, performance. O que não deixa de se relacionar com a noção de Perniola de *"sex appeal* do inorgânico" (lembremos de uma obra do artista polonês Piotr Wyrzykowski representando cenas de sexo entre um robô e uma mulher e, em uma linha diversa, os autorretratos de Jenny Saville que apresentam o corpo nu feminino transformado em pura matéria). A imagem — a imagem eletrônica com o "nervosismo/enervamento" dos seus movimentos e pontos luminosos, mas também a do "hiper-realismo" da cera que faz com que a obra não mais "pareça", mas "seja" e, finalmente, a imagem fotográfica como *índice* do "real" — é sempre, nessa arte abjeta, imagem da violência, espetáculo da presença (abjeta) do cadáver e (sublime) da morte.

Multiplicação

Em um dos mais belos capítulos de *Pensando o ritual*, Perniola descreve a arte de Mamúrio Vetúrio, o ferreiro e primeiro artista de quem se tem notícia na história de Roma. Essa história encontra-se em Plutarco e narra como no governo de Numa a cidade foi salva da peste graças a um escudo que foi parar nas mãos desse rei. Este afirmou que o escudo havia sido enviado do céu pelos deuses para salvar a cidade. Ele deveria ser preservado e o único modo de o fazer seria através de sua multiplicação, que impediria que se descobrisse qual dos escudos era o verdadeiro. Mamúrio Vetúrio aceitou o desafio de fazer onze cópias perfeitas do escudo divino. No fim — evidentemente — nem mais Numa podia saber qual era o "original". O "triunfo da cópia" mostra em que medida a fidelidade reprodutora, a multiplicação, desmonta uma série de "certezas" da nossa cultura.

Essa narrativa de certo modo é a contrapartida do mito fundador da tradução literal. Segundo a carta do Pseudo-Aristeas, a *Septuaginta*, ou seja, a tradução para o grego do Antigo Testamento realizada pelos judeus no exílio em Alexandria, no século III a.C., teria sido o fruto dos resultados idênticos de 72 (ou, segundo certas versões, setenta) tradutores que teriam trabalhado isoladamente durante 72 dias. Se essa história que está na base da *Septuaginta* — e era celebrada como um tesouro por Santo Agostinho — reforça a ideia de um original tão potente que nem a cópia poderia diferir dele, a de Mamúrio Vetúrio opera em sentido contrário: indica em que medida o original é ao mesmo tempo desmitificado e também salvo graças às cópias. A cópia é fiel por *respeito* ao outro, mas no mesmo movimento de fidelidade e veneração põe-se em questão a possibilidade mesma de existência desse "primeiro" independente do processo de multiplicação. Como escreve Perniola, aplicando essa sabedoria romana à nossa época: "A transmissão ritual dos usos já tende a caracterizar a cotidianidade: todos os gestos e todos os comportamentos estão implicados numa circulação que os subtrai à identidade e à origem".

ND
II.
TRAUMA, TESTEMUNHO
E LITERATURA

5.
LITERATURA E TRAUMA: UM NOVO PARADIGMA

No número de setembro/outubro de 2000 da revista alemã de psicanálise *Psyche*, Werner Bohleber organizou um dossiê dedicado ao tema "Trauma, violência e memória coletiva". No ensaio de abertura, "O desenvolvimento da teoria do trauma na psicanálise", ele parte da necessidade histórica que determinou o nascimento e o desenvolvimento da teoria do trauma:

> "As catástrofes do século passado, bem como as do que se inicia, guerras, Holocausto, perseguição racista e étnica, bem como o crescimento da violência social e a consciência agora desenvolvida com relação à violência na família, aos maus tratos e ao abuso sexual de crianças, fizeram e fazem dos traumatismos das pessoas e das suas consequências uma tarefa incontornável para o desenvolvimento teórico e para a técnica da psicanálise. [...]" (BOHLEBER 2000: 797)

Nós podemos pensar a humanidade ao longo do século XX como parte de uma sociedade que poderia ser caracterizada, sucessivamente, como pós-massacre dos armênios, pós-Primeira Grande Guerra, pós-Segunda Guerra Mundial, pós-Shoah, pós-Gulag, pós-guerras de descolonização, pós-massacres no Camboja, pós-guerras étnicas na ex-Iugoslávia, pós-massacre dos Tutsis etc. Mas esse prefixo "pós" não deve levar a crer, de jeito nenhum, em algo próximo do conceito de "superação", ou de "passado, que passou". Estar no tempo "pós-catástrofe" significa habitar essas catástrofes. E é claro para qualquer um de nós que a continuidade das mesmas não permite que sequer "tomemos pé" após cada evento novo e aventemos uma mudança de curso. A catástrofe choca-se sempre novamente contra nós: vamos de encontro às catástrofes. E agora, ainda uma vez, e globalmente (e essa palavra pode neste momento reassumir o seu teor de realidade, e não ideológico) — e agora globalmente mergulhados em plena era do "Terror", em meio à onda irresistível de um *phobos* para o qual não existe *kátharsis* em vista, estamos e somos revelados como parte de uma encenação da catástrofe. É claro que não se trata de um *phobos* teatral, não é o caso aqui de uma teoria da representação, como no texto da poética aristotélica. Mas é evidente, por outro lado, que conhecemos muito bem o quanto a política e, sobretudo, a política "espetacular" (ou seja: do espetáculo) terrorista é, sim, teatral. E estamos conscientes de que, mais do que nunca, o campo de guerra torna-se "real" para o mundo apenas através de sua representação. De sua mediação. O terrorismo mata pessoas, a guerra mata pessoas: mas assistimos ao que nos é permitido ver na tela de TV. É ali, para nós, que a guerra se passa. Essa mediação dá-se não só em meio a uma política das imagens: ao reproduzir a catástrofe ela também multiplica o trauma. Estamos na época não mais da arte na era da sua reprodutibilidade técnica, como Benjamin diagnosticara em 1936, mas da repetição, sem fim, inflacionada, das imagens do terror que não saem do *écran* da televisão e de nossas mentes. Essas imagens são tanto sintetizadas quanto têm um caráter indicial de escritura luminosa dos eventos. Aqui, síntese e reprodução são inseparáveis. O universo da informação só funciona através do culto da novidade e da estratégia de exploração do choque em doses cada vez maiores, cujas imagens são atiradas contra um telespectador cada vez menos sensível. É esse universo da informação que impera: é na notícia que ficamos sabendo tanto da última catástrofe como também da cotação do dólar. Essa encenação catastrófica que nos envolve a todos como atores-telespectadores também *reencena* a "cena catastrófica" que todos nós já vivemos nos nossos "processos" de individuação. Se a reação da "grande política" tem um tom infantil, se ela só sabe jogar no âmbito do bem e do mal, é porque estamos em uma sociedade infantilizada: regredida diante da situação catastrófica. Nossa reação é de um modo geral uma "ab-reação" abortada, um bloqueio que só leva a um *agir* que encobre o evento traumático e impede a recordação.

É nesse contexto que proponho aqui uma reflexão sobre a literatura na sua relação com o trauma. Em que medida ainda seria válido persistir em uma abordagem exclusivamente formalista e poética em um mundo dominado pela ideologia da informação e abalado pela onipresença dos choques (e nós já voltaremos a tratar disso)? Se o trauma é um conceito central na psicanálise, e se, por outro lado, ele não pode ser pensado independentemente da noção de realidade traumática, como lemos em Bohleber, também aquele que se debruça sobre a literatura não pode crer — de modo inocente — que, tanto subjetiva quanto objetivamente falando, o trauma não esteja presente de antemão. A Estética como campo autônomo do conhecimento existe apenas na qualidade de ideologia estética. Aprendemos que o elemento traumático do movimento histórico penetra nosso presente tanto quanto serve de cimento para nosso passado, e essas categorias temporais não existem sem a questão da sua representação, que se dá tanto no jornal, na televisão, no cinema, nas artes, como na fala cotidiana, nos nossos gestos, sonhos e silêncios, e, enfim, na literatura.

Para refletir sobre a relação entre trauma e literatura enfocarei primeiro — sem a pretensão de esgotar esse enorme e complexo campo — os conceitos de choque e de trauma (com algumas de suas ramificações) para em seguida pensar a literatura do trauma, sendo que nesse segundo passo a noção de testemunho será essencial.

Choque e trauma

Não caberia aqui expor os diversos momentos da teoria psicanalítica do trauma. É claro que a centralidade do conceito nessa teoria não pode ser de modo algum exagerada.[1] Mesmo se Freud em alguns momentos tratou da "questão do trauma" sem precisar lançar mão desse conceito, desde o início dos anos 1890 até *Inibição, sintoma e angústia*, de 1926, este se afirma como uma noção *sine qua non* da psicanálise. Recordemos sucintamente alguns aspectos desse processo de "conceituação" da noção de trauma. Em *A etiologia da histeria*, de 1896, Freud já afirmava "a asserção, segundo a qual na base de todo caso de histeria encontra-se [...] *uma ou mais vivências da experiência sexual prematura* que pertencem à fase da primeira infância" (FREUD 1970: VI, 64). Seguindo uma teoria de modelo catártico, Freud e Breuer estabeleceram um tratamento das histéricas através do chamado à consciência dessas cenas enterradas na memória, *unbewußte Erinnerungen* (que levaria a uma ab-reação libertadora), pois para eles estava claro que: "*Os sintomas histéricos são descendentes de recordações que atuam como inconscientes*" (FREUD 1970: 72). A histeria seria uma doença desencadeada por uma reação de defesa diante de uma nova situação que recalcaria a representação inaceitável. Freud escreveu então que "*a defesa obtém sucesso na expulsão da representação insuportável do consciente, se existem cenas sexuais infantis enquanto recordações inconscientes na pessoa em questão, até então saudável, e se a representação a ser recalcada pode ser colocada em uma relação associativa com uma tal vivência infantil*" (FREUD 1970: 71). A cena primária — a cena da sedução — seria a base da situação traumática, que se dá *a posteriori*, em um segundo momento que chamaria à tona aquela "protocena" recalcada. Aqui já estão os elementos centrais da teoria do inconsciente, da associação, do recalque e da temporalidade complexa da economia psíquica: todos articulados em torno de uma teoria do trauma. É sabido que Freud posteriormente abandonou a tese da realidade da protocena a favor de uma teoria de sua qualidade fantasmática.[2] A etiologia realista foi substituída — nunca de modo definitivo, no entanto — por uma teoria que leva em conta as fases libidinais (LAPLANCHE E PONTALIS 1988: 682). Por outro lado, com a Primeira Guerra Mundial a questão do trauma externo volta a ser decisiva para a Psicanálise. Nas suas *Conferências introdutórias sobre a psicanálise* (1915-17), compostas durante esse período de guerra, Freud trata das neuroses traumáticas a partir da experiência coetânea dos soldados e sobreviventes daquele evento. Essas neuroses traumáticas são caracterizadas, escreveu Freud então, pela

---

[1] Para facilitar essa apresentação panorâmica do conceito de trauma seguiremos — com alguns desvios, uma vez que a abordagem do autor é voltada para a clínica — o percurso descrito no artigo de BOHLEBER 2000. Eventualmente indicaremos outras fontes bibliográficas para os leitores interessados em se aprofundar na questão.

[2] BOHLEBER (2000: 799) recorda uma carta de Freud a Fließ, de 21/09/1897, na qual ele explica por que estava abandonando a teoria da sedução. Em primeiro lugar, ele percebeu que não estava obtendo sucesso na sua terapia voltada para a catarse do paciente via revelação da cena originária; em segundo lugar, a frequência das neuroses histéricas levaria à crença na prática em massa de abuso sexual dentro das famílias. Por último, Freud abandona a teoria da realidade da cena recalcada devido à própria característica do material inconsciente: uma vez que não existe algo como um sinal de realidade no inconsciente, não temos uma base sólida para separar a ficção da verdade.

"[...] fixação no momento do acidente traumático que está na sua base. Esses doentes repetem nos seus sonhos regularmente a situação traumática. Quando ocorrem ataques de tipo histérico, que permitem uma análise, percebe-se que o ataque corresponde a uma total transposição naquela situação. É como se esses pacientes não tivessem se desvencilhado da situação traumática, como se ela estivesse diante deles como uma tarefa [*Aufgabe*] não dominada e nós aceitamos com toda seriedade esse ponto de vista [...]" (FREUD 1970: I 274)

Freud percebe um paralelo evidente desses casos com as neuroses espontâneas. Eles permitem descortinar uma visão da economia do funcionamento da nossa psique. Afinal, para Freud,

"[...] a expressão ["traumático"] não tem outro sentido que não econômico. Nós assim denominamos a uma vivência que traz em um período de tempo curto um crescimento de estímulo de tal ordem, que o transporte [*Erledigung*] ou elaboração [*Aufarbeitung*] da mesma não se dá do modo normal, do que resultam distúrbios duradouros no funcionamento energético." (FREUD 1970: I 275)

Alguns anos depois, em *Para além do princípio do prazer* (1920), essa teoria da neurose de guerra é desenvolvida dentro de uma reflexão sobre as pulsões. Esse texto também deve ser entendido dentro dos esforços da psicanálise de então no sentido de dar conta dos efeitos dos eventos traumáticos da guerra. Em 1918, realizou-se em Budapeste um congresso sobre a psicanálise das neuroses de guerra, com contribuições de Ferenczi, Abraham, Simmel e Jones, que foram publicadas no ano seguinte em um volume prefaciado pelo próprio Freud. O importante para nós no ensaio de Freud de 1920 é a relação que ele destaca entre o trauma e o pavor (ou susto, *Schreck*) que representaria uma quebra na nossa *Angstbereitschaft* — uma angústia que tem o valor positivo de nos preparar para o desconhecido — e do nosso para-excitações (*Reizschutz*). O trauma é descrito como uma fixação psíquica na situação de ruptura. Esse tipo de fixação, Freud compara à do paciente histérico que para ele também é alguém que "sofre de reminiscências" (FREUD 1970: III, 223). A quarta parte do *Para além do princípio do prazer* abre com o anúncio intrigante e nada gratuito: "O que se segue é especulação, com frequência uma especulação que vai longe demais, que cada um, segundo a sua própria posição, irá elogiar ou desprezar" (FREUD 1970: III 234). Após localizar o sistema consciente de percepção no local externo do cérebro, no córtex, ele afirma que "todos os processos de excitação [*Erregungsvorgänge*] deixam nos outros sistemas, como base da memória, marcas duradouras, restos de recordação, portanto, que não têm nada a ver com o tornar-se consciente. Elas são normalmente mais fortes e duradouras quando o processo que as criou nunca chegou à consciência" (FREUD 1970: III 237). O que Freud introduz aqui é a interessante e arriscada tese — na verdade já ensaiada por ele e Breuer nos anos 1890 — da incompatibilidade de registros simultâneos no sistema percepção-consciência e no inconsciente: "a consciência surge no lugar do traço mnemônico", escreveu ele então (FREUD 1970: III 237). A neurose de guerra marcada pela quebra do para-excitações levaria o indivíduo a uma regressão a modos de reação primitivos. As imagens do trauma que se repetem nos sonhos visam, para Freud, "reparar um domínio da excitação com base no desenvolvimento da angústia, cujo fracasso foi a causa da neurose traumática" (FREUD 1970: III 241s.) Já em *Inibição, sintoma e angústia*, Freud descreve o total desamparo do indivíduo na situação de choque. A fonte da situação traumática pode ser tanto uma excitação pulsional interna como vir de uma vivência externa. "O ego, que normalmente desenvolve um sinal de angústia na situação de perigo, é dominado por uma angústia automática" (BOHLEBER 2000: 801; LAPLANCHE E PONTALIS 1988: 683).

Vários outros autores desdobraram e desenvolveram essa teoria do trauma. Destaquemos alguns pontos desses trabalhos. Otto Fenichel, no seu ensaio "Der Begriff 'Trauma' in der heutigen psychoanalytischen Neurosenlehre" ("O conceito de 'trauma' na atual teoria psicanalítica das neuroses"), de 1937, descreve a angústia primária como uma situação normal da criança exposta às agressões do seu meio. Para ele, os traumas fazem parte do desenvolvimento humano. Já a angústia secundária teria a função de impedir vivências traumáticas. Para Fenichel, "quanto mais energia psíquica é aplicada para controlar recalques passados, tanto menos o ego pode conectar quantidades de excitação e tanto mais facilmente ele se expõe a traumatismos. Na situação de desamparo o ego regride a um modo primitivo, passivo-receptivo de lidar com a realidade" (BOHLEBER 2000: 801 ss.).[3]

Outro aspecto importante na traumatologia para a teoria da representação foi desenvolvido do ponto de vista não mais da descrição do traumatismo pontual — por um evento acidental — mas sim do ponto de vista da relação objetal. Nesta perspectiva, o trauma é visto como uma quebra de confiança (antes de mais nada com a pessoa amada que posteriormente nega ter realizado o ato violento). A quebra na relação objetal produz uma "ilha interna de experiências traumáticas que fica separada e encapsulada da comunicação interna" (BOHLEBER 2000: 805).[4] Já

---

[3] Essa situação de desamparo e regressão a um estado passivo-receptivo não deixa de recordar, a nós habitantes do mundo pós-Shoah, das figuras conhecidas como "muçulmanos" que os sobreviventes, como Primo Levi, descreveram em suas obras como sendo os indivíduos mais desumanizados e "esvaziados" de vontade dentro dos campos de concentração. Mais adiante voltaremos a tocar nessa consequência limite do trauma (e sobretudo do trauma cumulativo) que transforma as pessoas em "robôs" sem vontade própria.

[4] Werner Bohleber crê na possibilidade de articulação das duas abordagens básicas que têm dominado dentro da teoria do trauma: "Do ponto de vista da metapsicologia, a teoria psicanalítica do trauma necessita de ambos os modelos, tanto o hermenêutico, baseado na teoria da relação objetal, como também do psicoeconômico. Nos termos da experiência psíquica, o modelo psicoeconômico — para o qual paradigmaticamente se encontra o choque traumático — destaca a experiência da dominação e de um excedente em violência, angústia e excitação, que não podem ser ligados na psique [*seelisch*]. A passividade e o desamparo que forçosamente são daí derivados podem levar a um entregar-se a si. As construções dos modelos na teoria da relação objetal, partindo do arruinamento das relações objetais internas existentes, colocam no centro o total desamparo e a interrupção de qualquer ligação afetiva e comunicação interna, o que tem por consequência que o trauma não pode ser integrado via narrativa" (2000: 828).

outros trabalhos no caminho aberto pelas pesquisas de, entre outros, Freud, Ferenczi, Ernst Simmel e Karl Abraham acima mencionadas, e sobretudo após a guerra do Vietnã, levaram a um aprofundamento da teoria do trauma de guerra e à introdução, em 1980, do diagnóstico de "Post-Traumatic Stress Disorder" (PTSD) (CARUTH 1995: 3; BOHLEBER 2000: 810).

Também os estudos específicos sobre os sobreviventes de campos de concentração nazistas trouxeram novos elementos para a teoria do trauma. Em 1967 foi realizado em Copenhague o primeiro simpósio sobre os problemas psíquicos de sobreviventes (BOHLEBER 2000: 812). W. G. Niederland cunhou então o conceito de "síndrome de sobrevivente". Para ele, o sobrevivente é caracterizado por uma situação crônica de angústia e depressão, marcada por distúrbios de sono, pesadelos recorrentes, apatia, problemas somáticos, anestesia afetiva, "automatização do ego", incapacidade de verbalizar a experiência traumática, culpa por ter sobrevivido e um trabalho de trauma que não é concluído. Já H. Krystal descreve um estado catatônico que leva a um *"robot-state"*. Ele diagnosticou também uma cisão interna entre um eu que observa e outro que é abandonado, a saber, o corpo. De resto, podemos ver essa mesma cisão nos testemunhos em vídeo de sobreviventes de campo de concentração, que costumam referir-se a si mesmos na terceira pessoa. Não existe identificação entre o "eu fora do KZ" (*Konzentrationslager*, o campo de concentração) com aquele eu que passou por tal vivência.[5] Bohleber sintetiza, com base na pesquisa de Martin Bergmann de 1996, as consequências dos estudos de sobreviventes para a teoria do trauma:

1) tanto a questão da personalidade pré-traumática como a questão correlata da regressão a uma fase primitiva da vida psicossexual deixam de desempenhar um papel agora. A questão central aqui é a duração e a intensidade do terror a que os sobreviventes foram submetidos;

2) a incapacidade de enlutar leva à melancolia;

---

[5] Essa cisão também pode ser pensada como a clivagem entre a memória instrumental e uma memória mais afetiva, "inconsciente", que Benjamin associou à memória involuntária de Proust, chamando a atenção para o fato de que aquele autor tratou da memória associada aos membros do nosso corpo: "A *mémoire involuntaire des membres* é um dos objetos prediletos de Proust" (BENJAMIN 1974: 613). Não deixa de ser interessante o fato de a teoria atual do trauma ter chegado a algumas conclusões que levam a uma compreensão da noção de memória involuntária como típica da vida traumática: "Como Horowitz comprovou, recordações, pensamentos, sentimentos e *enactments* no comportamento que irrompem e brotam repentinamente são índices para a existência de um trauma" (BOHLEBER 2000: 826). A proximidade entre literatura e "loucura" constitui um *tópos* na reflexão teórica desde pelo menos os surrealistas e sobretudo a obra de Foucault. A Literatura (com "L" maiúsculo) nasceu com o Romantismo: coetaneamente à entronização da imaginação, da fantasia e do "Fantástico" no sentido do culto do *Unheimlich* na literatura. Se com os românticos a literatura pôde abandonar o registro da *mímesis* como *imitatio*, no século XX, com o trabalho das vanguardas literárias e artísticas, ao lado das Guerras e da violência em uma escala inaudita, surgiu uma *literatura do trauma* que radicalizou certos elementos que já estavam *in nuce* em algumas obras no século XIX. A literatura — e as artes — abandona o registro da imitação e transforma-se em *apresentação*, *evento*. É o que veremos mais adiante com Kafka e com a noção de testemunho.

3) o terceiro ponto é essencial para uma abordagem da representação da cena traumática: "a capacidade de falar e agir por metáforas foi perdida. Diferentemente de pacientes psicóticos, o concretismo anímico resultante é apenas parcial. Isso levou à importante descoberta de que os sobreviventes vivem em uma dupla realidade. No cotidiano eles atuam conforme a realidade. De tempos em tempos, no entanto, a realidade psíquica do Holocausto brota e destrói a vida deles. O trauma destruiu em algumas regiões anímicas a capacidade de distinguir entre a realidade e a fantasia";

4) o distúrbio traumático é caracterizado por um longo período de latência, que pode chegar a atingir décadas. Só depois desse período a neurose traumática brota;

5) os traumatismos sofridos foram além da capacidade de elaboração dos sobreviventes e vieram a marcar a geração seguinte (Bohleber 2000: 814 ss.). Sobretudo nas famílias em que os pais se protegeram do trauma negando-o e se recusando a falar dele, as crianças receberam de modo inconsciente os fatos, relacionam-se com ele via fantasia e — dentro de um esquema mítico-repetitivo — "agindo". Em certos casos, a identificação com o sofrimento dos pais levou ao que já foi denominado de "*télescopage*" de duas ou até três gerações (Bohleber 2000: 817): um desastre de engavetamento múltiplo que reduz três gerações ao espaço do tempo — fora do tempo! — do trauma. A temporalidade para essas crianças identificadas com o sofrimento de seus pais torna-se fragmentada. Nicolas Abraham e Maria Torok desenvolveram, nesse contexto, o importante conceito de "identificação endocríptica". De resto, a teoria da memória críptica elaborada por esses autores é central dentro dos desdobramentos da teoria do trauma.[6] A essa decantação topográfica — em termos da psique — das recordações, que são como que enterradas vivas, corresponde um estancamento temporal.[7] É uma caraterística dos pacientes traumatizados

---

[6] Cf. Abraham e Torok 1976 e também 1995; Derrida 1999 e Weigel 1999.

[7] Essa incorporação da vivência traumática em uma cripta foi descrita por N. Abraham e M. Torok no ensaio "A cripta no seio do ego. Novas perspectivas metapsicológicas". Discutindo a distinção entre introjeção das pulsões e incorporação do objeto — duas noções essenciais na distinção freudiana entre luto e melancolia —, M. Torok escreveu: "A especificidade de cada um dos dois movimentos surge, portanto, claramente. Enquanto a introjeção das pulsões põe fim à dependência objetal, a incorporação do objeto cria ou reforça um liame imaginal. O objeto incorporado, exatamente no lugar do objeto perdido, lembrará sempre (em nome da existência e pela alusão de seu conteúdo) alguma outra coisa perdida: o desejo atingido por recalcamento. Monumento comemorativo, o objeto incorporado marca o lugar, a data, as circunstâncias em que tal desejo foi banido da introjeção: quantos túmulos na vida do Ego. Vê-se bem que os dois mecanismos operam verdadeiramente em correntes contrárias um em relação ao outro. Designar esses dois movimentos (introjetivo das pulsões e incorporativo do objeto) pelo mesmo termo não traz nenhuma clareza à comunicação". *In*: Abraham e Torok 1995: 223. Assim como Freud denominara os sintomas das histéricas de monumento, aqui Torok faz o mesmo paralelo com a memória encriptada/incorporada. Valeria a pena pensar em que medida os monumentos não tendem a "enterrar" um passado que não foi introjetado. No caso dos monumentos da Shoah, essa leitura é particularmente correta, creio. Os "antimonumentos" de Jochen Gerz e de Horst Hoheisel procuram escovar essa tradição "monumental" a contrapelo. Cf. os catálogos e livros de Gerz e Hoheisel.

manifestarem uma sensação de diminuição no fluxo do tempo: como se o seu relógio tivesse ficado parado no momento do traumatismo[8] (BOHLEBER 2000: 827).

Também devemos a Dori Laub importantes contribuições para a reflexão sobre o trauma e o testemunho dos sobreviventes de KZ. Apesar de ser conhecida a dificuldade — e em alguns casos, a impossibilidade — da narrativa da cena traumática, ele destaca o aspecto de *necessidade* dessa tradução testemunhal: "Existe em cada sobrevivente uma necessidade imperativa de *contar* e portanto de *conhecer* a sua própria história, desimpedido dos fantasmas do passado contra os quais temos de nos proteger. Devemos conhecer a nossa verdade enterrada para podermos viver as nossas vidas" (LAUB 1995: 63), escreveu ele tanto na qualidade de um sobrevivente como de um analista de sobreviventes, e ainda como um dos responsáveis pelo arquivo Fortunoff de vídeos de sobreviventes da Universidade de Yale. Laub também destaca a impossibilidade de tradução total da experiência tanto em termos do pensamento como da memória e da linguagem. Daí ele afirmar que existe uma impossibilidade de se testemunhar o KZ: "Esse colapso do testemunho é precisamente, do meu ponto de vista, o que é central na experiência do Holocausto" (LAUB 1995: 65). E ele ainda escreve: "durante a sua existência histórica *o evento não produziu testemunhas*. Não apenas porque de fato os nazistas tentaram exterminar as testemunhas físicas dos seus crimes; mas a estrutura inerentemente incompreensível *e* ilusória do evento impediu o seu próprio testemunho, mesmo da parte de suas próprias vítimas"(LAUB 1995: 65).[9] Laub enfatiza a *belatedness* do testemunho: o tempo que ele demorou para ser elaborado e para que a sociedade pu-

---

[8] Walter Benjamin apresenta um corte histórico, a Revolução de 1830, que pode ser aproximado ao conceito de trauma. Nas suas teses "Sobre o conceito de história", redigidas em 1940, ele escreveu: "[...] os calendários não marcam o tempo do mesmo modo que os relógios. Eles são monumentos de uma consciência histórica da qual não parece mais haver na Europa, há cem anos, o mínimo vestígio. A Revolução de julho registrou ainda um incidente em que essa consciência se manifestou. Terminado o primeiro dia de embate, verificou-se que em vários bairros de Paris, independentes uns dos outros e na mesma hora, foram disparados tiros contra os relógios localizados nas torres. Uma testemunha ocular, que talvez deva à rima a sua intuição profética, escreveu: 'Qui le croirait! on dit qu'irrités contre l'heure/ De nouveaux Josués, au pied de chaque tour,/ Tiraient sur les cadrans pour arrêter le jour' [Quem poderia acreditar! Diz-se que irritados contra a hora/ Novos Josués, ao pé de cada torre/ Atiravam nos relógios para suspender o dia]" (BENJAMIN 1985a: 230; BENJAMIN 1974: 701s.).

[9] Laub continua: "Uma testemunha é a testemunha da verdade do que aconteceu durante um evento. Durante a era da perseguição nazista aos judeus, a verdade do evento não pôde ser registrada na percepção e na memória nem dos que estavam dentro ou fora, nem pelos judeus ou qualquer 'outsider'. [...] Não foi apenas a realidade da situação e a falta de resposta de espectadores ou do mundo que são responsáveis pelo fato de que a história estava tendo lugar sem testemunha: era, portanto, a própria circunstância de *estar dentro do evento* que tornava impensável a própria noção de que uma testemunha poderia existir, ou seja, alguém que pudesse sair da moldura de referência coercivamente totalitária e desumanizadora na qual o evento estava se dando e gerar uma moldura independente de referência através da qual o evento poderia ser observado. Pode-se dizer que, portanto, historicamente não existiu nenhuma testemunha do Holocausto, nem de dentro nem de fora do evento" (LAUB 1995: 65s.). É claro que essa abordagem de Laub deve ser entendida do ponto de vista da psicanálise: no testemunho jurídico, assim como naquele dian-

desse ouvi-lo é resultado da impossibilidade de testemunhar diretamente o evento. A narrativa do testemunho — e Laub destaca o testemunho oral, realizado diante da câmara de vídeo — permite que o sobrevivente estabeleça uma ponte com o "tu" ilhado que existe dentro dele.[10]

Nesse contexto, é importante destacar também a complexa relação existente entre os discursos individuais das testemunhas — no registro da memória —, o da memória coletiva que se articula na cena pública, o discurso jurídico (no âmbito dos julgamentos no tribunal e cortes, locais ou internacionais) e o histórico. Também se fala muito sobre sociedades inteiras traumatizadas pela guerra ou por eventos como a Shoah. No caso da Alemanha, Alexander e Margarete Mitscherlich diagnosticaram nos anos 1960 um nível tal de recalcamento do passado e de negação da culpa que gerou um bloqueio no processo de luto. A história torna-se assim "desrealizada" (BOHLEBER 2000: 818). A luta pela justiça nos tribunais, bem como no registro histórico, caminha paralela ao trabalho de luto/trauma das vítimas e da sociedade. O reconhecimento social da culpa ajuda a restabelecer o princípio de realidade e a capacidade de diferenciá-la da fantasia. Por outro lado, é evidente que não devemos, indo no sentido contrário, projetar de modo indevido conceitos desenvolvidos na psicanálise sobre a abordagem jurídica e histórica, sem realizar as devidas mediações.

O ponto de vista de J. Cohen (1985) pode servir para sintetizar alguns dos traços centrais da teoria do trauma. Para ele, o trauma é caracterizado pelo enfraquecimento da capacidade de organização dos traços mnemônicos nos representantes objetais na nossa mente (BOHLEBER 2000: 831). Desse modo ocorre uma clivagem interna: os fatos vividos não são reconhecidos como parte do ego. Há uma falha na capacidade de representação interna. Ocorre um registro, mas não a representação — do mesmo modo como se dá na teoria do proto-recalcamento. O buraco no ego é "sanado" de modo reativo através da criação de casulos ou criptas internos. Outro ponto central no nosso contexto é a exatidão das imagens traumáticas: elas têm seu correspondente tanto no concretismo dos fragmentos de memória e das tentativas de representação da cena do trauma como também na fragmentação da narrativa. Mesmo que alguns teóricos tenham posto em questão o quanto esse caráter realista corresponderia a uma imagem "exata" da cena traumática,[11] é inegável que exista esse caráter literal de tais imagens.

---

te da história (do "tribunal da história"), é essencial a participação dos testemunhos de dentro e fora do KZ, mesmo levando-se em conta a situação extrema em que as pessoas se encontravam — sobretudo levando-se em conta essa situação. Daí não se poder deduzir dessa impossibilidade de testemunho uma "interdição", e, no limite, uma eliminação do testemunho, como ocorre em alguns autores. De resto, Laub é o primeiro a reconhecer a *necessidade do testemunho*: este se dá dentro do *double bind* da necessidade e da impossibilidade.

[10] Vários autores descrevem o trauma como uma espécie de quisto autônomo que representa um núcleo duro resistente à simbolização e ao significado. Daí também a metáfora do "buraco negro" (BOHLEBER 2000: 823), que, de resto, também já foi aplicada ao próprio evento da Shoah.

[11] Não vou apresentar aqui todo o longo e por vezes assustadoramente — traumaticamen-

A acribia do *flashback* domina a mente como uma imagem fantasmática que assombra o indivíduo traumatizado.

Trauma e literatura

A tese da incompatibilidade entre a memória duradoura e a atividade de defesa dos choques do sistema percepção-consciência, que vimos em Freud no seu *Para além do princípio do prazer*, é talvez mais importante pela sua carreira fora da teoria psicanalítica propriamente dita do que no seu interior. Walter Benjamin apoiou-se nela no seu conhecido ensaio *Sobre alguns temas em Baudelaire*, de 1939 (Benjamin 1974: 612-615), para desdobrar a sua teoria da modernidade e do homem moderno como alguém que acumula apenas *vivências* estéreis (*Erlebnisse*) para a construção de narrativas, as quais se alimentavam, antes, da *experiência autêntica* (*Erfahrung*). Essa experiência, para Benjamin, só seria capaz de perdurar na modernidade de modo fragmentário, como na memória involuntária, tal como ele a lê na obra de Proust. A onipresença dos choques na modernidade e a mobilização do homem moderno para apará-los faz com que só exista a "lembrança consciente" (*bewußte Erinnerung*, Benjamin 1974: 614). "Surge uma interrogação", formulou Benjamin, no mesmo ensaio: "de que modo a poesia lírica poderia estar fundamentada em uma experiência para a qual o choque se tornou norma?"[12] A poesia de Baudelaire (e de Valéry), para o crítico, como é bem conhecido, teria conseguido transpor para a poesia o princípio do choque que penetrou no cotidiano da vida moderna. O que nos interessa aqui é antes de mais nada a afirmação de Benjamin que equipara a experiência na modernidade à experiência do choque. Nesse ponto ela pode ser aproximada da leitura lacaniana do real como um "desencontro": como

---

te... — engajado debate em torno da *"recovered-memory"* de pacientes com histórias de abuso sexual na tenra infância. Especialmente no âmbito anglo-saxão (e dever-se-ia levar em conta o significado cultural dessa demarcação geográfica...) discute-se muito sobre a verdade das cenas de abuso que sustentam inúmeros processos jurídicos. Cf. quanto a esse debate, entre outros, Ballinger 1998 e Loftus 1993. É claro também o paralelo desse debate com a questão do relativismo histórico e sobretudo da sua forma mais radical que aparece nos "negacionistas", na medida em que historiadores negam a existência da Shoah e das câmaras de gás na Segunda Guerra. O caso da pseudoautobiografia do (pseudo) Binjamin Wilkomirski deixou evidente como o debate em torno da "memória recuperada" — com base em uma terapia que constrói o passado com base em fragmentos de memória do paciente — tem muito a ver com a questão do negacionismo. Wilkomirski, que aliás na vida real se chama Doessekker, ao simular a sua biografia (ou ao criá-la a partir de uma identificação "patológica" com as vítimas dos KZ) serviu de "exemplo" para os negacionistas que pretendem reduzir todos os testemunhos à chave da simulação. O mais terrível no negacionismo não é apenas o fato de ele reproduzir mais uma vez a morte dos assassinados, mas também o fato de que faz parte da economia psíquica do sobrevivente tanto a culpa como a tendência a (de)negar a realidade da cena traumática. Cf. quanto a esse debate o capítulo 7 deste livro e sobretudo o livro de Mächler 2000. O livro de Wilkomirski foi publicado em português, cf. Wilkomirski 1998.

[12] Benjamin 1989a: 110; Benjamin 1974: 614.

algo que escapa ao simbólico. Essa noção lacaniana de real representa um dos frutos da doutrina psicanalítica do trauma. Como lemos em Lacan:

> "A função do [...] real enquanto encontro — o encontro, na medida em que ele pode ser perdido, na medida em que ele é essencialmente o encontro perdido — apresentou-se pela primeira vez na história da psicanálise em uma forma que era já em si o suficiente para despertar nossa atenção, aquela do trauma."[13]

Também em Nicolas Abraham e Maria Torok a realidade é revista sob a ótica da psicanálise como o "lugar em que o segredo está escondido".[14] Essa realidade psicanalítica (e Abraham e Torok se dirigem a essa realidade), "realidade enquanto crime cometido", tem paralelo com o recalcamento dinâmico, típico da histeria, mas tem a característica de se localizar no seio do próprio ego. A realidade incorporada em um túmulo fica, segundo os autores, *sob a guarda* de um ego que deve ser cheio de "malícia, de astúcia e de diplomacia" (ABRAHAM E TOROK 1995: 239). O "*bloco de realidade*" incorporado tem também a característica da "*desmetaforização*" (ABRAHAM E TOROK 1995: 245). A cripta é criada como resposta à incapacidade de enlutar, à recusa de introjeção. Assim como a teoria do trauma em Freud corresponde em linhas gerais a uma tentativa de dar conta de uma nova "realidade" psíquica *e* social do homem moderno — incluindo aí a realidade cotidiana violenta e a do terror das guerras — do mesmo modo seria equivocado desvincular a teoria da cripta da experiência histórica do século XX. A escalada demográfica, tecnológica e bélica desse período gerou um número tal de assassinatos como nunca antes poderia ter ocorrido. Essa realidade da morte é gritante na mesma medida em que é emudecida, silenciada, enterrada. Ela retorna compulsivamente — na cabeça de uma sociedade culpada e que "não entende" sua história. Como Freud afirmou — na linha de Nietzsche: "o que permaneceu incompreendido retorna; como uma alma penada, não tem repouso até encontrar resolução e libertação" (LAPLANCHE E PON-

---

[13] Lacan, "Tiquê e Autômaton", cf. CARUTH 2000, p. 131. Sigrid Weigel em seu ensaio "Téléscopage im Unbewußtsein. Zum Verhältnis von Trauma, Geschichtsbegriff und Literatur" ("Telescopagem no inconsciente. Sobre a relação entre o trauma, o conceito de história e a literatura") (1999) faz uma crítica contundente ao livro de C. Caruth *Unclaimed Experience. Trauma, Narrative, and History* (Experiência sem destinatário: trauma, narrativa e história) no qual o artigo acima citado foi publicado (91-112). Para Weigel, Caruth destrói toda a dialética dos conceitos freudianos de trauma, inconsciente e de pulsão de morte, na medida em que ela teria "absolutizado" as falhas e colocado-as como parte de um "programa" e da "norma". Eu acompanho apenas em parte a crítica de Weigel. É verdade que Caruth às vezes lê Freud sem levar em conta a clínica e mesmo a questão da busca da perlaboração como a tarefa psicanalítica. Já no seu ensaio de 1991 (CARUTH 1991) creio que podemos identificar esse problema. Por outro lado, Weigel não leva em conta nem as contribuições lacanianas para a noção de trauma e de real, nem percebe que afirmar o "real como trauma" não significa excluir a simbolização, mas apenas apontar para os seus limites.

[14] "A tópica realitária", *in*: ABRAHAM E TOROK 1995: 237.

TALIS 1988: 126). O "keep smiling" e o "the show must go on" — que assistimos novamente estes dias nos EUA, apesar de toda a paranoia e repetição (traumática) das imagens desrealizadas do choque que abalou o mundo, verdadeiras *Deckerinnerungen* (recordações encobridoras) dos verdadeiros traumas — servem para manter a fachada de uma sociedade que guarda a sua "realidade" como um segredo.

Qual o papel da literatura nesse contexto? Em primeiro lugar, seria inocente acreditar na existência de tal coisa como a "literatura" na qualidade de um "bloco uniforme". Mas é inegável que existe tal modalidade artística — por mais que já não tenhamos segurança para delimitá-la. De resto, justamente uma das principais características da literatura é a de não possuir limites: é a de existir constantemente negando seu limite. E que limite é esse? É aquele que a "separa" do "real". A literatura, portanto, encena a criação do "real". A sua encriptação, a sua resistência ao simbólico, o desejo de introjeção. Talvez seja ousado afirmar algo tão geral com relação a uma manifestação cultural que vai do best-seller a obras como as de Guimarães Rosa, Beckett, Blanchot e Paul Celan — mas a ousadia da empresa literária, da literatura desde a sua configuração romântica, exige e ao mesmo tempo justifica tal leitura. No mais, já para Friedrich Schlegel e Novalis, a literatura é *médium-de-reflexão*, faz parte do processo infinito de clivagem eu/não-eu (BENJAMIN 1974: 62-72; BENJAMIN 1993: 80-93). A literatura está na vanguarda da linguagem: ela nos ensina a jogar com o simbólico, com as suas fraquezas e artimanhas. Ela é *marcada* pelo "real" — e busca caminhos que levem a ele, procura estabelecer vasos comunicantes com ele. Ela nos fala da vida e da morte que está no seu centro — vide Blanchot... —, de um visível que não percebemos no nosso estado de vigília e de constante *Angst* (angústia), diante do pavor do contato com as catástrofes externas e internas.

De certo modo podemos afirmar que a literatura é também uma porteira da cripta. Uma figura que tanto vem "de dentro" como está "fora", diante da cripta, de costas para ela. Essa cripta evidentemente — assim como a noção forte de "real" — possui a mesma caraterística da concepção freudiana de *Unheimlich* (sinistro, estranho): como algo de familiar que não pode ser revelado. O que pode habitar esse túmulo senão o próprio histórico? Algo que conhecemos mas de que nos "esquecemos"... É esse elemento "esquecido", encenado em muitas histórias de Kafka, que traça, retraça e apaga para novamente riscar o limite interdito que nos deixa viver assentados sobre nossos túmulos sem olhar para baixo. Nas suas obras o olhar *vem de baixo*. Orson Welles traduziu esse fato genialmente na sua filmagem de O *processo* ao explorar os *"contreplongées"*, sem com isso tornar as pessoas gigantes: sobretudo K. não é um gigante. Apenas seu advogado, que na verdade é um dos últimos na hierarquia da justiça...; essa instituição que representa tanto a lei — o código civil, da *civitas* em oposição ao campo (cf. "Um médico rural") — como o código linguístico, simbólico. A justiça é tão impenetrável quanto o núcleo duro da linguagem, que em termos psicanalíticos não pode ser dissociado dos nossos traumas constitutivos, do desamparo e da tentativa de dar conta da angústia por meio dela. Ocupar a boca com a linguagem, ensina-nos Torok, só é possível em meio a uma "comunidade de bocas vazias". A justiça dá o veredicto, condena, censura — como nosso superego — mas também estabelece no seu código o correto e o errado: o bem e o mal. E a linguagem — a nossa linguagem pós-queda e pós-babélica[15] — só existe a partir do conhecimento do bem e do mal, do reconhecimento da vergonha: diante do espetáculo da nudez de nossos corpos (não por acaso na última frase de *O processo* lemos: "Era como se a vergonha devesse sobreviver a ele"). A culpa incorporada na linguagem e a vergonha do corpo sempre caminharam juntas na história mítica da humanidade. Não há esperança na literatura de Kafka, porque ela leva até às últimas consequências o saber em torno dessa linguagem "decaída", dessa linguagem que condena *a priori*, que exclui e vive dessa exclusão. Na sua literatura, a linguagem é desconstruída enquanto máquina de conceituação e consolo diante da "Queda". Daí a impossibilidade da metáfora e a sua literalização que leva os leitores ao "desespero". O espetáculo da catástrofe a que se resume a vida (moderna) é apresentado como se fosse um evento banal. Também a temporalidade da narrativa é estancada: a literatura de Kafka reduz o mundo a *imagens* sem um necessário nexo entre elas (ANDERS 1993: 30). Sua obra apresenta o "trauma" do indivíduo alienado moderno que porta em si a marca do choque. Kafka nos fala de uma "ferida... rasgada por um raio que ainda perdura" (ANDERS 1993: 60): esse raio é o mesmo *flash* do "real" que nos paralisa e que nossa sociedade "midiática" reproduz incessantemente em imagens sem significado. Essa reflexão também possui um corolário que resistimos muitas vezes em reconhecer: identificamo-nos com a literatura de Kafka, com K., porque somos filhos de nossa era, porque de certo modo nos identificamos com os sobreviventes, porque nos sentimos culpados e nos voltamos para os mortos, mesmo que sempre "tarde demais".[16] Kafka apresenta o nosso mundo desterritorializado e nos identificamos com essa paisagem. A culpa vai mais longe do que o peso histórico do século XX poderia fazer pensar: ela remonta a toda história da humanidade como uma história de barbárie, de recalcamento. Não porque *"no princípio foi o ato"*, como Goethe e Freud nos recordam, não apenas porque "nunca existe um documento de cultura que não seja ao mesmo tempo um documento de barbárie", como Benjamin nos ensinou (BENJAMIN 1974: 696): Kafka encena nas suas metamorfoses — nas duas direções, do animal em direção ao homem, como em "Um relatório para uma academia", e no sentido contrário, como n'*A metamorfose* — todo o drama da humanidade enquanto história da repressão da natureza externa e interna. No limite, ele mostra que essa separação entre natureza "externa" e "interna" é tão frágil quanto a diferença entre o familiar e o sinistro tal como eles se encontram mesclados no sentido de *Unheimlich*. Sua obra localiza-se, paradigmaticamente para a nossa visão de "literatura", "Diante da lei", como se chama uma das narrativas (de 1914) do volume *Um médico rural*, publicado em 1920. *Vor dem Gesetz*: significa tanto diante da lei como "antes" da lei. Se a lei é o interdito, como Derrida recorda, ela

---

[15] Lanço mão aqui de termos da filosofia da linguagem de Walter Benjamin, tal como foram desenvolvidos nos seus escritos até início dos anos vinte. Cf. a análise que fiz dela no meu livro *Ler o livro do mundo. Walter Benjamin: romantismo e crítica poética* (1999: 79-123).

[16] Cf. CARUTH 2000 quanto à noção de trauma em Lacan como despertar para a morte "do outro", como um compromisso ético que se dá sempre "com atraso", no *après coup* melancólico.

é retratada por Kafka como algo interditado.[17] É esse mesmo *double bind* que não permite uma metalinguagem, a não ser via uma infinita *mise en abîme*. A literatura descreve justamente esse movimento. Daí Kafka fazer a literatura "voltar" às suas origens míticas: antes da lei, antes e para além dos gêneros com seus contornos formais reconhecíveis. Se ele não conseguiu concluir os seus romances é justamente porque sua literatura revelou os limites históricos desse gênero.[18]

A literatura ao longo do século XX foi abalada pela história, assim como Benjamin afirmou que a reprodutibilidade técnica gerou um "abalo violento" (BENJAMIN 1989: 353) da tradição. A reprodutibilidade representou o *fim* da tradição e da sua passagem pelas gerações. O fim também da unicidade da obra, com sua materialidade através da qual ela dava um *testemunho* (*Zeugenschaft*) do seu presente (BENJAMIN 1989: 353. Cf. neste volume, capítulo 1). Ora, mas a literatura não transmite seus testemunhos apenas na materialidade do seu suporte. Na qualidade de produto do intelecto, seu testemunho está *inscrito* na própria linguagem, no uso que faz dela, no modo como através de uma intrincada tecedura ela amarra o "real", a imaginação, os conceitos e o simbólico. Podemos, portanto, falar de um teor testemunhal da obra literária que permanece mesmo em plena era da reprodutibilidade técnica e, depois dela, na era da síntese de imagens. As mídias tecnológicas, de resto, também são capazes de dar esse testemunho: como sobretudo o vídeo se mostrou capaz nas últimas três décadas. Não por acaso, por-

---

[17] Para uma bela leitura dessa narrativa cf. DERRIDA 1985. Vale lembrar, no contexto do comentário de Kafka, a leitura que CARUTH (2000) realiza do sonho da criança queimando, descrito por Freud na *Interpretação dos sonhos*, onde ele afirma que "o sonho é o guardião do sono". Freud tenta explicar por que o pai que sonha com seu filho falecido, que lhe aparece falando "Pai, você não está vendo que estou queimando?", demora para despertar e apagar o fogo que se espalha sobre o corpo do filho que está sendo velado. O pai teria "preferido" sonhar e, portanto, dormir mais, a despertar e apagar imediatamente o fogo. O pai havia dormido durante o velório, enquanto deixara um senhor guardando o corpo de seu filho, que falecera após uma longa agonia na qual "queimava de febre". Enquanto o pai sonha, o senhor, *guardião do cadáver*, dorme. Para Freud, este senhor do sonho realiza na vida real o papel do próprio sonho como guardião do sono (CARUTH 2000: 123). Para Lacan, no entanto, o sonho em questão é uma repetição do chegar "tarde demais" do pai com relação à morte da criança. O despertar é um despertar para a morte da qual ele estava ausente. Seria assim um cruzamento entre o queimar interno ao sonho e o fora: a recepção tardia de um endereçamento, de um aviso de/da morte. — Aproximar a literatura do sonho — e sobretudo desse *despertar* para o trauma/morte — nada mais é do que destacar o seu papel de "guardiã" daquilo que escapa à razão e linguagem instrumentais. Ou seja: vemos a literatura como depositária daqueles aspectos da cultura que são atacados pela ação da "norma". Ela também desvirtua essa ação. A literatura, e sobretudo aquela escrita por autores poderosos como Kafka, lança uma nova luz sobre o cotidiano e revela, como escreveu Kafka em uma nota de 16 de janeiro de 1922, que "os relógios [interno e externo] não coincidem".

[18] Nunca é demais recordar que Kafka escreveu dentro de um espaço amplamente aporético: sua literatura, como ele mesmo escreveu em uma carta de 1921 a seu amigo Max Brod (falando da literatura de "jovens judeus que começaram a escrever em alemão"...) nasceu de algumas impossibilidades fundamentais: "a impossibilidade de não escrever [cf. noção de *necessidade* de testemunhar], a impossibilidade de escrever em alemão, a impossibilidade de escrever de maneira diferente". Mas em seguida ele arrematou: "Também se pode acrescentar uma quarta impossibilidade, a impossibilidade de escrever..." (*apud* ALTER 1993: 56).

tanto, também Dori Laub, como vimos — entre outros, como Geoffrey Hartman e Lawrence Langer —, valoriza o *teor testemunhal* dos depoimentos filmados.[19] A oralidade e os gestos são parte essencial do testemunho nesses vídeos.

Mas também a literatura tem recursos de transposição da oralidade e da gestualidade, também ela pode testemunhar — se não mais o passado longínquo da tradição — ao menos o presente. E a literatura no século XX foi em grande parte uma literatura marcada pelo seu presente traumático. Cabe a nós aprendermos a ler esse teor testemunhal: assim como aprendemos que os sobreviventes necessitam de um interlocutor para seus testemunhos. A literatura de uma era de catástrofes desenvolveu também a nossa sensibilidade para reler e reescrever sua história, do ponto de vista do testemunho. Na América hispânica desenvolveu-se um gênero próprio, a literatura de testemunho, que vem sendo praticado e teorizado desde os anos 50 e que ganhou um impulso com a fundação do Prêmio da Casa de las Culturas de las Américas dedicado a ele, desde 1970 (ALZUGARAT 1994; cf. neste volume, capítulo 6). Com relação à Shoah surgiram centenas de publicações de sobreviventes, de membros da "segunda geração" e de outros escritores que deixaram em suas obras as marcas de um evento que também catalisou a reflexão filosófica, sociológica, literária e estética.

Eu gostaria de concluir essas reflexões sobre literatura e trauma com algumas palavras sobre Primo Levi. Ele encerra o seu livro *A trégua* (1963), obra que conta a sua volta para Turim após a libertação do campo de concentração nazista de Auschwitz, narrando um sonho que não cessou de visitá-lo mesmo muito tempo após essa volta:

> "É um sonho dentro de outro sonho, plural nos particulares, único na substância. Estou à mesa com a família, ou com amigos... mas, mesmo assim, sinto uma angústia sutil e profunda, a sensação definida de uma ameaça que domina. E, de fato, continuando o sonho, pouco a pouco

---

[19] Cf. HARTMAN 1996 e LANGER 1991. É verdade que o filme *Shoah*, de Claude Lanzmann (1985), sem os recursos da vídeo-arte (mas aplicando "truques" do cinema documentário que o aproxima daquela arte), representa após os julgamentos de Nuremberg e de Eichmann em Jerusalém, de certo modo, um primeiro paradigma para o movimento de fundação dos vídeo-arquivos com testemunhos da Shoah. Nesse caso, devemos ver o cinema enquanto arte de erupção do real — cinema este que Benjamin comparava a um bisturi, capaz de penetrar nas nossas vísceras — e que já contém alguns dos elementos testemunhais do vídeo. Mas não há aqui uma contradição com relação ao veredicto do fim da história e de seu testemunho diante da obra de arte na era da sua reprodutibilidade técnica: o que se vai, aquilo com o que não nos comunicamos mais, é, para Benjamin, a tradição. É essa história que morre para ele e, como é sabido, sua postura oscila, diante dessa catástrofe, entre melancolia (e o trabalho de recolher os destroços da história) e a comemoração de uma "nova barbárie", como ele o fez no ensaio "Experiência e pobreza", de 1933. Em uma variante do manuscrito com relação ao texto publicado, lemos após a palavra "barbárie": "Mas quem pode levar a sério que a humanidade irá de fato enfrentar o desfiladeiro que se encontra diante dela com a bagagem de um colecionador ou de um comerciante de antiguidades?" (BENJAMIN 1974a: 961 ss.). Vale lembrar que tanto Benjamin se identificava com a figura do historiador como colecionador, como também o seu pai era um *comerciante de antiguidades*...

ou brutalmente, todas as vezes de forma diferente, tudo desmorona e se desfaz ao meu redor, o cenário, as paredes, as pessoas, e a angústia se torna mais intensa e mais precisa. Tudo agora tornou-se caos: estou só no centro de um nada turvo e cinzento. E, de repente, *sei* o que isso significa, e sei também que sempre soube disso: estou de novo no campo de concentração, e nada era verdadeiro fora do campo de concentração."
(LEVI 1997: 258 ss.)

Essa sensação de clausura dentro da realidade do campo de concentração, mesmo após ter retornado à sua casa, é um tema central nas obras dos sobreviventes dos KZ. Primo Levi redigiu o seu primeiro livro de relato sobre os eventos catastróficos que vivera logo após ter retornado de Auschwitz. Para ele esse livro, intitulado *É isto um homem?* (1947), nasceu de uma necessidade interna de dar testemunho da sua experiência. Como podemos ler numa declaração de 1979 reproduzida na sua biografia de autoria de Myriam Anissimov, "provavelmente eu nunca teria escrito se eu não tivesse tido essa experiência para contar". Uma das tarefas desse tipo de testemunho é a de tornar possível a "saída" de dentro do círculo de fogo que fecha, na memória, a experiência radical do campo de concentração. Mas o próprio Levi é o primeiro a constatar a impotência das palavras diante da tarefa do testemunho: "a nossa língua não tem palavras para expressar esta ofensa, a aniquilação de um homem", ele escreveu (LEVI 1990: 51). Dessa impossibilidade de descrever o terror do Holocausto advém a de se libertar da sua imagem e do seu peso: e a necessidade de testemunhar. Assim como citamos Freud anteriormente, também vale lembrar as palavras de Paul Valéry que vão em um sentido semelhante: "a nossa memória nos repete o discurso que nós não havíamos compreendido. A repetição responde à incompreensão" (VALÉRY 1957: 1510).

Primo Levi deve ser considerado como um dos autores que levou mais longe e do modo mais acabado a reinscrição testemunhal da catástrofe. A literatura de cunho testemunhal, no entanto, foi e é ainda praticada por inúmeros outros sobreviventes da guerra (e por testemunhas "secundárias", que não vivenciaram diretamente os eventos), tais como Jorge Semprun, Ida Fink, Charlotte Delbo, Jean Améry, Robert Antelme, Tadeusz Borowski, Nelly Sachs e Paul Celan. É evidente, como já afirmamos acima, que toda literatura tem seu teor testemunhal: esse teor ganhou uma nova dimensão no século XX, e a consciência teórica desse fato deuse — como é comum na história da Teoria Literária — tardiamente.

Em um poema que define a sua poética, Celan escreveu: "Nos rios ao norte do futuro/ eu lanço a rede que tu/ hesitante carregas/ com sombras escritas por/ pedras" (CELAN 1983: II 14). Se nesse poema — curto como um epitáfio — as sombras remetem às letras sobre o papel branco, as pedras, por sua vez, como ocorre frequentemente na poética de Celan, representam o túmulo, as lápides que a sua poesia busca levantar para os milhões de judeus que morreram sem direito a serem enterrados.

De Paul Celan vêm os versos que revelam a essência do testemunho: "Ninguém/ testemunha para a/ Testemunha" (CELAN 1983: II 72). Também Primo Levi ressaltou inúmeras vezes essa unicidade do testemunho: este expressa o ponto de vista único e insubstituível do narrador. Os sobreviventes que não sucumbiram nos campos de trabalho e que tiveram a sorte de não serem selecionados para as câmaras de gás são testemunhas conscientes da limitação da sua narrativa. Como Levi escreveu em Os *afogados e os sobreviventes*:

> "Nós, tocados pela sorte, tentamos narrar com maior ou menor sabedoria não só nosso destino, mas também aquele dos outros, dos que submergiram: mas tem sido um discurso 'em nome de terceiros', a narração de coisas vistas de perto, não experimentadas pessoalmente. A demolição levada a cabo, a obra consumada, ninguém a narrou, assim como ninguém jamais voltou para contar sua morte." (LEVI 1990: 48)

Se é verdade que "ninguém jamais voltou para contar sua morte", não é menos verdade o fato de que os sobreviventes são aqueles que, como versões modernas e em carne e osso de Ulisses, visitaram ainda em vida o inferno. A impossibilidade da narração advém do "excesso" de realidade com o qual os sobreviventes haviam se defrontado.

O testemunho não deve ser confundido nem com o gênero autobiográfico nem com a historiografia — ele apresenta uma outra voz, um "canto (ou lamento) paralelo", que se junta à disciplina histórica no seu trabalho de colher os traços do passado.

Um dos fenômenos que marcam de modo mais característico as últimas décadas é a insistência no tema do "fim da história". Sem dúvida, a filosofia "inexistencialista" (VIDAL-NAQUET 1987) que gera o discurso sobre o fim da arte, do indivíduo, do espaço público, da nação etc., em parte também alimenta esse debate sobre o fim da história. O que na verdade ocorre é o fim da história nos seus moldes tradicionais, compreendida como uma narrativa que visa a recuperação e a *representação* de um passado coletivo, nacional etc. Também entra em colapso na nossa era de catástrofes e de genocídios a própria noção de evolução linear da história. A literatura do testemunho apresenta um modo totalmente diverso de se relacionar com o passado. A sua tese central afirma a necessidade de se partir de um determinado *presente* para a elaboração do testemunho. A concepção linear do tempo é substituída por uma concepção topográfica: a memória é concebida como um local de construção de uma cartografia, sendo que nesse modelo diversos pontos no mapa mnemônico entrecruzam-se, como em um campo arqueológico ou em um hipertexto. Como Celan mesmo afirmou, definindo sua poética, a sua poesia visa construir "cercamentos [*Einfriedungen*] em torno do sem-palavra, do sem-limites": ele quer mapear o passado. Ao invés de visar uma representação do passado, a literatura do testemunho tem em mira a sua *construção* a partir de um presente (SELIGMANN-SILVA 2000: 95 ss.).

Primo Levi, nascido em 1919, suicidou-se em 1987. Para ele "o suicídio é um ato meditado, uma escolha não instintiva". Muitos outros sobreviventes acabaram de modo voluntário com as suas vidas, tais como Paul Celan, Tadeusz Borowski e Jean Améry. Também o filósofo Walter Benjamin seguira o mesmo caminho: em 1940 ele se suicidou em Port Bou, na fronteira entre a Espanha e a França, quando ameaçado de ser entregue à Gestapo, a polícia secreta nazista. A filosofia da história de Benjamin já antecipara muitos elementos da concepção da história como trauma e da historiografia como testemunho. Ela fora decantada com base na convicção de que toda história é fruto do encontro, de um entrecruzar de um determinado presente com o passado. Nas notas às suas teses "Sobre a filosofia da história", de 1940, ele escreveu: "A imagem do passado que cintila no agora da sua reconhecibilidade é de modo geral uma imagem da memória. Ela assemelha-se às imagens do passado que assaltam as pessoas na hora do perigo" (BENJAMIN 1974: 1243). Essa hora era a de Primo Levi e a de Walter Benjamin e, em certo sentido, ainda é a de todos nós.

6.
LITERATURA, TESTEMUNHO E TRAGÉDIA: PENSANDO ALGUMAS DIFERENÇAS

À memória de Roberto Ventura

Na teoria da tradução, há muito se reconhece que não podemos jamais buscar uma tradução integral do texto de partida: sempre persiste um "resto", algo intraduzível, algum "traço" da palavra (ou da organização sintática) que pertence àquilo que Wilhelm von Humboldt denominou de "forma interna" da linguagem. Assim, no seu famoso exemplo, não existiria uma equivalência mesmo entre as palavras que um leitor desavisado tomaria como "meramente referenciais" tais como *"hyppos"*, *"equus"* e *"Pferd"* ("cavalo") (HUMBOLDT 1986: 63). Nos termos da linguística do século XX, diríamos que não pode existir em um discurso o domínio exclusivo da função referencial do mesmo modo que não pode existir uma tradução absoluta. Mais próximo a nós, Derrida tem insistido ao longo da sua obra na intraduzibilidade de certos termos-chave da filosofia, como ocorre nos conceitos *pharmakon*, *Aufgabe*, ou *Aufhebung*: eles possuem, para Derrida, uma *indécidabilité* que não pode ser totalmente mantida na tradução (cf. neste volume, capítulo 15).

Neste trabalho pretendo refletir algumas questões básicas dentro da teoria da noção de testemunho. Em um primeiro momento, farei alguns comentários sobre as diferenças entre os termos *Zeugnis* (testemunho) e *testimonio* tal como eles têm sido aplicados respectivamente nas últimas décadas na teoria literária de âmbito germânico (e, de certo modo, europeu) e na voltada para as produções literárias da América Espanhola. Pretendo demonstrar justamente a "intraduzibilidade" entre os conceitos de *Zeugnis* e de *testimonio*. Devemos pensar cada uma destas noções a partir dos seus contextos (por mais improvável que seja qualquer tentativa de estabelecer as fronteiras de contextos): só assim podemos fazer justiça aos eventos históricos que estão na origem de cada uma delas. Em um segundo passo, desenvolverei uma reflexão acerca das relações (diferenciais) entre estas duas noções de testemunho e os conceitos de "tragédia" e de "trágico". Este confronto apresenta-se como urgente tanto para a teoria do testemunho como para uma reflexão filosófico-estética sobre a questão da tragédia e do trágico hoje em dia.

Antes de mais nada, os próprios eventos que estão na base dos discursos sobre o testemunho definem as características que cada um deles assume. Se no âmbito alemão o trabalho de memória em torno da Segunda Guerra Mundial e da Shoah determina em boa parte as discussões, na América Espanhola o ponto de partida são as experiências históricas da ditadura, da exploração econômica, da repressão às minorias étnicas e às mulheres, sendo que nos últimos anos também a perseguição aos homossexuais tem sido pesquisada. Como veremos, em cada uma dessas regiões, as tradições de pensamento que foram mobilizadas para se pensar os conceitos de *Zeugnis* e de *testimonio* levaram a diferentes contornos da noção de testemunho: se na Alemanha a psicanálise, a teoria e a história da memória têm desempenhado já há algum tempo um papel central, na América Latina o *testimonio* é pensado a partir da tradição religiosa da confissão, da hagiografia, do testemunho bíblico e cristão no seu sentido de apresentação de vidas "exemplares", da tradição da crônica e da reportagem.

Já o confronto entre a atual noção de testemunho de um modo geral (ou seja, levando-se em conta tanto o *testimonio* hispano-americano como a literatura nascida da Shoah e de outras catástrofes históricas) e, por outro lado, os conceitos de "trágico" e de "tragédia", faculta uma abordagem particularmente produtiva em termos teóricos para a afinação de todos conceitos envolvidos. O aspecto catastrófico do objeto testemunhal não implica uma necessária assimilação à tradição do gênero tragédia nem tampouco ao conceito bem mais tardio, nascido no século XVIII, de trágico. Por sua vez estes dois conceitos, o poetológico de tragédia e o filosófico de trágico, são repensados na atualidade a partir das profundas transformações históricas ocorridas desde o Romantismo que roubaram tanto ao teatro quanto à sua reflexão teórica as noções de mundo e de indivíduo que ainda permitiam se pensar tanto aquele gênero quanto a sua essência. São justamente estas transformações históricas que fizeram emergir a noção forte de "testemunho".

O discurso acerca do testemunho e da memória na Alemanha

A questão do testemunho foi discutida na Alemanha antes de mais nada com base na famosa frase de Theodor W. Adorno, no ensaio "Crítica cultural e sociedade", de 1949: "escrever um poema após Auschwitz é um ato bárbaro, e isso corrói até mesmo o conhecimento de por que hoje se tornou impossível escrever poemas" (ADORNO 1977: 30).[1] Adorno retomou essa questão em vários de seus textos, até a sua *Teoria estética*, em que ele a discute ao tratar da poesia de Paul Celan. A perspectiva aberta por Adorno, que põe em discussão a própria possibilidade tanto de se escrever poesia após Auschwitz como o seu metadiscurso teórico, ainda constitui, até as publicações mais recentes em língua alemã, um ponto de vista frutífero e complexo, uma vez que, nele, teoria da representação, reflexão estética e ética se entrecruzam de um modo particularmente condizente com as nossas discussões atuais marcadas pela inter e transdisciplinaridade. Com essa abordagem já fica claro também em que medida a discussão na Alemanha sobre o testemunho partirá na maioria das vezes não apenas da Segunda Guerra Mundial, mas, sobretudo, mais especificamente, da Shoah.

O testemunho tem sido pensado na Alemanha tanto a partir de leituras que cruzam os discursos da teoria da literatura, da disciplina histórica e da teoria psi-

---

[1] "[...] nach Auschwitz ein Gedicht zu schreiben, ist barbarisch und das frißt auch die Erkenntnis an, die es ausspricht, warum es unmöglich ward, heute ein Gedicht zu schreiben", p. 30 (cf. TRAVERSO 1997, GAGNEBIN 2003 e SELIGMANN-SILVA 2003b).

canalítica, como também na onda dos *estudos sobre a "memória"* que têm se intensificado muito nos últimos dez anos, sob a influência das abordagens culturalistas. O estudo específico da questão do testemunho recebeu um impulso com as publicações de teóricos norte-americanos como Dori Laub, Geoffrey Hartman, Shoshana Felman e Cathy Caruth. Os livros *Testimony: Literature, Psychoanalysis, History*, de 1991, de Dori Laub e Shoshana Felman, e *Trauma: Explorations in Memory*, de 1995, organizado por Cathy Caruth, são centrais nessa discussão. Eles representam uma espécie de "volta à história" no âmbito do chamado pós-estruturalismo, sob o signo da *história como trauma* que complexifica a noção do "fato histórico" e impede a sua definição inocente e positivista (CARUTH 1996).

Em termos gerais, podemos dizer que as principais características do discurso testemunhal como ele tem sido definido no âmbito germânico podem ser assim resumidas:

1) *O evento*: a *Shoah* aparece como *o evento central da teoria do testemunho*. Desde os anos 1980 ele vem sendo cada vez mais caracterizado por sua radicalidade e consequente singularidade. Partindo dessa característica desenvolveu-se um dos *topoi* nas pesquisas sobre o testemunho, a saber, o da singularidade e não possibilidade de comparação entre a Shoah e outras catástrofes, ou seja, afirmou-se a sua *radical unicidade*. Esse tipo de argumento radicaliza a divisão tradicional entre as ciências humanas como área reservada à interpretação e as ciências naturais como campo da explicação. Devido à singularidade/unicidade da Shoah ela estaria "para além" de toda compreensão. Evidentemente é equivocado deduzir-se da singularidade da Shoah um discurso sobre a sua unicidade absoluta e acerca da hierarquia entre as catástrofes: no *âmbito da teoria do testemunho* (que sempre nasce do *ponto de vista subjetivo* e costuma priorizar a *perspectiva das vítimas*) não se deve discutir a magnitude das catástrofes em termos numéricos, mas sim em termos qualitativos. O evento catastrófico é um evento singular porque, *mais* do que qualquer *fato histórico*, do ponto de vista das vítimas e das pessoas nele envolvidas, ele *não se deixa reduzir em termos do discurso*. Apenas uma confusão dos registros da memória com o da historiografia leva ao "tabu da historicização" da Shoah.[2] A intensidade do evento deixa marcas profundas nos sobreviventes e em seus contemporâneos, que impedem um relacionamento com eles de modo "frio", "sem interesse", para lembrar dos termos com que Kant tratou formalisticamente a apreciação artística. Em Kant, de resto, encontramos um conceito de *sublime* — típico da estética do XVIII — que guarda certas semelhanças com as qualificações da Shoah

---

[2] É evidente que, em primeiro lugar, não existe uma separação absoluta entre os registros da memória e da historiografia. Em segundo lugar, e como corolário da primeira afirmação, é claro que a historiografia também deve ser pensada do ponto de vista da *política* da memória. O famoso debate entre Saul Friedländer e Martin Broszat em 1987 deve ter deixado isso claro (BROZSAT E FRIEDLÄNDER, 1990; SELIGMANN-SILVA 2000a). Por último, devo afirmar minha defesa da necessidade não tanto de se separar os registros da memória e da historiografia, mas sim de se ter em mente as suas diferenças. Só assim pode-se evitar equívocos e posturas pseudomoralizantes infrutíferas. História e memória, em uma formulação paradoxal do historiador paulista Roney Cytrynowicz, constituem, reciprocamente, a moldura uma da outra.

como algo que vai além da nossa capacidade de apreensão. Esse evento exige, portanto, uma revisão dos conceitos básicos que dirigem nossa relação com o passado. No limite, a questão da representação da Shoah levou não apenas a teoria literária a se aproximar da historiografia, mas também a historiografia a se aproximar de uma abordagem mais qualitativa e a tentar englobar conceitos derivados da psicanálise, da teoria do conhecimento, da ética e da estética para tentar dar conta dessa representação que ocorre sob o signo de uma *aporia* (em termos tanto da teoria do conhecimento como também da estética e da ética) (SELIGMANN-SILVA 2000).[3]

2) *A pessoa que testemunha*: ela é muitas vezes pensada na chave da noção freudiana de *trauma* ou dentro de abordagens lacanianas — quando se enfatiza a noção de *real* como algo que não pode ser simbolizado —, ou ainda com a noção desenvolvida por Nicolas Abraham e Maria Torok de *cripta* (que desdobrou a noção freudiana e ferencziana de trauma).[4] A noção de testemunha primária normalmente é aplicada ao sobrevivente. Por outro lado, muitos autores aplicam noções derivadas dos estudos das obras dessas testemunhas primárias aos textos de "testemunhas secundárias" — uma noção que pertence mais à tradição da história oral e não ao uso jurídico do conceito de testemunha. Nesse último sentido, a testemunha é pensada segundo a noção de *testis*, de um terceiro que seria citado diante do tribunal para dar sua versão dos "fatos". A testemunha enquanto alguém que sobreviveu a uma catástrofe e que não consegue dar conta do vivido — porque ficou traumatizada (elemento subjetivo) e devido à "dimensão" da catástrofe (elemento objetivo) — leva-nos a uma outra etimologia possível da testemunha como *superstes* ou, em grego, *mártir* (sobrevivente).[5] — Também é importan-

---

[3] A aporia do conhecimento nasce da impossibilidade de apreensão e de representação. A aporia estética dá continuidade à primeira e já deságua na questão ética, na medida em que nela vemos surgir a questão do compromisso entre a arte e a esfera política (sobretudo da política da memória). Adorno expressou essas aporias com as seguintes palavras em seu ensaio "Engagement" ao rever seu veredito de "Crítica cultural e sociedade": "O excesso de sofrimento real não permite esquecimento; a palavra teológica de Pascal 'on ne doit plus dormir' deve-se secularizar. Mas aquele sofrimento [...] requer também a permanência da arte que proíbe. [...] A chamada configuração artística da crua dor corporal dos castigados com coronhas contém, mesmo que de muito longe, o potencial de espremendo-se escorrer prazer. A moral que coage a arte a não esquecer isso um segundo, escorrega para o abismo da antimoral." O desenvolvimento desta passagem é importante, pois já introduz o tema de nossa segunda parte, a relação entre a tragédia e a apresentação da dor: "Pelo princípio de estilização estética e até pela prece solene do coro, o destino imponderável se apresenta como se tivesse tido algum sentido algum dia; é sublimado, e tira-se um pouco de seu horror" (ADORNO 1977: 65). Ou seja: não existe saída para a aporia estética/moral, a não ser assumir de modo radical esta sua impossibilidade e necessidade de apresentação das catástrofes.

[4] LACAN 1964; ABRAHAM e TOROK 1995; FERENCZI 1919 e, para um apanhado da história do conceito de trauma: BOHLEBER 2000 e o capítulo precedente.

[5] Em grego *martyréo* significa testemunhar e *martírion*, testemunho, reza. A fala do sobrevivente vale como a fala de um mártir no seu duplo sentido de *testemunho ocular* e de *alguém que passou pela experiência extrema da dor* (como compreendemos o mártir modernamente). Esta polaridade é expressa em latim respectivamente pelos termos *testis* e *superstes*. Com relação à etimologia do termo testemunho cf. BENVENISTE 1995: II, 174 ss., 275 ss.; para um histórico dos

te mencionar que na Alemanha a questão do "ponto de vista" da testemunha tem sido objeto tanto de estudos como de polêmicas — como na famosa troca de cartas entre Martin Broszat e Saul Friedländer de 1987 e como podemos acompanhar nos projetos do artista de Kassel, Horst Hoheisel, que tem procurado pensar antimonumentos para a Shoah, buscando um difícil ponto de vista dos executores. Seguindo essa ideia, ele se opõe veementemente à proposta de Peter Eisenmann para o Holocaust-Mahnmal de Berlim.[6]

3) *O testemunho*: *literalização* e *fragmentação* são as duas características centrais (e apenas à primeira vista incompatíveis) do discurso testemunhal. Ele é ainda marcado por uma tensão entre *oralidade* e *escrita*. A literalização consiste na incapacidade de traduzir o vivido em imagens ou metáforas. Essa noção pode ser pensada também em termos psicanalíticos, se nos recordarmos da pessoa traumatizada como alguém que porta uma recordação exata do momento do choque e é dominada por essas imagens que sempre reaparecem diante dela de modo mecânico, involuntário. A fragmentação de certo modo também literaliza a psique cindida do traumatizado e a apresenta ao leitor. A incapacidade de incorporar em uma cadeia contínua as imagens acríbicas também marca a memória dos traumatizados. A tradução desses "nós de memória" — desses momentos encapsulados ou enterrados em uma cripta, para falarmos com Abraham e Torok — é o objetivo de toda terapia. O testemunho também é um momento de tentativa de reunir os fragmentos dando um nexo e um *contexto* aos mesmos. Do ponto de vista do testemunho como *superstes* esse objetivo é sempre uma *Aufgabe*, ou seja, encontra-se no registro aporético sob o qual W. Benjamin pensou a tradução como *double bind*, como tarefa e desistência.[7]

4) *A cena do testemunho*: ela tende a ser pensada antes de mais nada como a cena do *tribunal*: o testemunho cumpre um papel de justiça histórica. Nessa mesma linha, o testemunho pode também servir de documento para a história. A *segunda cena* característica é mais individual e vê o testemunho como um momento de perlaboração (*durcharbeiten*, no termo de Freud) do passado traumático. Entre o subjetivo e o registro universal do histórico, encontramos ainda a função da Shoah como um evento catastrófico que é lido dentro da tradição judaica da história como catástrofe e como momento de "recolhimento de Deus".[8] Nesse último sentido, o testemunho possui um papel de aglutinador de um grupo de pessoas — antes de tudo, em se tratando da Shoah, dos próprios judeus — que constroem a sua iden-

---

gêneros que estão de algum modo na origem dos testemunhos e *testimonios* do século XX, cf. BUSTAMANTE 1994.

[6] Cf. HOHEISEL E KNITZ 1999; e com relação à questão dos diferentes pontos de vista na memória coletiva cf. MOTZKIN 1996.

[7] Quanto a essa aproximação da teoria do testemunho e da teoria da tradução, cf. neste volume, capítulo 17.

[8] Cf., por exemplo, o fantástico texto de Zvi Kolitz, *Yossel Rakover dirige-se a Deus*; quanto à noção de história como catástrofe em Walter Benjamin, um autor-chave na reflexão sobre a literatura de testemunho, cf. o meu texto SELIGMANN-SILVA 2003.

tidade com base na identificação com essa *"memória coletiva"* de perseguições, de mortes e dos sobreviventes.[9]

5) *A literatura de testemunho*: a noção de literatura de testemunho é mais empregada no âmbito anglo-saxão também devido ao influxo dos estudos literários latino-americanos.[10] No contexto de língua germânica, até os anos 1990 costuma-se falar mais de "Holocaust-Literatur", antes da introdução do conceito de *Zeugnisliteratur* (Literatura de testemunho) pela via tanto dos estudos da Shoah como da América-Latina. Na Alemanha, autores têm variado a ênfase ao tratar dessa literatura: como parte da *teoria da memória* em Aleida Assmann (1999), já nos trabalhos de Sigrid Weigel (1996; 1999; 2000) ela aparece dentro de uma reflexão sobre a *teoria da representação* no âmbito literário e artístico e, em Harald Weinrich (1997), dentro do seu projeto de retraçar uma história da noção de *esquecimento*. Isso sem mencionar os trabalhos de Gertrud Koch (1992; 1999), Ilka Quindeau (1995), Ulrich Baer (2000), Peter Reichel (1999), Ulrich Borsdorf (1999), Gary Smith (1996), Nicolas Berg (1996) e o belo ensaio de W. G. Sebald (1999) sobre *Luftkrieg und Literatur* (Guerra aérea de Literatura),[11] e sem contar inúmeros outros autores. Não se procura normalmente nessa bibliografia definir de modo estrito o que seria a literatura de testemunho: de um modo geral, trata-se do *conceito de testemunho* e da forte presença desse elemento ou teor testemunhal nas obras de sobreviventes ou de autores que enfocam as catástrofes (guerras, campos de concentração etc., predominantemente do século XX). Os autores estudados como fazendo parte do cânone testemunhal da Shoah (independentemente do fato de serem testemunhas primárias) são Primo Levi, Paul Celan, Victor Klemperer, Aharon Appelfeld, Jorge Semprun, Jean Améry, Adam Czerniakow, Calel Perechodnik, Robert Antelme, Georges Perec, Charlotte Delbo, Ruth Klüger, Maurice Blanchot, Jean Cayrol, David Rousset, Art Spiegelman, entre outros. Também se desenvolve ulti-

---

[9] Quanto a esta capacidade da narrativa da dor de construir uma comunidade unida pela mesma experiência dolorosa e o sentido benéfico desta aliança, vale lembrar as palavras de Edgar (banido e disfarçado como mendigo louco), no *King Lear*, referindo-se ao terrível espetáculo da loucura do rei: "Who alone suffers, suffers most i' the mind,/ Leaving free things and happy shows behind;/ But then the mind much sufferance doth o'erskip,/ When grief hath mates, and bearing fellowship./ How light and portable my pain seems now,/ When that which makes me bend makes the/ King bow" (III, 6). Na tradução de Millôr Fernandes: "Quem sofre sozinho esquece suas raízes/ Não lembra mais fatos nem tempos felizes/ Quando a dor tem irmãos e a angústia amigos/ A alma nem sente inúmeros castigos/ A dor já não dói, por não ser singular/ O mesmo que me curva faz o Rei dobrar." (1997: 88).

[10] A noção de testemunho foi pensada na teoria da literatura europeia e anglo-saxã a partir do *boom* de testemunhos que foi desencadeado por "ondas de memória", muitas vezes deslanchadas por grandes processos, como o de Nuremberg e o de Eichmann em Jerusalém. Cf. WIEVIORKA 1998. Também os filmes *Shoah* de Claude Lanzmann, de 1985, e, posteriormente, *A lista de Schindler*, de Spielberg, foram responsáveis por novas ondas de testemunho e funcionaram como catalisadores para a criação dos arquivos de vídeo-testemunhos de sobreviventes da Shoah.

[11] O ensaio de Sebald desdobra-se do ponto de vista da vivência extrema dos bombardeios que a Alemanha sofreu, mas pode-se traçar interessantes paralelos entre a sua leitura das obras do pós-guerra e a teoria do testemunho dos sobreviventes dos KZ.

mamente paralelos entre o testemunho da Shoah e o do Gulag, bem como com obras de (ou sobre) sobreviventes de outros genocídios e catástrofes dentro de uma nova área dedicada ao estudo comparado dos genocídios.[12]

O *TESTIMONIO* NA AMÉRICA LATINA

Na América Latina o conceito de *testimonio* foi desenvolvido nos países de língua espanhola no início dos anos de 1960. Diferentemente do que ocorre na reflexão sobre o testemunho da Shoah na Alemanha, na França ou nos EUA, na Hispano-América passa-se da reflexão sobre a *função testemunhal da literatura* para uma conceitualização de um novo *gênero* literário, a saber, a *literatura de testimonio*. A "política da memória", que também marca as discussões em torno da Shoah, possui na América Latina um peso muito mais de política "partidária" do que "cultural": aqui ocorre uma convergência entre política e literatura. Dentro de uma perspectiva de luta de classes assume-se esse gênero como o mais apto para "representar os esforços revolucionários" dos oprimidos, como afirmou Alfredo Alzugarat (1994: 173). Daí porque Cuba terá um papel-chave na institucionalização desse gênero. Esse país assumiu a liderança de um movimento de revisão da história que passou a ser recontada a partir do ponto de vista dos excluídos do poder e explorados economicamente. A revista *Casa de las Américas* teve um papel fundamental nesse processo. Foi ela que em 1970 criou o "Premio Testimonio Casa de las Américas" (ALZUGARAT 1994: 182). O centro cultural Casa de las Américas, que havia sido fundado no próprio ano da revolução, 1959, criara uma revista com a função de estabelecer uma "ponte de comunicação com os países irmãos do continente" (ALZUGARAT 1994: 172). Numa referência no número 3 da revista (outubro-novembro 1960) à escritora brasileira Carolina Maria de Jesus, já encontramos a noção de *testimonio*, ainda que com um valor mais de *testemunho histórico* que de literatura de testemunho. Sua obra é descrita como "*testimonio* social de grande importância para o conhecimento da situação de desamparo e miséria em que vive parte da população brasileira" (ALZUGARAT 1994: 177).[13] Nessa época ainda se pensava

---

[12] Cf., por exemplo, os dois volumes de Mihran Dabag e Kristin Platt, 1998 e 2000.

[13] Apesar dessa referência ao teor de *testimonio* da obra de Carolina Maria de Jesus, a literatura brasileira tem sido deixada em boa parte de lado dentro da teoria do *testimonio* que se deu nos países de língua espanhola. No Brasil pensa-se no mesmo período prioritariamente na teoria do romance e das suas implicações com o realismo. Daí minha opção por manter em espanhol o termo *testimonio*. As obras de autores brasileiros escritas a partir da ditadura militar iniciada em 1964, de autores como Antônio Callado e Fernando Gabeira, não poderiam ser consideradas como *testimonio* no sentido estrito em que este termo é considerado na Hispano-América. Por outro lado, é evidente o *teor de testemunho* desses e de outros autores que escreveram sobre os anos de chumbo da ditadura. Recentemente vemos surgir no Brasil uma literatura com características próximas à dita de *testimonio*, como por exemplo com o fenômeno da literatura dos cárceres (e sobre os cárceres). Cf. as obras de ANDRÉ DU RAP 2002, JOCENIR 2001, RAMOS 2002, RODRIGUES 2002, VARELLA 1999, NEGRINI 2002, MENDES 2001 e o volume coletivo *Letras de Liberdade* 2000. Aqui entra a questão do testemunho de uma situação extrema, os temas da autoria e da oralidade (al-

o teor testemunhal como sendo praticamente idêntico ao documental. Só aos poucos foi se firmando a noção de um gênero literário. No artigo de Angel Rama "Dez problemas para o romancista latino-americano", de 1964, o autor já detecta "'uma forte tendência ao documentarismo, às formas da reportagem quase direta, [...] à literatura testemunhal, à autobiografia mais ou menos encoberta [...] Devemos notar, contudo — continua Rama —, que essa inclinação para a narrativa autobiográfica e para o documental não são patrimônio exclusivo das revoluções mas sim [...] de toda mudança social rápida, em todo mundo'" (ALZUGARAT 1994: 180). Como Alzugarat recorda, Rama vincula esse romance à produção de cunho documental da descolonização africana, à produção no contexto do pós-Segunda Guerra Mundial e também à da época da revolução mexicana e à literatura soviética. Esse *romance testemunhal*, no entanto, é diferenciado no contexto da teoria do *testimonio* do *testimonio* como gênero que se institucionalizou em 1970. No início dos anos 70 o governo Allende e a ditadura chilena, a partir de 1973, também foram responsáveis pelo estabelecimento do gênero *testimonio* na América Latina. Nas atas do "Coloquio sobre la literatura chilena de la resistencia y del exílio", publicada no nº 112 de janeiro-fevereiro de 1979 na revista da Casa de las Américas, encontramos passagens preciosas quanto à definição e historicização do gênero *testimonio*. Jaime Concha, por exemplo, destaca que em Bartolomé de las Casas (1474-1566) já se encontra um "testemunho por excelência do drama da conquista", o que significa também que "a função *testimonial* pode coexistir com diversos gêneros, em roupagens e envolturas diferentes" (192). Por outro lado, o autor acrescenta que teria sido apenas a partir do século XIX que o gênero *testimonio* pôde se estabelecer: com José Martí (1853-1895), que teria escrito "o primeiro *testimonio* em sentido estrito e atual" (ALZUGARAT 1994: 193). Para Concha, após 1973 não se pode mais distinguir claramente entre o político e o literário: mas mesmo pensando assim ele deixa claro que não se deve confundir o testemunho enquanto atividade que pode ser encontrada em vários gêneros e a literatura de *testimonio* propriamente dita. Esta, no entanto, existe apenas no contexto da contra-história, da denúncia e da busca pela justiça. A *verdade* e a *utilidade* são, portanto, fundamentais na concepção de *testimonio*, e isso também vale de um modo geral para a Casa de las Américas (ALZUGARAT 1994: 196). O regime sandinista na Nicarágua também foi responsável nos anos 1980 por um *boom* de testemunhos naquele país. Tentando traçar um esquema paralelo ao que fiz acima para a literatura testemunhal da Shoah, poderíamos resumir da seguinte maneira as características da literatura de *testimonio* tal como ela vem sendo refletida nas últimas décadas:

---

guns destes textos são publicados graças à figura de um mediador que transcreve o testemunho), a questão da formação de um grupo de vítimas, o tema da relação entre literatura e justiça etc. É importante notar que alguns dos autores de literatura de presídio da Hispano-América também fazem parte do cânone da literatura de *testimonio*, como o próprio José Martí (*El presidio político en Cuba*, de 1871) e José Maria ARGUEDAS 1969. Com relação às memórias de prisão na literatura africana lusófona cf. TRIGO s.d., para as obras canônicas de Graciliano Ramos e Camilo Castelo Branco veja-se, por exemplo, EMERY 1993, e para a literatura dos cárceres Hispano-Americana cf. SCHWARTZ 1983.

1) *O evento*: a literatura de *testimonio* antes de qualquer coisa apresenta-se como um registro da história. Na qualidade de *contra-história* ela deve apresentar as provas do outro ponto vista, discrepante do da história oficial. Não existe aqui o *tópos* da singularidade nem o da unicidade do evento testemunhado: pelo contrário, enfatiza-se a continuidade da opressão e a sua onipresença no "continente latino-americano".

2) *A pessoa que testemunha*: a ênfase recai na testemunha como *testis*, terceiro elemento na cena jurídica, capaz de com-*provar*, *certificar*, a verdade dos fatos. Dori Laub, vale lembrar, afirma com relação ao sobrevivente do campo de concentração nazista que essa vivência não poderia ser testemunhada, ao menos no sentido jurídico do testemunho (LAUB 1995). Já aqui na teoria do *testimonio*, ao invés do acento na subjetividade e indizibilidade da vivência, destaca-se o ser "coletivo" da testemunha (ACHUGAR 1994: 16). Evidentemente o ponto de vista é essencial aqui e o *testimonio* é parte da política tanto da *memória* como da *história*. Se esses dois âmbitos (o da memória e o da historiografia) devem permanecer unidos e comunicantes ao pensarmos o testemunho da Shoah, para evitarmos tanto a interdição do evento como a sua catapultagem para fora do histórico, no *testimonio* percebe-se uma tendência para a simbiose entre essas duas formas de lidar com o passado. — Pode-se falar também de uma *necessidade* de se testemunhar tanto nos autores de testemunho da Shoah como nos de *testimonios* (ALZUGARAT 1994: 202). Mas no primeiro caso tende-se a compreender essa necessidade não só em termos jurídicos, mas também na chave do trauma, enquanto na literatura sobre o *testimonio* a necessidade é entendida quase que exclusivamente em um sentido de necessidade de se fazer justiça, de se dar conta da exemplaridade do "herói" e de se conquistar uma voz para o "subalterno".[14]

3) *O testimonio*: enfatiza-se o realismo das obras. Na expressão de Lisandro Otero, em um artigo intitulado "Notas sobre la funcionalidad de la cultura" (Casa de la Cultura de las Americas, 1971), haveria uma tendência contemporânea à "factografia ou apresentação testemunhal dos feitos" (185). Ao invés da poética da fragmentação ou da literalidade, enfatiza-se a *fidelidade* do *testimonio*. Esse gênero estabelece-se paradoxalmente como uma literatura antiestetizante e marcada pelas estratégias de apresentação do documento (histórico) e não tanto, como na literatura da Shoah, pela apresentação fragmentária e com ênfase na subjetividade. Como não há praticamente influência do discurso psicanalítico (que tem surgido aqui e ali apenas nos últimos anos) na teoria do *testimonio* não se pensa este fenômeno nos termos de uma literatura do trauma, como *real*-ismo, pensando o *real* em termos lacanianos, como se dá algumas vezes no contexto da reflexão sobre a literatura da Shoah ou de sobreviventes de outros genocídios. Na definição de John Beverly, o *testimonio* é uma "narração [...] contada na primeira pessoa gramatical, por um narrador que é ao mesmo tempo o protagonista (ou a testemunha) de seu próprio relato. Sua unidade narrativa costuma ser uma 'vida'

---

[14] Cf. Hugo Achugar, "Prologo" (*in*: ACHUGAR 1994: 7). A noção de subalterno é derivada da leitura de Gramsci feita por Gayatri Chakravorty Spivak. Cf. PENNA 2003.

ou uma vivência particularmente significativa" (*apud* ALZUGARAT 1994: 174). O testemunho é exemplar, *não-fictício* (nesse ponto, coincidindo com o testemunho da Shoah) e é profundamente *marcado* pela oralidade. Esse último aspecto é particularmente importante na teoria do *testimonio*: essa literatura nasce da boca e não da escritura, de uma população explorada e na maioria das vezes analfabeta. O *testimonio* exige normalmente um mediador/compilador, como no caso de Elisabeth Burgos, que escreveu o *testimonio* — exemplar — de Rigoberta Menchú, sintomaticamente denominado *Mi llamo Rigoberta Menchú y así me nació la conciencia*: ou seja, a figura do mediador costuma ser *apagada* do *testimonio*. Tudo se passa como se o jornalista, antropólogo ou sociólogo fosse uma figura *transparente* e a sua escritura, literalmente agora, um "porta-voz" do testemunho.[15] Pode-se falar de uma ambígua valorização das marcas e traços da fala na escrita de *testimonio*, ao lado de uma crença na traduzibilidade da voz para a escrita. O elemento corpóreo-gestual do testemunho, no entanto, tem sido tema tanto nos estudos do testemunho sobre a Shoah[16] — sendo que a obra de Claude Lanzmann, *Shoah*, teve um impacto enorme sobre esses trabalhos — como também nos dedicados às narrativas populares da América Latina (LEÓN 1992). Nos últimos anos, assim como nasceram centenas de vídeo-arquivos com testemunhos da Shoah, tem-se tentado registrar em vídeo e usando a tecnologia de CD-ROM as narrativas populares de indivíduos ágrafos, particularmente no interior do Brasil (QUEIROZ 2000).[17]

4) *A cena do testimonio*: aqui prevalece a cena do tribunal. A estratégia realista que pretende fundir literatura e tribunal encontra na figura da *citação* (que pode ser tanto literária quanto diante de um tribunal) o denominador comum. Também a função identitária do *testimonio* é fundamental: ele aglutina populações, etnias e classes em torno de uma mesma luta. Como Hugo Achugar recorda, na literatura do *testimonio* (e isso também vale para o testemunho da Shoah) espera-se do leitor uma "suspensão voluntária da descrença".[18] Levando mais adiante a comparação com a *teoria da ilusão*, poderíamos pensar no testemunho de um modo geral como uma reapresentação da cena primordial da literatura — do mito e da tragédia — como a *cena do tribunal* onde assistimos às consequências da *hamartia* e de

---

[15] BURGOS 1997. Com relação à noção do tradutor como uma figura "transparente" — típica de uma certa "ideologia da tradução" que domina essa prática até nossos dias —, que pode ser aproximada desta pretensa transparência do compilador, cf. o ensaio de VENUTI 1998.

[16] Cf. sobretudo os trabalhos de LAUB, HARTMAN e o livro de LANGER 1991.

[17] Vale recordar dois filmes com testemunhos ligados às perseguições políticas durante a ditadura brasileira. O longa-metragem de Lúcia Murat *Que bom te ver viva* (1989), com depoimentos de ex-combatentes mulheres e o curta-metragem de Marta Nehring *15 filhos* (1996), com entrevistas com filhos de combatentes da oposição assassinados pelo regime militar.

[18] Cf. ACHUGAR 1994: 49. Cf. também, quanto a essa suspensão voluntária da descrença na leitura dos testemunhos, o interessante caso do falso testemunho autobiográfico de Wilkomirski que analiso no próximo capítulo. Esta suspensão pode ser aproximada em termos da teoria dos gêneros do famoso "pacto autobiográfico", tal como este foi formulado por Philippe Lejeune (1975), em que se acorda (entre o autor e o leitor) que o narrador e o autor são a mesma pessoa.

uma *hybris* (só que agora não mais do herói, mas sim do "outro/opressor") que levaram a uma *catástrofe*: em cuja trama compaixão e terror são igualmente gerados e aponta-se para uma situação onde a justiça poderá ser restituída. Mais abaixo voltaremos a esta aproximação. Vale lembrar, por fim, que se nesse pacto literário/ilusório não ocorre a esperada identificação dos leitores com as testemunhas e com o que é testemunhado, então o leitor passa a tachar a obra de uma "peça de publicidade".[19]

5) *A literatura de testimonio*: Desde os anos de 1960 procura-se vincular a literatura de *testimonio* aos gêneros da crônica, confissão, hagiografia, autobiografia, reportagem, diário e ensaio (ALZUGARAT, 1994: 177 ss.). O *testimonio* é pensado também como uma cria da literatura regionalista, que foi muito forte na literatura latino-americana da primeira metade do século XX, sendo que a "novela testimonial" seria uma espécie de irmã da literatura de *testimonio strictu sensu* enquanto narrativa em primeira pessoa e não-ficcional. A teoria do *testimonio* está bem exposta nos volumes organizados por René Jara, Hernán Vidal (1986), John Beverley (1992) e Hugo Achugar (1992 e 1994). *Testimonios* canônicos são os de Rigoberta Menchú, Miguel Barnet (*Biografia de un cimarrón*), Maria Esther Gílio (autora de *La guerrilla tupamara*, que instaurou o prêmio *testimonio* Casa de las Americas), José Maria Arguedas, Omar Cabezas (*La montana es algo más que una inmensa estepe verde*) e Bermejo González (*Las manos en el fuego*).[20]

A TRAGÉDIA E A QUESTÃO DOS TESTEMUNHOS

Voltemo-nos agora para a aproximação que fiz acima entre a cena do testemunho e a da tragédia, enquanto duas situações próximas à do tribunal. Na Antiguidade o pensamento retórico tinha para si como clara a relação entre a cena jurídica e a "literária" (que evidentemente não era pensada com base neste conceito, de "literatura", que é romântico). Para Quintiliano, por exemplo, a *enárgeia* (*evidentia*) deveria permitir no discurso forense um convencimento melhor do que o argumento. Essa teoria supõe tanto a capacidade da imaginação do poeta e do ouvinte como também a reciprocidade entre as imagens mentais e o despertar das emoções (cf. o conceito de *psychagogia*): "Pois a oratória é frustrada no seu efeito total e não é perfeita se ela apela apenas para a *audição* e se o juiz sente que os fatos sobre os quais ele tem que decidir estão sendo apenas narrados para ele, e não estão sendo expostos para os olhos da mente na sua verdade viva" (*Inst. or*. 8, 3, 62; grifo meu). Por outro lado, a tragédia como gênero encerra em si vários ele-

---

[19] Cf. quanto à relação entre testemunho jurídico e a literatura BUSTAMANTE 1994: 71, e FOUCAULT 1999.

[20] BUSTAMANTE (1994: 79), destacando o teor jurídico dessas obras, nota com relação a esse livro de González que seu nome recorda o ritual do ordálio, o juramento com a mão no fogo. Já o texto de R. Menchú foi utilizado como peça central no tribunal Russell na sua seção de 1983 dedicada ao regime guatemalteco. Com relação ao testemunho de Menchú, cf. também ZIMMERMAN 1992.

mentos que permitem aproximá-la de um tribunal (se não da "criação", ao menos das "criaturas"). Seu fim indica a possibilidade de restituição de uma ordem do mundo, encarnada sobretudo pelo próprio coro. Paira na tragédia a "imanência de uma justiça divina" (R. Dupont-Roc e J. Lallot *in*: ARISTÓTELES 1980: 229). Recordemos a famosa definição aristotélica de tragédia:

> "É pois a Tragédia imitação [*mímesis*] de uma ação [*prazeos*] de caráter elevado, completa e de certa extensão, em linguagem ornamentada e com as várias espécies de ornamentos distribuídas pelas diversas partes [do drama], [imitação que se efetua] não por narrativa, mas mediante atores, e que, suscitando o terror [*phobos*] e a piedade [*eleos*], tem por efeito a purificação [*kátharsis*] dessas emoções." (1449b)[21]

Outro momento essencial na tragédia é a *anagnórisis*, o reconhecimento, que significa a passagem e transformação da felicidade no sentido da infelicidade. No caso paradigmático da tragédia, tal como ainda podemos ler em Sófocles que é o modelo aristotélico, é a ignorância, *agnoia*, do herói com relação às suas infrações que permitiu o seu erro, a saber, a manifestação de "daemon malvado". O herói comete um erro, *hamartia* (1453a), levado pela sua *hybris*, sua exagerada auto valorização, ou por descuido. O herói trágico é descrito por Aristóteles como alguém nem "muito bom", nem como um "malvado": nestes casos não se atingiria o efeito trágico, pois a passagem para a desdita de alguém muito bom geraria "repugnância" e a de alguém malvado é vista como merecida. A piedade "tem lugar a respeito do que é infeliz sem o merecer, e o terror, a respeito do nosso semelhante desditoso" (1453a).

A *imitação* é essencial na poesia trágica e a distingue da historiografia: esta, para Aristóteles, apresenta "as coisas que sucederam" e a outra "as que poderiam suceder. Por isso", conclui o filósofo, "a poesia é algo de mais filosófico e mais sério do que a história, pois refere aquela principalmente o universal, e esta o particular" (1451a, 1451b). A tragédia deve poder cumprir seu efeito sem recurso aos meios do espetáculo (*opsis*). Estes podem levar ao "monstruoso", *to teratôdes*, que gera um *terror bruto* e não permite a reflexão, enquanto na tragédia o poeta "deve procurar apenas o prazer [*édoné*] inerente à piedade e ao terror, provocados pela imitação". As ações catastróficas por excelência, que devem ser imitadas pelo poeta trágico, são as que envolvem a luta entre amigos e familiares (1453b). Daí a tendência para a apresentação da história de certas famílias, como a dos labdácidas. Para a imitação possibilitar a recepção trágica é essencial também o respeito a ou-

---

[21] Apesar de Aristóteles neste passo acentuar o fato de a tragédia ser encenada por atores, sabe-se que, em outros momentos de sua *Poética*, ele dispensa a representação dramática para se julgar a qualidade de um texto trágico. Daí ele acentuar também a capacidade tanto do autor da tragédia, com ajuda de sua potente imaginação, poder visualizar a cena da representação de seu texto, como também daquele que a lê (1450b, 1453b, 1455a, 1462a). Ou seja, a *enárgeia* também é exigida do texto trágico.

tro limite do seu tema: o *irracional* só é permitido à epopeia. Mas como na tragédia o que vale é a imitação do mito e não a representação da realidade, para ela vale a máxima: "Deve-se preferir o que é impossível, mas verossímil ao que é possível, mas não persuasivo" (1460a); ou seja, a *verossimilhança* deve prevalecer mesmo diante da representação de fatos possíveis, mas que devido à sua inverossimilhança quebrariam a ilusão da representação.

Evidentemente não caberia aqui apresentar em detalhes todas as partes da tragédia e do seu mito, as digressões sobre a *lexis/elocutio*, as diferenças entre a tragédia e a epopeia (e o maior valor da primeira) tal como Aristóteles nos apresenta. Para uma comparação com a temática do testemunho, o acima exposto, no que toca à teoria aristotélica da tragédia, já é o suficiente.

Iniciemos pela questão central da *mímesis*. Como é sabido, não existe uma tradução possível para esse conceito, não apenas por ele constituir uma noção poética-retórica que desapareceu, tal como era concebida na Antiguidade, mas, antes de mais nada, porque ele foi objeto de inúmeras definições ao longo da história. Devemos pensar a *mímesis* como a coluna vertebral do pensamento antigo sobre as artes, que se estrutura a partir da *separação* entre a própria *mímesis* (enquanto modo de representação) e aquilo que é seu objeto, o mito, a fábula. Aristóteles deixa clara a diferença entre o modo trágico da *mímesis* e a narrativa histórica. A poesia está voltada para o universal, não para o que aconteceu, mas sim para o que poderia acontecer. Sua tendência é para a *tipificação*, para a encenação de personagens e situações paradigmáticos. No campo do testemunho a equação é bem diversa: a narrativa visa antes de tudo o *particular*; apenas em um segundo momento da recepção e da construção das narrativas testemunhais é que entra em cena a autor-referência e a estruturação de um discurso de certo modo tipificador (que cria certas regras para o comportamento dos protagonistas, bem como aponta para o desenho das bordas dos grupos e comunidades de vítimas e de leitores). O "drama" da narrativa testemunhal é justamente a dificuldade de reduzir o particular histórico ao universal da discursividade. Por outro lado, não podemos nos esquecer que a visão aristotélica que vincula a arte ao universal é pré-romântica. Após o Romantismo coube justamente às artes o papel de guardiãs da individualidade, resistindo contra a racionalização e o processo de conceituação do mundo. As artes primeiro viram-se transformadas, com Kant, em "universalidade individual" e, depois, em singularidade pura, que desafia os conceitos na sua busca iluminista de reduzir o não-idêntico. Hegel — em contraponto à estética pós-kantiana — reduzirá o próprio histórico a uma concretização do (espírito) universal. Ou seja, os valores aristotélicos encontram-se invertidos. É dentro desta nova visão dos fatos culturais que o teor testemunhal da literatura pôde vir à tona com maior evidência. O testemunho encontra-se no vértice entre a literatura e a historiografia (ou o subgênero da autobiografia). Sua ligação com as artes o qualifica para a apresentação do único, mas é também no testemunho que este singular encontra refúgio, diante de uma historiografia voltada para tipificações de épocas e grandes períodos, ou para as "reduções" economicistas, nacionalistas etc. Vale notar que na medida em que a "poética" do *testimonio* ainda mantém a noção de herói (romântica, enquanto herói da resistência), ela dá continuidade ao processo (clássico) de tipificação. A fragmentação tendencial do testemunho enquanto narrativa que emana das catástrofes, no entanto, vai contra este movimento de esteriotipia. De resto, no registro do testemunho da Shoah não podemos falar de *mímesis* no sentido de *imitatio*. Aqui o que ocorre é uma tendencial manifestação da catástrofe sob a forma de índices. Assim como nas artes plásticas contemporâneas já não podemos mais distinguir o "suporte" da obra — ou o *ergon* do *parergon* —, do mesmo modo não existe mais em certos testemunhos a separação entre *mímesis* e objeto mimetizado.

A questão da verossimilhança é ainda mais intrigante, pois este conceito significa desde a Antiguidade uma garantia de totalidade interna à obra de arte. Deste ponto de vista, ele foi transposto para as narrativas ditas "particulares" (segundo Aristóteles) ou "sérias" (do ponto de vista da filosofia desde o século XIX, que separou o discurso "sério, das ciências", do "lúdico, das artes"). A "revolução romântica" revelou a linguagem inteira como um constructo retórico que depende da construção de discursos verossímeis, ou seja, com uma lógica interna, que não têm o mundo-objetivo como sua garantia. O positivista, como é conhecido, resiste a esta mudança de posição, não aceita a "retórica" da verossimilhança e acredita na necessidade do seu discurso enquanto totalmente independente do mundo-objeto que ele representa. Já o autor de um relato testemunhal (sobretudo nos da Shoah) não tem certeza alguma quanto ao estatuto de seu discurso. Ele se encontra em um estado de suspensão com relação à linguagem: a ironia romântica já não pode mais consolá-lo. Como vimos, ele desconfia das metáforas (não por acaso o *definiens* da linguagem poética para Aristóteles). Não desconfia delas como o positivista, que acredita na objetividade da linguagem, mas como o poeta pós-romântico, que visa o singular, não-idêntico, que sempre escapa à palavra convencional.

Mas o autor de testemunhos é um ser embebido de "cultura", de símbolos. Se no seu discurso podemos vislumbrar erupções metonímicas das ruínas da catástrofe, isso não quer dizer que ele está além ou aquém dos artifícios "poetológicos". Nesse sentido, podemos falar de uma necessária passagem para o poético na busca da apresentação dos eventos-limite. A poética das ruínas também é uma poética, e não um grau zero da linguagem-coisa. Sendo assim, a "completude" exigida por Aristóteles — e por todas as poéticas neoclássicas até o século XIX — é revertida em uma encenação da incompletude; da impossibilidade de dizer que é *mimetizada* pelos silêncios.[22] O sobrevivente vive o drama de ter que apresentar eventos que justamente violam a regra aristotélica da frase "Deve-se preferir o que é impossível, mas verossímil ao que é possível, mas não persuasivo" (cf. também Boileau, no século XVII, ecoando Aristóteles: "O espírito não se emociona com o que ele não acredita". *Arte poética*, III, 59). Ele realiza esta apresentação por meio de recursos que mesclam o simbólico ao indicial. Sua tarefa estética, diferentemente daquela do autor de tragédias, está determinada por outras, ética e jurídica, para não falar

---

[22] Mas, como Adorno afirmou, esta poética do silêncio só é válida se manifestada dentro da *tentativa* de formulação poética. Assim, o silêncio é essencial enquanto um *modus dicendi* na poesia de Celan, mas é condenável enquanto mera interdição da poesia e das artes de um modo geral. Cf. ADORNO 1982: 354.

do seu imperativo individual que exige o testemunho como forma de "esquecimento" do passado, de filtragem simbólica daquilo que sufoca a sua sobrevida.

Os elementos e personagens do testemunho não são as ações e figuras "elevadas" que Aristóteles detectava naquelas mimetizadas pelo tragiógrafo. No registro do testemunho o "ser elevado" deriva da apresentação do drama dos *injustiçados*. O valor é moral e não depende da alta posição na origem social e no *éthos* das pessoas representadas. Além disso, ao invés da tendência, dentro dos *elocutionis genera*, para o estilo mais nobre, sublime, condizente com a origem nobre dos personagens da tragédia, ocorre no testemunho atual uma irrupção no campo literário de manifestações da oralidade e de um gênero do discurso de certo modo "abaixo" do *humile* ou simples. A linguagem apresenta-se na sua tendência antissimbolizante no testemunho: ela tende para a metamorfose em "coisa"; para a aparição abjeta do recalcado e esquecido. Encena o que está fora de cena; o *obsceno*. Como tal não é mais "narrativa", no sentido da epopeia — à qual Aristóteles opunha a tragédia — nem no sentido benjaminiano da antiga arte da narrativa. Trata-se de um texto que tende para a apresentação de si como *resto* de um mundo destruído. Ao invés da narrativa linear, vemos a espacialização fragmentada.[23]

Assim, creio que poderíamos arriscar dizer que, diferentemente do gesto aristotélico que separa com rigor a tragédia de seus efeitos exteriores para garantir-lhe um local na esfera do prazer, *édoné*, no testemunho, enquanto tendencial manifestação do esquecido e abjeto, vemos a aparição do monstruoso, *to teratôdes*, o terror bruto que não permite a reflexão. Mas o gesto central da tragédia, o reconhecimento, a passagem da ignorância para a consciência (da culpa), aparece (ainda que modificada e apenas enquanto movimento de aparição) no testemunho. Neste de fato *vem à tona algo* que a história "oficial" via de regra quer esconder: assim como nossas censuras bloqueiam a passagem do recalcado para o consciente. O monstruoso possui semelhanças com a noção freudiana de *Unheimlich* (o sinistro ou estranho). Este conceito, o pensador vienense definiu, nos passos de Schelling, como sendo "o nome de tudo que deveria ter permanecido... secreto e oculto, mas veio à luz" (Freud s.d.: 281). A tragédia é justamente a passagem de uma situação de ignorância, *agnoia*, para o conhecimento, *gnosis*. Daí também a centralidade da história de Édipo tanto para a teoria da tragédia em Aristóteles (para ele esta tragédia é a melhor realização do gênero) como na teoria psicanalítica.[24]

---

[23] O que não deixa de lembrar uma autorreflexão de Benjamin em sua *Crônica berlinense* sobre o gênero autobiográfico: "Recordações, mesmo quando são ampliadas, não representam sempre uma autobiografia. [...] Pois a autobiografia tem a ver com o tempo, com o desenrolar e com aquilo que constitui o fluxo da vida. Mas aqui trata-se de um espaço, de momentos e do inconstante. Pois, mesmo que surjam aqui meses e anos, eles o fazem sob a figura que eles têm no momento da rememoração" (Benjamin 1985: 488).

[24] Freud traça um paralelo entre a literatura que apresenta o *Unheimlich* e a própria psicanálise, que também tenta trazer à tona o enterrado no "esquecimento" (via recalque). A tragédia também traça este movimento de vir à tona daquilo que estava "inconsciente". Esta última visa a *kátharsis* e a psicanálise a perlaboração, que, nos primórdios da psicanálise, ainda estava bem próxima do modelo catártico da tragédia.

Mas esse traço medular, que une as "narrativas" testemunhais das tragédias, não pode ocultar as inúmeras diferenças entre estas duas manifestações do "outro". Basta recordar os sentimentos de *phobos* e de *eleos* que a tragédia suscitaria visando um efeito de purificação, *kátharsis*, no espectador. Lembrando que o sentimento social de piedade "tem lugar a respeito do que é infeliz sem o merecer, e o terror, a respeito do nosso semelhante desditoso", parece à primeira vista que podemos encontrar, neste ponto, apenas semelhanças entre a tragédia e o discurso testemunhal. De fato, o componente de piedade para com os que não mereceram o mal que lhes foi infligido (as câmaras de gás aos judeus, os genocídios de armênios, os massacres de campesinos na América Latina etc.) não pode ser negado quando se fala de testemunho das catástrofes no século XX. O mesmo pode ser dito, ainda que com maiores nuanças, quanto ao terror diante de nosso *semelhante* desditoso. Mas não podemos esquecer que na tragédia as *causas* da passagem da felicidade (*eutychia*) para a infelicidade (*atychia* ou *dystychia*) são justamente uma questão de *tyche*, fortuna. Este elemento é estranho — ao menos normalmente o é — aos relatos testemunhais. Aristóteles enfatiza a *hamartia*, a falha ou erro do herói que faz com que o mal ocorra de modo inconsciente e apenas depois seja revelado no momento do reconhecimento: já em Freud — para desdobrar o paralelo acima traçado entre psicanálise e tragédia — é o acaso do ato falho que *revelará* o "erro" recalcado no inconsciente. Na cena histórica de Auschwitz e das injustiças cometidas pelas colonizações e explorações de classe, não se pode falar de "erro inconsciente".

O terreno do testemunho é histórico e não a-histórico, como na tragédia. A única tragédia que nos veio da Antiguidade que representa fatos históricos é uma das mais antigas e que mantém um frescor sublime ainda aterrador: *Os Persas*, de Ésquilo. Ela narra os efeitos devastadores no império de Xerxes da batalha de Salamina. Mas é a arrogância, *hybris*, de Xerxes que estaria na origem da desgraça narrada. Ou seja, não existe um tribunal dos culpados, mas sim um tribunal no sentido de um julgamento do elemento universal da culpa humana. Mas é verdade que aqui também vislumbramos aproximações possíveis entre a tragédia e o testemunho: a tragédia de um modo geral é calcada na *memória do mal*. Assim, o coro de *Os Persas* canta: "choramos unidos/ por um país, por uma raça inteira/ e gritaremos a partir de agora/ nossas lamentações lacrimogêneas!" (1236-1239); "Susa inteira chora seus varões extintos" (945). Também o testemunho é uma das mais fortes manifestações artísticas na atualidade desta "memória do mal".[25]

---

[25] A peça *Os Persas*, como depois as tragédias de Shakespeare (como *Hamlet* e *Macbeth*), também já possui o elemento da figura espectral do *pai* que emerge do passado e vem *julgar e condenar o presente*. A vingança de um mal sofrido no passado, assim como a restituição da justiça, bem como a situação do exilado que enluta sua pátria perdida, todos estes são elementos centrais da tragédia que podem muito bem ser aproximados dos relatos testemunhais. Com relação à memória do mal como elemento nuclear das tragédias gregas cf. o belo capítulo de Michèle Simondon "La mémoire dans le destin de l'homme; la tragédie" (A memória no destino do homem; a tragédia) *in*: SIMONDON 1982. Por outro lado, justamente o elemento diferencial central da tragédia e da literatura de testemunho, a saber, a relação com o "fato histórico", desabona *totalmente* a interpretação da história catastrófica do século XX (tratada pelos testemunhos) na chave da tra-

Resta explorar a questão da *purificação catártica*: o *prazer trágico* está intimamente conectado a esta purificação. E aqui voltamos à aporia estética levantada por Adorno nos anos 1940. Como extrair prazer da dor no caso da arte pós-Auschwitz? Com tanto mais razão impõe-se esta questão no caso dos testemunhos. Não existe uma resposta simples para esta questão quase sempre evitada pela filosofia contemporânea. Devemos aprender com Kafka, Beckett, Celan e outros artistas que levaram o compromisso com seu presente até os limites do "estético", a pensar a arte e a literatura dentro de uma chave para a qual o discurso pseudomoralizante do "prazer" não represente mais uma barreira. A esta altura da história e da reflexão estética não podemos considerar uma aporia intransponível a relação estabelecida entre as artes, o prazer e a denúncia e memória da dor e do mal. Já o sublime em Kant estava intimamente ligado a um misto de prazer e desprazer — originado de nossa incapacidade de abarcar uma dimensão espacial extensa ou uma força intensa. Mas não deixa de ser verdade que existe um limite tênue, difícil de ser percebido, entre a espetacularização da dor (que ocorre na indústria cultural a toda hora e nas obras de arte que apenas mimetizam a violência) e a sua apresentação crítica. Uma das principais tarefas do crítico atualmente é a de refletir sobre as obras de arte a partir desta fronteira.

TEORIA DO TRÁGICO-SUBLIME

A poética da fragmentação e do silêncio que visa a apresentação do abjeto devolve, portanto, o discurso testemunhal para a esfera do sublime, mas de um sublime não mais pensado na chave retórico-poética ou mesmo na chave de Kant, mas sim próximo a Burke, vendo na sua obra de estética uma elaboração *avant la lettre* da noção de abjeto. As poéticas do sublime e do *Unheimlich* não por acaso são contemporâneas ao Pré-Romantismo e ao Romantismo (tendo se manifestado em autores como Edmund Burke, Moses Mendelssohn, G. E. Lessing, Kant, Schelling, Schiller, os irmãos Schlegel, E. T. A. Hoffmann etc.). O terror é uma das paixões centrais dessa poética, o que nos remete às inúmeras afinidades entre a teoria estética do sublime e as reflexões sobre o *trágico*, conceito este que nasce (enquanto noção relativamente independente da teoria dos gêneros) justamente na segunda metade do século XVIII (PROFITLICH 1999: 12). Como Andrew Ashfield e Peter de

---

gédia. Representa, portanto, uma "catastrófica" ignorância a tentativa de representar uma peça clássica no ambiente de um campo de concentração nazista. Foi o que, lamentavelmente (e com lamentos demais!) Antunes Filho realizou na sua adaptação dos *Fragmentos troianos* em 1999, dentro de uma estética "apocalíptica pós-moderna" que apenas acentuou a gafe histórica. De resto, não existe na história do século XX, pontuada por catástrofes brutais, a "imanência de uma justiça divina" como havia entre os gregos. Transplantar o campo de concentração para o cenário de uma tragédia implica enquadrar o histórico em uma moldura literária e em um contexto cultural fora das relações de responsabilidade que regem as relações humanas. Em uma palavra, aquela encenação é um exemplo "trágico" de uma relação não-ética com o passado e da impossibilidade de não se levar em conta este elemento (ético) ao se tratar de estética hoje em dia.

Bolla formularam na introdução à sua coletânea de textos ingleses de estética do século XVIII sobre o sublime: "Na tradição do século XVIII a análise aristotélica da *kátharsis* foi em grande parte suplantada pela questão do sublime de Longino" (ASHFIELD E BOLLA 1996: 11). O tratado *Sobre o sublime* do Pseudo-Longino, que desde sua tradução para o francês por Boileau em 1674 não parou de influenciar as reflexões poetológicas e estéticas na Europa, afirma, entre várias passagens sublimes e trágicas, que o "silêncio de Ájax", na evocação dos mortos na *Odisseia* (II 543), era "algo grandioso e mais sublime que qualquer palavra" (IX). Na sua *Dramaturgia de Hamburgo*, Lessing tratou da "piedade" ou "compaixão", *Mitleid*, a partir da teoria de seu amigo Moses Mendelssohn das paixões mistas, entre as quais ele incluía o sublime, *Erhabene*, e que eram caracterizadas pelo jogo entre prazer e desprazer (LESSING 1982: 418; parte 74).

Seria impossível traçar aqui um panorama de todas as concepções de trágico desenvolvidas a partir da segunda metade do século XVIII para confrontá-las com a atual noção de testemunho. Grosso modo poder-se-ia demonstrar algumas incompatibilidades entre estes conceitos, derivadas sobretudo da continuidade da noção clássica de tragédia. Assim, por exemplo, para vários autores permanece a noção da ação trágica como um meio de justificar o destino e o castigo ao herói; já outros vão privilegiar, pelo contrário, a impossibilidade de se atribuir um sentido à dor apresentada: a ferida permanece aberta (o que, no limite, transcende a noção tradicional de tragédia). A grande mudança na noção de tragédia (que abriu a reflexão para a noção de trágico) foi a revolução introduzida pelo drama burguês, como nas peças de Lessing, que tratam de temas atuais e não mais dos mitos antigos. Evidentemente a valorização da obra de Shakespeare desempenhou um papel fundamental nesta virada. Mas mesmo esta nova situação ainda mantém dogmas herdados da Grécia: por exemplo, o da não representação dos "pequenos" ou excluídos da sociedade,[26] e o da aceitação do *destino trágico* do herói como inexorável, como ocorre com Herder que fala de uma "cadeia do destino" e de uma "prisão interna" que recai sobre as figuras (apesar de Lessing não concordar com esta última máxima). Outro traço antigo da concepção do trágico é a manutenção do aspecto educativo da tragédia: Lessing, que via na compaixão o centro da economia das paixões deste gênero, afirmava que *"a pessoa que tem compaixão é a melhor pessoa* para todas as virtudes sociais, para todas as modalidades de generosidade, a mais capaz. Quem, portanto, nos torna piedoso [*mitleidig*] torna-nos melhor e mais virtuosos, e a tragédia [*Trauerspiel*] que faz aquilo, também faz isso, ou ainda — faz aquilo, para poder fazer isso" (*in*: PROFITLICH 1999: 56).[27]

---

[26] Hegel nos seus *Cursos de Estética* afirma que "a verdadeira compaixão é [...] a simpatia com a justificativa moral do que sofre ao lado do afirmativo e substancial que deve existir nele. Este tipo de compaixão não pode ser despertado em nós por mendigos e canalhas" (HEGEL 1986: 525).

[27] No mesmo passo deste texto de Lessing, suas *Cartas com Mendelssohn e Nicolai sobre o Trauerspiel*, de 1756-7, ele faz uma interessante reflexão nos termos da estética da recepção do período, que possui grande atualidade para julgarmos nossos filmes e peças atuais: "Uma tragé-

Se com Goethe e Schiller ocorreu, na Alemanha, um retorno à condenação do realismo, por outro lado, Schiller foi o grande responsável pela aproximação, no âmbito germânico, entre a teoria do trágico e a do sublime. Apesar de ele ainda se manter sob a máxima iluminista que submetia a arte à educação (estética), na sua teoria do patético já desponta a concepção de uma autonomia da arte (desdobrando teoremas que iam neste sentido de seus compatriotas Karl Philipp Moritz e Kant). Como podemos ler em seu ensaio "Sobre a arte trágica", de 1792, ele mantém a diferença aristotélica entre historiografia e a tragédia (que, enquanto *imitação poética*, deveria representar temas não-históricos). A apresentação do sofrimento mantém o seu caráter educativo, como em Lessing. É interessante que nesta teoria da tragédia (novamente) a compaixão deve ser despertada para com seres "morais", ou seja, "iguais a nós" e pertencentes à nossa cultura. A tragédia representa, nesta leitura, o confronto entre a esfera da liberdade e o indivíduo — burguês que nasce então e procura traçar seu local na sociedade. É este indivíduo que vai descortinar dentro de si o seu mundo (suplementando assim a aridez do mundo das relações do capitalismo). O trágico deve reforçar a sua individualidade no confronto com as forças que se lhe opõem. No seu ensaio "Sobre o patético", de 1793, ele formulou: "A primeira lei da arte trágica era a apresentação da natureza que sofre. A segunda é a apresentação da resistência moral contra o sofrer".[28] No testemunho esta resistência quase nunca foi possível da parte das vítimas: ele apresenta a dilaceração deste indivíduo (burguês) que ainda podia ser sonhado no final do século XVIII. Por outro lado, é inegável a questão moral envolvida neste tipo de literatura. Espera-se um posicionamento moral da parte do leitor: uma empatia com a dor do que sofre, uma condenação do mal que estava na origem deste sofrimento e o empenho (moral) no sentido de que aquele mal não se repita mais. Mas essa literatura é moral apesar do que Schiller fala do trágico. Pois para ele deve haver um limite da dor apresentada. Mas também é verdade que ele nota com precisão o que ocorre em uma literatura que vai além deste limite (como é o caso de muitas obras com testemunhos de sobreviventes de torturas e de campos de concentração): "A arte deve deleitar o espírito e agradar à liberdade. Aquele cuja dor lhe toma por inteiro é apenas um animal maltratado e nenhuma pessoa mais; pois se exige sem mais uma resistência moral do ser humano contra a dor, apenas assim se pode fazer reconhecer o princípio da liberdade nele, a inteligência" (*in*: PROFITLICH 1999: 100).[29] O ser humano animalizado não foi uma invenção de Kafka, mas decerto

---

dia cheia de terror, sem compaixão, é uma tempestade de raios sem trovão. Tantos raios, tantos golpes, se o raio não deve se tornar indiferente a nós, de modo que nós o recebamos com um prazer pueril".

[28] Cf. esta formulação em Hegel: "Pois é necessário para a verdadeira ação *trágica* que esteja despertado o princípio da liberdade *individual* e da autonomia, ou, no mínimo, a autodeterminação de querer se responsabilizar livremente pelo próprio feito e pelas suas consequências". HEGEL 1986: 534.

[29] Na continuação dessa passagem, Schiller destaca que o sofrimento não é nem pode tornar-se o fim da apresentação: "O patético é apenas estético, na medida em que ele é sublime. [...]

seus textos já adiantam os relatos testemunhais neste aspecto também. A inteligência, com efeito, deixou de ser o principal apanágio de um ser capaz das atrocidades que fez no século XX: tanto mais que a liberdade também deixou de ser parte de sua vida, mesmo de seus sonhos (já que a ideologia nesse período se transformou em propaganda do *status quo* e deixou de indicar uma diferença com o que está aí). Schelling, na sua *Philosophie der Kunst*, de 1804/05, também condenaria a apresentação do "desastre externo", que seria apenas físico, sem interesse trágico. Ele valoriza o papel do destino e de uma fatalidade inevitável, na criação da situação trágica: o que, novamente, está evidentemente a milhares de quilômetros da situação do testemunho.[30]

No Idealismo e no Romantismo alemães esta centralidade do sublime é mantida, assim como o conflito entre o indivíduo e a sociedade, entre a liberdade e a necessidade. Para August Wilhelm Schlegel, nas suas *Vorlesungen über schöne Literatur und Kunst* (Preleções sobre a literatura e as belas artes) (Berlim 1801-1804), "liberdade interna e necessidade externa constituem os dois polos do mundo trágico"; ou seja, o mundo trágico está marcado pelo "poder insondável do *destino*" (*in*: PROFITLICH 1999: 128). Já Schopenhauer com sua filosofia pessimista poderia estar mais próximo de uma concepção histórica do mal e da dor. Ele prefere a situação trágica que encena a luta constante de todos contra todos que revela a infelicidade como marca da humanidade: o que não deixa de recordar a visão de história que Walter Benjamin caracterizou como típica para o drama barroco alemão, o *Trauerspiel*, na sua famosa obra sobre aquele gênero (cf. SELIGMANN-SILVA 2003).[31]

Pois todo sublime deriva *apenas* da razão". Ou seja, a visão do sublime em Schiller é kantiana e apenas em alguns pontos deixa-se aproximar da burkiana: que permite nos aproximar mais instrumentalizados de fenômenos estéticos como os *Caprichos* de Goya, as gravuras de Hogarth e a literatura "sinistra" que estava a ponto de nascer no início do século XIX. Para Schiller, por outro lado, como lemos no seu ensaio "Über das Erhabene", de 1793-96, a apresentação dramática do patético sublime deve servir como uma inoculação contra os sofrimentos da vida cotidiana. Assim ele desdobra a sua educação (estoica) pela arte.

[30] Schelling escreve: "Está provado que a verdadeira luta entre liberdade e necessidade pode apenas ocorrer no caso dado em que o culpado se tornou criminoso devido ao destino" (*in*: PROFITLICH 1999: 138). Giorgio Agamben já teve a oportunidade de apontar para o descabido desta noção de trágico — que ele lê a partir da *Estética* de Hegel — para se pensar o testemunho. Cf. o terceiro capítulo de seu livro, AGAMBEN 1998. Em Schelling, de resto, o sentimento sublime nasce não da dor e do final trágico, mas sim da indicação do triunfo da vontade (!) diante do "poder imponente do destino" (*idem* 139). O sublime na tragédia deriva do fato de que o "culpado sem culpa" se submete espontaneamente ao castigo.

[31] Cf. também o interessante ensaio de Ludwig Marcuse, *Die Welt der Tragödie* (O mundo da tragédia), de 1923. Neste ensaio Marcuse apresenta a tragédia como concretização da vivência trágica no drama, que consiste no sofrimento sem sentido. Ele afirma que no mundo moderno não existe mais lugar para um cosmos, mas apenas para fragmentos. "A tragédia moderna é apenas um grito da criatura; não superação, não diminuição do sofrimento: apenas intensificação e formulação, como última e única reação ainda possível" (*in*: PROFITLICH 1999: 245 ss.). Esta ideia pode ser lida como um desenvolvimento da famosa passagem de *Totem e tabu* (1912-13) de Freud, na qual ele interpreta a "situação das tragédias gregas mais antigas" como uma modalidade de repetição cultural da ação da horda primeva na qual os filhos assassinam o *Urvater*, o proto-pai, evento

Schopenhauer vê na tragédia o auge da poesia e a define, no seu livro *O mundo como vontade e representação*, como "apresentação do lado terrível da vida, [...] nos é apresentado aqui a dor inominada, o lamento da humanidade, o triunfo da maldade", mas ele logo acrescenta: "o escarnecedor domínio do acaso [*Zufall*, cf. *tyche*] e a queda não reversível dos justos e inocentes". A tragédia encena para Schopenhauer o conflito entre a vontade e ela mesma: o herói paga pelo pecado original, pela "culpa do existir" (*in*: PROFITLICH 1999: 176). Esta metafísica da tragédia é transformada por Nietzsche, no seu *O nascimento da tragédia no espírito da música*, de 1871, em um consolo metafísico:

> "O consolo metafísico — em que nos deixa [...] toda verdadeira tragédia — de que a vida no fundo das coisas, a despeito de toda mudança dos fenômenos, é indestrutivelmente poderosa e alegre, esse consolo aparece com nitidez corporal como coro de sátiros, como coro de seres naturais que vivem inextinguivelmente como que por detrás de toda civilização e que, a despeito da mudança das gerações e da história dos povos, permanecem eternamente os mesmos." (NIETZSCHE 1983: 8)

A teoria da tragédia em Nietzsche é o último suspiro da *querelle des anciens et des modernes*, que teve um desenvolvimento tardio em solo alemão e esteve profundamente imbricada com toda a filosofia da época do idealismo (que se desenvolveu como uma espécie de "solução metafísica" da querela, sobretudo na obra de Hölderlin. Cf. LACOUE-LABARTHE 1986 e 2000). O trágico costura o indivíduo a uma sociedade que o esmaga. A ética do *amor fati* nietzschiana só pode ser compreendida a partir dos estudos de Nietzsche do mundo da tragédia grega e do seu elemento

---

este que deixou "traços não apagáveis na história da humanidade" (FREUD 1970: IX 438). Freud afirma: "O herói da tragédia tinha que sofrer; este é até hoje o conteúdo essencial de uma tragédia". Esse herói carrega a "culpa trágica", na verdade uma projeção da culpa do coro/grupo de filhos parricidas. A comiseração do coro seria hipócrita, já que ele mesmo havia cometido o ato infame. Freud deduz desta cena a *culpa atávica* da humanidade: tão bem encenada também nos romances de Kafka. Não há dúvida de que na cena do testemunho reencontramos a repetição daquela pulsão que Freud depois denominaria — a partir também desta ideia seminal de *Totem e tabu* — *pulsão de morte*. Mas as ideias de culpa atávica e de violência sistêmica não são suficientes para dar conta da historicidade dos fatos testemunhados. Por outro lado, como vimos, é verdade que poderíamos pensar as próprias noções que estão no coração da psicanálise, o inconsciente e o conceito de *Unheimlich*, como paralelas de certo modo ao dispositivo da tragédia: assim como o *Unheimlich* (o estranho, ou seja, os elementos inconscientes) é sentido quando aquilo que não deveria vir à tona se manifesta (na definição de Schelling encampada por Freud), do mesmo modo o *reconhecimento* (uma espécie de desvelamento) é peça central das tragédias. E sobretudo: a noção freudiana de um "além do princípio do prazer" (pensada justamente com base na ideia de *pulsão de morte* e de repetição da cena traumática) pode remeter a um "para além do princípio do prazer" *na estética*. E este é o caso da literatura de teor testemunhal, onde não podemos mais falar de um *delectare* tradicional. Devemos, porém, diferenciar as obras que tendem a uma repetição mimética e traumática dos abalos históricos daquelas que permitem uma reflexão (crítica). Cf. quanto a esta distinção o capítulo 3.

dionisíaco. Para ele, na tragédia (como na música) realiza-se a aspiração pelo infinito: no fenômeno dionisíaco revela-se "sempre de novo o construir e demolir lúdicos do mundo individual como a efusão de um prazer primordial" (NIETZSCHE 1983: 21). A tragédia, como ele escreveu em 1888, era "a prova de que os gregos não eram pessimistas; Schopenhauer enganou-se aqui...". Na tragédia ocorre a unidade entre o princípio de contenção apolíneo e o de extravasamento dionisíaco (NIETZSCHE 1983: 23). Nesse mesmo ano Nietzsche anotou: "o sofrimento é uma forma de grande delícia" (NIETZSCHE 1983: 28): difícil pensar os testemunhos a partir desta chave. Se podemos falar de "prazer estético" nas obras testemunhais, este prazer é muito mais intelectual do que sensual, como Nietzsche propõe para a tragédia. De resto, a ética do *amor fati*, o dizer sim incondicional ao ocorrido, é o que há de menos compatível com o testemunho das catástrofes do século XX.

Adorno e Horkheimer na *Dialética do Esclarecimento*, escrita em conjunto nos anos finais da Segunda Guerra Mundial, apontaram tanto para o fim da possibilidade do trágico na era da indústria cultural, uma vez que o *"indivíduo trágico"*, aquele capaz de *resistir*, *deixou de existir*, bem como para a apropriação do trágico por aquela mesma indústria cultural, que o pasteuriza e o reduz aos seus fins: "O destino trágico converte-se na punição justa, na qual a estética burguesa sempre aspirou transformá-lo". Ou seja, o trágico torna-se um dispositivo de condicionamento social. Além disso, ele se impõe revelando a *kátharsis* como apaziguamento das tensões. Sua função social foi totalmente realizada (ADORNO E HORKHEIMER 1985: 142 ss.). Em um artigo de jornal publicado em junho de 1967, Adorno desdobrou esta reflexão sobre o fim da tragédia que acompanha o naufrágio da noção de indivíduo:

> "Brecht teve um instinto correto quando ele, em *Furcht und Elend des Dritten Reiches* [Terror e misérias do III Reich], mostrou o seu mal [*Unwesen*] na população e não nos senhores. Para tanto ele teve que abrir mão do *pathos* tradicional da forma trágica e utilizar episódios, talvez às custas do propriamente dramático, consequência da *phoneyness* [esvaziamento] que se apropriou do sujeito, da sua aparência social. Só que Brecht, na medida em que deslocou o drama político dos seus sujeitos para seus objetos, provavelmente não foi ainda longe o suficiente.[32] Eles se tornaram incomparavelmente mais objetos do que ele permite vislumbrar. Sob este aspecto os seres embotados de Beckett são mais realistas do que as cópias de uma realidade que por meio da sua possibilidade de cópia já as torna mais amenas." (ADORNO 1981: 594)

Na sua *Teoria estética* ele reafirmou que o trágico "deixou de ser possível" (1982: 41). Apenas com uma relação com o cômico o trágico pôde ainda tentar resistir ao seu desaparecimento: assim como o sublime transmigra para o ridículo

---

[32] Vale lembrar que Brecht desprezava o drama que tentava desistoricizar sua narrativa, indo, portanto, também neste ponto, contra uma concepção clássica da tragédia.

e para o jogo (ADORNO 1982: 223 ss.). Adorno sonha com uma estética para além da mera aparência, tal como ele lê nas obras de Beckett. Para além da cópia e da afirmação mentirosa do cosmos e do indivíduo. Com um realismo cru — apanágio da comédia — sem cópia, a arte pode se manter em uma esfera crítica e distante da indústria cultural. Mas a obra de Beckett não significa para ele uma simples fusão do trágico com o cômico: antes, ela pronuncia "o juízo histórico sobre essas categorias enquanto tais" (ADORNO 1982: 374).

George Steiner, no seu famoso livro de 1962 sobre *A morte da tragédia*, deu voz a uma série de ideias que se tornaram cada vez mais aceitas: a tragédia deixa de existir na medida em que os pressupostos para a sua produção e recepção se diluem na contemporaneidade. O "fim dos valores" e toda a série de "mortes" e "fins" que caracterizam o modo de ver ocidental desde os anos 1960 apenas corroboram essa conclusão. Apesar da leviandade de algumas dessas teorias, não deixa de ser verdade que o "espírito da tragédia" — e do "trágico" — se não abandona totalmente esta terra com a Segunda Guerra Mundial (com seu acúmulo inimaginável de tragédias) ao menos teve que buscar novos e insuspeitos abrigos. O testemunho e o *récit* parecem estar, a partir de então, muito mais à altura das demandas do tempo. Vale a pena recordar, para concluir, um capítulo do importante livro *Pour un nouveau roman*, de Alain Robbe-Grillet, sobre a tríade "Nature, humanisme, tragédie", de 1958. Ele abre com a seguinte epígrafe de Roland Barthes:

> "A tragédia não é senão um meio de recolher a infelicidade humana, de situá-la logicamente, logo de justificá-la sob a forma de uma necessidade, de uma sabedoria ou de uma purificação: recusar esta recuperação e buscar os meios técnicos de não sucumbir-lhe traiçoeiramente (nada é mais insidioso do que a tragédia) é hoje um empreendimento necessário." (ROBBE-GRILLET 1971: 6)

Robbe-Grillet critica a tentativa da visão trágica do mundo de projetar uma salvação sobre a infelicidade, o fracasso, a culpa, a loucura e a solidão. Não existe, para ele, profundidade do *silêncio* derivado desta situação. A tragédia apenas reproduz a situação que descreve, visando um consolo. Assim, ele lê a presença da visão de mundo trágica no romance moderno, exemplificando esta situação com *L'Etranger*, de Camus, e *La Nausée*, de Sartre, obras estas que seriam marcadas pelo "humanismo trágico". Um dos modos de expressão deste humanismo é o uso abundante de metáforas e de antropomorfismos. Contra esta mesma poética da metáfora que ele aponta em Ponge, Robbe-Grillet pleiteia um "partido das coisas" que seria mais autêntico porque baseado na descrição. É em uma crítica radical da tragédia que encontramos, portanto, um elogio a um dos procedimentos literários mais centrais da literatura com alto teor testemunhal. A poética da metonímia tem na descrição uma de suas variantes. Não por acaso esta concepção descritiva vem recordada em Robbe-Grillet ao lado de uma noção forte de *récit* (relato, por falta de outra tradução), modalidade de expressão que assume no próprio *nouveau roman*, e em um autor como Maurice Blanchot, um valor que nunca antes lhe fora atribuído. A busca de um relato despojado — para além do espírito da tragédia, mas também do seu compromisso com a metáfora — nestes autores deve ser aproximada da escritura de testemunho (cf. DERRIDA 1998).

Por ora limito-me a indicar esta paisagem atual da reflexão sobre o trágico em sua relação com o conceito de testemunho. Ainda teríamos muito a pensar sobre a recepção dos textos testemunhais, seus efeitos nos leitores (ou espectadores de vídeo-testemunhos), as semelhanças e diferenças nesse ponto com a tragédia, a comparação entre a recepção de obras testemunhais literárias e das artes visuais, mas isso fica para outra ocasião. Pudemos acompanhar em que medida a construção dos conceitos de *Zeugnis* e de *testimonio* respondem tanto a questões particulares, de caráter histórico, geográfico, estético e social, como também vislumbrar os vários pontos em que eles se encontram em interseções que transbordam este particularismo. A intraduzibilidade entre eles baseia-se em um campo comum de circulação. Por outro lado, a miríade de definições da tragédia e do trágico também permitiu que vislumbrássemos certos aspectos comuns que persistem nas definições e facultam ao pensamento crítico ir além do nominalismo anticlassificatório. Se as definições não se deixam subsumir umas às outras, se sempre sobra um "resto", não é menos verdade que os dois conceitos, de trágico e de tragédia, não são de modo algum suficientes para dar conta do fenômeno do testemunho de um modo geral. Apesar dos vários pontos de encontro e de esclarecimento mútuo que percebemos, cabe encarar o fato de que existem fenômenos novos que devem ser pensados enquanto tais. Este exercício comparativo é essencial para afiar os conceitos, sem os quais a crítica fica "cega" e incapaz de enfrentar a (eterna?) crise da modernidade.

7.
LITERATURA DE TESTEMUNHO:
OS LIMITES ENTRE A CONSTRUÇÃO E A FICÇÃO

Este ensaio é composto por duas partes principais. Na primeira, apresento de modo integral a resenha que redigi em 1998 da obra *Fragmentos. Memórias de uma infância 1939-1948*, de autoria de Binjamin Wilkomirski. Na segunda, uma reflexão escrita em 1999 sobre a história dessa obra que tomou um rumo inusitado e que me levou a refletir, entre outras coisas, sobre a fragilidade do objeto da nossa área de estudos, a Teoria Literária.

Duas partes: vários tempos e locais. Em certo sentido, a questão que se põe aqui é a da *leitura*. O texto — que só pode existir no ato de atualização do leitor — está sempre marcado por um complexo jogo entre diversas camadas temporais e espaciais. Cada leitura é um evento de atualização/tradução da obra: o leitor reconstrói — em um dado momento e em um dado local — os diversos níveis de intertextualidade do "original". O texto constrói-se sempre *après-coup*, ou seja, ele só existe numa "dupla" temporalidade, ele "se dá" de modo sempre "retardado" e nunca definitivo. Esse espaço entre o texto e a leitura não deve nos iludir quanto à existência de um texto original estanque: o "original" é uma somatória de textos que só se deixa abrir parcialmente a partir da leitura/execução da partitura textual que sempre (re)lê o texto dentro da história da sua leitura.

Não podemos pensar em literatura de testemunho sem ter em mente essa concepção antiessencialista do texto. Nesse gênero, a obra é vista tradicionalmente como a representação de uma "cena". Mas qual a modalidade dessa representação? Certamente não podemos mais aceitar o seu modelo positivista. O testemunho escrito ou falado, sobretudo quando se trata do testemunho de uma cena violenta, de um acidente ou de uma guerra, nunca deve ser compreendido como uma descrição "realista" do ocorrido. De resto, testemunha-se — *sempre*, diria Walter Benjamin — uma cena traumática. A impossibilidade de uma tradução total da cena vivenciada é um dado *a priori*. O *après-coup* — que Freud denominou de *Nachträglichkeit* — marca a reorganização ou reinscrição de uma cena que não foi "plenamente" simbolizada. A vivência traumática é justamente a de algo que não se deixou apanhar pela nossa teia simbólica que trabalha na redução do visto/vivido ao "já conhecido". Se para Walter Benjamin a realidade como um todo é traumática (cf. o seu ensaio *Sobre alguns temas em Baudelaire*) não podemos mais falar em representação no sentido tradicional de adequação ou de *mímesis*, mas *tampouco devemos abrir mão da diferença entre a noção de ficção e a de construção da cena traumática*. O nosso conceito de "real" é alterado e aproximado daquilo que Freud denominou de cena traumática (cf. LACAN 1988).

A própria "leitura", portanto, também é marcada pela *Nachträglichkeit*, pelo retardamento. Ela se desdobra sempre sobre uma fenda entre "original" e "leitura":

espaço este que *gera* o *texto*. Nunca há uma transparência total; o resíduo, a diferença é que constitui a obra. O mais importante aqui é compreender a essência dialógica da leitura. Ou seja, o "original" — apesar de ser posto entre aspas para nos lembrar tanto de que a sua existência está subordinada à presença de um leitor/receptor, como também de que o seu autor tampouco era um indivíduo com controle total da sua escritura — não pode ser elevado à categoria de número, coisa-em-si inatingível (o que seria uma recaída imperdoável numa metafísica muito familiar), nem tampouco equiparado a um constructo *ex nihilo*. A *ética da representação* implícita nesse conceito dialógico de leitura vai tanto contra o modelo positivista (que afirma a relação transparente entre sujeito e objeto, leitor e original, instâncias essas que seriam metafisicamente tomadas como autônomas) como também contra o relativismo sem freios (que deságua no "vale-tudo" e impede a reflexão de pensar a *diferença* e de realizar o seu "trabalho do conceito/das imagens").

Este ensaio se inicia com uma primeira cena de leitura: analiso um texto testemunhal e trato do trabalho de leitura/tradução *après-coup* realizado por Wilkomirski e típico de quem viveu uma experiência extremamente traumática (a questão que toca a necessidade de se manter a diferença entre diferentes "graus" de "traumatismo" não pode ser perdida de vista, mas será tratada de modo apenas indireto aqui). Depois se segue uma segunda cena de leitura que desmonta e reconstrói a primeira. É claro que a minha "primeira cena" é já uma cena secundária, derivada, que chega *après-coup*, *após* ter sido lida e relida, publicada, *após* esta reflexão, *após* uma reescritura no contexto deste ensaio etc. "Meu primeiro texto" que era também uma expressão da "minha primeira leitura" — na verdade uma reelaboração de outras tantas leituras e textos — é ressignificado por esta introdução e pela minha "segunda parte". A leitura, que sempre reinscreve outras leituras, pode portanto ser chamada de leitura/texto. Essa leitura/texto dá-se sempre *après-coup*. É derivada: nunca primeira, original ou originária.

Nosso tema, portanto, é o da relação de similaridade entre a leitura e a estrutura do trauma; a leitura como um entrecruzamento entre intertextualidades, datas, contextos, retardamentos e locais. A leitura como recepção de um texto/cena (traumáticos) que só se realiza no seu desmoronamento estrutural e no seu incessante trabalho de reestruturação (cf. Benjamin no seu livro sobre o drama barroco alemão: "Perseverante, o pensamento inicia sempre novamente, com circunstância, volta à coisa mesma", 1974: 208). Caberá ao leitor reinscrever estes textos — com seus conflitos e intraduzibilidades — na sua própria "topografia textual". Este artigo não se pretende mais do que um exercício da mencionada leitura/texto. Ao final da leitura, deverá — espero — ficar claro em que medida texto e contexto se determinam mutuamente. Por outro lado, gostaria também que ficasse claro ao leitor a importância para a Teoria Literária de conceitos como o de trauma, sublime, Literatura de Testemunho e espacialidade da memória (cf. quanto ao último ponto as obras de Walter Benjamin, Frances Yates, Aleida Assmann e James Young na bibliografia).

* * *

Resenha
QUANDO O TEMPO PARA:
FRAGMENTOS DE UMA INFÂNCIA

> "Depois de tempos de desastres e de grandes infelicidades; quando os povos fatigados começam a respirar. Então as imaginações, abaladas pelos espetáculos terríveis, pintam coisas desconhecidas para aqueles que não foram testemunhas."
>
> Diderot

Não se julga um livro pela capa, diz o adágio. No caso da presente obra (WILKOMIRSKI 1998), no entanto, é inegável que o capista da edição brasileira foi muito feliz. Na metade inferior de uma capa predominantemente branca encontramos uma foto antiga e desfocada dos olhos de um menino e, acima dela, o subtítulo, *Memórias de uma infância 1939-1948*, que apresenta a palavra "infância" cortada por uma linha. Logo de cara somos confrontados com as ideias de "visão/testemunho" e de uma outra modalidade de escrita. O capista da edição original alemã, da editora Suhrkamp, havia optado por uma metáfora correta, mas batida: os trilhos de trem...

O tradutor brasileiro, por sua vez, lamentavelmente não foi muito feliz já no próprio título: não se trata de "*memórias* de uma infância". O termo "memória" não consta no original; antes se trata simplesmente de "fragmentos de uma infância 1939-1948". Certamente não foi apenas um acaso o fato de Binjamin Wilkomirski ter optado por deixar o termo "memória" fora do título da sua primeira e, até o momento, única obra. A sua intenção era justamente a de mostrar a impossibilidade de ele redigir as "memórias" da sua infância. Wilkomirski não possui uma história (nem uma identidade "sólida") a partir da qual ele poderia ter construído essas suas memórias. Ele nem ao menos tem certeza de conhecer o seu nome; acredita ter nascido em Riga; talvez em 1939 e com certeza não em "12 de fevereiro de 1941", como afirmam os seus documentos. Os *fragmentos* que constituem o seu livro são como estilhaços da Segunda Guerra que — após cinquenta anos — penetram de modo seco e devastador nas nossas mentes: "As lembranças mais antigas que trago comigo assemelham-se a um campo de ruínas de imagens e acontecimentos isolados. Estilhaços de memória dotados de contornos duros e afiados feito faca, ainda hoje capazes de ferir, se tocados". Como o próprio autor ainda destaca, esses fragmentos são "isolados" porque incapazes de serem reunidos segundo a perspectiva e "as leis da lógica" do adulto.

E mais: os seus fragmentos desafiam a lógica também porque negam a própria natureza dos campos de extermínio nazistas dos quais ele foi um sobrevivente: "Contrariando a lógica e a ordem, estamos vivos", o autor escreve.

Assim, ao penetrar no texto o leitor se depara com uma sucessão de fragmentos cronológica e geograficamente desconectados; ao menos numa primeira leitura (afinal, como o autor afirma no final do livro, ele tentou sim "estabelecer um possível contexto histórico, bem como uma cronologia razoavelmente lógica"). Aos poucos esse leitor vai aprendendo a identificar o "contexto" aproximado de cada um dos fragmentos: o adulto B. Wilkomirski escrevendo em 1995 (músico, construtor de instrumentos e em busca da sua infância), o Wilkomirski no orfanato em Cracóvia, o outro no orfanato na Suíça, o adotado por uma família burguesa, ou o do campo de concentração de Majdanek e aquele de Auschwitz-Birkenau, ou ainda aquele que brota dos traços apagados da sua vida em família ao lado da imagem forte de Mordechai, o seu irmão mais velho.

É evidente que o gênero memorialístico não exige uma linearidade cronológica. Mas nesses fragmentos não se trata de uma simples falta da temporalidade linear: trata-se de uma *suspensão* da temporalidade. O tempo estanca: observamos cada um desses fragmentos mudos. Esse silêncio dos fragmentos — e do leitor — está intimamente relacionado ao silêncio do próprio autor. Devemos lembrar que ele os *escreveu* e não os *narrou*.

Isso é importante porque em inúmeras passagens o autor põe em relevo a quase afasia que acompanhou a sua infância. Nesse sentido, a primeira frase do livro já é bem eloquente: "Não tenho língua materna, e tampouco língua paterna". A in-fância (etimologicamente: sem-fala) é radicalizada aqui no seu aspecto não conceitual: Binjamin Wilkomirski falou inicialmente apenas um iídiche precário que ele adicionou à mistura babélica de línguas que aprendera nos campos de concentração. Mesmo posteriormente ele nunca se apropriou da *sua* língua: "as línguas que aprendi mais tarde jamais se fizeram minhas por completo; no fundo, foram sempre imitações conscientes da língua dos outros". Esses "outros" possuem uma língua, ele não.

Sem uma língua minimamente estável para cartografar os fatos extremos (e por si só resistentes ao conceito), Binjamin Wilkomirski volta constantemente a destacar a sua incompreensão diante do mundo: todos à sua volta parecem falar "palavras incompreensíveis"; "perdi a fala, e seguia não entendendo nada". Ao assistir a uma enorme matança, na qual pessoas foram lançadas ao fogo, ele também não podia compreender, ou seja, não podia apreender e *traduzir* o seu testemunho em palavras — ou mesmo em imagens: "Não compreendo o que vejo lá através da fumaceira — ou compreendo sim. Mas não posso vinculá-lo a nada que conheço, seja por meio de imagens ou palavras" (um *tópos* comum na literatura teórica sobre a Shoah, que Wilkomirski conhece, só que é tratado por ele aqui do ponto de vista, muito mais forte, da vítima).

Numa das cenas mais extremas do livro e que se passa em meio a cadáveres no campo de concentração, Wilkomirski nos mostra (não narra...) o seu mutismo: "quero gritar de susto e medo, mas não sai um único som da garganta. Algo aperta-me a garganta contra o peito, e, bem dentro de mim, ecoa um ruído, um tilintar e um ranger, como se algo quebradiço estivesse sendo pisoteado".

Duas observações quanto a essa passagem. O fato de a narrativa, como se vê aqui de modo claro, se dar muitas vezes no presente torna ainda mais vivaz o texto: nós como que entramos dentro do Wilkomirski criança vivendo aquelas cenas *inenarráveis*. Como que "vemos as cenas diante de nós". O seu "mutismo" torna-se assim ainda mais eloquente.

Em segundo lugar, ao ler essa passagem é difícil não se recordar de um personagem de Kafka, o Odradek: um ser disforme e que emite apenas um som que se assemelha a um farfalhar de folhas, representação mesma tanto da escritura na sua irredutibilidade como também do indivíduo alienado e estrangeiro ao seu mundo; uma figura, portanto, muito apropriada no contexto. De resto, Kafka é uma alusão constante na literatura sobre a Shoah: uma literatura que explora os "limites" da humanidade e a metamorfose do ser humano. Pouco após a passagem citada, lemos ainda: "Sou uma ratazana ou um ser humano? [...] As coisas todas perderam o seu *nexo* para mim [grifo meu]. Nada está no lugar. Nada mais tem validade". Ou seja: a literatura de testemunho é não apenas a escritura de "lembranças traumáticas", como diz o próprio autor, mas também dialoga com a tradição literária. O próprio jogo complexo de "eus" e tempos narrativos, o estilo e a "voz" que criam a atmosfera do texto dão prova disso.

Mesmo depois de alguns anos, já na Suíça e na escola, Binjamin Wilkomirski ainda não compreendia o mundo; ele não tinha encontrado a *sua* linguagem. Ele "não entendia coisa alguma. É certo que logo eu já conhecia a maioria das palavras *isoladas* [grifo meu], mas juntas, formando sentenças, elas não faziam o menor sentido para mim". A professora uma vez mandou que Binjamin Wilkomirski descrevesse uma figura que retratava Guilherme Tell atirando numa maçã colocada sobre a cabeça de um menino: ele "compreendeu" de imediato a imagem dentro da "sua" língua, ou seja: ele viu um SS atirando numa criança. A professora, ele percebeu nesse momento, era apenas mais uma *blokowa*: como se chamavam as chefes de bloco nos campos de concentração. Poupo o leitor da narração do desdobramento da cena vexaminosa.

Para o autor, por muito tempo só existiu a realidade dos campos, ela dirigia o seu modo de ver e ler o mundo. Ele só podia traduzir a imagem de Tell vendo nele mais um SS assassino. Ainda no campo de concentração ele aprendera com as outras crianças que "não existe mais mundo do lado de fora da cerca": ele como que aceitara essa frase ao pé da letra. Quando os soldados abandonaram o campo para fugir das tropas aliadas foi um grande esforço para ele abandonar o *seu mundo*, a sua única realidade. Sem língua própria, sem pais ou pátria ele se sentia um estrangeiro nesse mundo externo que para ele era apenas uma excrescência, um apêndice do mundo dos campos: "Meu lugar não é com eles", ele afirma já na cidade. Na Suíça, quando a sua futura madrasta lhe mostra o enorme aquecedor no porão, ele pensou: "O campo continua existindo. Está tudo aí!".

Binjamin Wilkomirski, portanto, dá testemunho também da sua (insuperável) não-libertação. Ele vem a saber dessa "suposta libertação" num momento de "reviravolta" no livro, quando ele viu, já no final do ginásio, um documentário sobre os campos de concentração (aliás a aparição do cinema-documental não deixa de ser relevante *per se* nessa obra). Por que ele ficou profundamente chocado ao ver nesse documentário que os campos haviam sido libertados pelos aliados? Para ele *essa imagem da libertação* era "irreal". Ele não a testemunhara, não tinha memória alguma dela.

Tampouco ele podia aceitar o pedido de seus pais adotivos para que ele se esquecesse do que ocorrera. Tudo não passaria de um sonho, diziam a ele. Mas

Wilkomirski podia ver a *cicatriz* na sua testa e a saliência na sua cabeça: marcas da sua vida passada, que os seus fragmentos de memória — "ainda hoje capazes de ferir, se tocados" — não negavam. Esses fragmentos de passado, literalmente rasgaram uma ferida (*trauma*, em grego) na sua memória; um contraponto, muito mais doloroso, da sua cicatriz externa.

Na literatura de testemunho de um modo geral é frequente essa concepção do campo como constituindo "a única realidade" e a afirmação da impossibilidade de saída dele, da impossibilidade de libertação dele: "não existe mais mundo do lado de fora da cerca". Na obra de Wilkomirski essa concepção *aparece de modo potencializado* uma vez que ele expõe os seus "fragmentos" do ponto de vista de uma criança. A imaginação e a linguagem são assim ainda mais embotadas. As suas defesas e simbolização têm um funcionamento diverso do que num adulto. Nesse sentido essa obra é exemplar. As imagens das cenas que Binjamin Wilkomirski presenciou impregnaram-se de tal modo na sua mente que como que arruinaram a sua cartografia mnemônica. Diante dessas imagens tudo o mais empalidece. Trata-se de imagens da extrema violência escritas a ácido na tela da sua memória.

É um chavão dizer que essas experiências-limite são indescritíveis: mas não é menos verdade que elas foram carimbadas na mente de sobreviventes aos quais escapava a nossa capacidade cotidiana de simbolização. A onipresença da morte faz com que a linguagem se torne mais "concreta": as pessoas num campo de concentração são queimadas literalmente, a fome mata literalmente, o mais forte é literalmente dono de você etc. Não há espaço para a metáfora — apenas para a metamorfose. Daí por que essas imagens formam como que hieróglifos indecifráveis para os testemunhos (e para os leitores desses textos). Hieróglifos (um misto inseparável de imagens e conceitos) ou simplesmente imagens que, como diz Wilkomirski, "voltam com frequência à minha mente", de modo descontrolado e desordenado.

Na medida em que refletimos sobre essa obra fica claro que a literatura do testemunho, da qual esse livro é um dos exemplos máximos, talvez seja uma das maiores contribuições que o século XX deixará para a rica história dos gêneros literários. Nesse sentido ela é uma filha da própria história: pois nunca houve um século com tantos morticínios de populações inteiras como esse. E mais: essa literatura difere das duas grandes linhas que governaram a produção literária até hoje: ela não visa nem a imitação (da natureza, da história, ou mesmo de ideais) nem a criação "absoluta" (como na doutrina romântica que levou à busca da "arte pela arte"). Nem privilégio do sujeito, nem do objeto: antes ela implica uma apropriação das lições do Romantismo (e da ironia romântica: não existe um eu estável, nem um mundo independente de nós, nem uma linguagem independente do mundo) e a afirmação da necessidade de se *construir* um passado que está fadado a ficar em ruínas (a estética das ruínas, aliás, como é bem conhecido, também é romântica nas suas origens). Indivíduo e mundo são construídos simultaneamente através dessa literatura. Esse movimento também pode ser percebido no atual *boom* não apenas de escritos de testemunho como também de museus, monumentos, memoriais e novas modalidades de apropriação artística do espaço público. A "volta do recalcado", no caso, da morte, se faz sentir desse modo, numa sociedade que a expulsou (e expulsa) sistematicamente do seu campo semântico.

Walter Benjamin, indiretamente, sem denominar de literatura de testemunho, foi o primeiro e, até o momento, mais brilhante teórico desse "gênero".[1] Isso não apenas na sua própria filosofia da história. No seu texto publicado apenas postumamente, denominado *Crônica berlinense*, ele expôs de modo cristalino a sua teoria da rememoração que como que expande a noção freudiana de trauma para o todo das nossas representações mnemônicas, sobretudo da infância. Nessa obra podemos ler: "Recordações, mesmo quando são ampliadas, não representam sempre uma autobiografia. [...] Pois a autobiografia tem a ver com o tempo, com o desenrolar e com aquilo que constitui o fluxo da vida. Mas aqui trata-se de um espaço, de momentos e do inconstante. Pois, mesmo que surjam aqui meses e anos, eles o fazem sob a figura que têm no momento da rememoração" (BENJAMIN 1985: 448).

O testemunho de Binjamin Wilkomirski traz todas essas características. Nessa obra não se trata tanto de tempo, mas de espaços, de tentativas de descrever imagens opacas. E não se trata, tampouco, de uma concepção positivista da história; ao invés de representação tem-se apresentação: o objeto de relato é *construído num determinado presente do escritor*.

Essa literatura implica, portanto, uma nova "ética da representação". Ela despreza a indiferença política. Talvez não seja ocioso lembrar que essa ética encontra-se, por sua vez, umbilicalmente ligada a uma tradição estética que remonta ao século XVIII: à tradição da estética do sublime, teorizada, entre outros, por Diderot, Burke e Kant, e representada, nas artes plásticas, por Caspar David Friedrich, Goya e, perto de nós, por um Bacon, por Barnett Newman, por Nan Goldin ou Anselm Kiefer. O sublime do século XX possui, no entanto, ao menos duas diferenças fundamentais com relação ao que lhe precedeu: ele tende para uma paradoxal estética do abjeto e não é mais "terror agradável", ou um "jogo entre a razão e a imaginação", como antes fora definido; além disso ele vai contra uma estética da piedade ou da compaixão. Agora não há mais espaço para aquele "jogo doce" com a morte (aliás, Lessing, ainda no século XVIII, já descrevera esse sublime que não deixa espaço para a atuação livre do imaginário [LESSING 1998: 91 ss.]). Há espaço apenas para as acima referidas imagens secas, para os hieróglifos da memória fragmentada, para a literalidade da escrita: para uma nova relação com a esfera da morte e com o campo dos signos subordinado a essa esfera. Aqui, portanto, sem desaparecer totalmente, deixam de comandar a produção artística os jogos das vanguardas com a ironia e com a alegoria (esses jogos são agora como que travados por essa nova ética e estética do sublime caracterizada por uma presença daquelas imagens mudas que exigem uma nova performance da linguagem).

Essa ética e estética da literatura de testemunho possui o corpo — a dor — como um dos seus alicerces. Binjamin Wilkomirski destaca sucessivas vezes o sen-

---

[1] Prefiro falar em "teor testemunhal" — que pode a princípio ser detectado e estudado em qualquer escritura — a tentar conceber um "gênero de testemunho" (que seria algo muito mais restrito). Cf. o capítulo anterior.

timento de asco e nojo que lhe tomava: sentimento de ultrapassamento, de extravasamento que, de algum modo, reafirma os limites do ser humano. Os seus limites físicos tornam-se a garantia de uma nova moral. É o corpo também que serve de suporte para a nova cartografia mnemônica. Não é por acaso que (proustianamente) o odor tem um papel importante na organização dos fragmentos de memória (também) para Wilkomirski. Um sentido tradicionalmente ligado aos instintos mais básicos e posto abaixo da visão e da audição ganha agora uma nova dignidade.

Terminada a leitura do livro não nos sentimos, como na estética ilusionista da *kátharsis*, purificados dos nossos "maus sentimentos". Pelo contrário, sentimo-nos mais pesados e sujos do que nunca; estamos contaminados pela culpa do sobrevivente. Paul Celan afirmou que ninguém testemunha pela testemunha ("Niemand/ zeugt für den/ Zeugen"; CELAN 1983: II 72). Cada texto é um texto, a sua leitura é sempre ela mesma única e constitui um novo evento. A leitura da obra em questão não deixará ninguém indiferente. Num certo sentido, também nós somos agora levados a escrever como o autor: "Eu vi! Eu vi!".

[São Paulo, 29/03/1998]

* * *

Contra-resenha
APRÈS-COUP: REVISITANDO
OS FRAGMENTOS DE WILKOMIRSKI

"Ninguém pode se tornar aquilo que não pode encontrar nas suas memórias."

Jean Améry

Existe uma identidade que pode ser estabelecida sem recurso à nossa memória? Não é verdade que cada um é o que é, porque acredita, por assim dizer, na história da sua vida? Se nossas ações são garantidas apenas por traços de memória, inscritos na nossa mente e na memória da nossa coletividade, como podemos ter uma garantia quanto à verdadeira identidade/história de cada um? Um evento que abalou o mundo das letras nos últimos meses e que envolve a trajetória de um livro pode nos ajudar a refletir sobre essa fragilidade da nossa identidade.

Poucas obras de literatura tiveram uma carreira tão vertiginosa como o livro *Fragmentos*, de autoria de Binjamin Wilkomirski, editado no Brasil no ano passado pela Companhia das Letras. Publicado em 1995, já foi traduzido para mais de doze línguas. Com base nele três filmes foram rodados e uma peça teatral encenada. Desde a sua publicação o seu autor não parou de dar palestras nas melhores universidades europeias e norte-americanas. Wilkomirski vive em Thurgau, na Suíça, e tem sido frequentemente solicitado a falar nas escolas desse e de outros países para contar a história da sua vida.

O livro *Fragmentos* narra a sua infância mais remota — entre os três e os sete anos de idade — passada nos campos de concentração nazistas de Majdanek e Auschwitz, na Polônia. Ali os leitores se confrontam com o "limite do humano", melhor dizendo, com a mais bestial brutalidade de que o homem é capaz. Crianças são assassinadas com a mesma facilidade com que se acende um isqueiro ou se mata uma mosca. Infantes de um ano de idade famintos comem seus próprios dedos. Wilkomirski narra seus fragmentos de memória de modo caótico, porque, como ele afirma, trata-se de uma memória longínqua da sua primeira infância que, além do mais, foi sistematicamente negada e "censurada" por seus pais adotivos suíços.

Esse livro foi aclamado pela "elite" da crítica literária internacional e, mais importante, pelos grandes estudiosos do Holocausto (ou da Shoah, termo acadêmica e politicamente mais correto para indicar o assassinato de cerca de seis milhões de judeus pelos nazistas). Uma crítica publicada no *Neue Zürcher Zeitung* afirmava que esse livro carrega "o peso do século". Já o crítico do *New York Times* qualificou a obra como uma "memória obscura e proustiana". Em 1996 — ano em que a tradução para o inglês foi publicada nos EUA pela prestigiosa editora Schocken — o livro recebeu um prêmio da "National Jewish Book Award" na categoria "Autobiografia/ Memória".

Lawrence Langer, pioneiro nas pesquisas sobre a literatura de testemunho, encontra-se entre os admiradores desse volume. Ainda em setembro, num exemplar do renomado jornal semanário alemão *Die Zeit*, Wolfgang Benz, o historiador que preside o Centro de Pesquisas sobre o Antissemitismo da Universidade Técnica de Berlim, elogiava a obra de Wilkomirski, afirmando que esse testemunho "abre o acesso à complexa tragédia que foi o Holocausto como nenhum outro documento". No *The Nation*, uma revista de esquerda, um crítico afirmou que o livro é tão "comovente, tão importante do ponto de vista moral e tão livre de qualquer artifício literário, que eu me pergunto se tenho o direito de elogiá-lo. [...] Esse homem sobreviveu não sabemos como, a sua saúde psíquica parece um milagre — e ele nos entrega de presente essa dor praticamente perfeita de um mundo que sempre está pronto para destruir os inocentes". Wilkomirski deu um longo depoimento sobre a sua história (seis fitas de vídeo) para o Holocaust Memorial Museum de Washington. Também a Survivors of the Shoah Visual History Foundation, instituição financiada por Spielberg e que se encarrega de construir um fantástico arquivo de vídeos com entrevistas de sobreviventes da Shoah, entrevistou o nosso autor.

No Brasil, após a publicação da obra, surgiram muitas críticas, todas elogiosas. O motivo dessa recepção ampla e positiva é simples: a *obra testemunhal* de Wilkomirski é, de fato, uma das mais impressionantes realizações no gênero. Ninguém sai incólume da leitura desse livro. O seu leitor fica impregnado por um paradoxal e aterrorizador "excesso de realidade". Ao lê-lo não podemos deixar de refletir sobre a humanidade e sobre os seus limites; sobre a ética e a maldade humana; sobre a morte e sobre a dor como realidades onipresentes e incontornáveis. Nunca um testemunho das atrocidades nazistas tinha atingido o detalhamento que essa obra contém.

O livro se estrutura todo com base nos fatos históricos. Ele é antes de mais nada um documento da barbárie. Tanto o autor, no posfácio, como o texto da orelha da edição brasileira informam sobre a vida de Wilkomirski. Ficamos sabendo que ele não apenas é músico e construtor de instrumentos, mas também um pesquisador da Shoah.

O jornal suíço *Weltwoche* publicou duas reportagens, em 27 de agosto e em 3 de setembro de 1998, que logo se tornaram o epicentro de um dos maiores escândalos da história da vida literária dos últimos anos. Nelas lia-se de modo inequívoco: "Os *Fragmentos* de Binjamin Wilkomirski, a obra suíça que mais faz sucesso atualmente, são uma ficção". O autor dessas reportagens, o escritor e jornalista Daniel Ganzfried, é filho de judeus húngaros e autor de um romance, *Der Absender* (O remetente), sobre a segunda geração dos sobreviventes da Shoah, e, logo, não teria motivos pessoais ou políticos para "desmontar" a obra de Wilkomirski.

No seu extenso trabalho, ele conta como a partir de uma simples reportagem sobre Wilkomirski aos poucos ele foi desvendando a criação e invenção do *personagem* Binjamin Wilkomirski. Wilkomirski chama-se na verdade Bruno Doessekker. Ele é uma dessas figuras que nas histórias pulam fora do livro e assumem uma vida "real".

Segundo Ganzfried, Bruno Doessekker não é judeu ou de origem judaica: ele conheceu os campos de concentração de Auschwitz e Majdanek "apenas na condição de turista". Ele nasceu a 12 de fevereiro de 1941. Esse último dado, aliás, o próprio Wilkomirski também afirmou no "posfácio" do seu livro, mas, logo acrescentando: "Essa data, porém, não coincide com a história de minha vida ou com minhas lembranças. Tomei medidas legais contra essa identidade decretada. A verdade juridicamente atestada é uma coisa; a verdade de uma vida é outra". Por que isso haveria de ser assim, é o que Ganzfried começou a se perguntar. Afinal de contas, a Suíça é um país civilizado, sobretudo no que tange à burocracia: dificilmente alguém nasceria e viveria cinquenta anos nesse país sem deixar traços. Ganzfried por assim dizer não aceitou o postulado — coerente dentro do universo, digamos, de um Kafka — segundo o qual existem duas verdades: uma "da vida" e outra "juridicamente atestada". Ele iniciou o confronto entre os traços de memória criados por Wilkomirski/Doessekker e os — não menos criados — do país onde ele sempre viveu.

Para Wilkomirski cada um tem "a sua verdade, a sua verdadeira vida" e pode narrá-la. No caso dos sobreviventes da Shoah essa narração é sempre penosa e necessária: ela é tecida tanto como uma forma de se "libertar" do passado como também se desdobra como um doloroso exercício de construção da identidade. Ela é uma narração necessária tanto em termos individuais como também — pensando universalmente — deve funcionar como um testemunho para a posteridade. Ela é um ato subjetivo e objetivo, psicológico e ético.

Wilkomirski, aliás Bruno Doessekker — como está escrito na sua caixa de correio —, sabe muito bem disso. Sabe em que medida poderia desarmar os seus leitores com a narração articulada do ponto de vista de quem passou pelo inferno. Apenas após as pesquisas de Ganzfried percebemos em que medida nós nos abrimos de modo sentimental, e não suficientemente racional, para essa literatura. De agora em diante os estudiosos da Shoah serão mais cautelosos.

Como é conhecido, existe uma literatura testemunhal importante que se desenvolveu a partir da Shoah e que, aos poucos, torna-se uma espécie de chave para a leitura da literatura do século XX. Primo Levi, Charlotte Delbo, Robert Antelme ou Ruth Klüger são alguns autores eminentes dessa literatura testemunhal. Wilkomirski, com o seu embuste, serviu apenas para dar mais argumentos para os "negacionistas" e "revisionistas", ou seja, para aqueles que negam a existência de Auschwitz ou que afirmam que os campos de concentração foram na verdade apenas campos de trabalho. Esse é, em parte, o triste saldo desse golpe literário.

O jornalista Ganzfried descobriu que Wilkomirski/Doessekker tinha ainda um outro nome quando veio ao mundo. Ele é na verdade um filho ilegítimo de Yvonne Berthe Grosjean que foi parar em um orfanato em Adelboden e que, finalmente, foi adotado pelo casal Doessekker em 1945. O casal de ricos médicos que adotou a criança conseguiu mudar seu nome ainda antes do início de sua vida escolar. Bruno então deixou de se chamar Grosjean e passou a atender pelo nome de Doessekker. A senhora Grosjean morreu em 1981; os seus pais adotivos em 1985. Bruno Doessekker estudou em Zurique, tornou-se músico e é pai de três crianças. Um dado da sua biografia também é digno de nota: ele estudou História em Genebra. A sua paixão pela história é comprovada também pelo enorme arquivo que ele organizou sobre o tema: o que deve ter servido de ajuda para a compilação da sua "outra" vida, a fictícia, de um "sobrevivente" de Auschwitz.

Como se já não bastassem as provas trazidas a público pela corajosa reportagem de Daniel Ganzfried, na edição de 22 de setembro do *Frankfurter Allgemeine Zeitung* Lorenz Jäger trouxe mais um dado que funcionou como o golpe definitivo na farsa armada por Wilkomirski/Doessekker. Ele recordou que em 21 de abril de 1995 uma história emocionante foi publicada em um jornal berlinense. O clarinetista Bruno Wilkomirski de Zurique viajara para Israel para reencontrar o seu pai Jaacov Morocco — um sobrevivente do campo de concentração Majdanek — que ele perdera de vista desde a guerra. O reencontro de pai e filho no aeroporto foi cheio de emoção e Wilkomirski declarou então a um repórter da Associated Press: "Nós possuímos recordações em comum. Eu ainda vejo na minha memória diante de mim como o meu pai foi levado em direção à câmara de gás". Quando alguns meses depois o livro *Fragmentos* foi lançado, Wilkomirski já não se chamava mais "Bruno", mas sim "Binjamin" (nome do filho desaparecido de Morocco). Mais estranho ainda: a sua história narrada em *Fragmentos* não fala nada sobre esse reencontro com o pai em Israel. No livro, Wilkomirski conta como seu pai foi assassinado pela milícia letã, esmagado por um carro. Por algum motivo Morocco deixara entrementes de reconhecer em Wilkomirski o seu filho e este teve que encontrar um outro pai para a sua história.

Wilkomirski, confrontado com esses fatos, se limitou a falar em uma conspiração armada contra ele. Para ele, Ganzfried seria simplesmente alguém da "segunda geração (de sobreviventes) que sofreu o destino do pai e foi atingido psiquicamente por uma infância e uma juventude difíceis. Eu acho — continua Wilkomirski — que ele necessita de um substituto da figura paterna que ele possa destruir e tornar responsável pelo seu desastre"! A sua editora, a Judische Verlag — que é propriedade da todo-poderosa editora alemã Suhrkamp —, recusou-se a comprovar a veracidade dos fatos narrados no livro. Unseld, na época o presidente da Suhrkamp, afirmou que isso não é parte da sua responsabilidade.

James Young, um renomado pesquisador dos monumentos dedicados à memória do Holocausto, considerou a obra em questão "um testemunho maravilhoso". Diante das descobertas que justamente negam à obra a qualificação de um *testemunho* no sentido tradicional deste termo, ele se limitou a afirmar que o "valor literário" da obra não fica abalado desse modo!

Como ler os *Fragmentos* como se se tratassem de uma ficção? Basta tentar para que o leitor se depare com uma obra que não funciona mais e até mesmo beira o mau gosto: o que se espera e se acha admissível na leitura de uma obra autobiográfica de um menino que conheceu Auschwitz e Majdanek, torna-se imediatamente má literatura de ficção.

Existe uma excelente literatura de ficção sobre o Holocausto, como é o caso de um famoso texto de Zvi Kolitz (*Yossel Rakover dirige-se a Deus*) que narra os últimos momentos de um judeu no Gueto de Varsóvia. O filósofo Lévinas afirmou que esse texto de Kolitz é "verdadeiro como apenas a ficção o pode ser".[2] Cada gênero literário possui as suas "regras", propõe um determinado "jogo" com o leitor. Sabemos que não existe uma autobiografia "pura", sem "correções estéticas", que ela é apenas uma construção *motivada* pelo que vivemos.

O caso em questão é peculiar. Se o livro *Fragmentos* é composto apenas "ao modo" de uma autobiografia ele deixa de ter um efeito estético e ganha apenas um teor amoral. Mas isso não é tão simples. Devemos fazer uma distinção clara: Wilkomirski/Doessekker joga de modo equivocado na medida em que ele simula perante o mundo uma falsa identidade.[3] Ele deve ser condenado, creio, não por causa da sua obra, mas sim por ter simulado de má fé essa identidade. Se a sua obra continua a ter ou não um valor estético, mesmo após a descoberta da farsa, é outra questão que cada um deve decidir individualmente.

Mas o próprio Wilkomirski/Doessekker parece também ter seguido a saída pelo "estético", proposta por Young, tentando encobrir assim ou desculpar a sua farsa. Numa declaração ao jornal suíço *Tages-Anzeiger* podemos ler: "Cada leitor pode deduzir do posfácio do livro que os meus documentos não coincidem com as minhas memórias. A uma identidade suíça mal costurada eu só posso opor essas memórias. Isso estava claro desde o princípio. Os leitores sempre estiveram livres para aceitar o meu livro como literatura ou como documento pessoal".

Será que um sobrevivente dos campos de concentração seria capaz de afirmar algo semelhante? Charlotte Delbo, uma sobrevivente de fato, escreveu na epígrafe da sua trilogia *Auschwitz et Après* que "hoje, eu não estou certa se o que escrevi é

---

[2] Lembro aqui que também para Rousseau, como ele afirmou numa nota do seu *Ensaio sobre a origem das línguas*, "as infelicidades fingidas nos tocam muito mais que as verdadeiras. Alguém que em toda sua vida nunca teve piedade de um infeliz soluça na tragédia" (ROUSSEAU 1974: 91).

[3] Sua entrevista concedida à fundação Survivors of the Shoah, em 20/03/1997, a que tive oportunidade de assistir, é uma encenação de péssima categoria, marcada por uma exagerada retórica de convencimento, bem diferente de seu livro extremamente sutil.

verdade"; mas, em seguida ela acrescentou: "Eu estou certa que é verídico". Para o sobrevivente, a realidade do campo de concentração é tão intensa que vai além daquilo que normalmente denominamos de verdade: pelo simples motivo de que Auschwitz vai além dos nossos padrões (superados?) de humanidade, de ética, de cultura etc.[4] Wilkomirski, pelo contrário, parece satisfazer-se — sem relutância — com uma concepção "pós-moderna" absolutamente relativista quando se trata de estabelecer a distinção entre o real e a ficção. Ruth Klüger, outra sobrevivente do Holocausto, respondeu a essa postura de Wilkomirski com as seguintes palavras: "A mentira não se torna literatura só por causa da boa fé dos leitores".

Resta saber como Doessekker chegou à ideia de criar essa sua autobiografia fictícia. Há alguns anos uma australiana fizera o mesmo. Uma vez descoberto o embuste, ela disse que escolhera esse tema por saber que conseguiria muita publicidade com ele. Talvez encontremos aí uma resposta. Por outro lado, Doessekker trabalhou intensamente junto a terapeutas (e historiadores) que utilizam a técnica de "terapia para recuperar a memória" (*recovered memory therapy*). Nessa terapia parte-se dos fragmentos de memória dos pacientes que passaram por traumas — normalmente de cunho sexual — para então tentar remontar toda a sua história/identidade. Aparentemente esse método — diga-se de passagem, muito em moda — pode levar a uma confusão entre "reconstrução" e "construção" *ex nihilo*. Mas como escapar dessa encruzilhada? O próprio Freud, aliás, que a princípio direcionou a terapia psicanalítica no sentido de iluminar a cena de abuso (sexual) de suas pacientes histéricas, aos poucos foi deixando esse método de lado. Ele percebeu a dificuldade de se estabelecer a "realidade" das cenas traumáticas que povoavam as mentes das suas pacientes.

Raul Hilberg foi um dos poucos leitores que desconfiou da veracidade do conteúdo dos *Fragmentos* desde a primeira leitura. Quando ele encontrou Wilkomirski em um congresso na Universidade de Notre Dame, perguntou se a obra era uma ficção. O autor negou enfaticamente. Hilberg, o maior especialista na história da Shoah, estranhou diversos "fatos" narrados no livro, que para ele são incompatíveis com os dados históricos.

Hilberg foi astuto ao constatar a armadilha de Doessekker. Ele aproveitou a polêmica para condenar de um modo geral o que ele denomina de "verdadeiro culto ao testemunho". Não posso, no entanto, compartilhar desse seu desprezo pela lite-

---

[4] É interessante lembrar neste contexto uma carta que Art Spiegelman enviou à redação do *New York Times Books Review*. Nessa carta ele reclamou o fato de a sua obra *Maus* (uma história em quadrinhos que relata tanto a vida do seu pai — um sobrevivente da Shoah — como a do seu relacionamento com ele) ter sido classificada na lista dos *best sellers* na coluna de "ficção". Spiegelman aceita o teor "literário" da sua obra, mas, como ele afirma com toda razão, isso não implica afirmar o teor "fictício" da mesma. Ficção, por outro lado, não pode ser equacionada com "mentira": no campo da estética só existe a "verdade estética" (para falar com Baumgarten, o fundador da disciplina Estética no século XVIII). A questão de Spiegelman é que ele vê a sua obra como uma obra de *testemunho*: que remete a algo "que de fato ocorreu". Não é invenção, mas narração — construção — do "real" (cf. HOROWITZ 1998, que, infelizmente, não percebe a distinção entre ficção e mentira).

ratura testemunhal. A literatura de testemunho deve mais do que nunca ser lida de modo sério. Mas uma coisa deve ficar clara. Aqueles que negam a existência de Auschwitz não têm por que se alegrar com a descoberta dessa farsa. Com o passar dos anos a realidade da Shoah torna-se não mais distante, mas sim cada vez mais próxima graças às pesquisas históricas e também aos testemunhos, escritos ou gravados e conservados nos inúmeros arquivos de vídeos com testemunhos espalhados pelo mundo. O nosso século se identifica e será identificado com Auschwitz. Se a "realidade" descrita por Wilkomirski/Doessekker é terrível e insuportável, a dos campos de concentração era muito pior. As crianças pequenas não tiveram a sorte de sair vivas.[5]

[São Paulo, 27/11/1998]

As duas partes deste ensaio foram publicadas na revista Cult, respectivamente nos números 11 (junho de 1998) e 23 (junho de 1999).

---

[5] Uma vez lido este texto, só posso remeter o leitor novamente ao meu texto introdutório... Consultei, entre outros, os seguintes artigos de jornal para redigir esta "segunda parte": Jonathan Kozol, "Children of the Camp", *Nation* (28/10/1996); Wolfgang Benz, "Deutscher Mythos", *Die Zeit* (03/09/1998); Daniel Ganzfried, "Die geliehene Holocaust-Biographie", *Weltwoche* (27/08/1998); Lorenz Jäger, "Hystorie [sic]: Wilkomirskis Erinnerung", *Frankfurter Rundschau* (07/09/1998); Daniel Ganzfried, "Fakten gegen Erinnerung", *Weltwoche* (03/09/1998); Jörg Lau, "Ein fast perfekter Schmerz", *Die Zeit* (17/09/1998); Daniel Ganzfried, "Bruchstücke und Scherbenhaufen", *Weltwoche* (24/09/1998); Lorenz Jäger, "Gutgläubig. Die Zwei Wilkomirskis", *Frankfurt Allgemeine Zeitung* (22/09/1998); Hans Saner, "Wilkomirskis Wahl", *Weltwoche* (01/10/1998); Silke Mertins, "Von der Sehnsucht, Opfer zu sein", *die tageszeitung* (10/10/1998); Helmut Schmitz, "Wilkomirski beharrt auf Identität", *Frankfurter Rundschau* (27/10/1998); Nicolas Weill, "La mémoire suspectée de Binjamin Wilkomirski", *Le Monde* (23/10/1998); e Lionel Richard, "Une dangereuse imposture", *Le Monde Diplomatique* (novembro, 1998).

8.
ERA DA DESTRUIÇÃO — ERA DA MEMÓRIA: W. G. SEBALD[1]

W. G. Sebald é reconhecido há algum tempo como um dos mais talentosos narradores da atualidade e, sem dúvida, um dos melhores escritores de língua alemã que apareceram desde a Segunda Guerra Mundial. Nascido em Wertach, no sul da Alemanha, no penúltimo ano dessa catástrofe que dividiu não apenas o século que acaba de se fechar, Sebald emigrou em 1966 para a Inglaterra, onde leciona desde 1970 literatura alemã na Universidade de East Anglia, em Norwich.[2]

Não é casual, portanto, que a emigração, a saber, o desterro, o exílio e a ruptura, tenham se tornado motivos centrais nas suas obras. Contra o veredicto de Walter Benjamin — que já não achava mais possível a narração na sociedade moderna marcada pela onipresença de choques —, Sebald tenta reestabelecer a arte de narrar em uma época pós-narração. Sua escrita nasce, portanto, de uma impossibilidade, mas também de uma necessidade de resistir; de reatar os laços com um passado que surge arruinado pela violência que marcou o século de totalitarismos, autoritarismos e genocídios.

A resistência a tudo que possa parecer "atual" faz desse autor também um dos mais potentes e implacáveis críticos da sociedade dita "global". Na contramão da escritura fácil (dos pastiches neo-vanguardistas e mesmo da tendência, apenas aparentemente oposta, de dramatização da "dor de estar no mundo"), ele reinventa a narração a partir da mais acabada técnica — nesse ponto, sim, absolutamente benjaminiana — de colecionar e apresentar fragmentos do passado.

Sebald coleciona histórias de pessoas com quem ele cruzou ao longo de sua vida, pessoas que carregam sempre uma profunda moralidade — a marca do passado perdido — e que caminham como anjos desterrados em um mundo que não podem compreender e que tampouco os aceita. Essas histórias ele coleta em longas conversas, em entrevistas, mas também lendo diários e anotações esparsas que, como um detetive sagaz, encontra e decifra.

Seu impulso para narrar a história desses anjos — mensageiros emudecidos pela violência — vai mais além da coleta de palavras: essa escritura da memória mistura também imagens de fotos retiradas de álbuns e das pilhas de cartões-postais esquecidas nos fundos de nossas gavetas. Não é casual que a sua obra tenha sido aproximada mais de uma vez da noção de arquivo. Ela é um arquivo do que restou de humano em um século tão pouco afeito a esse conceito e que se pergun-

---

[1] Resenha do livro de W. G. Sebald, *Os emigrantes*, Rio de Janeiro, Record, 2001.

[2] Poucos meses após a publicação desta resenha, W. G. Sebald foi vítima de um acidente de trânsito fatal na Inglaterra, em dezembro de 2001.

tou, com Primo Levi, se *É isso um homem?*, e, com Robert Antelme, respondeu: *A espécie humana*. Ele coleciona histórias de vidas que, de algum modo, foram marcadas por catástrofes silenciosas. Sua matéria é o cristal da vida: com seu brilho translúcido, mas também com seus sulcos e rachaduras.

O autor sabe, melhor que ninguém, que a memória funciona de modo eminentemente topográfico: a memória se decanta nos locais em que vivemos e que se inscreveram em nossa mente, assim como deixamos as marcas do nosso corpo em uma velha poltrona.

Como resistir à aura que emana das fotografias antigas? Nelas eternidade e morte unem-se formando um complexo de beleza e melancolia. Assim como nessas fotos antigas, o mundo de Sebald é o mundo tal como ele aparece, encantado sob o véu da recordação.

Ele ilumina certos locais e certas datas dessas vidas anônimas, sem se preocupar em pintar um painel completo desses percursos. Sua técnica de narrar — doentia e deliciosamente acríbica e perfeita, como em Stendhal, e que lança mão de uma riqueza de vocabulário rara hoje em dia, bem como do discurso indireto livre típico de um Kafka — cria personagens tão fortes que deixam no leitor a impressão de os ter conhecido de perto e desfrutado de momentos inesquecíveis com eles. A partir de pequenos detalhes do cotidiano aparentemente mais banal — confrontados muitas vezes com a sublime paisagem alpina que dominou a infância do autor —, Sebald constrói figuras que se tornam (fragilmente) eternas nas suas infinitas tristezas e pequenas alegrias.

Os emigrantes, sua obra que agora é publicada em português, narra quatro histórias: quatro vidas marcadas pelo exílio, pelo abandono, pela separação — em uma palavra, pela melancolia. A tristeza sem consolo que emana das quatro personagens centrais deriva do desencontro desses personagens — judeus ou ligados ao mundo judaico europeu — com a vida. A primeira história, sobre Henry Selwyn, um judeu inglês emigrado da Lituânia, de quem Sebald aluga um apartamento em Norwich, bem como a terceira história, sobre Ambros Adelarth, tio-avô de Sebald que emigrou para os Estados Unidos, representam sem dúvida um cume da literatura do pós-guerra.

A temática do desterro leva Sebald a incorporar na sua escrita passagens em inglês, francês e italiano que, no original alemão, aparecem sem o itálico, o que gera uma língua babélica, típica da realidade do exilado que deve viver entre as línguas e as culturas (na tradução, felizmente, as passagens em outras línguas foram mantidas no original, apesar de elas terem sido postas em itálico).

"Assim, pois, retornam os mortos", lê-se na história de Selwyn. Na escrita imagética de Sebald, esses mortos e as ruínas de um passado com que nosso presente não sabe muito bem como lidar encontram uma arca que os acomoda e transporta a cada leitor que ainda souber admirar a beleza da sombra de uma árvore sobre a sua face, na hora do entardecer.

III.
WALTER BENJAMIN
E A ESCRITURA DO TEMPO

9.
WALTER BENJAMIN E OS SISTEMAS DE ESCRITURA

As novas mídias e a paisagem catastrófica do século XX

Refletir sobre Benjamin e as suas posições acerca dos diversos sistemas de escritura implica antes de qualquer coisa uma autorreflexão das assim chamadas ciências *humaniora*. Ninguém duvida que as profundas mudanças pelas quais essas ditas "ciências" vêm passando nas últimas décadas não podem ser dissociadas das fantásticas transformações que se deram em dois âmbitos da sociedade, a saber, o *técnico* e a *experiência histórica*. Essas mudanças manifestam-se de modo gritante na dissolução das antigas disciplinas criadas no século XIX — com os seus departamentos voltados, por exemplo, para o estudo de filologias nacionais — bem como na criação de novas disciplinas direcionadas para a análise dos fenômenos hipermidiáticos e para as relações interculturais. A base epistemológica que sustentava a antiga — e em parte ainda existente — divisão entre as disciplinas foi corroída tanto pelas próprias contradições que a sustentavam como também pela disjunção entre aquelas disciplinas e as necessidades da sociedade. Essas disciplinas haviam nascido em resposta a questões históricas específicas que foram superadas ou não são mais tão essenciais, tais como a legitimação dos Estados nacionais. Por outro lado, para constatar que o castelo conceitual que as sustentava ruiu, basta pensar na base representacionista que lhes era essencial. Também os elos com a macro e micropolítica que regeram o estabelecimento daquelas disciplinas foram desgastados.

Encontramo-nos já há algum tempo diante da rearticulação e redemarcação das disciplinas com base em novos paradigmas teóricos e parâmetros de conduta decantados a partir dessa dupla revolução na técnica e nas formas de experiência histórica. Se o campo tecnológico permitiu o nascimento e a expansão de novas mídias que não apenas fornecem um novo suporte, mas também determinam nossas ideias, por outro lado essas mesmas ideias foram formadas — e mesmo deformadas — pelas experiências catastróficas do século XX. Nossa visão de mundo é marcada pelo fim das distâncias espaço-temporais que se manifesta na onipresença de imagens e simulacros e na perda da densidade histórica dessas imagens. Os âmbitos político, ético e estético adquiriram novos contornos, a saber, foram fundidos e estão sendo remodelados após essa "era dos extremos". Sob o choque dessas mudanças o papel atribuído aos intelectuais e, em específico, ao profissional universitário também é redesenhado. Se em um momento inicial a sua reação diante dessas modificações é corporativista e ele se volta para a proteção do seu nicho de saber e de poder — entregando-se paralelamente à desconstrução de um jargão que já não faz sentido para o seu presente —, em uma etapa posterior ele vai tentar recosturar os elos que o ligavam à sociedade. Se o conhecimento em seu modelo iluminista e a ideia de sujeito do saber foram como que esmagados pelas experiências históricas recentes, não é de surpreender que noções clássicas como a de intelectual ou de professor universitário também tenham de ser revistas.

Como Benjamin entra com a sua obra nessa cena? Antes de tudo, ele foi um dos primeiros a descrever esse mesmo cenário catastrófico, que nós miramos, no entanto, a partir da outra margem do abismo batizado topologicamente como Auschwitz. Sua obra é uma reflexão constante sobre a situação do homem submetido à violência da "segunda natureza"; ela nasce da experiência radical da "guerra dos trinta anos" que marcou a vida do século XX a partir de 1914. Essa "experiência radical", para Benjamin, era caracterizada de modo paradoxal pela impossibilidade de ser experienciada: ela era apenas vivência (*Erlebnis*); e na verdade uma categoria muito específica da vivência, que ele determinou com base em Freud como sendo uma vivência de choque. A obra de Benjamin funda uma modalidade de relacionamento com o histórico que visa transformar justamente essa vivência — que apenas submete, coloniza e domina os aparatos sensorial e cognitivo do homem — em uma experiência (*Erfahrung*) de indivíduos livres.

Um acompanhamento cuidadoso da história da recepção da obra de Benjamin deixa claro que podemos ver nela uma das fontes das modernas disciplinas históricas e da atual teoria das mídias e da comunicação. Afinal, nas suas mãos a história foi descortinada como catastrófica e o historiador como construtor de uma constelação — de uma colagem de imagens do tempo — que deveria ter em vista nesse trabalho a explosão do *continuum* da dominação. A historiografia tradicional deveria ser, para ele, minada e redesenhada pelo trabalho da memória. Por outro lado, Benjamin foi também quem levou às últimas consequências práticas e teóricas a revolução da reprodutibilidade técnica. Como veremos, para ele a sociedade pós-histórica deve ser pensada justamente a partir dessa revolução — catastrófica e redentora — representada pela reprodutibilidade técnica. Benjamin, como se sabe, foi um dos mais radicais críticos e analistas da tecnologia, mas também um dos seus mais destacados entusiastas. Essa habilidade em jogar nas duas mãos da dialética do Iluminismo custou-lhe muito caro. Se ele foi recusado pela universidade, não é menos verdade que ele também a recusou e criticou vários dos seus pressupostos existenciais.

No que segue tentarei destacar algumas ideias que ele desenvolveu sob o signo de uma teoria da escritura, destacando sobretudo a sua concepção de hieróglifo. Essa escritura hieroglífica deverá ser compreendida antes de mais nada como um meio — vale dizer com Benjamin: deverá ser compreendida como um *medium* — dessa redescrição/colagem do mundo e da sua história a partir da tarefa imposta pela dupla revolução na técnica e na experiência histórica. Para Benjamin a revolução escritural e das mídias deveria ser acompanhada também de uma revolução na historiografia: a nova teoria da sociedade só poderia ser pensada a partir de uma visão da história como catástrofe ininterrupta. A escritura do historiador, como veremos, tem para ele um caráter testemunhal, ela reinscreve o "real" em um *agora* que sai do tempo — fragmentando a sua visão linear em estilhaços. Mais ainda: essa escritura é a *metamorfose* desse agora que se manifesta como espaço escritural. Estamos, portanto, bem longe da descrição glamourosa e pretensamente apolítica da sociedade hipermidiática.

A teoria da escritura em Benjamin permeia praticamente toda sua obra — sendo que se pode dizer, grosso modo, que ela migra de um acento sobre o teor escritural do mundo (que pode ser lido como um texto) para uma teoria dos sistemas de escritura e do historiador como autor de uma *grafia* histórica: mas Benjamin nunca perde de vista a tensão e interdependência entre esses aspectos de *leitura* e *escritura*. De modo mais explícito essa reflexão escritural aparece na sua teoria da alegoria barroca — e também baudelairiana —, nas suas anotações sobre o *Un coup de dés* de Mallarmé, nos seus textos esparsos sobre o ato de ler, sobre as cidades, sobre a memória e sobre as vanguardas, na sua teoria da fotografia e da obra de arte, bem como em vários momentos dos fragmentos do "Projeto das Passagens" (*Passagen-Werk*). Sem pretender ser exaustivo, gostaria de apresentar aqui algumas estações dessa teoria da escritura para, em seguida, introduzir algumas breves reflexões sobre seus possíveis desdobramentos no nosso presente.

Teoria da alegoria: para uma crítica da cultura e lógica do alfabeto ocidental

Benjamin concluiu o seu livro sobre o drama barroco alemão (*Trauerspiel*) em 1925, mas já havia esboçado alguns dos seus principais teoremas em um pequeno texto que remonta a 1916 e que era intitulado como "Die Bedeutung der Sprache in Trauerspiel und Tragödie" (O significado da linguagem no *Trauerspiel* e na tragédia). Nesses textos, na linha das poéticas do Idealismo alemão, Benjamin tenta esboçar uma reflexão histórico-filosófica a partir de uma teoria dos gêneros. No ano de 1916 encontramos também ideias advindas da metafísica da linguagem do século XVIII que haviam sido recicladas pelo nietzschianismo onipresente na época: o *Trauerspiel*, afirmou o autor então, "descreve o percurso do som natural (*Naturlaut*), pelo lamento (*Klage*) até a música" (Benjamin 1974a: 138). O lamento lutuoso é projeção do sentimento (*Gefühl*) na música (Benjamin 1974a: 139): "no final das contas tudo gira em torno da audição do lamento, pois apenas o lamento profundamente sentido e ouvido torna-se música" (Benjamin 1974a: 140). Mas essa metafísica fonocêntrica é como que bloqueada e posta em questão já nesse mesmo texto de 1916, na medida em que Benjamin nega a possibilidade de uma simples passagem da linguagem pelo "mundo puro das palavras para atingir a música" que, por sua vez, libertaria o luto. Nesse percurso ocorre o que Benjamin denomina de "traição da natureza da linguagem". O luto é uma expressão do bloqueio do percurso do sentimento que fica estancado no "purgatório da linguagem". É dessa cesura — desse silêncio — que ele se origina. Daí Benjamin afirmar que o *Trauerspiel* dá forma à sabedoria antiga que afirma "que toda natureza começaria a se lamentar se lhe fosse concedida a linguagem" (Benjamin 1974a: 138).

Como no seu texto igualmente de 1916, "Sobre a linguagem em geral e sobre a linguagem humana", também aqui Benjamin narra o papel do homem na "Criação", ou seja, na *ruptura* dos "vasos", na metáfora cabalística que ele emprega no "A tarefa/renúncia do tradutor", de 1921-23, mas também inerente à linguagem e que é a condição da cultura. O "homem" enquanto coroação da criação é o mesmo rei que aparece em cena no *Trauerspiel* em meio às ações de Estado. O homem coroado é correlato do mundo da *significação*, e, com esta, a linguagem expressa o bloqueio da natureza, o "estancamento" dos sentimentos. No *Trauerspiel* a natureza aparece embebida no *ethos* histórico como torso — o mundo é "preenchido pelo luto no qual Natureza e Linguagem se encontram" (BENJAMIN 1974a: 139). A história é a da significação, e o homem/rei — nesse ponto, como na tragédia! — é "o portador e o símbolo da significação" (BENJAMIN 1974a: 139). O *Trauerspiel* representa em Benjamin o oposto daquela modalidade de poesia que Schiller atribuiu ao poeta ingênuo — a saber, ao homem grego. *A teoria do* Trauerspiel *é a teoria da situação do homem moderno.* É a apresentação da fragmentação do mundo simbólico e da sua transformação em ruínas e em alegorias. Diferentemente do que ocorre no mundo trágico, não há lugar aqui para a ilusão, para a *kátharsis*. O que entra em cena agora é o significante. O "significado final" e a "moral da história", enquanto fórmulas concentradas da cultura pedagógica, estão banidos do mundo barroco alemão. A linguagem é descrita como purgatório: como fruto de um bloqueio, espaço aberto de onde brotam as emanações dos sentidos e sentimentos. Sublime expressão do silêncio da natureza e da impossibilidade mesma de se habitar o mundo da "pureza".

Na obra de 1925, Benjamin não apenas retomou certas ideias do seu esboço de 1916, mas também inverteu algumas delas. O acento na descrição da linguagem do *Trauerspiel* foi deslocado agora do som e da música para a imagem escritural. A linguagem do *Trauerspiel* é caracterizada então como não-alada e enclausurada na escrita: ela não se deixa libertar via som. Existe um "abismo entre a imagem escrita significativa e o som linguístico inebriante" (BENJAMIN 1974: 223; BENJAMIN 1984: 376). Se em 1916 Benjamin falava do teor "*simbólico*" do homem-rei, agora o acento recai na *alegoria* barroca.

> "Quando, com o *Trauerspiel*, a história adentra no palco, ela o faz como escrita. Na face da natureza encontra-se a palavra 'história', com os caracteres da transitoriedade. A fisionomia alegórica da natureza-história, que é posta em cena com o *Trauerspiel*, é efetivamente presente enquanto ruína. [...] O que encontra-se aí desfeito em escombros, o fragmento altamente significativo: esta é a matéria da criação barroca." (BENJAMIN 1984: 353 ss.)

A passagem do simbólico para o alegórico, do som para a escritura, é acompanhada também da passagem para a espacialidade em detrimento da temporalidade. A escritura é concebida como uma marca, uma ruína ou cicatriz aberta pela história; esta, por sua vez, não é nada mais que *acúmulo* de catástrofes, sobreposição de densas camadas de estilhaços a uma só vez altamente significantes e que apresentam a destruição, a interrupção constante de devir; o bloqueio da "natureza".[1] No Barroco o ser histórico rui e o tempo também se torna pesado e nos empurra em direção ao solo terrestre: não há busca de salvação em uma escatologia consoladora, mas apenas mergulho na condição terrena abismal (BENJAMIN 1974: 260). O tempo é transposto — vale dizer, traduzido — para uma chave espacial, a saber, para a encenação teatral da vida em um plano desprovido de Graça. "A história migra para a cena teatral" (BENJAMIN 1974: 271), afirma Benjamin. E ainda: "A concepção de história do século XVII foi definida, numa expressão feliz, como 'panoramática'. [E citando Herbert Cysarz, Benjamin continua:] 'Nesse período pitoresco, a concepção da história é determinada pela justaposição de todos os objetos memoráveis'" (BENJAMIN 1974: 271; BENJAMIN 1984: 115). A visão panorâmica da história transplanta um fenômeno normalmente pensado na chave temporal para o registro da tradição das *paisagens e arquiteturas mnemônicas*. Mas essa transposição não deve ser confundida com uma tradução para o imagético no seu sentido de imagem-pura ou pré-iconológica. A imagem barroca é alegórica, escritural e testemunha a ausência de ancoramento para a significação. A única fonte para o significar é justamente o ser transitório do mundo, a ruptura com a transcendência. "Tanta significação, afirma Benjamin, tanta submissão à morte, porque no fundo a morte cava a linha de demarcação denteada entre a *physis* e o significado" (BENJAMIN 1974: 343).[2] Este mundo marcado pela *significação* aberta e infinita das palavras, pela ausência de uma relação imediata entre as palavras e as coisas — pelo fim da "era da semelhança", tal como Foucault a descreveu — leva a uma historicização da natureza. "Se a natureza sempre esteve vencida pela morte, então ela foi desde sempre alegórica" (BENJAMIN 1974: 343), afirma Benjamin. A natureza representa o "eternamente efêmero" (BENJAMIN 1974: 355). A alegoria como "expressão da convenção" (BENJAMIN 1974: 351) apresenta o ser arbitrário da língua "pós-babélica" na medida em que nela "toda pessoa, qualquer coisa, toda relação pode significar qualquer outra" (BENJAMIN 1974: 350). O olhar do alegorista melancólico extrai a vida das coisas (ou seja, retira-as dos seus contextos, destrói os "significados") para construir a sua obra.

É na escritura hieroglífica que o ser alegórico do barroco encontra, para Benjamin, a sua expressão mais autêntica. Poderíamos falar que essa entronização do

---

[1] Para qualquer leitor mediamente familiarizado com a obra de Benjamin a imagem que vem à mente com essa descrição da visão barroca da história é a sua famosa tese sobre o "Angelus Novus", parte do seu último texto, "Sobre o conceito da História". Também para o artista moderno, por mais diversas que sejam as suas poéticas, de Picasso a Arman, César, Rauschenberg, Boltanski, Jochen Gerz ou Kiefer, o fragmento e a ruína constituem a matéria-prima básica para a sua "atividade combinatória" (BENJAMIN 1974: 355), do mesmo modo como Benjamin descreve essa atividade no poeta barroco. Com relação à poética de Kiefer, cf. a bela obra de Lisa Salzman (1999); quanto aos contramonumentos de Jochen Gerz, cf. YOUNG 2000: 120-51 (capítulo: "Memory against itself in Germany Today. Jochen Gerz's Countermonuments").

[2] Como para o poeta Paul Celan, também no mundo barroco há uma íntima correspondência entre a palavra e o cadáver. A escritura poética e artística equivaleria à tentativa de erigir desejados e impossíveis túmulos para os mortos. Cf. WERNER 1998.

hieróglifo tem um sentido ambíguo, na medida em que tal escritura é a um só tempo traço da dignidade da escritura divina — simbólica — e expressão da espacialização da temporalidade catastrófica, da perda de totalidade orgânica e de transcendência. Como Benjamin nota, o hieróglifo foi elogiado por Leon Battista Alberti na medida em que diferentemente da escritura alfabética ocidental, não está limitado ao seu tempo e fadado ao esquecimento (BENJAMIN 1974: 346). O hieróglifo apresenta-se como uma escritura mais próxima da divina, mas que também desafia a compreensão profana. No Barroco o peso recai, no entanto, não no elemento universal-simbólico, mas sim sobre o seu ser imagético-enigmático.[3] "Externamente e estilisticamente — na contundência das formas tipográficas como no exagero das metáforas — a palavra escrita tende à imagem" (BENJAMIN 1974: 351; BENJAMIN 1984: 197 ss.; tradução modificada por mim). Essa imagem apresenta-se como contraponto da totalidade orgânica do símbolo: contrariamente ao que se passa no Classicismo, no Barroco percebe-se a *physis* enquanto repleta de heteronomia, incompletude e despedaçamento (BENJAMIN 1974: 352). A alegoria, enquanto "outro dizer", não tanto "dá voz", mas antes traça um contorno plástico que exprime a lamentação da natureza; vale dizer, do reprimido e recalcado. Ela reinscreve o texto do "Livro da Natureza" e "O livro dos tempos" (BENJAMIN 1974: 320). Nas mãos do alegorista melancólico o objeto, afirma Benjamin, "torna-se outra coisa,[4] ele fala através dele de outra coisa e ele se torna a chave para um âmbito de saber oculto, e como emblema desse saber ele o venera". E Benjamin arremata: "Isso constitui o caráter escritural da alegoria. Ela é um esquema, e como esquema, objeto de saber que só se torna imperdível para ele quando fixado: ao mesmo tempo imagem fixa e signo

---

[3] Como Jan Assmann observou (2000: 711), do Renascimento ao Romantismo a teoria do hieróglifo girou em torno de alguns temas básicos: 1) a sua codificação semântica se daria independentemente da linearidade e de uma língua específica; 2) os hieróglifos representariam uma protolinguagem ou protoescritura ("o livro da natureza") que expressaria de modo imediato os pensamentos de Deus, sendo que haveria neles uma *relação necessária* entre o signo e o *denotandum*; 3) os hieróglifos seriam uma escrita secreta que encerraria um saber acessível a poucos "iniciados". Com relação à ligação entre a escrita hieroglífica e a memória, Assmann nota que desde Giordano Bruno ocorreu uma releitura da famosa passagem do *Fedro* de Platão. Nesse diálogo platônico a escritura é descrita como um presente de Theuth ao imperador egípcio Tamus e definida como um *phármakon*, ou seja, *remédio* para a rememoração (*hypomneseos*) mas que na verdade seria um *veneno* para a memória (*mnemes*). A escrita (de um modo geral) seria para Platão, portanto, antes um meio para o esquecimento — e não para a memória. Na releitura que Bruno fez de Platão, apenas a escrita alfabética — não hieroglífica — traria em si o esquecimento. Ainda o místico Emanuel Swedenborg, um contemporâneo de Warburton, escreveu em 1756 sobre a relação entre o "saber das correspondências" dos Antigos e a escrita hieroglífica. Nessa tradição, a passagem da escrita hieroglífica para a alfabética teria representado a quebra entre o "mundo" e o "sentido" (717) — ou a "Queda" no mundo de uma significação prosaica. Em Benjamin encontramos essa tradição metafísica reatualizada em uma teoria da escritura e vinculada tanto a uma "filosofia da história" como também a uma teoria da linguagem na sua articulação com as imagens. A teoria da escritura platônica também é discutida em termos de uma teoria da memória por YATES 1974; ASSMANN 1999 e ainda por RICOEUR 2000 (cf. sobretudo pp. 175-80). Quanto à teoria renascentista e barroca do hieróglifo cf. KLEIN 1992 e HANKAMER 1927.

[4] Cf. *allegoreín*, sendo *állos*, outro, e *agoreúein*, falar.

que fixa" (BENJAMIN 1974: 359 ss.). No mundo do *Trauerspiel* tudo se torna cifra de um texto hieroglífico que não pode ser traduzido. Novalis — autor central não apenas no livro de Benjamin sobre o conceito de crítica no Romantismo alemão (BENJAMIN 1993) — expressou também uma ordem de ideias semelhantes: "Antes tudo era aparição do espírito. Agora vemos apenas repetição morta que não compreendemos. Falta o significado do hieróglifo" (NOVALIS 1978: II, 334).

Descontada a projeção metafísica de uma pureza originária, em Novalis encontramos também uma utopia linguística que não estava muito distante da do Barroco, tal como Benjamin a concebeu. "Será a era de ouro — escreveu Novalis — quando todas as palavras se transformarem em *Figurenworte* [palavras-figura] — mitos — e todas as figuras em *Sprachfiguren* [figuras "linguais"], hieróglifos — quando se aprender a falar e escrever figuras e a musicar e a tornar plásticas as palavras de um modo perfeito" (Das wird die golden Zeit seyn, wenn alle Worte — *Figurenworte* — Mythen — und alle Figuren — Sprachfiguren Hieroglyfen seyn werden — wenn man Figuren sprechen und schreiben — und Worte vollkommen plastisiren, und Musiciren lernt; NOVALIS 1978: II, 458). Benjamin, por sua vez, escreveu que

> "[...] O ideal de saber do barroco, o armazenamento [*Magazinierung*], cujo monumento se cristalizou nas bibliotecas gigantes, é realizado pela imagem escrita [*Schriftbild*]. Quase como na China, é como se uma tal imagem fosse não signo do que deve ser sabido, mas, antes, um objeto em si mesmo digno de ser conhecido. Também aqui neste aspecto a alegoria iniciou a recobrar consciência com os românticos." (BENJAMIN 1974: 359 ss.)

A imagem-escrita possui um valor próprio: ela encerra em si tanto o traço da catástrofe que está na sua origem — a dessacralização do plano histórico, a ruptura eu/não-eu — como também a possibilidade de converter essa perda em um jogo, ainda que sempre lutuoso, *Trauer-spiel* ("luti-lúdio", na versão de Haroldo de Campos). Jogo com letras que se tornam cifras — como no universo tipo e topográfico do *Um lance de dados* de Mallarmé ou nas pinturas chinesas que Benjamin observou na Bibliothèque Nationale de Paris em 1937. Em um *compte rendu* dessa exposição, Benjamin destaca a concepção eminentemente escritural que o proprietário da coleção, J.-P. Dubosc, possuía dessa pintura; concepção essa que ele talhara à luz dos escritos de Paul Valéry (BENJAMIN 1972a: 603). Assim como este último afirmava com relação a Leonardo da Vinci "ele tinha a pintura como filosofia", do mesmo modo, observou Benjamin, na China costuma-se denominar os mestres de pintura com epítetos do tipo "pintor e grande letrado", "calígrafo, poeta e pintor". Benjamin ficou fascinado pelas escrituras sobre as pinturas — comentários e referências aos veneráveis mestres; e se sentiu particularmente atraído pelo aparente paradoxo que J.-P. Dubosc formula com respeito às obras expostas: "Esses pintores são letrados. No entanto, a pintura deles é o oposto de toda literatura" (BENJAMIN 1972a: 603). A solução que Benjamin dá para essa pseudoaporia parece retirada dos seus teoremas sobre a alegoria e o hieróglifo barrocos: ele destaca o valor da *caligrafia* chinesa enquanto unidade de "pensamento e imagem", ou seja, resgata o teor conceitual-intuitivo dessa caligrafia. Esta última, Benjamin denomina de "espelho no qual se reflete o pensamento nessa atmosfera de semelhança e de ressonância" (BENJAMIN 1972a: 604). Também o nome dessas notações chamou a sua atenção: "*hsie-yi*, pintura de ideia" (BENJAMIN 1972a: 604). Nessa pintura conceitual Benjamin vê a concretização da "pulsão analógica" (a expressão é minha) que para ele constitui uma nervura essencial do pensamento. Para ele "a semelhança é o órgão da experiência" (BENJAMIN 1982: 1038), como o explicitou em textos como "Doutrina das semelhanças" e "Sobre a faculdade mimética", ambos de 1933 (BENJAMIN 1974a: 204-13). Mas se o hieróglifo é imagem fixada que fixa algo, é paralisia, morte, e eternidade, a *hsie-yi* é marcada, por sua vez, pelo eterno transfigurar-se do pensamento-imagem, por um tipo de fixidez singular que Benjamin compara à de uma nuvem: "Faz parte da essência da imagem conter algo de eterno [...] graças a uma integração na imagem do que é fluido e que muda. É dessa integração que a caligrafia obtém todo o seu sentido. Ela parte à busca da imagem-pensamento. [...] E pensar, para o pintor chinês, quer dizer pensar por semelhança" (BENJAMIN 1972a: 604).[5]

Formulando uma tese talvez um pouco ousada, poderíamos dizer que a caligrafia chinesa corresponderia a uma concretização em termos visuais daquilo que Walter Benjamin procurou realizar, a partir da margem do conceito que se torna

---

[5] Por sua vez, a capacidade de pensar por semelhanças e de pintar ideias a partir da fixidez mutante das nuvens são *Leitmotive* em uma obra de outro poeta francês central no universo de Benjamin, a saber, os *Poemas em prosa* de Baudelaire. Nessa obra Baudelaire dedicou o poema "Le thyrse" (O tirso) a Franz Liszt: uma alegoria que transforma a prosa-poética em música e embaça as fronteiras entre o som, o conceito e a imagem descrita — fenômeno que pode ser comparado ao observado na pintura letrada chinesa. Benjamin não era de modo algum um especialista em pintura chinesa, mas partindo das introduções de Georges Salles e de Dubosc ao catálogo da exposição de 1937 e aplicando as suas próprias ideias sobre as "semelhanças não-sensíveis" elaboradas em 1933, ele realizou uma reflexão original e que pode abrir muitas portas para a investigação sobre as relações entre as palavras e as imagens. Nesse sentido é interessante ler as palavras de uma especialista em pintura japonesa que — ao que tudo indica — não tem conhecimento desse texto de Benjamin e mesmo assim desenvolveu pensamentos em uma linha não muito distante da dele. Observando a tradição da pintura letrada japonesa — que se origina na chinesa que, por sua vez, teve origem no sul da China durante a dinastia Sung (960-1279) e o seu auge na dinastia Yuan (1266-1367) —, Margarite-Marie Parvulesco nota que os poemas que acompanham as pinturas muitas vezes fazem referência explícita à própria questão da relação (diferencial e de complementação) entre a poesia e a imagem. Com frequência eles descrevem elementos que simplesmente estão ausentes do desenho. O poeta-pintor tem consciência da intertextualidade e do elemento iconológico de suas imagens-poesias e joga com esse saber. Sem contar o fato, que Parvulesco também destaca, de a caligrafia deixar-se contaminar pelos traços do desenho — e este pela escritura. Por fim os próprios ideogramas chineses muitas vezes constituem verdadeiros desenhos escritos, sendo que a variação dos seus tamanhos e o seu espaçamento determinam uma pluralidade de leituras que não por acaso Parvulesco aproxima do universo da publicidade e do *un coup de dés jamais n'abolira le hasard*. Mais adiante veremos a importância que Benjamin atribuiu a essa obra de Mallarmé e a sua relação com a publicidade. PARVULESCO 2000 (cf. também quanto à pintura letrada chinesa CHENG 1991 e VANDIER-NICOLAS 1985). Agradeço a Anne-Marie Christin a indicação do texto de Parvulesco.

imagético, nos seus *Denkbilder*, imagens do pensamento — bem como nas inúmeras metáforas e imagens que povoam seus textos. Por sua vez, no Barroco com os livros de emblema que conjugavam *pictura*, *inscriptio* e *subscriptio* (imagem, lema e explicação da imagem) estabeleceu-se uma modalidade de pintura de ideia que combinava escritura e desenho — sem a fusão caligráfica com sua dinâmica vital que cativara Benjamin na exposição da Biblioteca Nacional de Paris.

A tendência barroca para a compressão de ideias e imagens já havia sido destacada pelo historiador do Barroco, Herbert Cysarz. Benjamin, por sua vez, afirma que também nas metáforas ousadas do *Trauerspiel* "os pensamentos se evaporam em imagens" (Benjamin 1984: 222; Benjamin 1974: 375). Mas essa relação entre ideia e imagem permanece sempre problematizada nessa tradução devido ao peso atribuído à matéria do signo. Também nos anagramas e onomatopeias a linguagem se torna matérica, coisas que estão à disposição do alegorista (Benjamin 1974: 381). O ducto da linguagem linear, alfabética e lógico-causal é fragmentado em imagens-pensamento. Benjamin recorda que foi o Barroco que introduziu as maiúsculas nos substantivos da escrita alemã. Como o homem-rei — produto mais nobre da criação mas, do ponto de vista barroco, apenas um potencial cadáver — assim também os substantivos desfilam no triunfo barroco sua glória e miséria, transformando cada palavra em uma alegoria e impedindo o curso comunicativo da linguagem (Benjamin 1974: 382). O triunfo transforma-se em cortejo fúnebre.

Essa paradoxal unidade de elemento eterno (ou simbólico, no sentido pré-romântico desse termo) e, por outro lado, morte e degenerescência que Benjamin percebe tanto no hieróglifo como na alegoria de um modo geral deve ser compreendida dentro da sua filosofia da linguagem que descreve a "origem" — estrutural — da linguagem na leitura do mundo. "Perceber é ler" (*Wahrnehmung ist Lesen*), ele anotou em um fragmento de 1917. Nessa concepção da linguagem o "pecado original" é o julgamento, a cisão originária. Mas a língua *só existe nesse estado fragmentário* e a visão clássica que a vê como um instrumento transparente, ou a científica, que a descreve com os termos "o meio da comunicação é a palavra, o seu objeto o elemento material, o seu destinatário uma pessoa" (Benjamin 1974a: 144), essas duas visões estão constantemente no alvo das suas críticas. O mundo linguístico só existe a partir da leitura da arqui-escritura, e o trabalho do alegorista, vale dizer, o trabalho do melancólico, ou do pensador — para Benjamin, o *Grübler*[6] — é

---

[6] *Grübler*, como é sabido, remete em alemão a *Grab*, túmulo. O melancólico, o que fica pensando ensimesmado, ruminante, havia sido alvo de uma crítica fulminante por parte de Nietzsche na segunda das suas *Considerações extemporâneas* (1872). Ele defendeu então um esquecimento libertador e ativo em oposição ao trabalho da memória, cansativo e mortificante. Walter Benjamin, por sua vez, no seu livro sobre o drama barroco alemão, fez uma análise salvadora da melancolia barroca como um dispositivo de memória que não deixa de ter paralelos com a sua teoria da recordação de tonalidade proustiana dos anos de 1930, elaborada em "Sobre alguns temas em Baudelaire". De resto, também no contexto do *Passagen-Werk* e em alguns fragmentos autobiográficos, Benjamin desenvolveu uma reflexão sobre o ato do *colecionador* — que ele põe ao lado do gesto do coletor ou catador: o *chiffonier* ou o *Lumpensammler* — como um ato de "re-colecionar" os fragmentos e as ruínas da história. Faz parte desse ato tanto o *arrancar* do contex-

o de traduzir essa escritura fracionada, remontá-la em novos *mosaicos* — gênero artístico que transita entre a pintura e a escultura, e que Benjamin elegeu em 1925 para caracterizar o seu trabalho "tratadístico" sobre o *Trauerspiel*.

Se ele recordou na abertura desse trabalho a ligação do Barroco com a visão de mundo expressionista, não seria equivocado, por outro lado, destacar as afinidades do próprio procedimento de Benjamin nesse livro com um princípio básico das vanguardas, a saber, a *colagem*: mecanismo de implosão do sistema representacionista da arte tradicional, que rompe o curso mimético da arte ao introduzir o gesto da montagem como quebra das continuidades, como espacialização escritural onde se misturam palavras e imagens. Essa obra de Benjamin deve ser vista como um dos momentos de clarividência na história do pensamento ocidental, quando o elemento escritural recalcado — que primeiro se manifestara em poetas e artistas como Mallarmé, Picasso e Apollinaire — vem à tona e assume contornos teóricos absolutamente inusitados no contexto europeu de então. É claro que Benjamin nessa sua empreitada de inversão da tradição fonocêntrica lançou mão do Barroco, de Baader, F. Schlegel, Novalis, da teoria mística da arqui-escritura formulada pelo romântico Johann Wilhelm Ritter (BENJAMIN 1974: 387-9) — para quem "nós escrevemos quando falamos" (BENJAMIN 1974: 387; cf. SELIGMANN-SILVA 1999: 108 ss.) — e das teorias renascentistas do hieróglifo. Sua teoria da alegoria (assim como a da melancolia), por outro lado, é também a teoria do funcionamento escritural da cultura, da *cultura como memória*: afinal a alegoria é caracterizada por ser um *traço*, uma escritura cifrada na qual não apenas lemos testemunhos das gerações passadas, mas com a qual tentamos montar nosso presente. Ela é mais do que uma simples escritura, ela é, nos termos de Derrida (*Scrible* 1980; *apud* WEIGEL 1996), *écrypture* — escritura críptica, traço que conserva e retém algo passado, morto, que é testemunhado por outros presentes — a saber, em termos benjaminianos: uma escritura que encapsula um determinado agora (*Jetztzeit*) que pode brotar em outro agora (*Jetzt der Erkennbarkeit*) que lhe é análogo e que soube devolver a sua mirada no "momento correto".

Na medida em que essa teoria da escritura é também antes de mais nada uma revitalização do princípio analógico do saber, pode-se afirmar que Benjamin é também um dos arautos do fim da era de Gutenberg. Ele participou da reativação da cultura imagética que tem o seu triunfo na pós-modernidade. Outro elemento central que confirma esse diagnóstico é a centralidade do pensamento intersemiótico no livro sobre o *Trauerspiel*: a valorização da transgressão entre os gêneros das artes plásticas e das artes da palavra levada a cabo pela alegoria (BENJAMIN 1974:

---

to original, como também a *inserção* em um novo meio: a coleção ou — no caso da coleta de fragmentos de textos, de citações, realizada pelo historiador "materialista" — o novo texto/montagem (cf. KÖHN 2000). Na coleção unem-se dialeticamente esquecimento (corte, perda...) e recoleção do passado. Sendo assim, Benjamin — nietzschianamente nesse ponto — defendeu tanto o predomínio do presente dentro da empresa de interpretação do passado histórico e autobiográfico como também em alguns ensaios — sobretudo em "Experiência e pobreza" — defendeu a Modernidade como uma nova barbárie marcada justamente por uma superação do peso da tradição (cf. SELIGMANN--SILVA 2003).

353) revela um Benjamin antípoda do projeto iluminista de separação estanque entre os gêneros artísticos tal como havia sido elaborado por Lessing no seu *Laocoonte* (1766; LESSING 1998, cap. XVI). Se a imaginação é a "rainha das faculdades" — como Novalis, F. Schlegel e Baudelaire o afirmavam — então não se pode mais distinguir de modo absoluto, sem restos, o mundo dos conceitos do das imagens. Se a escritura alfabética tradicional se articulava sobre a possibilidade de separação entre a escritura, o som e o mundo, resta saber em que medida o abalo desse modo de escrita implicaria também um questionamento do seu suporte por excelência, o livro.

REPRODUÇÃO TÉCNICA E VISÃO ESCRITURAL DA SOCIEDADE

Benjamin, como muitas figuras-chave da história do pensamento, também foi de certo modo um pensador "de transição". Sua obra nasce no momento de crise não apenas do modelo de sociedade e do pensamento historicista-positivista do século XIX, mas de profundos abalos na modernidade como um todo. Na qualidade de vítima do processo histórico, Benjamin compôs uma obra que testemunha tanto a explosão criativa detonada pelas vanguardas como também os aspectos mais atrozes da evolução histórica europeia da primeira metade do século XX. Ele mesmo, não por acaso, foi um potente teórico dos locais de passagem, de transição, dos umbrais e do despertar como uma soleira entre o estado de sonho e o da vigília. O seu *Passagen-Werk*, que se estendeu como um *work-in-progress* pelos últimos treze anos da sua vida, é uma obra que tematiza a transição, a passagem, a alternância como única forma de ser, tanto no seu título como na sua temática e na sua forma. O universo de Benjamin estava totalmente de acordo com as máximas defendidas por Friedrich Schlegel, para quem "Toda a filosofia antiga é propriamente um fragmento e a moderna, um projeto" (Die ganze alte Philosophie eigentlich Ein Fragment und die moderne Ein Projekt; SCHLEGEL 1963: XVIII, 48 [II, 301]), e que afirmou ainda que "Minha filosofia é um sistema de fragmentos e uma progressão de projetos" (Meine Philosophie ist ein System von Fragmenten und eine Progreßion von Projekten; *idem*, II, 857). Nesse sentido, a obra de Benjamin problematiza as fronteiras entre a escrita dita científica, teórica e prosaica, e, por outro lado, a escritura fragmentada, opaca, ruinosa que caracteriza tradicionalmente o universo poético.

A descrição do elemento alegórico-hieroglífico do mundo barroco que acabamos de ver, bem como a continuidade dessa descrição do mundo e do saber como escritura tal como ela foi desenvolvida por Benjamin nos seus textos dos anos trinta, deixa claro que para ele a tarefa do crítico era liberar o teor escritural — ou seja, também catastrófico — do "real". Mais do que nunca, em uma época trágica como a vivida por Benjamin, essa essência traumática do "real" torna-se palpável — a sua teoria do conhecimento é toda derivada da vivência do choque que marca a modernidade e sobretudo esse período da sua dissolução. As suas análises críticas da sociedade se desdobram na sua teoria das novas mídias, tais como o cinema e a fotografia. Os aparelhos dessas novas mídias são vistos a um só tempo como potenciais libertadores — do peso da tradição e do passado — e como agentes de destruição. Eles incorporam o princípio do choque para aplicá-lo de volta ao "real". Se em Freud a metáfora fotográfica é uma constante para apresentar a nossa psique como um aparelho mnemônico que registra traços da realidade, também o psiquiatra Ernst Simmel, autor de *Kriegsneurosen und psychisches Trauma* (Neuroses de guerra e trauma psíquico; 1918), descreveu o trauma de guerra com uma fórmula que deixa clara a relação entre técnica, trauma, violência e o registro de imagens: "A luz do flash do terror cunha/estampa uma impressão/cópia fotograficamente exata" (Das Blitzlicht des Schreckens prägt einen photographisch genauen Abdruck; *apud* ASSMANN 1999: 157 e 247). Benjamin, por sua vez, era adepto de uma passagem de André Monglond, que ele citou mais de uma vez: "Se quisermos conceber a história como um texto, então vale para ela o que um novo autor fala sobre textos literários" (BENJAMIN 1974: 1238): "'O passado deixou dele mesmo, nos textos literários, imagens comparáveis àquelas que a luz imprime sobre uma placa sensível. Apenas o porvir possui os reveladores suficientemente ativos para desvendar de modo perfeito tais clichês'" (BENJAMIN 1982: 603). E o comentário de Benjamin a este trecho soa como uma profissão de fé que poderia servir de epígrafe à sua obra: "O método histórico é um método filológico, no qual o livro da vida está na base. 'Ler o que nunca foi escrito' é afirmado em Hoffmannsthal. O leitor no qual deve-se pensar aqui é o verdadeiro historiador" (BENJAMIN 1974: 1238).

As imagens cunhadas ou estampadas pela luz do flash do terror têm a característica de serem não-simbólicas. Elas são imagens que resistem à tradução, à metaforização (SELIGMANN-SILVA 2000). O trabalho do historiador consistiria em justamente conseguir *escrever legendas para essas imagens*: ele quer reinscrever essa escritura cifrada que emperra a ação e o pensamento (de modo semelhante às imagens sublimes tal como haviam sido teorizadas por Burke e Moses Mendelssohn no século XVIII). Para Benjamin, como vimos, a escritura — assim como uma ruína — traz em si tanto a marca da conservação como a da transitoriedade; por outro lado, ele não podia conceber uma linguagem que não a escritural-imagética. Portanto não surpreende que ele, no seu trabalho sobre as *Passagens*, tenha afirmado que o que está para sumir transforma-se em imagem, a "história desintegra-se em imagens" (BENJAMIN 1982: 596). Desse modo, Benjamin transfere para o campo da experiência histórica aquilo que na literatura — sobretudo em Proust — já havia sido descrito (BENJAMIN 1974: 607-15): o fenômeno da memória involuntária como um constructo complexo de imagens e palavras que se articulam em uma escritura cujo suporte é o nosso corpo como um todo e não uma abstrata "mente".

O seu famoso texto sobre "A obra de arte na era da sua reprodutibilidade técnica", de 1936, pode ser lido, creio, de modo absolutamente legítimo, como uma descrição da crise da tradição abalada pelos choques, que atingem o grau de uma paradoxal *catástrofe* constante no século XX. A conhecida análise da atrofia da aura da obra de arte é a descrição da separação — traumática — executada pela *técnica de reprodução*, entre a produção cultural contemporânea e a tradição. Essa técnica gera para Benjamin, como assinalado no primeiro capítulo, "um violento abalo da tradição" (BENJAMIN 1985a: 169; BENJAMIN 1989: 353), eliminando a unicidade e instaurando uma miríade de imagens que se multiplicam de modo descontrolado e desvirtuam também as distâncias espaciais. Como já vimos, o cinema é a um só tempo instrumento dessa destruição e escritura "sintomática"/hieroglífica do "real". Nele a rítmica do choque que caracteriza a modernidade é incorporada e se transforma em terapia de choque (Benjamin sonhou com uma antiestética de guerra baseada na arte, sobretudo no cinema politizado, que responderia à guerra, que para ele era justamente uma "revolta da técnica"). No cinema podemos aprender a ler de um modo muito palpável, "tátil", afirma Benjamin, o nosso próprio inconsciente — "ótico", como ele escreveu, mas para logo destacar que "existem entre os dois inconscientes [o ótico e o pulsional] as relações mais estreitas" (BENJAMIN 1985a: 189; BENJAMIN 1989: 376). A máquina cinematográfica é comparada ao bisturi do cirurgião e, desse modo, descrita como o meio de penetração "nas vísceras da realidade", no seu "âmago" (BENJAMIN 1985a: 187).

HISTÓRIA DA ESCRITURA

Benjamin não apenas teorizou essa escritura tecnológica realizada pelo cinema. Ela pode na verdade ser tomada como um desdobramento de sua concepção de história e memória. Ele também refletiu sobre as profundas transformações da escritura na modernidade tal como elas se deram com a expansão das cidades, que são vistas por ele como constituindo um universo de escrituras imagéticas. Não posso abrir mão de citar de modo integral uma passagem do seu livro *Rua de mão única*, publicado em 1928, que, como o próprio nome indica, é uma reflexão sobre a cidade como campo semiótico na mesma medida em que realiza um raio X da República de Weimar:

"GUARDA-LIVROS JURAMENTADO

Nosso tempo, assim como está em *contrapposto* [*in Kontrapost*] com o Renascimento pura e simplesmente, está particularmente em oposição à situação em que foi inventada a arte da imprensa. Com efeito, quer seja um acaso ou não, seu aparecimento na Alemanha cai no tempo em que o livro, no sentido eminente da palavra, o Livro dos Livros, tornou-se, através da tradução da Bíblia de Lutero, um bem popular. Agora tudo indica que o livro, nessa forma tradicional, vai ao encontro de seu fim. Mallarmé, como viu em meio à cristalina construção de sua escritura, certamente tradicionalista, a imagem verdadeira do que vinha, empregou pela primeira vez no *Un coup de dés* as tensões gráficas do reclame na configuração da escrita. O que depois disso foi empreendido por dadaístas em termos de experimentos de escrita não provinha do plano construtivo, mas dos nervos dos literatos reagindo com exatidão e por isso era muito menos consistente que o experimento de Mallarmé, que crescia do interior do seu estilo. Mas justamente através disso é possível reconhecer a atualidade daquilo que, monadicamente, em seu gabinete mais recluso, Mallarmé descobriu, em harmonia preestabelecida com todo o acontecer decisivo desses dias, na economia, na técnica, na vida pública. A escrita, que no livro impresso havia encontrado um asilo onde levava uma existência autônoma, é inexoravelmente arrastada para as ruas pelos reclames e submetida às brutais heteronomias do caos econômico. Essa é a rigorosa escola de sua nova forma. Se há séculos ela havia gradualmente começado a deitar-se, da inscrição ereta tornou-se manuscrito repousando oblíquo sobre escrivaninhas, para afinal acamar-se na impressão, ela começa agora, com a mesma lentidão, a erguer-se novamente do chão. Já o jornal é lido mais a prumo que na horizontal, filme e reclames forçam a escrita a submeter-se de todo à ditatorial verticalidade. E, antes que um contemporâneo chegue a abrir um livro, caiu sobre os seus olhos um tão denso turbilhão de letras cambiantes, coloridas, conflitantes, que as chances de sua penetração na arcaica quietude do livro se tornaram mínimas. Nuvens de gafanhotos de escritura, que hoje já obscurecem o céu do pretenso espírito para os habitantes das grandes cidades, se tornarão mais densas a cada ano. Outras exigências da vida dos negócios levam mais além. A cartoteca traz consigo a conquista da escrita tridimensional, portanto um surpreendente contraponto à tridimensionalidade da escrita em suas origens como runa ou escritura de nós.[7] (E hoje já é o livro, como ensina o atual modo de produção científico, uma antiquada mediação entre dois diferentes sistemas de cartoteca. Pois todo o essencial encontra-se na caixa de fichas do pesquisador que o escreveu e o cientista que nele estuda assimila-o à sua própria cartoteca.)[8] Mas está inteiramente fora de dúvida que o desenvolvimento da escrita não permanece atado, a perder de vista, aos decretos de um caótico labor em ciência e economia, antes está chegando o momento em que quantidade vira em qualidade e a escritura, que avança sempre mais profundamente dentro do domínio gráfico de sua nova, excêntrica figuralidade, tomará posse, de uma só vez, de seu teor adequado. Nessa escrita-imagem [*Bilderschrift*] os poetas, que então, como nos tempos primitivos, serão primeiramente e antes de tudo calígrafos, só poderão colaborar se explorarem os domínios nos quais (sem fazer muito alarde de si) sua construção se efetua: os do diagrama estatístico e técnico. Com a fundação de uma escrita conversível internacional [*internationale Wandelschrift*] eles renovarão a sua autoridade na vida dos povos e encontrarão um papel em comparação ao qual todas as aspirações de renovação da retórica se demonstrarão como devaneios góticos." (BENJAMIN 1987: 26-9; BENJAMIN 1972a: 102-4)

---

[7] Jan Assmann (2000: 713) recorda que o uso de nós como signos deu-se entre os peruanos e chineses e deve ser considerado como o mais antigo sistema de notação, apesar de ainda não constituir propriamente uma escrita (ao menos no sentido que W. Warburton a concebia).

[8] Hoje diríamos: o pesquisador incorpora diretamente as notas dos outros pesquisadores e as armazena nos *files* do seu computador.

Benjamin não chegou a conhecer a verticalidade da tela do monitor — tampouco as possibilidades que a holografia e as técnicas de projeção de espaços virtuais nos abrem. Na verdade sua obra está repleta de belíssimas passagens sobre a leitura e que revelam a sua paixão pelos livros (cf. BENJAMIN 1972a: 267) (deixo de lado não só essas belas passagens, mas também as conhecidas teses sobre "livros e putas" que ele denominou de modo lacônico com o título de "Nr. 13" e publicou no seu *Rua de mão única*). Poderíamos apenas especular como ele pensaria as novas mídias do ponto de vista semiótico, estético, e também ético e político. Como é bem conhecido, diferentemente de Adorno e Horkheimer, Benjamin assumiu a dialética do Iluminismo com todas as suas dificuldades e aporias. Ele nunca caiu em uma posição que tende a descartar aquilo que de algum modo se liga à sociedade de massa. Suas ideias deixam claro seu entusiasmo com as novas tecnologias (como no caso do cinema, da fotografia e da arquitetura em vidro), na mesma medida em que reafirmam constantemente a crítica da técnica. Tanto a sua escritura saturada de estilo, imagens, de cortes, citações e fragmentações, como o fantástico material que ele acumulou *em fichas* visando construir o seu "trabalho das Passagens" indicam como a sua obra já apontava para a necessidade de expandir os suportes e os meios de expressão do trabalho intelectual — ao menos do trabalho intelectual criativo que ele tinha em conta.

A ARTE DA MEMÓRIA

Também a leitura da arte contemporânea com base em conceitos benjaminianos parece-me absolutamente pertinente. As intuições de Benjamin sobre a arte pós-aurática, sobre o papel político e estético do artista moderno, ao lado das suas descrições do "cosmos lingual" (BENJAMIN 1982: 1008) e escritural das cidades, já apresentam um modo original e fecundo para tratar a arte da nossa época. Não por acaso críticos importantes como Rosalind Krauss, Hal Foster ou, no cinema, Mirian Hansen e Gertrud Koch, têm cada vez mais se voltado para esses conceitos na tentativa de descrever e compreender a produção artística contemporânea que se caracteriza justamente tanto pela intermedialidade e embaralhamento das fronteiras entre as palavras e imagens, como também pela forte presença de jogos com a memória — e pode, portanto, ser tomada como constituindo o nosso luti-lúdio, *Trauerspiel* hieroglífico, pós-moderno. Nessas alegorias contemporâneas novamente o *outro* se manifesta de um modo enigmático, em uma escritura cifrada que exige um trabalho de leitura e tradução da parte do público.

Na arte da memória tradicional, greco-romana, a espacialização do que deveria ser memorizado era um momento central da técnica de memorização. O retor para decorar seu discurso deveria decompô-lo em partes e conectar cada parte a uma imagem específica. A coleção de imagens que compunha o seu discurso deveria então ser distribuída nos espaços de uma arquitetura imaginária. O retor poderia, posteriormente, executar seu discurso a partir da retrotradução em palavras dessas imagens que ele visualizaria em sua imaginação (cf. YATES 1974). Mas a arte da memória atual, tal como ela é realizada pela cena artística contemporânea, na verdade tem muito pouco de mnemotécnica: ela liga-se antes à tradição de lembrar os mortos. As imagens que impregnam as produções culturais atuais — saturadas de histórias traumáticas coletivas e individuais, de encenações autobiográficas e de exposição do corpo como objeto/abjeto — não tem nada de articulação consciente (não são parte de uma *techné*) voltada para um objetivo exato, que no caso da retórica judicial era a defesa ou acusação de alguém. Antes elas devem ser compreendidas como manifestação do inconsciente ótico/pulsional de que Benjamin nos fala no seu artigo sobre a obra de arte.[9] Por outro lado, certamente não é casual que o inventor da arte da memória na Grécia antiga tenha sido ele mesmo um sobrevivente de uma catástrofe. Refiro-me ao poeta Simônides de Ceos (aprox. 556-468 a.C.), considerado o pai dessa arte, e que, segundo Cícero (*De oratore* II, 86, 352-4), Quintiliano (11, 2, 11-16) e o autor anônimo da *Rhetorica ad Herennium*, teria estabelecido as bases da mnemotécnica em função de um acidente. Nessa anedota, Simônides é salvo do desabamento de uma sala de banquete onde se comemorava a vitória do pugilista Skopas. O que nos importa nessa história é o que aconteceu após essa catástrofe. Os parentes das vítimas, que queriam enterrar os seus familiares, não conseguiram reconhecer os mortos que se encontravam totalmente desfigurados sob as ruínas. Eles recorreram a Simônides — o único sobrevivente — que graças à sua mnemotécnica conseguiu se recordar de cada participante do banquete, na medida em que se lembrou do *local* ocupado por eles. Se a mnemotécnica caiu em desuso há alguns séculos, por outro lado esse procedimento de *topografia do terror* permanece central na arte da memória contemporânea — que, repito, está mais submetida aos mecanismos da melancolia do que ao da memória voluntária. Mas Simônides também é personagem de uma outra anedota que permite aproximá-lo ainda mais da nossa era a um só tempo pós-histórica e marcada pela fixação nas poéticas da memória. Aleida Assmann no seu belo livro *Erinnerungsräume* (Espaços da memória; 1999) recorda que também se atribui uma outra aventura a Simônides que o coloca, com mais razão ainda, como pai não só da mnemotécnica, mas sobretudo do culto da memória dos mortos. Essa história, que também foi narrada em um soneto de Wordsworth, conta que Simônides interrompeu uma viagem que fazia por países estrangeiros para providenciar o enterro de um cadáver que ele encontrara abandonado. Na noite seguinte ele sonhou com o espírito do morto que o aconselhou a não seguir viagem na embarcação que ele pretendia. Simônides salvou a sua pele graças a esse aviso, uma vez que a embarcação de fato afundou, matando todos os viajantes (Assmann 1999: 36). O enterro e

---

[9] Ao ler as obras de arte contemporâneas como manifestações do inconsciente ótico/pulsional, não pretendo "patologizar" a arte. Antes, devemos estar atentos para o fato de que Benjamin estava absolutamente consciente da dialética existente entre a imagem e o despertar (ou entre o mito e a sua crítica). Como lemos no seu texto de 1935 que serviu de *exposé* ao seu projeto das passagens, o ensaio "Paris, die Hauptstadt des 19. Jahrhunderts", para ele a imagem dialética deve ser compreendida como "imagem onírica" e "imagem do desejo": nela há uma citação do passado, a saber, da "proto-história" como uma sociedade sem classes. O papel do crítico seria o de saber ler essas imagens e despertar o elemento utópico encerrado nelas. Cf. quanto a esse ponto Seligmann-Silva 1999, 146 ss.

o culto dos mortos — contrariamente ao que Nietzsche afirmou em 1872 — não significa necessariamente que os mortos fiquem a enterrar os vivos que se voltam para o passado. Muito pelo contrário: como lemos na anedota de Simônides ou em Benjamin, os mortos também podem guiar os vivos pela vida — por meio de uma escritura onírica e críptica que devemos aprender a ler e que é constantemente reinscrita na arte contemporânea.

Levando-se em conta que segundo Plutarco, no seu *De Gloria Atheniensium* (3, 346 d), deve-se atribuir a Simônides as famosas palavras "a pintura é uma poesia muda; a poesia uma pintura que fala", poderíamos pensar Walter Benjamin como um Simônides do século XX: a um só tempo continuador da tradição do culto da memória e também teórico da contaminação entre arte e poesia, conceito e imagem. Afinal, tanto em um como em outro essas duas temáticas se entrecruzam: a teoria da memória é ao mesmo tempo uma teoria da tradução de palavras em imagens, empenhada em reativar via palavra as imagens que foram congeladas no tempo; ela visa à construção de uma paisagem mnemônica, que em Benjamin atinge o status de um projeto político coletivo. A memória nasce em ambos autores da catástrofe e do culto dos mortos, e não da celebração do belo e do triunfo dos vencedores.

Por outro lado, é evidente que a distância entre a mnemotécnica de Simônides e a doutrina benjaminiana da construção do passado a partir das suas ruínas e das necessidades de cada presente recorda que o enfoque sincrônico deve ser sempre devidamente acompanhado e controlado pelo ponto de vista diacrônico. Em Simônides (ou melhor: na história da *construção* da *ars memoriae*, a mnemotécnica) ocorre um *recalque da catástrofe* em favor da técnica que controla e armazena o "passado"; em Benjamin, pelo contrário, a narração da catástrofe (com toda a carga da sua necessidade e impossibilidade)[10] vem ao primeiro plano e a possibilidade de

---

[10] Benjamin tematiza na sua prática historiográfica (e simultânea reflexão crítica) a questão dos *limites da representação histórica*. Os limites dessa representação constituem para ele um elemento essencial da *tarefa* (em alemão, vindo de Fichte: *Aufgabe*) da historio-grafia como uma escritura que sempre deve ser reiniciada, que está à deriva e é guiada pelos influxos das incertezas e ânsias diante do futuro e das faltas e realizações do presente. Como sabemos hoje em dia, no caso-limite do testemunho, da memória (e mesmo da historiografia) de situações extremas, como entre os sobreviventes de desastres ou de torturas, essa abertura inerente à (re)escritura do passado é marcada por um tipo específico de *resistência* — muito mais intenso — do indivíduo com relação à memória traumática. Mas a "resistência", como se sabe, enquanto mobilização das censuras do consciente diante das manifestações de conteúdos antes recalcados, é um elemento central no trabalho psicanalítico e desempenha um papel importante na dinâmica da transferência na situação psicanalítica. Na nossa sociedade dita pós-moderna, que sofre simultaneamente de memória demais — "tudo" pode ser arquivado — e de amnésia — o passado torna-se apenas mais uma peça sem valor específico na construção do presente — podemos perceber que existe uma *resistência* generalizada diante do passado, sobretudo com relação à sua face doentia (catastrófica) que Benjamin tentou encarar. Vivemos, portanto, em uma sociedade que tem uma relação tensa (de negação) com um passado pontuado por guerras e rupturas, sendo que o seu modo de resistir é de certo modo "patológico", típico dos indivíduos "traumatizados", ou seja, via repetição das imagens violentas que povoam nossa cultura visual. Essa repetição mecânica das imagens não deve ser confundida com a "memória". Não é casual, portanto, que os artistas — os agentes de renovação da linguagem e de "perlaboração" do recalcado — voltem-se cada vez mais para esse as-

uma rememoração total — a utopia no horizonte de toda mnemotécnica (que Benjamin denomina, com Orígenes, de "*apocatastasis*"; BENJAMIN 1982: 573 e 1974a: 458) — é projetada em um "tempo messiânico" e é simultaneamente concentrada em uma espécie borgeana de "aleph histórico" batizado por ele de "agora da conhecibilidade" (V 591 ss.; cf. SELIGMANN-SILVA 1999: 153-6 e 184-9).

Em contrapartida, a sincronicidade das ideias de Benjamin sobre a escritura da memória com o nosso momento atual é, se não total, ao menos suficiente para justificar a retribuição ao olhar que suas ideias lançam sobre nós. Com elas poderemos tentar traçar o *design* das novas disciplinas que despontam e, mais importante, tentar realinhar o trabalho intelectual com a construção de uma memória que atue de modo libertador no nosso meio. Certamente Benjamin seria hoje um entusiasta dos arquivos de vídeo e dos projetos voltados para a recuperação da memória/identidade dos excluídos que agora reclamam o seu direito a uma voz (cf. LANGER 1991 e HARTMAN 1994 e 1996). Nesses arquivos são depositados documentos vivos para um futuro ainda incerto, com um potencial explosivo que estará na origem de uma historiografia ética calcada de modo mais consciente no seu presente. A escritura eletrônica do vídeo e do CD-ROM registra em cada ponto luminoso as descargas elétricas do nosso tempo. A "escrita conversível internacional" que Benjamin vislumbrara no seu texto de meados dos anos de 1920 de certo modo realiza-se a cada dia: não seria demais pedir que cada um de nós tentasse lê-la e também *inscrevê*-la.[11]

---

pecto "traumático" da história/memória. Tampouco é surpreendente que a concepção historiográfica de Benjamin — bem como a Psicanálise — tenha encontrado (e ainda encontre) tanta *resistência* no meio acadêmico. Tanto Benjamin quanto Freud chamaram atenção para o valor não apenas emocional mas também epistemológico das "falhas" da história e da nossa economia psíquica. Se é verdade que existe uma certa (e até certo ponto perniciosa) "moda" do pensamento de Benjamin, ela não deve, por outro lado, ocultar a falta de trabalhos realmente voltados para uma crítica atualizadora (e não apenas encobridora/destruidora) da obra de Benjamin. Eu destacaria no âmbito da crítica atualizadora sobretudo alguns trabalhos de Jacques Derrida sobre a tradução e sobre o conceito de *Gewalt*, os de Philippe Lacoue-Labarthe e Jean-Luc Nancy sobre os primeiros românticos alemães e sobre a matriz mítica do nazismo, bem como, de um modo geral, a obra de Giorgio Agamben.

[11] Nesse sentido, Christian Boltanski demonstra uma perfeita consciência quanto à função das suas obras que são calcadas em uma poética da memória tanto autobiográfica como também das tragédias do século XX: "A arte é sempre um testemunho, certas vezes um testemunho de eventos antes deles ocorrerem. [...] a arte está ligada à nossa relação com a época em que vivemos. Portanto, se quisermos compreender a sociedade, deveríamos olhar para os artistas da sociedade". BOLTANSKI 1997, 37.

10.
PASSAGEM DE WALTER BENJAMIN

"Passagem" é um termo-chave na obra de Walter Benjamin. Pierre Missac aplica-o com todos os seus possíveis significados e ecos benjaminianos no título da sua obra. *Passagem de Walter Benjamin* (1998) remete a uma série de desdobramentos do verbo "passar": ele refere-se à *passagem* do tempo, à passagem por um lugar, aos ritos de passagem, mas também aos *passantes* da grande cidade e às *passagens* e galerias por onde estes passantes caminham. E alude ainda às *passagens* de obras, trechos de textos que lemos e que nos marcaram e, como não poderia deixar de ser quando se trata de Benjamin: alude à passagem/tradução entre as diferentes línguas.

As passagens da vida de Benjamin desfilam por essa obra de Missac ao lado das passagens dos seus textos, dos livros que ele amara, e também ao lado de textos que foram produzidos após a "passagem" de Benjamin, livros que nos ajudam a compreender esse filósofo e que, por outro lado, são transformados ao serem iluminados pela sua obra.

Apresentar o livro de Pierre Missac ao público brasileiro é uma tarefa fácil: ele merece ser lido, ponto. Missac era amigo pessoal de Benjamin e foi ele quem, em 1947, entregou para Adorno os manuscritos daquilo que deveria ter se tornado a maior obra de Walter Benjamin: o seu trabalho sobre as Passagens de Paris (*Passagen-Werk*). Essa obra permaneceu inacabada. Benjamin nos legou anos de pesquisas, realizadas entre 1927 e 1940, sob a forma de centenas e centenas de páginas com anotações na sua peculiar caligrafia microscópica (publicadas no quinto volume das *Gesammelte Schriften* [Obras completas] de Benjamin, 1982).

Alguns ensaios ligados a esse projeto das Passagens de Paris de Benjamin haviam sido publicados em vida, tais como o seu famoso ensaio sobre "A obra de arte na era da sua reprodutibilidade técnica" e o "Sobre alguns temas em Baudelaire", mas apenas com o acesso a essa massa gigantesca de anotações (e, portanto, de passagens de textos) é que se pôde perceber a ousadia de tal empreendimento: ele tentou expor a história do século XIX a partir de uma "descrição da superfície" da sua *paisagem* urbana. Os temas e rubricas sob os quais Benjamin agrupava suas anotações para essa obra dão uma prova do inusitado do seu método historiográfico: Passagem, *magasins de nouveauté*, moda, catacumbas, demolições, queda de Paris, a monotonia, lutas de barricada, construção de ferro, reclame, o *interieur*, a marca, Baudelaire, o *flâneur*, prostituição, jogo, as ruas de Paris, *Panorama*, espelho, tipos de iluminação, Marx, a fotografia, a boneca, o autômato, a bolsa, litografia, o Sena etc.

Pierre Missac respeita a heterodoxia do método Benjamin. Ele tem razão ao afirmar que não existe nada mais falso do que "considerar o pensamento de Benjamin em função de sistemas ou de critérios preestabelecidos, definidos de uma vez por todas". Ele era antes de mais nada um leitor: de passagens do mundo e de textos. Para Benjamin, como Missac recorda, os primeiros leitores foram os astrólogos e arúspices: "Há traços que subsistem dessas práticas com as quais o homem moderno, Benjamin em primeiro lugar, pode se mostrar condescendente se de fato ele acredita que todo filósofo digno deste nome também deve se ocupar com os ensinamentos da borra de café".

Publicada originalmente em 1987, e, portanto, no ano seguinte à morte de seu autor, essa obra de Missac abre ao leitor a possibilidade de pôr em movimento um rico caleidoscópio que colore a obra de Benjamin com os tons mais variados. Benjamin é lido como intérprete, entre outros, de Brecht, mas, também, através de Borges. Ele é tratado como crítico de literatura, como teórico de cinema e de arquitetura, como pai de uma nova historiografia, mas, sobretudo, como um dos primeiros a vislumbrar uma concepção de tempo que explodiu a visão otimista e progressista do desenvolvimento histórico. Descrevendo o gesto benjaminiano diante dessa temporalidade, Missac escreveu:

"Retificando Marx, que via nas revoluções as locomotivas da história, uma nota à margem das teses 'Sobre a filosofia da História' põe no lugar dessa imagem o sinal do alarme. O gesto que o prende ou que o agarra, brutalmente em aparência, é ao mesmo tempo aquele que na realidade é uma promessa de salvação. O trem que se desloca em direção à catástrofe, resultado do curso dos acontecimentos, se detém num grande estrondo, mas ele não é nada se comparado à explosão final."

IV.
HISTÓRIA, DESLOCAMENTOS E IDENTIDADES FRAGMENTADAS

11.
O SÉCULO DAS CATÁSTROFES

A importância do adormecer e do despertar nos relatos (auto)biográficos é evidente para qualquer leitor desse gênero de literatura. Se o relato de vida pode ser visto como uma tentativa do autor (e do leitor) mergulhar na "eternidade" do tempo, procurando, desse modo, estancar o seu fluxo, é porque a morte representa sempre um pano de fundo imprescindível ao relato (auto)biográfico: e o despertar e o adormecer funcionam nessas obras justamente como encenações do nascimento e da morte. Logo, não é de modo algum um acaso que Todorov, no seu livro autobiográfico recém-publicado entre nós (1999), inicie com a frase: "Durante muito tempo, acordei aos sobressaltos". Proust, na primeira linha de sua *Recherche*, optara pelo adormecer: "Durante muito tempo, costumava deitar-me cedo".

A distância que existe entre o "acordar aos sobressaltos" e o "deitar-se cedo" é a mesma que separa o projeto proustiano de tentativa de *construção* de um "eu" numa modernidade marcada pela onipresença dos choques e, por outro lado, a tentativa de Todorov de articular a sua vida à "crônica do século XX", marcado para ele justamente pelo esfacelamento da ideia de "indivíduo autônomo". Em *O homem desenraizado*, o personagem central não é a "vida" de seu autor, mas sim as desventuras do indivíduo "iluminista" e "humanista". Ao invés de autobiografia talvez fosse mais certo falar de uma memória que procura ser a mais factual possível, sem no entanto descartar a narrativa em primeira pessoa.

O século XX já foi caracterizado por muitos como o século das catástrofes. Não é outro o tema desse livro. Daí, também, o "acordar aos sobressaltos": para se fugir do pesadelo. Todorov faz uma leitura crítica — como excelente teórico da literatura que é — dos três momentos-chave de sua vida, marcados também, por sua vez, por três diferentes países: a Bulgária (onde nasceu em 1939 e viveu até 1963), a França (onde vive desde seu exílio) e os Estados Unidos (país onde vai trabalhar anualmente já há quase três décadas na qualidade de professor visitante). Cada um desses locais corresponde a uma parte do livro. Cada uma delas e cada país merece uma atenção particular: mas os fatos (na sua esmagadora maioria históricos e não de ordem privada, sobretudo nas duas últimas partes) são sempre organizados do ponto de vista da *crítica* social. Ao longo de todo o livro, o *local* geográfico — e "geopolítico" — a partir do qual a história se articula é Paris ("Em Paris" é o título da pequena "conclusão" que não deixa dúvidas quanto à centralidade dessa cidade na visão de mundo de Todorov). Diferentemente da autobiografia, não ocorre aqui a narração da "formação" do protagonista ao longo desse livro; antes, ele permanece constante do início ao fim — como é costume no discurso acadêmico — e esse ponto de vista "parisiense" garante tanto a onisciência do autor como a sua "distância crítica" (mesmo quando o tema é a França) e a sua defesa do "ponto de vista do universal".

Na condição de uma testemunha do regime totalitário, Todorov faz uma análise minuciosa dos mecanismos que mantinham esse regime: do naufrágio do sujeito "autônomo", da patologização do dissidente, da esquizofrenia social das pessoas obrigadas a reprimir toda manifestação crítica, da quebra das fronteiras entre o privado e o público e, muito pior, entre os carrascos e as vítimas: "Cada um é, ao mesmo tempo, prisioneiro e carcereiro. A fronteira passa pelo interior de cada um". O autor deixa claro que a quintessência do totalitarismo é constituída pelos *campos de concentração*: nada funcionaria nessas sociedades sem a política do terror. A Bulgária possuiu cerca de uma centena desses campos entre 1944 e 1962. Como na Alemanha nazista, também nos países do Leste é a administração (a polícia) a responsável pelo envio ao campo, diferentemente do caso da justiça (baseada na existência do indivíduo autônomo e livre), que envia os condenados à prisão (pergunto-me apenas se de fato "não há diferença radical entre os campos nazistas e os campos soviéticos, apesar das evidentes diferenças de organização: sem câmara de gás aqui, sem reeducação política lá etc.").

Na qualidade de teórico da literatura, Todorov não poderia se furtar à autorreferência no seu relato: daí a memória nas suas diversas modalidades ser objeto de uma profunda reflexão. Na linha do seu livro anterior, *Em face do extremo*, ele analisa a complexa tarefa imposta à memória da barbárie totalitária, isso em termos tanto individuais (do trauma e da impossível "cura") como também sociais e mesmo jurídicos. O sistema totalitário tem como uma das suas características — correlata ao extermínio do indivíduo autônomo, responsável das suas ações — a pulverização da culpa. E mais: todos agem nessas sociedades "dentro da lei". Eis o porquê da importância no livro da questão dos *crimes contra a humanidade*, cuja conceituação é marcada justamente pela visão de *humanidade* pela qual Todorov se bate ao longo de toda obra, a saber, do seu universalismo em oposição ao super-historicismo relativista que impera hoje não só nas academias. Um crime contra a humanidade, além de ser imprescritível, pode ser julgado independentemente das leis que vigoravam quando ele foi cometido.

Também a parte reservada à França trata da memória e da luta pelo indivíduo autônomo: do modo não de todo isento de a França lidar com o seu passado colaboracionista durante o nazismo (dos julgamentos de Barbie e de Touvier, este culpado da execução de sete reféns judeus), de como e por que os intelectuais franceses apoiavam os regimes totalitários comunistas, trata da censura e das suas aporias (necessidade de empregá-la, como no caso dos *Protocolos dos sábios do Sião*, uma farsa que quer se passar por realidade, e, por outro lado, condenação da sua aplicação no caso dos *Versos satânicos* de Rushdie, que trabalha, de modo responsável, na chave da ficção) e, finalmente, trata do "novo racismo" francês que se dissimula muitas vezes sob um discurso multi-culturalista.

A terceira parte do livro, dedicada aos Estados Unidos, desdobra essa crítica à pseudo-*political correctness* que traz no seu bojo não apenas a onda de vitimização (a "nova vontade de impotência") e de aquartelamento em grupos, mas também os fantasmas do "sexismo" e do "racismo" que ela quer exorcizar: "Ao mesmo tempo que nos indignamos com as práticas de purificação étnica na Bósnia, dedicamo-nos [nos EUA] a criar distritos eleitorais etnicamente puros". As inúmeras afirmações da continuidade entre a filosofia nietzschiana em todas as suas modalidades — de Heidegger a Paul de Man, passando por Blanchot, Jameson, Culler e pelo filósofo pragmático Stanley Fish — e o fascismo podem parecer simplistas, mas convidam para um debate sobre o comprometimento "de direita" de muitos eminentes intelectuais deste século. Todorov não trata tanto do homem desenraizado — aculturado, o que remete a uma visão conservadora e naturalizante da cultura — mas sobretudo do homem *dépaysé*, como se lê no original, ou seja, sem rumo, à deriva diante de um modelo de homem que parece ter naufragado mas que o autor — nesse ponto solidário a Habermas — tenta resgatar.

12.
REVISIONISMO ORTOGRÁFICO

Cada país aprende a seu modo em que medida — mais que uma linguagem da política — existe uma política da linguagem. No caso da Alemanha isso não poderia ser diferente, muito pelo contrário. Os doze anos de nazismo deixaram uma marca na língua e cultura alemãs que ao que parece ainda vai levar muito tempo para ser superada. E, afinal, quem ousa falar em apagar esse passado, senão os mais conservadores arautos da "normalização" para quem a "República de Berlim" — ou seja, a queda do muro e a volta da capital para sua antiga sede — significa a restauração da República de Weimar e abre para um "esquecimento" do passado nazista?

A *Lingua Tertii Imperi* (língua do terceiro *Reich*) já foi denunciada e estudada entre outros por Victor Klemperer (nos seus diários e no seu livro *LTI*). A "novilíngua" que os nazistas criaram — marcada por eufemismos, cinismo e covardia — expressou-se do modo mais acabado na linguagem empregada para o genocídio dos judeus: "solução final". Nos campos de concentração era proibida a palavra "cadáver", falava-se apenas em "figuras" para se referir aos corpos.

Mas essa estratégia linguística de negar os fatos lançando uma cortina de fumaça sobre eles evidentemente teve efeito limitado (e fazia parte da política oficial de apagamento dos rastros dos crimes nazistas). Na Alemanha, após mais de meio século da derrocada do regime de Hitler, é raro um dia que não se tenha uma notícia — "uma descoberta" — com relação àquele período. Sabemos que a memória funciona em ciclos: existem momentos que reforçam o esquecimento (como a época da reconstrução e da Guerra Fria), outros quando a memória jorra com toda sua força (como se lê nos inúmeros relatos testemunhais que são publicados no mundo inteiro, a cada dia, de autoria de sobreviventes de campos de concentração que querem, antes de morrer, "contar tudo", deixar um documento de suas vidas para as próximas gerações).

Na linha da *"political correctness"* é de bom tom agora na Alemanha que as empresas que participaram do morticínio — empregando mão de obra escrava — assumam esse passado e indenizem os sobreviventes. Esse movimento de reparação não pode, no entanto, ser confundido com um mecanismo de esquecimento. A memória do trauma não é "a-pagável"... Por outro lado, não é menos verdade que atingimos um ponto no trabalho de memória e historiografia da Segunda Guerra que podemos caracterizar — em termos psicanalíticos — como a passagem da fase de repetição (mecânica e involuntária) das suas imagens para uma fase de elaboração e simbolização. Esse processo, vale destacar, é inesgotável. Ele também não deságua no esquecimento; mas antes leva a novas modalidades de escritura da memória e história, criativas e densas, como ocorre na arte de um artista plástico como Anselm Kiefer, na Alemanha, e de um cineasta como Claude Lanzmann, na França. Esse movimento complexo de elaboração do passado nazista não é de modo algum hegemônico. A tendência para o seu apagamento, negação e/ou normalização também se manifesta a todo momento: há um conflito, um embate em torno do registro do passado.

Não deixa de ser sintomático que o debate agora em voga em torno da memória do período nazista tenha como núcleo justamente a questão da "escritura". A polêmica reforma ortográfica realizada em 1996, que enfrentou muita resistência por parte dos nichos mais intelectualizados da sociedade e que foi objeto de ironias e piadas, teve agora seu passado desmascarado: ela tem sua origem nas inúmeras tentativas de reforma ortográfica do período nazista.

Reinhard Markner e Hanno Birken-Bertsch (2000) são os responsáveis por um trabalho detalhado e exaustivo que acaba de ser publicado e não deixa dúvida alguma quanto a esse passado obscuro — e que havia sido sistematicamente negado — da reforma ortográfica de 1996. Não por acaso esse trabalho tem recebido críticas entusiásticas por parte da grande imprensa alemã. O principal jornal alemão, o poderoso e conservador *Frankfurter Allgemeine*, já decidira, antes mesmo dessa publicação, em julho de 2000, voltar atrás e não seguir mais a reforma ortográfica. Em meio à crescente batalha intelectual que se seguiu a esse fato, o livro de Markner e Birken-Bertsch surge como uma fonte inesgotável e imprescindível de argumentos contra a referida reforma.

Mas, cabe perguntar, existe algo de "nazista" nessa reforma? Como os autores demonstram, ela segue dois pontos centrais das planejadas (e não implementadas) reformas nazistas da ortografia: em primeiro lugar, ela parte da língua falada para determinar a mudança da ortografia; em segundo, o seu método é igual ao nazista: ela foi planejada secretamente e depois imposta à sociedade de modo autoritário. Ou seja, essa reforma incorre no duplo erro de não levar em conta os impressionantes avanços da linguística do século XX e também de compartilhar da ilusão (autoritária) que acredita em uma imposição forçada de uma ortografia — contra o pensamento liberal de um W. Humboldt para quem *natura non fecit saltus* (sem contar, evidentemente, o terceiro erro fatal: acreditar poder encobrir o seu passado nazista).

Já Wilhelm Grimm, em 1821, advertia em seu texto "Sobre as runas alemãs" quanto à ilusão de uma reforma ortográfica imposta de modo artificial. Essa reforma de 1996 — assim como a sua base teórica estabelecida durante o período nazista — parte de uma visão pseudorromântica que identifica o aspecto original (originário) da vida e "alma" de cada "povo" à sua língua falada. A escritura é aí reduzida ao papel de um instrumento que deveria se submeter à oralidade. No entanto — muito antes de Jacques Derrida o afirmar na sua crítica ao fonocentrismo —, o romântico Johann Wilhelm Ritter já sabia que não existe a possibilidade de se separar a escritura da língua falada. Uma não tem uma relação instrumental com a outra, mas antes de determinação recíproca. Assim como a linguagem falada não é nem expressão "imediata" da "alma", nem mero instrumento de comunicação, também a escritura não é um simples instrumento de "fixação" da oralidade como os teóricos nazistas o afirmavam.

Entre 1933 e 1945, a valorização da língua falada tinha como núcleo o culto da fala do *Führer*. Daí a centralidade do rádio dentro do universo de propaganda nazista: a construção da unidade do "povo" dar-se-ia com base na onipresença da voz de Hitler. Preparava-se também uma expansão da língua alemã que deveria se seguir à vitória na guerra. O modelo linguístico centrado na fala opunha-se de modo programático à cultura letrada — que era estigmatizada como sendo "judaica". O predomínio da oralidade na concepção da linguagem também deveria facilitar o aprendizado da escrita. Na verdade, as crianças foram tomadas como paradigma para a reforma ortográfica. A atual reforma — pensada desde o final da Segunda Guerra em parte pelas mesmas pessoas que assessoraram o Ministério da Educação nazista — é criticada justamente devido à sua orientação em favor da facilidade de aprendizado. Afinal, aprendemos a escrever apenas durante uma parte muito pequena de nossas vidas. E mais: via de regra lemos muito mais do que escrevemos.

O crítico do *Frankfurter Allgemeine*, em meio a vários elogios, fez apenas uma ressalva ao livro recém-lançado, mas que atingiu um ponto que é particularmente delicado. Ele afirmou que na realidade a reforma de 1996 não remonta apenas às tentativas do período nazista, mas também a outras, como à de 1901. Respondendo a essa observação — que toca no tema complexo da famosa singularidade do período nazista —, Reinhard Markner, um dos autores, afirmou: "É verdade que não tratamos de modo mais detalhado dessa tentativa. Mas nosso livro tem como subtítulo *Um capítulo da história política da língua alemã*. Nós não escrevemos a história completa das reformas ortográficas, assim como não afirmamos que os nazistas inventaram esse projeto. De resto, eles não inventaram nem a *Autobahn* [autoestrada] nem o antissemitismo".

13.
"NOSTALGÉRIA" E A ORIGEM DA DESCONSTRUÇÃO

Jacques Derrida descobriu a história. Todos conhecem a acusação que desde o início da teoria desconstrutivista a perseguiu como um estigma: o seu formalismo radical teria deixado a historicidade de fora. Ou ainda: a crítica avassaladora à concepção tradicional de fenômeno, ou seja, de uma *presença* originária, que para Derrida estaria na origem da metafísica ocidental, teria servido para criar uma filosofia (nietzschianamente) relativista, para a qual ficção e realidade não podem ser diferenciadas. Pois bem, Derrida, que nasceu em 1930 em El Biar, Argélia, tem tentado nos seus escritos dos últimos anos revelar a dimensão histórica do seu pensamento. Contra alguns intérpretes radicais da sua obra — como o ultrapragmatista norte-americano Richard Rorty (1982) — Derrida quer demonstrar que a filosofia é mais do que apenas "um estilo de escritura". O seu livro O *monolinguismo do outro* trata justamente da "crise histórica" que está na base da desconstrução e ironiza alguns de seus críticos (DERRIDA 1996).

A desconstrução seria, antes de tudo, filha da história porque ela é expressão de uma "tripla dissociação": Derrida, como "judeu-franco-magrebiano" (nessa ordem), ao invés de falar sobre a riqueza de uma "herança cultural" múltipla, revela-nos a sua tripla alienação "originária": "Ser franco-magrebiano, ser 'como eu', isso implica, antes de mais nada, um *distúrbio de identidade*". Ele mantinha distância da língua e cultura árabes ou bérberes (magrebianas) que eram "proibidas" a alguém advindo da classe média, sobretudo no meio judeu "assimilado" ao qual ele pertencia. Por outro lado, essa "assimilação" sofrida pelos judeus argelinos (que tinham obtido por decreto em 1870 a cidadania francesa) na primeira metade do século XX deve ser vista mais como uma aculturação via "aburguesamento": na família de Derrida "*bar mitzva*" era denominado de "comunhão" e a circuncisão, de "batismo". Por último, a cultura francesa, oficial, era vista por ele como vinda de uma metrópole distante, além do mar, fantasmática. O francês, a língua na qual Derrida sempre escreveu e de onde vem a cultura literária que ele sempre amou, é sentido por ele como uma língua estrangeira. Aí está, como ele afirma, a "origem dos meus sofrimentos". Esse triplo vácuo cultural é descrito como "a incultura radical da qual sem dúvidas eu nunca saí" (cf. a situação dos intelectuais das "ex-colônias" de um modo geral).

Mas Derrida — como um autêntico pai da desconstrução — não se permite escrever uma autobiografia no sentido tradicional do termo ("Sendo que não existe uma língua materna autorizada, em que língua [devo eu] escrever as memórias?"): para ele não apenas o autobiográfico tem um valor histórico, como também — assim como já para Friedrich Schlegel ou Goethe — o histórico é, de modo imediato, o teórico. Ele procura fazer da sua exposição autobiográfica um *testemunho histó-*

rico: ou seja, ele quer demonstrar um fenômeno universal. Ele faz da sua *crise* (que vem do grego *krisis*, ligado ao verbo *krinein*: separação, divisão) o instrumento para a *crítica* (também derivado de *krinein*) e "destruição" da metafísica ocidental. Ele revela que a *"nostalgéria"* que está na base da desconstrução é, na verdade, apenas mais uma versão da *nostalgia* que estrutura e permeia a linguagem como um todo. Para Derrida, a sua *posição* permitiu que ele vislumbrasse de modo mais claro o elemento artificial que se esconde por baixo de termos, vale dizer, de palavras que adquiriram na nossa cultura um valor de natureza, tais como verdade, alienação, apropriação, habitação, ipseidade, lei, língua, nação etc. Seguindo a sua crítica do logocentrismo e do falocentrismo ocidentais, ele põe em questão agora nessa obra o conceito de *língua materna*. "Não existe habitat possível sem a diferença do exílio e da nostalgia." Ele critica o apego como que "sacralizante" (heideggeriano) de Hannah Arendt ao alemão, que ela teria cultivado e tratado como uma língua materna, originária. Não há uma língua pura, antes apenas uma pluralidade de *traduções*: nunca podemos habitar *uma* língua; daí a afirmação aporética de Derrida (e a desconstrução sempre é aporética, paradoxal): "Falamos apenas uma língua. Nunca falamos apenas uma língua". Já no seu *Mémoires pour Paul de Man* ele definira a desconstrução de modo lacônico com a frase: *"plus d'une langue"* (mais de uma língua).

Para Derrida vale também a máxima de Wilhelm von Humboldt: "A língua não é uma obra (*Ergon*), mas sim ação (*Energeia*)". Cada ato de fala constitui uma monolíngua, uma monolíngua potente que, ciumenta, quer conquistar as demais (mono)línguas para si. A língua só existe no embate com o *outro*: o colonialismo é um dado estrutural da linguagem (Derrida insiste que desse modo ele não quer relativizar a história: as guerras e os conflitos coloniais permanecem um drama *histórico*; ele quer apenas revelar o elemento exemplar do colonialismo assim como criticar todo nacionalismo cego — se é que existe um nacionalismo que não o seja!). Também nesse sentido, Derrida descobre a camada política-histórica do seu pensamento: a relativização da noção de língua, de nação-metrópole, abre caminho para uma revisão da historiografia e da Linguística. Como diferenciar, por exemplo, uma língua de um dialeto?

14.
JUDEU-BRASILEIRO: TRADUZINDO O PASSADO EM UM CONTEXTO HOSPITALEIRO/HOSTIL

Em um discurso proferido em Zurique, em 1967, Gershom Scholem distinguiu duas modalidades básicas da identidade judaica:

> "Muitos acreditam que os judeus são judeus porque os antissemitas os levaram a sê-lo. Estou convencido de que não foram ou são poucos os judeus desse tipo. A pressão externa gera, internamente, reação e união. Mais importante, no entanto, e mais decisivo, foram aqueles que *quiseram ser judeus*, porque olharam para dentro de si e descobriram aí a sua ligação com o passado dos judeus e, na mesma medida, com o seu futuro." (Scholem 1970: 48)

Ou seja, é possível "tornar-se" judeu devido a uma pressão externa ou é possível *querer* essa "conversão", desejá-la a partir de um movimento de autorreflexão e de *identificação* com a tradição. "Ser judeu", portanto, não é um dado natural, inexorável e, logo, inquestionável, mas sim implica uma contingência, um ato de vontade resultado de uma decisão — preferencialmente de um sujeito livre e, desse modo, responsável. O caminho para o judaísmo não se resolve, no entanto, com um simples silogismo. Saber a meta não significa conhecer o caminho. "Existe apenas uma meta, nenhum caminho. Aquilo que denominamos de caminho é hesitação" (Kafka 1994: VII, 146), ensina-nos Kafka; e Benjamin, por sua vez, afirma nos fragmentos do seu "Parque central": "O labirinto é a pátria do hesitante". Talvez haja um fundo de experiência comum a esses dois pensadores que explique o porquê dessa arte adagiária ou *agadística* tão desenvolvida e dessa precisão justamente quando se trata de definir a penosa arte de se manter em suspensão, de habitar o labirinto.

Scholem continua o raciocínio da sua mencionada palestra destacando exatamente o fato de que, se não é de modo algum evidente se e como alguém se sente judeu, por outro lado a própria definição do que seria o "judaísmo" é ela mesma marcada pela abertura. O "ser judeu" é, portanto, duplamente marcado pela ação da vontade e da reflexão de um indivíduo histórico inserido no seu contexto de vida. Scholem afirma:

> "Pode-se discutir o que o judaísmo — a configuração histórica sob a qual esse povo [*Volk*] se concebeu na história universal — de fato é: se ele possui uma essência fechada e imutável ou viva e que se transforma. Eu pertenço àqueles que creem que o judaísmo é algo vivo e, com toda a sua rica história, ainda encontra-se infinitamente prenhe de futuro [...]." (Scholem 1970: 48)

Algumas linhas depois, o autor ainda escreveu: "Um grande poeta alemão afirmou em um verso que 'é o dono do futuro aquele que sabe se transformar'" (Scholem 1970: 48 ss.). A tarefa da construção do Estado israelense, Scholem concluiu, foi tomada nas mãos por aqueles que tornaram produtiva a herança judaica no nosso *presente*.

Não me proponho aqui a discutir o evento do Estado de Israel, mas apenas essa possibilidade de *atualização* (*criativa*) de uma tradição em um novo contexto histórico. Se podemos afirmar que aprendemos algo das lições psicanalíticas e desconstrutivistas do século XX é que não devemos "ontologizar" — ou seja, arrancar da história — os fenômenos culturais. A tradição judaica enquanto tradição aberta — tal como Scholem a concebe — é um modelo desse fenômeno cultural de incessante tradução da tradição do passado para o presente. Nesse sentido, o fato cultural só existe dentro da chave do diálogo.

Mas quem afirma que existe um diálogo não deve se iludir quanto à existência de uma situação dialógica ideal, onde todos os participantes da comunicação dispõem dos mesmos direitos.

Uma vez que a cultura de modo mais amplo deve ser compreendida historicamente como a história dos embates interculturais, seria legítimo aproximar essa relação dialógica de dois modelos de relacionamento humano: um mais concreto e derivado de uma experiência cotidiana — a *hospedagem* —, outro mais, por assim dizer, "textual" — a saber, o modelo pensado a partir da *tradução*.

Pensando-se a cultura no seu ser heterogêneo, se quisermos localizar a sua essência na falta de essência e a sua vida no embate que ela encerra entre os diversos átomos que constituem uma cultura-maior — uma espécie de *langue* que só existe graças aos atos de fala da *parole* —, não deixa de saltar aos olhos o fato de que existe uma "luta" desigual entre as culturas menores dentro de uma sociedade. Aquilo que tem a forma de uma recepção hospitaleira torna-se muitas vezes uma relação de hostilidade. Benveniste (1995: I, 87) destacou o parentesco etimológico entre esses dois termos: "[...] é *hostis* quem compensa minha dádiva com outra dádiva. Como seu correspondente gótico, *gasts*, *hostis*, portanto, designou em certa época o hóspede. O sentido, clássico, de 'inimigo' deve ter aparecido quando as relações de intercâmbio entre os clãs se sucederam às relações de exclusão de *civitas* a *civitas* (cf. gr. *xénos* 'hóspede' > 'estrangeiro')." Com relação a esse parentesco etimológico (e não apenas psicológico) entre hostilidade e hospitalidade, Derrida observou que a identidade — "Notre question c'est toujours l'identité" (nossa questão é sempre a identidade), ele costuma afirmar — significa, antes de mais nada, uma relação de *poder*, na qual o "eu" se associa a essa polaridade hospitalidade/hostilidade (Derrida 1996: 31 ss.). Ou seja: não existe um espaço exterior à "formação" da identidade como crise de identidade.[1]

---

[1] Freud, em *Totem e tabu* (1912-13), tratando da ambivalência do tabu enquanto algo ao mesmo tempo sagrado e impuro, afirma que originariamente haveria uma coincidência dessas duas entidades, a impureza e o sagrado, que apenas posteriormente teriam se separado: como ocorre

A relação com o passado pode ser também pensada nos termos de uma relação tradutória: a *tarefa* da tradução deve ser vista como, a um só tempo, parcial e infinita. Por um lado, a cultura depende essencialmente da tradução; mas, por outro, esta nunca é total, perfeita. A tradução não é apenas importação de modelos — de literatura, de formas de pensamento e mesmo de formas de expressão e de vocabulário — mas também um modo de abalar as certezas quanto à essencialidade e "a-historicidade" do "próprio". Nesse sentido é especialmente interessante recordar no nosso contexto a rica tradição judaica da relação com o texto bíblico, relação essa que envolve diversas modalidades da tradução e leitura.

Com relação à concepção judaica do texto sagrado, Peter Schäffer comentou:

> "O texto da Bíblia escrita está estabelecido em todos os seus detalhes e é imutável como tal. Isso vale para todos os detalhes desse texto, o número e a sequência dos signos gráficos, a escrita correta e a errada, modos não usuais de escrever (como as maiúsculas de algumas letras ou a utilização de som final na palavra), vale até mesmo para algumas emendas, tais como indicações para a leitura 'correta' de palavras escritas de modo errado [...] Para a conservação e transmissão desse texto estabeleceu-se desde cedo regras rígidas, que serviam para garantir que o material uma vez 'escrito e fixado' não sofresse nenhuma modificação: a essência dessa 'escrita' única e singular é a sua não-modificação; a 'Escritura Sagrada' é o elemento estático na compreensão textual do judaísmo." (Schäffer 1995: 163 ss.)

Por outro lado, o elemento *dinâmico* dessa compreensão do texto — e o texto sagrado só existe, na tradição judaica, sobre essa via com dois dormentes — é a *Erklärung* (esclarecimento), que envolve tanto o comentário como a tradução interlinear e ainda a paráfrase (no caso do *Targum*). Já foi notado como essa duplicidade — necessidade de preservar o texto original e necessidade da sua compreensão — levou ao desenvolvimento das línguas judaicas europeias, como o iídiche e o ladino (cf. Sephiha 1972). Essa estrutura dupla que define a simultaneidade da transformação/adaptação e da fidelidade extrema "à letra" deve nos orientar no nosso pequeno comentário de dois testemunhos da relação hospitaleira e tradutória que perpassa a recepção/transformação da cultura judaica no Brasil.

* * *

Seria ocioso insistir aqui nas inúmeras teorias da brasilidade: basta afirmar, para o meu intuito, que a que estaria mais próxima desse modelo dialógico que

---

também com a questão da diferenciação entre hospitalidade e hostilidade, sendo que neste caso ocorreu historicamente uma diferenciação das denominações. Ele nota ainda que no estudo das línguas antigas pequenas modificações sonoras de étimos opostos entre si levaram muitas vezes a unificações posteriores de significado em uma mesma palavra (como é o caso de tabu; Freud 1970: IX 357). Cf. os casos famosos de *phármakon* (cf. o capítulo 20) e o francês *hôte* (anfitrião e hóspede); cf. também o texto de Freud "Über den Gemeinsinn der Urworte" (1910: Freud 1970: IV).

acabamos de ver aqui esboçado, e que buscaria de modo programático — ou programaticamente irônico — a quebra das hierarquias entre a cultura-menor e a dominante é — como não poderia deixar de ser — a concepção oswaldiana dos anos vinte, com a sua visão da formação da identidade via deformação e deglutição do "outro".

Marilena Chauí, em um ensaio sobre "Brasil, o mito fundador" (2000), ao falar da visão profética da história, lembrou que para o Padre Vieira a profecia é "história do futuro". O filósofo Walter Benjamin — profundo conhecedor do Barroco —, por sua vez, gostava de citar duas frases que de certo modo lançam uma luz talvez inusitada sobre essa do Padre Vieira: "A origem é o alvo", frase emprestada a Karl Kraus, e "O profeta é o historiador às avessas", do primeiro romântico Friedrich Schlegel.

Ou seja: se para Antônio Vieira o profeta é o historiador do futuro, para o pensador da República de Weimar o historiador é o profeta do passado. É ele quem profetiza nossa proximidade do umbral da "origem". A origem, para Benjamin, é, a um só tempo, *corte* no constante devir e *restituição* — integral — do passado. Uma das inúmeras interpretações desse jogo de inversões — talvez a não menos melancólica delas — indicaria que é a partir da leitura do passado que devemos tentar construir nosso paraíso. Mas, também no caso específico que abordo aqui, a restauração do passado é impossível: porque uma catástrofe se interpôs entre a pátria pretérita e a atual situação de dispersão, *dépaysement*, desorientação e hostilidade.

Essa é a situação do imigrante enquanto figura desenraizada e sem "pátria", no sentido forte, romântico, desse termo. Pátria é sentimento de pertença; ser imigrante é perder esse sentimento e ter nostalgia diante dessa perda. A língua do imigrante é um testemunho potente dessa perda, desse deslocamento, do corte que impede a volta ao "lar". O livro de Regina Igel que leva o título *Imigrantes judeus/ Escritores brasileiros* (1997) pode ser lido como uma série (trágica) de testemunhos dessa situação do imigrante.

Nesse contexto triplamente determinado — pela fuga das perseguições, pela tradição judaica e pela recepção brasileira ao imigrante — o diálogo intercultural assume características bem específicas. Não é de modo algum gratuito o fato de o título portar uma barra (/) entre os "imigrantes judeus" e o epíteto "escritores brasileiros". Entre uma margem e outra da barra houve um corte, passa um abismo: o diálogo é vivido dentro de um duplo vínculo tenso. Há, por um lado, a exigência de se voltar para o passado; mas, ao mesmo tempo, esse diálogo — e, muitas vezes, monólogo — cede à inexorabilidade do silêncio, da cesura que dá ao ritmo a tonalidade de um canto para além do lamento, e que muitas vezes se dissolve na fragmentação, na suspensão e na alegoria.

O tom elegíaco dessa literatura não deve, no entanto, nos iludir: também existe — ainda que em menor escala — a composição que poderia ser aproximada da tradição heroica — a narração das "sagas" dos desbravadores da terra, dos fundadores das Colônias Filipson e Quatro Irmãos, dos empresários das grandes cidades —, assim como não falta humor e ironia. Mas em todo canto pode-se perceber dentro dos mais variados gêneros o *tom* e a manifestação do testemunho, a ruptura da superfície às vezes aparentemente uniforme, que denuncia rachaduras e deslocamentos geológicos de onde brota o magma de um real que não se deixa controlar.

Regina Igel, aliás, chama a atenção em diversas passagens para certos hábitos de origem judaica que foram integrados à cultura brasileira e que perderam seu sentido original, sobretudo devido à Inquisição e ao antissemitismo, responsáveis, entre outras coisas, pela manutenção de um cripto-judaísmo na cultura brasileira. Esses dados culturais assimilados na cultura de chegada podem ser comparados às camadas geológicas que compõem qualquer terreno cultural.

Também os índices da "identidade judaica" parecem como que "vir à tona" nos textos dos "escritores brasileiros" analisados. Os termos da autora para essa *manifestação* do elemento judaico na escrita são bem eloquentes quanto a esse ponto: ela fala de "veio judaico" (IGEL 1997: 11), "âmbito judaico" (IGEL 1997: 12), "aspectos judaicos" (IGEL 1997: 13), "pulsação judaica criptológica" (referindo-se a Ambrósio Fernandes Brandão [que teria vindo para o Brasil em 1583], IGEL 1997: 15), de "raízes judaicas presumidamente percebidas pelas entrelinhas e escondidas" (IGEL 1997: 16), de "traços de judaísmo" (IGEL 1997: 17) e de "judaísmo latente" (IGEL 1997: 161). Assim como "veio" e "cripta" são metáforas de origem geológica, "pulsação" e "latência" fazem parte do jargão psicanalítico e servem para indicar o aflorar do "âmbito do inconsciente". Já "traço" constitui uma metáfora muito utilizada não só pela psicanálise mas também quando se trata de um modo geral da memória: fala-se de traços mnemônicos, para salientar o velamento da imagem da memória, a sua distância, mas também o seu caráter de ferida, de marca e assinatura do tempo. Por sua vez, o conceito de leitura nas "entrelinhas" é típico de uma determinada concepção da tradução interlinear, particularmente prezada, como vimos, quando se trata da fidelidade ao texto bíblico-canônico.

A concepção de fidelidade é central nos textos em questão: a fidelidade refere-se ao compromisso com o passado narrado. O tom densamente memorialístico da maioria das obras tratadas por Igel é patente, os gêneros predominantes vão do romance autobiográfico — sendo que a autora lança mão em determinado momento do conceito de *Bildungsroman* (IGEL 1997: 41) —, e passam pela crônica e pelo depoimento. Em outro sentido, também se pode falar da quase impossível fidelidade com relação aos sonhos/profecias do imigrante que também lemos nessa literatura da imigração... O jogo entre fidelidade e infidelidade fica sempre sem uma resposta final: há um ambiguidade no que toca à fidelidade. Ambiguidade que se estende sobre a necessidade de um vínculo. Como na teoria da tradução, não se pode nem descartar o estudo comparativo do "original" com a "tradução", nem tampouco elevar o "original" à categoria de "origem pura" sem fissuras. Igel, em uma passagem do capítulo "Aculturação e assimilação", descreve algumas das modalidades desse compromisso com o passado e discorre sobre as aporias implicadas nessa fidelidade.[2]

---

[2] Em termos mais prosaicos, estabeleceu-se um grau de fidelidade à comunidade judaica em função das modalidades de casamento: entre "judeus", com um convertido ou implicando o abandono do judaísmo (IGEL 1997: 144).

Mesmo o terreno de chegada não está, evidentemente, livre dessa ambiguidade: ele é justamente hospitaleiro e hostil, como as figuras dos parentes que recepcionam no Brasil a família de Elisa Lispector que "ao mesmo tempo que acolhem, também rejeitam" (IGEL 1997: 187; cf. LISPECTOR 1971).

Regina Igel cita uma passagem do livro *Filipson* (1967), de Frida Alexandr, na qual se misturam a dor e a necessidade no exercício da memória como pacto de fidelidade com o passado:

> "Sacrilegamente, procuro arrancar as criaturas de suas tumbas, fazê-las reviver com todos os seus sofrimentos. Moldo-as, pouco a pouco, com os fragmentos que me saem da memória. Ponho-as em pé, faço-as movimentarem-se, impulsiono-as, de acordo com as recordações que delas guardo, e na medida do possível, insuflo-lhes um sopro de vida. Percorro ao seu lado o árduo trajeto do passado e imprimo ao seu coração o mesmo ritmo sob o qual o meu próprio funciona.
>
> Minha intenção é a de analisá-los com imparcialidade [...]" (IGEL 1997: 42)

Ou seja, mesmo para a geração já nascida no Brasil a escrita memorialista está marcada por esse duplo vínculo com o passado que tanto corrói como estrutura a língua e o texto. Regina Igel destaca a organização da paisagem mnemônica de Frida Alexandr "a partir do mundo interior da casa"; "De seu ponto referencial", — afirma a autora — "ela e membros de sua família se afastavam para ir ao campo, à escola ou à sinagoga" (IGEL 1997: 46). Portanto, compreende-se a determinação teórica que esteve na origem de duas importantes partes do livro de Igel, uma dedicada às "memórias do espaço rural" (IGEL 1997: 33-74), a outra às "memórias do espaço urbano" (IGEL 1997: 75-128). O trabalho da memória lança âncora nos espaços nos quais fizemos as nossas experiências mais marcantes. Ao contrário da matéria fluida do tempo, é a solidez da geografia inscrita na nossa memória que fornece o fio de Ariadne na reconstrução e na busca do tempo perdido. O famoso entrecruzar dos caminhos no final do ciclo da memória de Proust não indica nada menos do que esse entrecruzar do presente com o passado que sempre se dá em um espaço.

Os "espaços judaicos" que Igel resgata na literatura da imigração são muitas vezes uma sobreposição da paisagem local e da estrangeira. Assim como em algumas cidades brasileiras surgiram bairros judeus como havia na Europa — o Bom Fim em Porto Alegre, o Bom Retiro em São Paulo e a Praça Onze no Rio de Janeiro —, a migração transoceânica dos espaços da memória faz surgir sobreposições topográficas inusitadas. Assim, Sara Riwka Erlich — uma filha de imigrantes judeus poloneses nascida em Recife — descreve uma dessas estruturas geológicas, culturais e sentimentais, projetadas, em uma prosopopeia, sobre Jerusalém:

> "Nordeste brasileiro e Israel. [...] Percorrendo as tuas ruas, Jerusalém, atravessando os teus portões, sentia e compreendia melhor Recife sobre o qual já te havia escrito antes. Recife e lembrança viva do com-

panheiro, das pessoas caras, amigas, tão longe e tão perto. Mais que Tel Aviv, apesar do sol e das praias, era em ti, Jerusalém, que a integração se fazia, completa, harmônica." (IGEL 1997: 157)

No capítulo "Memórias do Holocausto" — um capítulo à parte nesse livro pioneiro no trato de tema da literatura imigrante judaica e que representa um dos primeiros estudos panorâmicos sobre o tema da literatura da Shoah no Brasil — fica claro em que medida essa mescla de criação e fidelidade se dá de um modo muito específico quanto mais a literatura assume um cunho testemunhal, isso é, quanto mais ela se liga ao duplo vínculo da necessidade e impossibilidade de fidelidade. Essa literatura apresenta-se "isenta de adornos", afirma a autora, "em estado de comunicação pura, simples, direta" (IGEL 1997: 229). Um dos únicos recursos literários empregados é a utilização de comparações, via de regra com o reino animal (IGEL 1997: 228): "vida de cão", lê-se em Konrad Charmatz (1976, 138), "os capos tinham aspecto de feras", afirma Ben Abraham, "corriam como lebres", testemunha Joseph Nichthauser (1972, 200), "tal qual cão ameaçado" e "como uma ovelha solitária", escreve por sua vez Malka Rolnik em *Os abismos* (1990, 154 ss.).

Essa modalidade de comparação é típica da literatura da Shoah: um evento que justamente privou de subjetividade o ser humano, reduzindo-o ao corpo, à *nossa* animalidade e, por outro lado, revelou a face brutal, selvagem, da civilização. Nesse sentido, os testemunhos do Holocausto tratados por Igel radicalizam um procedimento que já aparecia na literatura da imigração — ela também marcada por rupturas e traumas, ainda que não tão intensos e profundos quanto a experiência dos campos de concentração e de extermínio. Afinal, os processos de aculturação, assimilação e "aburguesamento" também foram de certo modo alegorizados na obra de Moacyr Scliar na chave do trabalho com a metamorfose. Se o nome do escritor judeu de Praga já mencionado vem à mente não se trata de um acaso.

A tentativa de construção de um "terceiro elemento" a partir daquilo que parecia ser as duas matrizes originais — a judaica e a brasileira — levou à criação de conceitos híbridos como o de "gaúcho iídiche" — formulado pelo escritor argentino Alberto Gerchunoff (IGEL 1997: 52) — e constituiu uma obsessão na obra de Adão Voloch — nascido em 1914 em Filipson — e autor da trilogia *O colono Judeu-Açu*, *Um gaúcho a pé* e *Os horizontes do sol*. No primeiro desses livros (1984), o pai do narrador, Natálio, recebe a alcunha de *Judeu-Açu* — que, traduzindo *açu* do tupi, significa judeu-grande — em uma cerimônia na qual o caboclo é denominado por sua vez de "guarani-judeu" (IGEL 1997: 71). Natálio ainda é chamado de "judeu-caboclo" e de "índio guarani-judeu" (IGEL 1997: 71, 117) — sendo que, detalhe importante, o nome do pai de Adão Voloch é Natan... Uma outra sobreposição de culturas flagrada pela autora é o divertido poema de Isaac Schachnik *Pessach-Bossa-Nova* (1986), no qual se descreve um *seder* de *pessach* em um barraco de uma favela carioca (IGEL 1997: 159).

Um dos dados importantes que podemos ler no trabalho de Igel é a questão do tempo da memória: assim como existe o tempo para se esquecer, em seguida, via de regra, vem o tempo de lembrar, de reabrir as feridas para — aí sim — tentar lê-las e, eventualmente, mitigar a dor. A própria prática do depoimento é relativamente recente na história das práticas mnemônicas da comunidade de autores enfocada (IGEL 1997: 101). A segunda geração da onda imigratória dos sobreviventes da Shoah tem um relacionamento diferente daquele do seus pais para com aquele evento. Se na geração mais velha os testemunhos tiveram normalmente de esperar mais de vinte ou trinta anos de incubação — de morada na cripta — para apenas então vir à tona, na segunda geração existe algumas vezes quase que uma necessidade de se aproximar desse evento catastrófico, ao qual, paradoxalmente, eles devem as suas vidas.

Por último, analisemos um dos livros da assim chamada segunda geração, tratado pela autora, o pequeno volume *A vida secreta dos relógios e outras histórias* (1994), de autoria de Roney Cytrynowicz — também autor de um livro "de história" sobre a Shoah denominado *Memória da barbárie* (1990).

Roney também fala do tempo da memória. Seu primeiro conto, "O sofá", é um mergulho na infância: como uma terra do sono, dos sonhos e de avós cúmplices — e silenciosos como os peixes que seu avô pescava. Como afirma o narrador: "o silêncio dele [o avô] era para que falássemos nós, para que vivêssemos sem o peso do passado. Do sofrimento. Da guerra" (CYTRYNOWICZ 1994: 18). Essa pequena pátria da infância também tem seus sonos embalados em uma língua incompreensível e intensa: "Em casa — lemos — meus pais falavam iídiche para eu e meus irmãos não entendermos. Deve ter sido por isso que até hoje não consigo aprender. O iídiche tornou-se uma língua associada a um prazer intenso, aquele *xrxrxr* do sofá do meu avô. Prazer intenso mas proibido. Proibição que guardava o sono e cujo som distante abria a porta do mundo dos sonhos. A entrada era o sofá do meu avô" (CYTRYNOWICZ 1994: 15). Mas o tempo do conto evidentemente é o pretérito: a geografia urbana do Bom Retiro é uma das trilhas pelas quais essa porta ainda permanece entreaberta: mas a perspectiva é, ao final, não mais a "de baixo", da criança, mas sim a do adulto que não apenas olha "de cima", mas, sobretudo, "a distância".

Enquanto no conto que dá nome ao volume, "A vida secreta dos relógios", o avô e o mundo infantil do sono entram novamente em cena, e no conto "Dormentes" o narrador descreve um tio colecionador de relógios, que sobrevivera aos campos de concentração, por sua vez no conto "Manequins" o narrador visita um tio-avô de Tel Aviv que trabalha como figurinista no Teatro de Câmara. A história é pontuada pela narrativa das experiências do tio — que fora parte do *Sonderkomando*[3] de Auschwitz — e pela imaginação do narrador que, aos poucos, transforma os manequins em *Figuren*: termo com o qual se fazia referência aos cadáveres nos campos, onde a palavra "cadáver" era proibida. Essa proibição do uso de uma palavra, dessa palavra específica, nasceu do desejo de se impor um esquecimento forçado — *no limite*, desejo de se fazer *esquecer o próprio esquecimento*: cadáver, como "esquecer", também deriva de *cadere*, cair. Esse esquecimento tam-

---

[3] Grupos encarregados de todo o trabalho nas câmaras de gás, compostos pelos próprios prisioneiros do campo.

bém deve ser entendido no sentido da negação da "humanidade" dos prisioneiros reduzidos à animalidade e desinvestidos de toda dignidade antes de serem mortos — e também após a morte. Na vítima do conto, escreve o autor: "As lembranças dessa fase não estão elaboradas. Não foram pensadas. São apenas registros. Imagens brutas, cenas, sensações, pequenos terrores e angústias com que a memória bombardeia nossas ansiedades" (CYTRYNOWICZ 1994: 21). Também o narrador — na tentativa de retraçar a *sua* própria história — tinha pensado em trazer um gravador para "registrar" o encontro (CYTRYNOWICZ 1994: 23), mas desistiu. Preferiu tecer os fios da sua memória nas linhas de um texto: de um conto que talvez tenha substituído as linhas prometidas ao tio: "Preciso conectar estas linhas", ele afirma (CYTRYNOWICZ 1994: 25).

Os contos de Roney Cytrynowicz em alguns momentos desviam da memorialística de tom pessoal, como em "Barracão II", onde é encenado o desfecho de uma vida marcada pela sombra de uma memória que exigia vingança: "Eu era menino — afirma o protagonista —, cinco anos. Nessa idade, a gente guarda tudo, a memória fica nos ossos. Os ossos crescem e a memória dentro deles." E o personagem nazista dá o contraponto: "Não me lembro de nada" (CYTRYNOWICZ 1994: 30). O conto "A guerra das *matzot*" fornece um tom de humor ao livro: uma batalha no Bom Retiro desencadeada pela importação de *matzá* coreano.

O encontro do judaísmo com a dita brasilidade passa, portanto, por um processo de constante costura de fragmentos de memória derivados de uma história plural, antes de mais nada pontuada pelo naufrágio de um mundo passado, pela separação e a perda — experiências essas que são, no nosso caso, congênitas à vivência do imigrante. Para finalizar gostaria de citar um poema de Nelson Ascher, um poeta paulista, tradutor não só de Catulo, Goethe e Poe, entre muitos outros, mas também da poesia de Ingeborg Bachmann, de Hans Magnus Enzensberger, de Paul Celan, de Yehuda Amihai e de Dan Pagis. No volume de poemas *Algo de sol* (1996) lemos o poema "Fábula (no tricentenário da morte de La Fontaine)" que — além de ainda uma vez introduzir a figura da alegoria e da metamorfose como recurso narrativo — prova que o Vístula não está tão longe daqui:[4]

FÁBULA
(no tricentenário da morte de La Fontaine)
p/ Jacó Guinzburg & Aleksandar Jovanovic

Bebia água no Vístula um cordeiro
chamado Baranówicz, quando um lobo,

---

[4] Deveríamos recordar ainda o tom — e a origem — eminentemente não só humanista mas também iluminista do gênero fábula. Nele constrói-se uma narrativa, com uma mensagem "edificante", a partir da *mise en scène* de figuras alegóricas: que *sintetizam* determinados conceitos em imagens de animais. A tendência, que pode ser detectada na literatura de testemunho, de se lançar mão desse gênero foi levada ao extremo na história em quadrinhos *Maus*, de Art Spiegelman, que narra a história do pai do narrador, um sobrevivente dos campos de concentração nazistas (cf. SPIEGELMAN 1986-91).

*coronel Wolfgang, veio e, sobranceiro,
lhe disse:*

— Você pensa que sou bobo,
que eu não o vejo envenenando o rio
há muitos anos e espalhando a Peste?

— Mas nós morremos séculos a fio,
também, de causa igual.

— Não me moleste
com esse irrelevante pormenor.
Vocês são todos ricos e eu sou pobre.

— Como sou rico se não tenho um cobre?
Os Senhores controlam a maior
empresa, enquanto estou desempregado.

— Você conspira e apoia, do outro lado
do Vístula, o inimigo. Não insista,
capitalista-ovino-bolchevista.

— Mas os ursos de lá, seus caros primos,
nos comem com desculpa semelhante...

— Você, cosmopolita como vimos,
não é nada ariano.

— Como assim?
Perdoe-me, não queria ser pedante,
mas *áries* é carneiro em bom latim.

— Sei disso, e embora seja um lobo culto,
um *Kulturwolf*, não lhe darei indulto
porque vocês mataram Jesus Cristo.

— Foi a loba romana que fez isto
e mesmo que um cordeiro fosse o algoz
de quem, como *Agnus Dei*, era um de nós,
seria assunto nosso.

— Ovino arisco
e cínico, já chega de pilhéria.
Ordens se cumprem: vamos, pois no aprisco
de *Oswiécim* há trabalho que libera.

Farei, após havê-lo tosquiado,
com sua pele de cordeiro um manto
para aquecer-me neste inverno enquanto
nós lobos conquistamos Stalingrado.

*Desprezando os balidos derradeiros
de Baranówicz — livres dos cordeiros! —,
os outros ruminantes, todavia,
pastavam perto sem perder a calma.
Wolfgang, formando-se em filosofia
anos depois (com tese acerca "D'Alma
Lupina e seu Transcendental Destino"),
reingressou, pela esquerda, na política
(não sem antes fazer sua autocrítica)
para conter o imperialismo ovino.*

V.
TRADUÇÃO COMO ARTE DA PASSAGEM

15.
FILOSOFIA DA TRADUÇÃO — TRADUÇÃO DE FILOSOFIA: O PRINCÍPIO DA INTRADUZIBILIDADE

O ESTILO DA FILOSOFIA

Talvez o fato de eu estabelecer neste trabalho uma ponte entre a filosofia e a *tradução literária*[1] gere espécie entre alguns leitores. Talvez alguns até se perguntem não só por que tratar de filosofia no contexto de uma discusão sobre "literatura", mas também por que um trabalho sobre a "filosofia da tradução". A resposta a estas hipotéticas questões esclarecem, na verdade, alguns pontos básicos tanto da visão de literatura — e consequentemente de filosofia — como também da concepção de tradução que procurarei defender aqui.

À primeira objeção eu responderia recorrendo a uma determinada tradição, para a qual o texto filosófico não se deixa separar do que costumamos compreender sob a rubrica de "literatura". Aristóteles procurou na sua *Arte poética* um denominador comum que abarcasse "aos mimos de Sófron e Xenarco ao mesmo tempo que aos diálogos socráticos e às obras de quem realiza a imitação por meio de trímetros, dísticos elegíacos ou versos semelhantes" (ARISTÓTELES 1988: 19 ss.). Aristóteles, como é sabido, descarta a versificação como um critério para se estabelecer o que é um poema. A poesia didática, que constitui um gênero central na literatura antiga, mina qualquer tentativa formalista de tipologia (FABIAN 1968). Na verdade, na Antiguidade greco-romana, houve uma expansão gradual do domínio do discurso epidêitico que acabou apagando não apenas a distinção entre os diversos gêneros da oratória, mas também entre esta e a poesia. No tratado *Sobre o sublime* atribuído por muito tempo a Longino, escrito no primeiro século d.C., o autor se pergunta se "teria sido Heródoto o único grande imitador de Homero", e ele mesmo responde afirmando que "mais do que todos foi Platão quem dirigiu para si inúmeros regos derivados da fonte homérica" (13, 3). Não caberia aqui traçar as origens da divisão estanque entre o discurso filosófico (da "verdade") e o da literatura (da "ficção"). Mencionarei apenas alguns autores que procuraram resistir a essa divisão. Os românticos alemães, dentre os quais destacaria sobretudo Friedrich Schlegel, que era filólogo de formação, retomaram a tradição clássica da "indeterminação" dos gêneros. Assim, lemos nos seus fragmentos da *Athenäum*: "O filósofo poetizante, o poeta filosofante é um profeta. O poema didático deveria ser profético e possui talento para assim tornar-se" (SCHLEGEL 1967: II, 207). E

---

[1] É importante lembrar que este trabalho foi primeiramente apresentado na seção "Literarische Übersetzung" (Tradução Literária) do "Deutschen Lusitanistentag 1995" em setembro de 1995, que se realizou no Ibero-Amerikanischen Institut-Berlin.

ainda: "Também a filosofia é o resultado de duas forças conflitantes, a poesia e a prática. Onde ambas se interpenetram totalmente e se fundem numa, aí surge a filosofia" (SCHLEGEL 1967: II, 216). Schlegel era guiado pelo princípio segundo o qual "Não existe nenhuma poesia ou filosofia totalmente puras" (SCHLEGEL 1963: XVIII, 24); e ainda, para ele, "Toda prosa é poética" (SCHLEGEL 1981: XVI, 89). Deste modo ele se contrapôs à retórica e à poética do século XVIII, marcadas pela concepção, por exemplo, de um Gottsched, que distinguia de modo ainda rígido a poesia da prosa e via no romance prosaico um subgênero de pouca importância.[2] Schlegel e Novalis possuem inúmeras análises do *estilo* das obras de Fichte, do filósofo holandês Hemsterhuis, assim como de Hegel.[3] Também no século XX vários pensadores colocaram em questão a separação entre a filosofia e a literatura. Eu recordaria aqui o nome de Walter Benjamin com a sua *Rua de mão única*, com o seu *Passagen-Werk* (Trabalho das Passagens); assim como os fragmentos, ensaios e diálogos de Paul Valéry e mesmo a obra de Ludwig Wittgenstein, que põe em questão, não apenas tematicamente mas já na sua forma mesma, a visão tradicional da filosofia e a pretensão sistematizadora da mesma. Mais próximo de nós, Derrida, desde o seu *Glas* (1974), apresentou diversas obras que, como ele mesmo afirma, estão na contramão do discurso filosófico. Ele nega de modo explícito a possibilidade de uma linguagem filosófica como "meta-linguagem formalizável, constativa e objetiva". Os defensores da filosofia como construção de um discurso objetivo creem na possibilidade de eliminar a ambiguidade da linguagem e num modelo linguístico que reduz a linguagem a um sistema de signos que se limitam a denotar objetos: eles acreditam, em suma, na possibilidade de uma tradução integral entre as diversas línguas.

FILOSOFIA DA TRADUÇÃO

Com isso entro na resposta à segunda hipotética questão e na primeira parte propriamente dita desta reflexão: por que "filosofia da tradução"? Não se trata de desenvolver aqui uma filosofia a partir do trabalho ou ofício da tradução: o que quero destacar é como um determinado modelo de tradução, que, na falta de outro termo, eu denominaria de "tradicional", está profundamente articulado a uma vertente da filosofia, que seria impossível reunir sob um termo único, mas que possui como a sua característica básica essa visão representacionista da linguagem à qual acabei de me referir. "Filosofia da tradução" significa antes de tudo a reflexão crítica sobre esse modelo representacionista. Pretendo também discutir aqui um

---

[2] Vale ressaltar os esforços de Johann A. Schlegel no que toca à valorização de uma poesia em prosa", no seu trabalho *Von der Einteilung der schönen Künste* (Sobre a divisão das Belas Artes) (1770). Nessa obra ele foi além das concepções não apenas de Charles Batteux, mas também das de Bodmer, Breitinger e Baumgarten.

[3] Para Schlegel, "Hegel é um escritor ruim", enquanto ele achava que as obras de Kant deveriam ser traduzidas para o alemão.

outro modelo de tradução, um modelo que leva em conta tanto a sua necessidade como também a sua impossibilidade. Grosso modo, discutirei aqui: 1) o modelo de tradução do *relativismo cultural* do final do século XVIII; 2) que, por sua vez, se encontra na base da moderna *Hermenêutica*; 3) o paradigma da intraduzibilidade do *Estético* (Kant); 4) e algumas vertentes da *crítica do representacionismo*.

Faço logo um parêntese para esclarecer que meu objetivo não é o de criticar a hermenêutica — que representa sem dúvidas uma das versões modernas mais importantes do representacionismo — do ponto de vista do dito desconstrutivismo. Estarei antes preocupado em mostrar como essas duas linhas, hoje em dia tão influentes nos estudos literários, e que normalmente são vistas como opostas, compartilham várias ideias, e eu explicaria isso, destacando entre outros elementos, uma importante fonte que alimentou a ambas: o Romantismo de Iena, *die Frühromantik*.

Voltemo-nos para a dita visão tradicional da tradução e da filosofia. Voltemos a Aristóteles. Para ele haveria uma relação de *tradução* ou de *"significação natural"* entre a alma e as coisas. Isso se reproduz na sua visão das palavras como constituindo signos arbitrários dos afetos da alma. Nessa concepção, a língua é vista como um conjunto de nomes agregados a ideias; ou seja, a língua seria ela mesma já uma tradução (AUROUX 1990: 2628). Mesmo o sistema platônico pode ser visto como um modelo de conhecimento baseado na possibilidade dessa tradução integral e, desse modo, como o fundador do modelo representacionista de conhecimento: a "visão" do mundo das ideias constituiria no platonismo uma *arché*, um momento de transparência absoluta entre as ideias e a "alma", transparência essa que depois teria sido perdida. A doutrina do mundo como texto que impregnou o pensamento filosófico do Renascimento até o século XVIII não é mais do que a suma dessa visão da filosofia como tradução: representa a concepção do mundo como um texto arcaico — redigido por Deus — cuja chave de leitura foi perdida. Para essa concepção platonizante, conhecer não significaria mais do que reencontrar a chave para a leitura-tradução do mundo; essa busca seria coroada pela confecção de um novo texto, ou seja, de um sistema filosófico ou de uma obra historiográfica. Apesar da filosofia racionalista do século XVIII, com sua visão do signo como uma criação arbitrária, ter dado início à crítica dessa concepção, ela manteve-se firme e ainda pode ser encontrada até hoje (BLUMENBERG 1981).

No relativismo cultural que se estabeleceu sobretudo a partir da segunda metade do século XVIII desenvolveu-se a consciência da impossibilidade da tradução de uma cultura ou discurso para outra cultura ou língua. Essa postura ia contra a concepção de tradução vigente ainda no século XVIII, praticada sobretudo na França, que se deixa resumir no termo *belle infidèle* e que se baseava numa submissão absoluta no ato da tradução à batuta da língua de chegada. Nesse modelo da *belle infidèle* parte-se do pressuposto — metafísico — que afirma a separação entre os significantes e os significados. A infidelidade diz respeito apenas à forma — ao significante do texto de partida — pois se acredita na possibilidade da passagem total da mensagem para a língua de chegada.

Já para Herder, por sua vez, a poesia grega era *unübersetzbar*, intraduzível. Segundo esse autor-chave no relativismo cultural na sua vertente germânica, toda leitura da poesia grega era acompanhada ao menos por uma "geheime Gedankenübersetzung" (tradução em pensamento oculta) (HERDER 1990: 122). W. Humboldt desenvolveu essa concepção com o seu conceito de "forma interna" das línguas, que acentuava a relação perspectivista que cada língua estabelece com a "realidade"; ele percebia cada língua como uma *leitura*, uma interpretação, vale dizer: uma *construção do mundo*. A consequência dessa concepção foi uma visão da tradução como *l'épreuve de l'étranger* (prova do estrangeiro), na bela expressão de Antoine Berman (BERMAN 1984). No final do século XVIII, vê-se a *Bildung* (formação-cultura) de uma nação como dependente da sua capacidade não tanto de "abrir-se" ao "outro", ao "estrangeiro", mas sobretudo como a capacidade de *saída de si*, de *passar* para o estrangeiro, de *Über-setzung* (tradução, em alemão, mas que significa literalmente trans-posição).

Nesse contexto, Goethe desenvolveu o seu famoso conceito de *Weltliteratur* (literatura universal), que se vincula estreitamente à prática da tradução. Além disso, a suma da literatura universal seria não por acaso o romance, o "gênero" que levou a prosa ao seu triunfo, forma essa que era utilizada já há muito na tradução de obras da Antiguidade greco-romana. Goethe, no seu *Westöstlicher Divan* (Divã ocidental-oriental), estabeleceu uma tipologia das traduções que se tornou paradigmática para toda teoria da tradução feita desde então. Lá podemos ler:

"Existem três gêneros de tradução. O primeiro nos torna familiar com o estrangeiro dentro do nosso espírito [*Sinne*] próprio; para tanto uma tradução despretensiosa em prosa é o melhor. [...] Segue-se depois uma segunda época na qual se está em condições de se transpor [*versetzen*] para o estrangeiro, mas só há propriamente esforço em se apropriar [*aneignen*] do espírito estranho e em reapresentá-lo com o [nosso] espírito próprio. Esta época eu gostaria de denominar de paródica, no sentido mais puro dessa palavra. [...] Os franceses utilizam esse gênero na tradução de todas as obras poéticas [...].

Porque não podemos nos deter nem na perfeição nem na imperfeição, mas antes sempre deve ocorrer uma mudança após a outra, assim vivenciamos o terceiro período que pode ser denominado de o último e o mais elevado, a saber aquele no qual se procura fazer da tradução algo idêntico ao original, de modo que um não apenas deva valer ao invés do outro, mas sim ocupar o seu lugar [*an der Stelle des andern gelten solle*].

Esse gênero sofre a princípio a maior resistência; pois o tradutor que se agarra firmemente ao original como que abandona [*aufgibt*] a originalidade da sua nação e assim surge um terceiro para o qual o gosto da multidão ainda tem que se adaptar."[4]

---

[4] GOETHE 1989: II, 255 ss. Goethe desenvolveu a sua noção de tradução ainda em *Dichtung und Wahrheit* (Poesia e verdade) (1989 IX, 493 ss.), que discutirei a seguir, e em outros textos como "Germane Romance" (1989: XII, 353), além de alguns aforismos das suas *Maximen und Reflexionen* (Máximas e reflexões), como por exemplo: "A força e violência [*Gewalt*] de uma lín-

Nesse terceiro modo da tradução, portanto, Goethe destacou a ambiguidade da tarefa (*Aufgabe*) da tradução: ela inclui um abandono (*Aufgeben*) tanto da sua própria pátria como *também* da possibilidade de se traduzir de modo integral. Como veremos na segunda parte desta reflexão, é esse modelo de tradução que se revela mais produtivo para a tradução de um modo geral, e sobretudo para a de textos ditos filosóficos.

Para Friedrich Schlegel, deveria ser possível uma "tradução do universo", ou ainda, "a assim chamada *História Universal* é apenas uma tradução" (SCHLEGEL 1963: XVIII, 235, 261); para ele: "A visão da natureza mais importante e elevada equivale aos fragmentos de um grande poeta decaído. Esse poeta é Deus" (SCHLEGEL 1963: XVIII, 156). Ou seja, ele também compartilhou claramente da visão representacionista de tradução implicada na visão do mundo como texto. Mas o teor metafísico dessa postura é amplamente relativizado pela sua teoria do conhecimento desenvolvida a partir de Fichte (e que comentaremos na segunda metade deste trabalho). Falando em termos da tradução *stricto sensu*, Schlegel também foi mais além dessa postura e desdobrou de modo consequente a sua concepção relativista: "Para se poder traduzir perfeitamente dos antigos para a Modernidade o tradutor deveria dominar essa última a ponto de poder, porventura, *fazer* toda a Modernidade; mas ao mesmo tempo *entender* a Antiguidade de tal modo que ele não simplesmente a imitasse mas antes pudesse, porventura, *recriá*-la [*Wiederschaffen*]" (SCHLEGEL 1967: II, 239; grifos meus). Essa noção de entendimento (*verstehen*) que encontramos aqui pode ser reencontrada entre os principais teóricos da hermenêutica que vieram depois de Schlegel, ou seja, em Schleiermacher, Heidegger e Gadamer. Também importante nesse contexto é a sua noção de tradução como (re)criação. Nesse ponto também começamos a nos distanciar da postura que acredita na possibilidade de uma tradução integral no sentido de uma cópia, *mímesis*.

A teoria do conhecimento de Kant deixa-se reduzir ao modelo "tradicional" de tradução; ou seja, ele acreditava que desde que se respeitasse os limites do mundo fenomênico, este poderia ser traduzido em conceitos. Mas não é menos verdade que também Kant via um limite nessa tradução integral: para ele as ideias estéticas não poderiam ser traduzidas para as da razão (*Vernunft*). Na sua terceira *Crítica*, reformulando a noção baumgarteana da arte como sendo restrita ao campo das ideias claras e confusas, ele escreveu: "por uma ideia estética [*ästhetische Idee*] entendo [...] aquela representação [*Vorstellung*] da faculdade da imaginação que dá muito que pensar, sem que, contudo, qualquer pensamento determinado, isto é, conceito, possa ser-lhe adequado, representação que consequentemente nenhuma linguagem alcança inteiramente nem pode tornar compreensível" (§ 49, KANT 1992: 219). Ou seja, transpondo esse teorema em termos de uma teoria da tradução: a tradução de obras poéticas deveria limitar-se a uma determina-

---

gua não consiste no fato de ela repelir o estranho, mas sim no fato de ela devorá-lo [*verschlingen*]". E: "Quem não conhece línguas estrangeiras não sabe nada da sua própria"(1989: XII, 508). Ou seja, é apenas ao sair da nossa língua que podemos vê-la de "fora"; temos aqui evidentemente o modelo da *Bildung* aplicado à linguagem.

da faculdade, a saber, à imaginação. Entendimento e razão não podem atuar aqui: logo, a tradução (de poesia) deve ser eminentemente criativa, é *poiesis*. Nessa *Crítica*, Kant pretendia justamente superar a separação estabelecida nas duas críticas anteriores, entre o mundo da liberdade e o da necessidade — mas a superação de uma intraduzibilidade desaguou numa nova intraduzibilidade. Esse limite da tradução foi quase sempre respeitado pelos filósofos e teóricos da estética, com exceção talvez de Schiller, que nos seus escritos de estética ainda persegue o sonho de uma redução objetiva do âmbito estético. Já os primeiros românticos Novalis e Schlegel, justamente na medida em que colocaram a reflexão sobre a poesia no centro das suas preocupações e expandiram o campo do poético para toda a economia simbólica (numa paradoxal contaminação do prosaico pelo poético ao lado da afirmação do poético puro), realizaram o *linguistic turn* na história do pensamento, que foi antes de tudo um *aesthetic turn*: uma entronização da imaginação como "rainha das faculdades".

Como já afirmei acima, a concepção representacionista da filosofia como tradução, como transporte de um sentido de uma língua para outra, é uma marca da hermenêutica e sobretudo da sua vertente filosófica em Gadamer. A hermenêutica, tal como foi caracterizada desde Schleiermacher, é a arte (técnica) de compreensão (*Verstehen*) do sentido (*Sinn*) de um discurso (*Rede*). Ela evidentemente incorporou as lições do relativismo cultural e não apenas levou em conta as dificuldades da tradução, como é uma "ciência" que lida e nasce dessa dificuldade. Nas palavras de Gadamer:

> "As condições sob as quais qualquer entendimento se encontra tornam-se mais facilmente conscientes nas situações perturbadas e difíceis de entendimento. Assim o processo linguístico torna-se especialmente elucidativo na medida em que uma conversa em duas línguas estranhas entre si é possibilitada por meio da tradução e da versão [*Übertragung*]. O tradutor deve verter aqui o sentido a ser entendido para o contexto no qual o parceiro da conversa vive. Reconhecidamente isso não significa que ele possa falsificar o sentido que o outro quer dizer. Antes, o sentido deve ser mantido, mas, uma vez que ele deve ser entendido em um outro mundo linguístico, ele deve se impor aí de um modo novo. Portanto, toda tradução é já interpretação [...]."[5]

---

[5] GADAMER 1990: 387 ss. Com relação ao elemento historicista da filosofia de Gadamer e que remonta ao relativismo histórico do século XVIII, cf. a seguinte passagem extraída do seu texto "Grenze der Sprache" (Limite da linguagem) (1985): "para nós a língua estrangeira permanece uma singular experiência de fronteira. Nas profundezas da alma daquele que fala nunca se torna totalmente convincente que outras línguas denominem coisas que lhe são muito familiares de outro modo, como por exemplo, para um alemão, que aquilo que é um *Pferd* também possa ser chamado de 'horse'. Decerto algo não lhe parece correto aí" (GADAMER 1993a: 359). Compare-se ainda esse texto com a seguinte passagem de Wilhelm von Humboldt: "O pensamento nunca trata de um objeto de modo isolado e nunca necessita dele dentro de toda realidade. Ele apenas corta

E mais adiante, no mesmo texto, Gadamer afirma: "A tarefa de reformulação [*Die Nachbildungsaufgabe*] do tradutor difere da tarefa geral hermenêutica que todo texto apresenta de modo apenas gradual e não qualitativo".[6] Do historicismo do século XIX encontra-se nas obras de Gadamer tanto uma concepção linear da história[7] como uma consciência da necessidade da transferência (*sich versetzen*) para o lugar do outro para se poder "compreender" a sua posição. Como no terceiro modelo de tradução de Goethe, para Gadamer a tradução envolveria, portanto, um traduzir-se (*sich Über-setzen*) do tradutor mesmo para fora de si (cf. GADAMER 1990: 390). Na sua feliz formulação, "Man gibt sich auf, um sich zu finden", "abandonamo-nos para nos encontrar".[8]

Com relação aos resultados da compreensão/tradução, Gadamer permanece dividido entre afirmar que o texto de chegada representa uma sobre-exposição (ou sobre-iluminação), *Überhelung*, ou seja, nas suas palavras, "toda tradução que toma a sua tarefa a sério é mais clara e plana que o original"[9] e, por outro lado, defender a intraduzibilidade do texto estrangeiro, o que o coloca como um opositor da

---

ligações, relações, pontos de vista e os conecta. [...] também no caso de objetos completamente sensíveis as palavras de línguas diferentes não são sinônimos perfeitos [...] e quem diz *hyppos*, *equus* e *Pferd* não diz perfeitamente a mesma coisa" ("Latium und Hellas", HUMBOLDT 1986: 63).

[6] GADAMER 1990: 391. Cf. também de Gadamer, "Klassische und philosophische Hermeneutik" (Hermenêutica clássica e filosófica) (1965) e "Hermeneutik" (1969) *in*: GADAMER 1993: 92, 436.

[7] Cf. GADAMER 1990: 394, que fala de "continuidade da memória", *Kontinuität des Gedächtnisses*, vinculada a uma valorização do texto escrito em detrimento dos "monumentos mudos" que permaneceriam presos na sua alteridade insuperável.

[8] Cf. também: "Do mesmo modo o tradutor deve agarrar-se à lei de sua própria língua materna para a qual ele traduz e, ainda assim, fazer valer para si o elemento estrangeiro e mesmo opositor do texto e da sua forma de expressão" (Genauso muß der Übersetzer das Recht seiner eigenen Muttersprache, in die er übersetzt, selber festhalten und doch das Fremde, ja selbst Gegnerische des Textes und seiner Ausdruckgebung bei sich gelten lassen; GADAMER 1990: 390). Essa passagem lembra a máxima de Franz Rosenzweig (inspirada, por sua vez, em Schleiermacher): "Traduzir significa servir a dois senhores. Portanto, ninguém o pode" (Übersetzen heißt zwei Herren dienen. Also kann es niemand). Permanece problemática, nesse contexto, a visão de sujeito de Gadamer, que nesse ponto fica aquém das reflexões de Fichte e de Novalis. O sujeito da sua teoria é aquele indivíduo presente a si mesmo, sem ambiguidades. Do mesmo modo, para Gadamer a *Verständigung* (compreensão) se dá entre dois elementos *die die gleiche Sprache sprechen* (que falam a mesma língua) (GADAMER 1990: 387), como se fosse possível uma *traduzibilidade* absoluta da linguagem de um indivíduo para outro, mesmo dentro de uma mesma língua. Também nesse ponto Gadamer não se despede da tradição da metafísica da presença.

[9] GADAMER 1990: 390. Cf. também "Mesmo no mau negócio aparentemente sem esperanças da tradução existe não apenas um mais ou menos em termos de perda, mas também por vezes algo como ganho, ao menos um ganho de interpretação, um crescimento em clareza e por vezes também em significação inequívoca, onde isso representa um ganho" (Selbst bei dem hoffnungslos scheinenden Verlustgeschäft des Übersetzens gibt es nicht nur ein Mehr oder Weniger an Verlust, es gibt auch mitunter so etwas wie Gewinn, mindestens einen Interpretationsgewinn, einen Zuwachs an Deutlichkeit und mitunter auch an Eindeutigkeit, wo dies ein Gewinn ist). "Lesen ist wie Übersetzen" (Ler é como traduzir; 1989), *in*: GADAMER 1993a: 279.

teoria da tradução integral. Assim, em "Mensch und Sprache" (Humanidade e linguagem; 1966), lemos:

> "Todo mundo sabe como a tradução deixa como que cair no plano o que é dito na língua estrangeira. O que é dito se reproduz num plano de tal modo que o sentido literal e a forma da oração copiam o original mas a tradução como que *não possui espaço*. Falta a ela aquela terceira dimensão a partir da qual o dito originalmente (no original) se construía no seu âmbito semântico [*Sinnbereich*]. Este é um limite inevitável de toda tradução. Nenhuma pode substituir o original. Mas se se quiser acreditar que a afirmação do original projetada no plano deveria como que se tornar mais facilmente compreensível na tradução, uma vez que não pode ser traduzido muito do que no original evocava um fundo e as entre-linhas — se se quiser acreditar que essa redução a um sentido simples deveria facilitar o entendimento, então nos equivocamos. Nenhuma tradução é tão compreensível quanto o seu original. É justamente esse sentido abrangente, muito característico do dito — e sentido é sempre sentido de direção [*Richtungssinn*] —, que só vem à língua na originalidade do dizer e que foge a todo redizer e repetir. A tarefa do tradutor deve, portanto, sempre consistir não em copiar o dito, mas antes em se colocar na direção do dito, ou seja no seu sentido, para verter o a ser dito na direção do seu próprio dizer." (GADAMER 1993: 153; grifo meu)

Em passagens como essa, portanto, percebemos em que medida Gadamer consegue algumas vezes superar (ainda que de modo limitado) a concepção restrita da tradução como mero transporte de sentido de uma língua para outra, e compreender a tradução como *a passagem para um novo sentido* — compreendido como "direção" (*Richtung*) — e mudança no sentido da sua própria língua. Aqui ele consegue ver a tradução, assim como Goethe, como uma Tarefa (*Aufgabe*) impossível e necessária — apesar de discordar do poeta de Weimar quanto à possibilidade de a tradução substituir o original, o que implicaria evidentemente em abdicar do conceito (estanque) de original (como modelo fechado em si), passo esse que a hermenêutica não é capaz de dar e que exige uma visão intertextual da literatura.

Para Gadamer — seguindo aqui a máxima kantiana que vimos há pouco — é na tradução de textos de literatura que se percebe de modo cristalino a impossibilidade da tradução: "aí não é suficiente ser compreendido", ele afirmou, destacando nesse contexto dois conceitos-chave para a teoria da tradução, o de *estilo* e de pós-poesia ou re-poetar (*Nachdichtung*). Para ele o estilo é muito mais do que mera decoração — *parergon*, algo paralelo à obra —, "ele é um fator que constitui a legibilidade — e desse modo sem dúvida implica para a tradução uma tarefa infinita de aproximação." A tradução de obras poéticas — nas quais o trabalho do estilo desempenharia uma papel "ainda maior" — significa uma intensificação da tarefa tradutória. Aqui a tradução "deve ficar entre traduzir e re-poetar" (GADAMER 1993a: 282). A noção de *Nachdichten* (re-poetar) proposta aqui por Gadamer ecoa a de *Wiederschaffen* (recriar) de Friedrich Schlegel que vimos acima. De Gadamer também é a formulação absolutamente clara no contexto: "não existem tanto graus de traduzibilidade de uma língua para outra, mas antes graus de intraduzibilidade" (GADAMER 1993a: 360). Gadamer, portanto, move-se dentro da tradição que vê a filosofia como tradução (ou seja, que vê o saber como *mímesis* ou representação de um mundo "exterior"), mas — no que tange tanto à tradução como hermenêutica (como arte de interpretação) como à tradução *stricto sensu* — possui uma visão clara dos limites da mesma. Já em outros autores, como Davidson, Quine, Wittgenstein e Derrida, encontramos uma crítica radical do próprio modelo da filosofia como tradução do qual Gadamer não se libertou.

Wittgenstein, por exemplo, parte de uma crítica da noção da linguagem como representação de um mundo objetivo: nas suas *Investigações filosóficas* lemos: "Quando eu penso com a linguagem, não flutuam ao lado da expressão linguística ainda 'significados'; antes a linguagem mesma é o veículo do pensamento" (WITTGENSTEIN 1990: 384). Nas *Vorlesungen* (Preleções) Wittgenstein voltou diversas vezes a insistir nesse ponto, tratando de explicitar a relação evidente entre o modelo representacionista da linguagem e a visão "tradicional" de tradução — esse ponto é essencial para a nossa filosofia da tradução. Eu cito:

> "A língua não é um meio indireto de comunicação daquilo que se poderia comunicar diretamente por meio da leitura de pensamento. O mesmo vale para as imagens visuais da representação [na nossa mente]. [...] No pensamento não ocorre como se primeiro surgisse o pensamento para depois, ato contínuo, ser traduzido em palavras ou em outros símbolos. Não existe aqui algo que exista antes de ser abarcado em palavras ou em imagens da representação." (WITTGENSTEIN 1984: 105)

Como Novalis já havia afirmado, "um pensamento é necessariamente lingual" (NOVALIS 1978: II, 705).[10]

---

[10] Manfred Frank, no seu *Stil in der Philosophie* (Estilo na filosofia), parte dessa mesma crítica wittgensteiniana para defender a impossibilidade de se separar a filosofia da literatura. Ele nega que haja um "Gattungsunterschied" (diferença de gênero) entre ambas. Para ele toda escrita está marcada pela questão do estilo, que é o elemento irredutível da linguagem, que vai além da sintaxe. Parafraseando Gilles-Gaston Granger, ele afirma: "O estilo é fundamento-da-estrutura-mesmo-não-o-sendo" (Der Stil ist selbst-nicht-seiender-Grund-der-Struktur) (FRANK 1992: 51). Seguindo a lição de Peirce, para quem os signos tomados em si não têm nenhum valor, Frank destaca que é apenas através da *apropriação* e *utilização* da estrutura canônica — ou seja, do nosso patrimônio gramatical e lexical — por parte de um indivíduo que nasce o discurso: esse elemento individual é que corresponde ao estilo; é graças ao cimento do estilo que se constrói o discurso. Ora, se, como já vimos, desde o relativismo cultural, ou seja, desde Herder e sobretudo de Humboldt até Gadamer, insistiu-se na não-traduzibilidade das palavras isoladas, a matéria comum da linguagem, já o estilo, que constitui uma instância ainda mais "tênue" da mesma, ou mais densa — *gedichtet* — estaria ainda com mais razão dentro do paradigma do intraduzível. Argumentando a favor da polissemia intrínseca à linguagem, Frank lança mão também da teoria quineana da indeterminação da tradução. Quine construiu essa teoria não para provar a não-traduzibilidade entre

Partindo de pressupostos bem distintos, também Paul de Man desenvolveu um modelo de leitura do texto que procura destacar a impossibilidade da sua compreensão, ou ainda, da sua tradução. O seu conhecido conceito de *aesthetic ideology* foi desenvolvido como uma crítica da leitura homogeneizadora que se costuma fazer dos textos de um modo geral, na qual se tenta reduzir o texto a uma mensagem semântico-estética. De Man contrapõe a esta visão tradicional de leitura uma noção de "leitura alegórica", que ao invés de "entrar" no jogo do jargão da estética — organizado entre inúmeros polos, tais como forma *versus* conteúdo, barroco *versus* classicismo, apolíneo *versus* dionisíaco —, tenta destacar a "ilegibilidade" do texto, vale dizer, a impossibilidade de sua tradução. De Man recusa a possibilidade de se organizar o texto numa série lógica; ele revela o jogo de analogias que tenta sustentar qualquer texto. Ele percebe uma contradição básica que abala a estrutura de *qualquer* texto (e não apenas os chamados poéticos): a divergência entre a gramática, que funciona como uma máquina produtora de texto independentemente da sua referência, e o momento "figurativo". Nas palavras do próprio De Man:

> "Denominamos de texto qualquer entidade que pode ser considerada de tal perspectiva dupla; como um sistema gramatical generativo, aberto, não-referencial, e como um sistema figural isolado por uma significação transcendental que subverte o código gramatical graças ao qual o texto deve a sua existência. A 'definição' do texto também afirma a impossibilidade da sua existência e prefigura as narrativas alegóricas desta impossibilidade." (DE MAN 1980: 270; cf. GASCHÉ 1989)

Mas mesmo autores como De Man não deixam de perceber que existem de fato, parafraseando as palavras de Gadamer anteriormente citadas, não tanto graus de traduzibilidade, mas sim graus de não-traduzibilidade. Existe quase uma unanimidade quanto ao fato de que quanto mais o texto se aproxima do paradigma tradicional do texto *literário* — com o poema lírico representando a suma do poético — cada vez mais a tradução é vista como menos possível de se concretizar. Para Jakobson isso não muda de figura. No seu famoso texto dedicado à tradução ("Aspectos linguísticos da tradução"), após distinguir três tipos de tradução — a "intralingual ou reformulação (*rewording*)"; a "interlingual ou tradução propriamente dita"; e "a inter-semiótica ou transmutação, que consiste na interpretação dos signos verbais por meio de sistemas de signos não-verbais" —, Jakobson nota com relação à tradução de textos ditos poéticos:

---

as diversas línguas, mas apenas achou na tradução um modelo radicalizado do nosso modo de conhecimento. A "indeterminação" ocorre para Quine já dentro da nossa própria língua. Partindo de uma abordagem behaviorista, ele afirma que a tradução de A para B e de B para C não implica um mapeamento de A por C, assim como se teria com uma passagem direta de A para C. Também o mapeamento de A por B e depois de B por A não coincide com o A inicial (FRANK 1992: 33). Para Quine como para Wittgenstein (aliás, também para Saussure): "compreender uma asserção significa compreender uma língua" (Wittgenstein, *apud* QUINE 1980: 143). O conceito de estilo e a valorização da linguagem como *ação* constituem noções centrais para a filosofia da tradução.

"Em poesia, as equações verbais são elevadas à categoria de princípio construtivo do texto. As categorias sintáticas e morfológicas, as raízes, os afixos, os fonemas e seus componentes (traços distintivos) — em suma, todos os constituintes do código verbal — são confrontados, justapostos, colocados em relação de contiguidade de acordo com o princípio de similaridade e de contraste, e transmitem assim uma significação própria. A semelhança fonológica é sentida como um parentesco semântico. O trocadilho, ou, para empregar um termo mais erudito e talvez mais preciso, a paronomásia, reina na arte poética; quer esta dominação seja absoluta ou limitada, a poesia, por definição, é intraduzível. Só é possível a transposição criativa: transposição intralingual — de uma forma poética a outra —, transposição interlingual ou, finalmente, transposição inter-semiótica — de um sistema de signos para outro, por exemplo da arte verbal para a música, a dança, o cinema ou a pintura."[11]

Antes de passar para a segunda parte desta exposição, gostaria ainda de recordar a presença importante que a crítica da tradução, pensada como transporte de sentido, ocupa na obra de Jacques Derrida, bem como a sua noção de intraduzibilidade do texto poético. A sua teoria da tradução, lembro apenas *en passant*, é na verdade uma tentativa de desdobrar um texto central dentro da história da reflexão sobre a tradução, a saber, o "A tarefa/renúncia do tradutor" (1921-23) de Walter Benjamin, que este publicara como introdução às suas traduções dos "Tableaux parisiens" (Quadros parisienses) das *Flores do Mal* de Baudelaire, em 1923. Num longo debate dedicado à teoria da tradução e posteriormente publicado num volume intitulado sugestivamente de *L'oreille de l'autre* (A orelha do outro), Derrida resumiu a sua crítica da tradução com essas palavras:

"O que diz um filósofo quando ele é filósofo? Ele diz: o que conta é a verdade ou é o sentido, e o sentido está antes ou além da língua, por conseguinte ele é traduzível. O que comanda é o sentido e, consequentemente, devemos poder fixar a univocidade do sentido, ou em todo caso, a plurivocidade deve ser domesticável, e se essa plurivocidade é domes-

---

[11] JAKOBSON 1988: 71. Vale notar que essa noção pode ser facilmente aproximada do conceito de hieróglifo de Diderot. Diderot, apesar de evidentemente se manter dentro de uma visão representacionista da linguagem, já adiantara uma ordem de ideias semelhantes, na medida em que para ele, graças ao seu conceito do hieróglifo artístico, a poesia seria intraduzível. Veja-se, por exemplo, a sua *Lettre sur les surds et muets* [à *l'usage de ceux qui entendent et qui parlent*] (Carta sobre os surdos e mudos para o uso daqueles que escutam e falam), 1965, 70. Cf. também Octavio Paz para uma defesa da intraduzibilidade da poesia: "A poesia transforma radicalmente a linguagem e em direção contrária à da prosa. [...] Pois bem, apenas adentramos os domínios da poesia, as palavras perdem sua mobilidade e sua intercambialidade [*intercanjeabilidad*]. Os sentidos do poema são múltiplos e cambiantes; as palavras do poema são únicas e insubstituíveis. Substituí-las significaria destruir o poema. A poesia, sem deixar de ser linguagem, é um para além da linguagem" (PAZ 1973: 64).

ticável, a tradução como transporte de um conteúdo semântico numa outra forma significante, numa outra língua, é possível. Não existe filosofia a menos que a tradução seja possível nesse sentido, portanto *a tese da filosofia é a traduzibilidade, a traduzibilidade no seu sentido corrente, transporte de um sentido, de um valor de verdade, de uma língua numa outra, sem prejuízo essencial*. E esse projeto, ou essa tese, evidentemente tomou ao longo da história da filosofia um certo número de formas que poderíamos destacar de Platão a Hegel passando por Leibniz. Portanto, o programa da tradução, a passagem para a filosofia, no meu espírito era isso: a origem da filosofia é a tradução, a tese da traduzibilidade, e em todo lugar onde a tradução nesse sentido é posta em questão, não é nada menos do que a filosofia que se encontra posta em questão." (DERRIDA 1982: 159 ss.; grifo meu)

O projeto filosófico de Derrida pode, portanto, ser observado como uma tentativa de mostrar a inconsistência da tese da traduzibilidade: como Wittgenstein ou Saussure, ele condena a visão da linguagem como mera nomenclatura. Além disso, tratando da tradução *stricto sensu*, ou seja, no seu caso, da intraduzibilidade, ele tenta mostrar como conceitos que desempenharam um papel-chave na história da filosofia, como *phármakon* ou *Aufhebung*, possuem uma *indécidabilité* que se perde se traduzidos. Derrida põe em questão a possibilidade de existir a tradução denominada por Jakobson como "tradução no sentido próprio". Como ele mesmo afirmou, isto pressuporia "que existe uma língua, que existe uma tradução no sentido próprio, ou seja, como passagem de uma língua em uma outra; e se a unidade do sistema linguístico não está assegurada, toda esta conceituação em torno da tradução (no sentido dito 'próprio' da tradução) está ameaçada" (DERRIDA 1982: 134). Derrida também compartilha do *tópos* clássico que vê na literatura o intraduzível *par excellence*. A literatura é para ele um *événement*, a criação do âmbito sagrado na linguagem. "O texto sagrado chega, é um evento [...] (a literatura de uma certa maneira é o intraduzível) a literatura é sagrada [...]; se existe literatura, ela é sagrada [...]" (DERRIDA 1982: 195 ss.). A não-traduzibilidade *gera* para ele tanto a literatura como o sagrado. A consequência dessa intraduzibilidade é também para Derrida uma visão da tradução como presa a um *double bind* (duplo vínculo). Analisando a descrição bíblica do evento da torre de Babel, ele nota que Babel é o mito da origem do mito: origem da necessidade de tradução, de suplementação. É a "metáfora da metáfora". E ele conclui: "Esta história conta, entre outras coisas, a origem da confusão das línguas, a multiplicidade dos idiomas, a tarefa necessária e impossível da tradução, sua necessidade *como* impossibilidade" (DERRIDA 1987: 203). Novamente voltamos à visão da tradução como tarefa, *Aufgabe*.

Terminado esse pequeno périplo pela filosofia da tradução, podemos concluir que a tradução no seu sentido antirrepresentacionista e, portanto, criativo, está intimamente conectada ao duplo mandamento contraditório de toda equação da identidade: o ser (da tradução) só existe graças à sua relação com o seu não-ser, ou seja, com a sua impossibilidade. Reencontraremos logo mais essa equação ao tratar da tradução de textos filosóficos. No entanto, vale a pena deixar clara uma tensão inerente a essa filosofia da tradução. Ela foi iniciada com uma defesa da não-diferença qualitativa entre o discurso dito literário e o dito filosófico. Diversos autores, como vimos, desenvolveram as suas respectivas filosofias da tradução com base nesse axioma. Não obstante, mesmo num autor como Derrida, que defende uma intraduzibilidade "radical" que na verdade não abre sequer para os "graus da intraduzibilidade" mencionados por Gadamer, pois bem, mesmo Derrida toma a "literatura" como o discurso "mais" intraduzível. Tentemos agora ver de perto um caso particular de tradução para notar em que medida a filosofia da tradução conecta-se à tradução de filosofia (uma não deveria viver sem a outra). Minha tese é que a filosofia é "mais poética" do que se costuma crer e, portanto, ela também é radicalmente intraduzível — e, por isso mesmo, *deve* ser traduzida.

Tradução de Filosofia

Como a prática da tradução incorpora a noção de tradução como *Aufgabe*, ou seja, como *double bind*? Como isso se dá na tradução de textos ditos filosóficos? Apesar de a filosofia não se deixar diferenciar da literatura quanto à sua escritura, mesmo assim acredito que a tradução de textos explicitamente conectados à tradição de escritos filosóficos apresenta um caso especial para a teoria e prática da tradução. (O mesmo motivo que nos leva a afirmar que a filosofia não é "essencialmente" diferente da literatura, exige — ao mesmo tempo [*double bind*] — a necessária diferenciação entre a filosofia e a poesia: ou seja, se tudo é diferença — não existe identidade positiva —, tudo é diferença! O relativismo, portanto, não implica de modo algum o abandono do rigor do pensamento.) Assim, do mesmo modo que se pode distinguir graus de não-traduzibilidade, também se pode dizer que a tarefa tradutora é marcada por diferentes peculiaridades conforme se esteja traduzindo a *Commedia* dantesca, *Don Quijote*, *Der Messias* ou a *Kritik der reinen Vernunft*. Não que com essa afirmação eu esteja negando a pertença do texto filosófico à literatura, muito pelo contrário. Como veremos, o tradutor de filosofia tem de levar em conta não apenas o aparato conceitual que deve verter para a língua de chegada, mas também, como falava Jakobson com relação ao texto poético, o jogo paranomásico que permeia o texto original, o trabalho executado pelo "princípio de similaridade e de contraste", ou, ainda, a *indécidabilité* de que fala Derrida.

Para apontar como a filosofia da tradução conecta-se à prática tradutória — como uma não deveria existir sem a outra — escolhi como exemplo as traduções que Rubens Rodrigues Torres Filho fez de alguns textos centrais de Novalis, sendo que também comentarei aqui e ali a sua tradução de Fichte para o português. Gostaria de destacar que essas traduções servirão apenas de material para expor algumas peculiaridades importantes da tradução de textos filosóficos; não estou, portanto, nem preocupado com uma análise dessas traduções em si, nem em destacar a sua originalidade; elas apenas representam exemplos máximos no seu gênero.

Gostaria ainda de poder sugerir, com essa análise, em que medida o estudo de traduções constitui um importante tema para a Literatura Comparada. A história das traduções de um país aponta para a história da sua *Bildung*; indica a sua capacidade de "saída de si", sendo que a "volta a si" implica a construção do vocabulário comum que está na base de toda cultura. O próprio "ser da cultura" só existe dentro desse movimento pendular — não existe nada além desse eterno oscilar que é a marca da tradução. No caso específico do estudo da história da tradução de textos filosóficos, isto significa acompanhar a construção de todo um aparato conceitual.

No momento em que o teórico da literatura estuda uma tradução, ele está de certo modo violando a lei da não-traduzibilidade das traduções, formulada por Benjamin (BENJAMIN 1972a: 20); ele está fazendo a tradução de uma tradução. Esse aspecto da análise da tradução não deixa de ter uma faceta desestruturadora. Na medida em que *põe* a tradução como um original, inverte a hierarquia tradicional, e permite desse modo que se vislumbre o texto de chegada sob uma nova perspectiva. Assim, o teórico da literatura entra no círculo da *Bildung* — que envolve a tradução como um dos eixos que coordenam o movimento de saída e volta à cultura — na medida em que ele reativa e desdobra o ciclo da autorreflexão.

Uma das peculiaridades principais da tradução de textos ligados à tradição filosófica é o papel central que as notas explicativas desempenham. É difícil se conceber em que medida a paronomásia contida num poema de Paul Celan poderia *passar* para uma outra língua com a ajuda de uma nota de rodapé. O próprio termo "rodapé" remete à *prosa* — que vem de *prosa oratio*, *provorsa*, ou seja, "caminhar para frente", em oposição ao verso, que implica a *volta* ritmada. Não é um acaso que a terminologia da retórica latina clássica também tenha reservado para o texto prosaico o termo *pedester*. Há uma relação direta entre o discurso filosófico-prosaico e o uso das notas. A filosofia se constitui, antes de tudo, como história da filosofia; nela, portanto, a intertextualidade é não apenas uma constante, mas, pode-se dizer, constitui o seu cerne (como se passa, aliás, em qualquer gênero literário). Um texto filosófico está sempre em diálogo com a tradição; as notas são um dos modos típicos dessa forma de explicitar esse diálogo. Ao menos desde o século XVIII, o uso de notas tornou-se um hábito amplamente difundido tanto entre os historiadores como também entre os filósofos. Portanto, é incompreensível que alguns teóricos da tradução afirmem que as notas devam ser não apenas evitadas, mas que cheguem a condená-las totalmente. Assim, por exemplo, Derrida fala do ideal de uma tradução (evidentemente teológico) que deveria ser exata, palavra a palavra, e dispensar o uso das notas, o que, de resto, vai totalmente contra as suas reflexões sobre a pluralidade de sentidos que habita qualquer texto, qualquer língua.[12] Istvan Fehér, num artigo dedicado especificamente à questão da tradução de textos filosóficos, também defendeu a tese claramente insustentável de que o

---

[12] Nas suas palavras: "Quando o tradutor [...] pode incluir uma nota ou então colocar palavras entre colchetes, evidentemente o que ele faz não é uma operação de tradução neste momento; comentar, analisar, chamar a atenção, não é traduzir, daí o problema *econômico* da tradução. No fundo, o ideal de uma tradução que não seria senão tradução, é o de traduzir uma palavra por uma palavra, a partir do momento em que colocamos duas palavras ou três no local de uma, e que a tradução se torna explicação analítica, não se trata mais de tradução no sentido estrito" (DERRIDA 1982: 204).

tradutor deve evitar a interpretação, o comentário e o esclarecimento. Como poderia um tradutor evitar a interpretação se — como, contraditoriamente, o próprio Fehér afirma no mesmo texto — toda tradução é ela mesma interpretação?[13] Walter Benjamin, que era familiarizado com a tradição teológica-tratadística medieval que cultivava a introdução de *glosas*, que eram reservadas para as passagens difíceis e obscuras do texto sagrado, além de ter valorizado também a própria tradição judaica midrachista de comentário contínuo da Torá, sabia que a introdução de adendos e notas num texto filosófico por parte do seu tradutor era parte da sua tarefa.[14] Numa carta de outubro de 1935 ao seu amigo estudioso da cabala e tradutor do hebraico Gershom Scholem, Benjamin elogiou a sua tradução de um capítulo do *Zohar* com as seguintes palavras: "A tradução do presente texto certamente não foi mais fácil que a de um poema perfeito. No entanto, os tradutores de poesia não dispõem via de regra sobre a renúncia [*Entsagung*] que constitui aqui a condição do sucesso e que fornece ao mesmo tempo a regra do método: conectar a tradução ao comentário" (BENJAMIN 1978: 694). O fato de Benjamin ligar aqui o comentário do tradutor à renúncia não deixa de remeter à sua noção de tradução como *Aufgabe*, a saber como *Aufgeben*, renunciar, desistir, abandonar.

As traduções de Torres Filho nasceram de uma necessidade prática, didática: como professor de história da filosofia especializado no idealismo alemão, devido à ausência de traduções para o português de vários textos básicos desse período, ele viu-se obrigado a lançar-se na empreitada tradutória de alguns dos textos mais herméticos da filosofia ocidental: a saber, da doutrina-da-ciência de Fichte, deve-se acrescentar, em várias das suas versões,[15] assim como de textos de Schelling e ainda de muitos dos principais fragmentos de Novalis (eles mesmos originados por

---

[13] FEHÉR 1993: 284. Fehér defende outras ideias discutíveis — e heideggerianas — como ao afirmar que para se compreender Heidegger deve-se "ser alemão" (1993: 276.)! Na mesma coletânea de textos, Marina Bykova defendeu corretamente o comentário como uma parte integrante da tradução filosófica: "Apenas os comentários da tradução devem e podem tornar claro e contar em que sentido um termo concreto foi empregado em um determinado contexto" (BYKOVA 1993: 255). O único cuidado que se deve ter é não sucumbir à "ideologia da clareza" (correlata à "ideologia do belo") e se exigir sempre um "alto estilo" ou clareza onde esta não existe. Quem faz isso está preso ao modelo da tradução como *belle infidèle*. Com relação a este modelo de tradução, cf. o capítulo 18.

[14] Benjamin também soube defender — como, depois dele, Derrida — a tradução absolutamente literal: na verdade a tradição judaica encerra lado a lado esses dois modelos de tradução, o literal e o explicativo. O texto bíblico só pode existir enquanto uma escritura imóvel, intraduzível, mas também na medida em que é lido e compreendido (daí a proliferação de paráfrases, glosas, comentários, traduções etc.).

[15] Rubens R. Torres Filho traduziu as seguintes obras de Fichte: *Über den Begriff der Wissenschaftslehre oder der sogenannten Philosophie, Grundlage der gesammten Wissenschaftslehre, Versuch einer neuren Darstellung der Wissenschaftslehre, Sonnenklarer Bericht an das grössere Publikum über das eigentliche Wesen der neuesten Philosophie, Darstellung der Wissenschaftslehre* e *Die Staatslehre, oder über das Verhältniss des Urstaates zum Vernunftreichen*. Como indico na bibliografia os volumes em português que contêm estes textos, acho desnecessário aumentar esta nota incluindo as traduções.

sua vez de um exaustivo estudo da filosofia fichteana). Isto sem contar as suas traduções de textos de autores centrais na história da filosofia, como de Kant, Schopenhauer, Nietzsche e Walter Benjamin. Ele enfrentou a tarefa da tradução, a sua necessidade e impossibilidade, lançando mão de um princípio de máxima literalidade, contrabalançado por perífrases ou traduções analíticas, além da introdução de inúmeros comentários nas suas notas. Torres Filho, no seu trabalho, está atento tanto para o fato da tradução, *Über-setzung*, ser em si mesma uma *peri-frase*, *circumlocutio*, ou ainda ser uma *metaphora*, trans-posição (*Übertragung*), que na verdade apenas repete o princípio analógico que impera na língua de partida (eu remeteria nesse ponto às análises que De Man fez). Seguindo essa visão, Torres Filho procura problematizar a existência de um texto original único, fechado, com uma mensagem clara e singular passível de ser recodificada. Desse modo ele tenta, sempre que possível, manter no texto traduzido as ambiguidades do texto de partida, quer repetindo a sua estrutura ambígua ou, quando isso não é praticável, indicando numa nota a não-univocidade de sentido. É evidente que ele não consegue se furtar à simplificação que muitas vezes o ato tradutório envolve, e que, como vimos há pouco, Gadamer, entre outros, procurou destacar. Por outro lado, a sua enorme experiência como tradutor de filosofia alemã para o português faz com que em alguns momentos a sua tradução represente — romanticamente — *um ganho* com relação ao original. Esse ganho, seguindo a visão do texto original como um texto aberto que incorpora as suas leituras, é na verdade algo evidente e desejável dentro de uma filosofia da tradução.

Como bom intérprete e comentador — pressupostos do bom tradutor —, Torres Filho revela o texto original como já sendo ele mesmo um emaranhado de citações, alusões e traduções, e a língua, quer de Fichte ou de Novalis, como penetrada de inúmeros "estrangeirismos". Muitos dos conceitos utilizados por esses filósofos são traduzidos a partir de palavras latinas ou francesas que estavam na origem do termo empregado em alemão. Vale lembrar que Kant, por exemplo, costumava dar entre parêntesis a origem latina de vários de seus conceitos; assim a *Anschauung* ele fazia seguir *intuitio*, a *Vorstellung, repraesentatio*, a *Deduktion, deductio*. Ele havia desenvolvido o seu aparato conceitual a partir da leitura não só de Baumgarten — que publicava a sua obra em latim — e Leibniz — com seus textos em francês —, mas também a partir de autores ingleses — que ele lia apenas nas traduções normalmente para o francês quando os originais não eram em latim — tais como Bacon, Locke, Berkeley e Hume. Também não se pode negligenciar a influência de Hobbes, Hucheson e Shaftesbury na sua teoria estética (cf. DOSTAL 1993). Isso apenas para indicar o seu diálogo com a tradição inglesa.

Mas voltemos a Torres Filho. Como tradutor-filólogo, ele ressalta detalhes dos manuscritos e das diferenças entre as diversas edições, trazendo desse modo à luz do dia a vida do texto original; ele mostra o texto em movimento, como ação. As suas notas surgem como mais uma etapa na história do texto. Assim como ele incorpora nas suas traduções o material acumulado por uma já longa história da recepção desses textos — as diversas traduções para outros idiomas, com as suas respectivas notas, as análises realizadas em monografias e artigos, o aparato que acompanha as boas edições críticas —, do mesmo modo, a sua leitura-tradução-

-interpretação passa a fazer parte do original. Como vimos, a linguagem não existe enquanto ela é só gramática e dados lexicais, ou seja, apenas um conjunto de elementos estruturais; somente com a apropriação que cada indivíduo faz dessa estrutura é que ela passa a ter vida. Do mesmo modo, o texto, no caso o texto dito filosófico, só existe na sua recepção, e a história dessa recepção constrói e reconstrói constantemente o texto "original".

A tentativa de se manter dentro de uma máxima literalidade, a que me referi há pouco, pode ser notada em muitos casos nos quais Torres Filho procura transpor para o português a sintaxe alemã, e também na medida em que ele forja novos termos no português, sem, no entanto, incorrer em preciosismo. Eis alguns exemplos.

Na sua tradução de Fichte, Torres Filho verteu alguns conceitos-chave da filosofia do idealismo alemão para o português, que foram posteriormente incorporados pelos tradutores de obras sobre a filosofia desse período e que também passaram a ser empregados nos trabalhos sobre Fichte redigidos no Brasil. Eu destacaria aqui a sua tradução do neologismo fichteano *Tathandlung* por "estado-de--ação". Numa nota, o tradutor esclarece: "A palavra *Tathandlung* é exclusividade de Fichte; não consta dos dicionários. É um termo forjado por analogia, provavelmente por ele mesmo, como oposto a *Tatsache* (estado-de-coisa, fato), que por sua vez é a tradução literal do latim *res facti*". No restante da nota, lemos ainda uma outra passagem de Fichte que deixa mais claro o sentido do conceito. Ou seja, o tradutor não apenas mostra a relação de contaminação entre as línguas — revelando a tradução como um ato de retradução — como trata de levar em conta o que eu gostaria de denominar de *paronomásia filosófica*, ou seja, o jogo de espelhamento e eco que existe entre os conceitos utilizados por qualquer filósofo, que deve ser lido não apenas dentro do contexto imediato em que ele aparece como também na *œuvre* do autor como um todo, e ainda envolve a importação de conceitos e famílias conceituais de outros autores e tradições filosóficas. Como ainda veremos mais de perto, como na figura de retórica, aqui também as similaridades fônicas e os parentescos etimológicos desempenham um importante papel. Tendo-se esse conceito em mente, fica claro por que na tradução de um texto filosófico as exigências são no mínimo tão grandes quanto na de um poema lírico.

Passemos a outros exemplos. Na sua tradução de Novalis, Torres Filho traduz *Selbstäusserung* por *autoexteriorização* (NOVALIS 1988: 51). Numa nota, ele apresenta o termo empregado no original e comenta que ele "tem o sentido de 'exteriorizar-se de si mesmo'", ou seja, dá uma tradução analítica da expressão. Além disso, lemos ainda uma outra tradução possível, "alienar", e Torres Filho ainda recorda "que, na *Doutrina-da-ciência* de Fichte, [alienar] é a atividade característica da síntese da substancialidade, por oposição ao *übertragen* (transferir), que é característica da causalidade" (NOVALIS 1988: 209). Ou seja, ele fornece não apenas três traduções de uma mesma palavra, como também indica de onde o conceito havia sido retirado. Na mesma passagem encontra-se um outro neologismo na expressão: "observação autoativa" (NOVALIS 1988: 53). Na nota, ficamos sabendo qual é o adjetivo do texto original — *selbsttätig* — e o autor justifica a sua tradução: "A introdução do neologismo, em português, visa a evitar as palavras 'espontânea' ou 'autônoma', que no contexto da filosofia transcendental têm um significado técnico muito específico" (NOVALIS 1988: 209). Outro neologismo é o termo "indivíduos-de-arte" (NOVALIS 1988: 65), que traduz *Kunstindividuen* em alemão. No caso, a tradução para o português já estava "pré-cunhada" devido à incidência de um termo latino no original. "Antropognosta" é sem dúvida um termo forjado por Torres Filho que a princípio causa espécie. Nossa estranheza é, no entanto, superada quando lemos a nota: o próprio Novalis formara esta palavra seguindo o modelo de "'geognosta', designação desusada para 'geólogo'" (NOVALIS 1988: 221). Da mesma ordem de neologismos é o termo "socrácia" (NOVALIS 1988: 141), que traduz "Sokratie", inventado por Novalis. Torres Filho, na nota, indica o termo utilizado no original e também o contexto em que ele deve ser lido na obra de Novalis e F. Schlegel (NOVALIS 1988: 239).

Especifiquemos mais detalhadamente o emprego das notas nas traduções de Torres Filho. Elas podem ser classificadas do seguinte modo: 1) notas — ou, em alguns casos na tradução de Fichte, parênteses — que indicam o termo ou a frase no original; 2) notas que visam esclarecer determinados conceitos. Estas se subdividem, por sua vez, em quatro subgrupos: 2.1) nas que retraçam a relação vertical do conceito com a tradição filosófica anterior à obra; 2.2) as que indicam elementos da história da recepção e transformação desse conceito; 2.3) as que analisam a relação vertical do conceito dentro da obra do autor como um todo; e 2.4) as que estudam a relação do conceito dentro do seu contexto mais restrito, ou seja, dentro do próprio texto traduzido. Além disso, encontramos ainda: 3) notas que procuram destacar as relações de assonância e eufonia do termo original; 4) notas que indicam detalhes, correções, adendos ou rasuras do manuscrito, ou que apontam para erros ou variantes das diferentes reedições; 5) notas que ressaltam o uso de "estrangeirismos" no original; 6) notas que esclarecem quem são as pessoas, autores e obras mencionados; 7) notas que indicam que o texto já aparecia no original em determinada língua estrangeira; 8) notas que fornecem variantes de tradução e/ou de interpretação; e finalmente 9) notas simplesmente irônicas.

Vejamos agora alguns exemplos que logo deixarão claro que evidentemente essa tipologia apresenta apenas tipos "puros", que na prática raramente aparecem como tais. Na tradução de Novalis, Torres Filho introduziu depois do termo "exaltação" (NOVALIS 1988: 39) a seguinte nota: "Tradução convencional de *Schwärmerei*, de fato *intraduzível* por referir-se muito intrinsecamente ao debate de ideias da época. Obscurantismo, misticismo, delírio, era o negativo da Ilustração" (NOVALIS 1988: 203; grifo meu). A nota ainda continua dando exemplos de outras passagens nas quais Novalis já havia empregado o mesmo conceito. A nota que se segue à palavra "exposição" (NOVALIS 1988: 49) não é menos importante: "Em alemão *Darstellung*, que Kant na *Crítica do juízo* dá como equivalente de *exhibitio* e em francês pode ocasionalmente ser traduzida por *mise en scène*" (NOVALIS 1988: 207). A nota continua mostrando outras ocorrências do mesmo termo em Fichte e em Novalis. Ou seja, aqui encontramos um dos casos de notas que apontam para o original como já sendo ele mesmo localizado numa cadeia de traduções: Novalis, que lera em Fichte, que lera em Kant, que por sua vez vertera *exhibitio* em *Darstellung*. Na mesma página, uma outra nota chama a atenção para um jogo de eufonia do texto alemão. Na versão em língua portuguesa lê-se: "Assim é, portanto, o gênio, a faculdade de tratar de objetos imaginados como se se tratasse de objetos efetivos, e também de tratá-los como a estes" (NOVALIS 1988: 49). E a nota esclarece: "O texto alemão, que joga com os verbos *handeln von* (tratar de) e *behandeln* (tratar), é o seguinte: *So ist also das Genie, das Vermögen von eingebildeten Gegenständen, wie von Wirklichen zu handeln, und sie auch, wie diese, zu behandeln* [...]" (NOVALIS 1988: 208). Ainda na mesma página, Torres Filho anota com relação ao conceito *clareza de consciência* (NOVALIS 1988: 49):

> "A locução 'clareza de consciência' [...] procura suprir, por perífrase, a *intraduzível* [grifo meu] palavra *Besonnenheit* — um termo-chave, que Hardenberg herdou da filosofia de Fichte. Ali ela designa a única postura genuinamente filosófica, de lucidez, vigília, autoconsciência. Formada a partir do verbo reflexivo *sich besinnen* (que pode também significar 'voltar a si', 'recobrar os sentidos'), beneficia-se ainda da homofonia com o verbo *besonnen*, que significa 'iluminar', 'ensolarar'."(NOVALIS 1988: 208)

Ou seja, com a nota o tradutor tenta suprir as carências da tradução, tenta apontar para a rede de associações que a leitura do texto original abre: com a tradição filosófica e com o eixo paradigmático da língua de partida. Uma nota do mesmo teor é inserida após a seguinte passagem da tradução das *Observações entremescladas* de Novalis: "*Procuramos* por toda parte o incondicionado e *encontramos* sempre apenas coisas" (NOVALIS 1988: 37). Nela pode-se ler: "O texto alemão é mais expressivo, pois *joga* [grifo meu] com a contraposição dos cognatos *Ding* (coisa) e *un-be-dingt* (incondicionado)" (NOVALIS 1988: 200 ss.). Na nota, o tradutor ainda comenta os conceitos de *Ding* e *Unbedingt* em Schelling, Kant e noutras passagens de Novalis. Outra nota que também procura recuperar as analogias acústico-conceituais do termo original refere-se à expressão "tonalidades afetivas" (NOVALIS 1988: 51). Na nota lê-se:

> "Em alemão: *Stimmungen*. Esta palavra, formada a partir do radical *Stimme* (voz) e considerada pelos comentadores como essencial em Novalis, não pode ser simplesmente traduzida por 'estados de alma'. Ele próprio chama a atenção para a referência diretamente musical ('a acústica da alma é um domínio ainda obscuro' [Novalis]), para o parentesco com a ideia de acordo ou harmonia (*Einstimmung*) e para sua presença no conceito de *determinação* (*Bestimmung*). Confira-se o nº 534 dos *Estudos de Fichte*, onde aflora essa preocupação terminológica: '*Stimme — Stimmung — stimmen — bestimmen — einstimmen. Stimme* exprime algo que constitui a si mesmo. *Stimmung* nasce de dois ativos e dois passivos'." (NOVALIS 1988: 209)

Torres Filho reinstaura aqui não apenas o contexto paronomásico do conceito, revelando como as suas camadas semânticas não podem ser despregadas da sua textura sonora, como, para tanto, cita um texto de Novalis, sendo que metade em alemão, metade em português, ou seja, ele transplanta o jogo de homofonias de forma intacta. Este recurso de traduzir via não-tradução, para revelar a importância do conceito original, é totalmente legítimo; desde que, evidentemente, venha, como é o caso, sustentado por comentários e glosas. Na sua tradução da *Doutrina-da--ciência* de Fichte, Torres Filho lançou mão do mesmo recurso. Assim, após termos lido na versão portuguesa: "O eu [...] é ao mesmo tempo o agente e o produto da ação; o ativo e aquilo que é produzido pela atividade; ação e feito são um e o mesmo; e por isso o *eu sou* é expressão de um estado-de-ação" (FICHTE 1980: 46), lê-se na nota:

> "Este trecho é fundamental para esclarecer a gênese conceitual da noção de *Tathandlung*, assim como a formação da palavra. Para maior clareza, é interessante lê-lo com os termos alemães no lugar: 'O eu é ao mesmo tempo o *Handelnde* e o produto da *Handlung*; o *Tätige* e aquilo que é produzido pela *Tätigkeit*; *Handlung* e *Tat* são um e o mesmo; por isso o *eu sou* é a expressão de uma *Tathandlung*'. Temos aqui a primeira expressão da *identidade do sujeito e objeto*, que inspirou todo o idealismo alemão." (FICHTE 1980: 46)

Com essa montagem de línguas, Torres Filho não só chama a atenção para a impossibilidade da tradução do original — de dentro de uma tradução, vale acentuar — como também gera um estranhamento, um distanciamento, tanto da língua do original, deslocada para um texto em português, como também da língua de chegada, que se transforma, na medida em que incorpora palavras estrangeiras, em um jogo de sons por assim dizer puros, tendencialmente sem sentido algum. Em momentos como esses, a tradução de Torres Filho deixa claro tanto a importância da eufonia no discurso filosófico, e portanto o fato da intraduzibilidade não ser um apanágio restrito à poesia, como também a relação estreita entre o modelo da tradução e o da *Bildung*. Não só no *ato* da tradução ocorre a saída da sua língua, mas também a leitura da tradução exige um abandono da mesma. A tradução, pode-se concluir, radicaliza determinados elementos ambíguos da nossa linguagem, revela a ausência de um núcleo fixo na nossa língua (e no nosso saber), de uma *arché*, e ela faz isso na medida em que nos distancia da nossa própria linguagem cotidiana. Ela revela que não há uma linguagem fixa, "ordinária", uma "prosa pura", como alguns filósofos da linguagem procuram defender, que seria constativa e enunciada por um sujeito presente a si mesmo. E ela realiza isso, paradoxalmente, na medida em que ela radicaliza o caráter que normalmente se atribui justamente à linguagem da prosa, ou seja, a intercambialidade das palavras.[16]

---

[16] Como Paul Valéry afirmou: "É prosa o escrito que tem um objetivo exprimível por um outro escrito" (Est prose l'écrit qui a un but exprimable par un autre écrit; VALÉRY 1960: 555). Mas a filosofia da tradução, como vimos, não admite se falar dessa linguagem da "prosa pura" que seria oposta à da "poesia pura". É verdade que a tradução, na medida em que ela é obrigada

Não é de modo algum indiferente o fato de estarmos analisando este aspecto, central do meu ponto de vista, da atividade tradutória, a partir das traduções de textos de Novalis e Fichte. O Romantismo alemão, com as traduções de Shakespeare, Camões, Calderón, Cervantes e Platão, entre outros, foi não só uma época particularmente importante da tradução alemã, como também da sua teorização. A *Doutrina-da-ciência* de Fichte descreve a formação do "eu", como se lê na tradução de Torres Filho, como um "*eu* [que] *põe originariamente, pura e simplesmente o seu ser*" (FICHTE 1980: 47); ou seja, "*o eu põe a si mesmo* e é, em virtude desse mero pôr-se a si mesmo" (FICHTE 1980: 46). O eu, pode-se dizer, é para Fichte, uma tradução (*Übersetzung*) de si mesmo: o "eu" existe apenas na medida em que se desdobra, re-flete, que tenta sair de si, mas esse si, por outro lado, sempre se revela, ele mesmo, como um desdobramento de um outro eu. Nas palavras de Novalis: "Der Act des sich selbst Überspringens ist überall der höchste — der Urpunct — die *Genesis des Lebens*" (NOVALIS 1978: II, 345) (O ato do saltar-por-sobre-si-mesmo é por toda parte o mais alto — o ponto originário — a *gênese da vida* [NOVALIS 1988: 152]). O modelo do "eu" como aquele que põe a si mesmo, que traduz a si mesmo, a partir de si mesmo — a partir do desdobramento do "eu" num "não-eu" —, corresponde ao modelo da tradução e da literatura de um modo geral, como uma cadeia infinita de textos, leituras, traduções, reescrituras e releituras. Não existe o ponto de Arquimedes para sustentar o mundo: "O todo consiste aproximadamente — como as pessoas jogando que, sem cadeiras, sentam-se num círculo uma no joelho da outra" (NOVALIS 1978: II, 152). A Tarefa, para voltar mais uma vez ao conceito benjaminiano central de *Aufgabe*, é infinita: no sentido de que o abandono de si é infinito, no sentido de que nunca se atinge o "eu" originário, o texto original, que sustentaria os demais eus e as demais traduções. Não existe uma tradução perfeita, ela permanece sempre uma estrutura da tradução, uma reflexão, um *essai*. *O princípio da intraduzibilidade só funciona como par alternante com essa noção de Ser como tradução: só há, eu repito, diferença (intraduzibilidade), onde há diferença (o Ser como jogo de diferenças).*

Tratemos por último de uma das notas de Torres Filho que eu classificaria como pertencendo ao grupo das irônicas. Nos *Diálogos* de Novalis encontra-se uma menção passageira ao Brasil como possuidor de grandes minas. Novalis era engenheiro de minas. Torres Filho acrescenta a seguinte nota ao se defrontar com o nome próprio por demais familiar: "Colônia portuguesa na América do Sul, cuja evocação estimulava a imaginação romântica. A menção mais importante na filo-

---

a multiplicar a substituição das palavras umas pelas outras, a ponto de estranhá-las, possui um princípio oposto ao da linguagem da poesia, sobretudo se a tomarmos nos termos analisados por Octavio Paz. Mas ela enquanto princípio, enquanto fruto de uma filosofia da tradução, é também crítica da prosa, da possibilidade de uma prosa pura, da afirmação da possibilidade de intercambialidade entre os termos de uma linguagem (típica da tradução na linha das *belles infidèles*) — crítica da recodificação, *rewording* nos termos de Jakobson — ou ainda da possibilidade mesma de uma tradução absoluta entre diferentes línguas, da tradução "no sentido próprio do termo". A sua característica está em afirmar a não-traduzibilidade da linguagem de dentro da *necessidade* da tradução: necessidade de *Bildung*, de saída e de volta "a si" que cria esse "si mesmo".

sofia alemã está nos *Novos ensaios sobre o entendimento humano*, de Leibniz, onde o empirista Filaleto refere, como argumento contra o caráter inato da ideia de Deus, a existência de nações inteiras desprovidas dessa ideia, *comme à la Baie de Soldanie, dans le Brésil, dans les îles Caribes, dans le Paraguay*" (NOVALIS 1988: 254). Ora, a ironia que brotou aqui nessa nota de Torres Filho de um modo quase espontâneo não é de modo algum estranha ao espírito da tradução. Como vimos, esta está intimamente conectada à necessidade e à impossibilidade; liga-se não só à destruição da sua própria língua, e da língua estrangeira, mas também à tentativa de criar uma nova língua, ou melhor: a tradução revela a língua como um ente vivo em constante criação. Além da tradução, como se sabe, a ironia era um conceito central para os românticos alemães. Ela representava para eles uma das formas da "reflexão", do movimento de saída e de volta a si. A ironia é, para Schlegel, "alternância entre autocriação e autoaniquilamento" (SCHLEGEL 1967: II, 172). Nada, portanto, mais próximo da tradução. Num fragmento também seu publicado na revista *Lyceum der schönen Künste* (Liceu das Belas Artes), pode-se ler uma definição de ironia que revela a proximidade que havia para os românticos entre este conceito e o de tradução, em que medida ironia e tradução implicavam para eles uma tarefa necessária e impossível de abandono e construção de si mesmo: "Ela [a ironia] contém e estimula um sentimento da insolúvel luta do incondicionado e do condicionado, da *impossibilidade* e *necessidade* de uma comunicação perfeita. Ela é a licença mais livre de todas, pois através dela o homem põe-se para além de si mesmo [*durch sie* setzt *man sich* über *sich selbst weg*]; e ainda assim, a mais regulamentada de todas, pois ela é incondicionalmente necessária" (SCHLEGEL 1967: II, 160; grifo meu). Que a ironia na nota de Torres Filho tenha sido deslanchada quando ele se deparou com o nome da sua pátria (*Heimat*), creio não precisa ser comentado aqui. Gostaria de concluir esta reflexão com essa aproximação entre a tradução irônica e a ironia da tradução.

16.
HAROLDO DE CAMPOS: TRADUÇÃO COMO FORMAÇÃO E "ABANDONO" DA IDENTIDADE

Tradução como metáfora da linguagem

A reflexão teórica sobre a tradução experimentou no século XVIII uma virada decisiva. Sob a forma de uma "filosofia da tradução" essa teoria desenvolveu-se, por sua vez, acoplada a uma filosofia da linguagem que se estruturava com base numa concepção expandida da linguagem: na visão do *mundo como texto*, como livro selado cuja "chave" para leitura decifradora encontrava-se perdida. Esta noção expandida da linguagem implicava uma abertura da concepção de tradução: para ela, não apenas se poderia traduzir de uma língua para a outra (tradução interlingual), como o mundo deveria ser traduzido (conhecimento = tradução); quer num texto científico quer em poemas. Posteriormente, Valéry sintetizou esta concepção (numa passagem mais de uma vez citada por Haroldo de Campos): "Escrever o que quer que seja, uma vez que o ato de escrever exige a reflexão e não é a inscrição mecânica e sem interrupção de uma palavra interna toda espontânea, é um trabalho de tradução exatamente comparável àquele que opera a transmutação de um texto de uma língua na outra".[1]

Se escrever equivale a traduzir, estamos portanto diante de uma relativização da noção do original: há uma *intertextualidade* generalizada. A tradução no "sentido tradicional" seria uma tradução da tradução; ou ainda, platonicamente falando: representação da representação, cópia da cópia. Sendo assim, é fácil perceber em que medida a filosofia da tradução pôde permitir muitas vezes um olhar que penetrou na estrutura mesma da "linguagem", dessa *tradução primeira* que é reelaborada e, como veremos, posta em questão pela *tradução segunda*.

A marca ou estigma da tradução em geral é o fato de ela ser uma passagem: de um texto para outro, de um espaço para outro, de um tempo para outro. Mas mais do que uma simples passagem, toda tradução — e, logo, toda linguagem — está marcada pelo *abandono*.

Ao menos desde Parmênides "falar de algo" é concebido antes de mais nada como falar de algo *ausente*. O discurso exige a saída, vale dizer, a perda do objeto, o seu abandono em favor da *palavra*. A linguagem cotidiana, como Valéry também

---

[1] Cit. por Haroldo de Campos (1991, 35). No século XVIII muitos autores defenderam uma ordem de ideias semelhante, como se pode ler na passagem muito citada da *Aesthetica in nuce* de Hamann: "Falar é traduzir — de uma linguagem angélica numa linguagem humana, ou seja, pensamentos em palavras, coisas em nomes — imagens em signos". *Aesthetica in nuce* (1762) (1968, 87 ss.).

costumava afirmar, estende-se sobre um vazio, como uma pequena ponte pênsil sobre um precipício (Valéry 1957: 1317 ss.). Essa distância implicada na linguagem também pode ser lida como uma fonte de tristeza. Daí porque para Manfred Frank falar significa "enlutar a perda do significado" (Frank 1983: 16). Além disso, devemos acrescentar a existência de outros sacrifícios que a linguagem constantemente realiza: para que ela possa enredar a "realidade", há de ocorrer necessariamente o sacrifício não apenas do "objeto", mas também de todo um universo extra-lógico (extra-*lógos*), extra-linear (extra-gramatical) do mundo.[2]

Na tradução de uma língua para outra, como é fácil de se perceber, também ocorre um abandono ou sacrifício semelhante. Mas se, por um lado, é verdade que ao transpor-se um texto de uma língua para outra sacrificam-se os elementos "próprios" da língua de partida, para os quais não se encontra um correspondente na língua de chegada, por outro lado deve-se antes de tudo, para poder traduzir, abandonar a sua própria língua. O abandono é aqui, portanto, duplo: abandono da sua própria língua e de determinados elementos — que eu, seguindo uma longa tradição, denominaria de elementos *corporais* — da língua de partida.

Gide, num diálogo travado com Walter Benjamin e posteriormente publicado por este sob o título "Gespräch mit André Gide", contou que dez anos após ter deixado de lado o seu estudo do alemão, dedicando-se, nesse meio-tempo, com afinco exclusivamente ao inglês, ocorreu de ele ter conseguido não apenas ler *As afinidades eletivas* no original em alemão, como também ter "lido melhor" do que antes ele poderia tê-lo feito. Gide logo tratou na entrevista de esclarecer que não fora de modo algum o parentesco do inglês com o alemão que permitira a sua leitura da obra de Goethe: "o fato de eu ter me afastado da minha língua materna, que me deu o élan para dominar uma língua estrangeira. Quando se estuda uma língua, o mais importante não é a língua que se aprende; o decisivo é o abandono da sua própria língua. Também é apenas então que a compreendemos de modo fundamental". E, pouco mais adiante no texto de Benjamin, encontramos uma formulação de Gide que estabelece de modo cristalino a relação entre teoria da tradução e filosofia da linguagem tal como, na história da filosofia moderna, já se encontrara nos românticos alemães: "É apenas abandonando uma coisa que a nomeamos" (Ce n'est qu'en quittant une chose que nous la nommons; Benjamin 1972a: 506).

O movimento indicado por este ato nomeador é semelhante ao da reflexão tal como ela fora teorizada por Fichte e que estava na base da filosofia — e prática — romântica da tradução. A reflexão implica a saída do indivíduo de si mesmo, que se dá através do confronto com um "outro" — o "não-eu" da teoria fichteana —; só neste gesto originário e fundador que o indivíduo nasce, ou seja, constitui-se em oposição ao mundo. A partir dos primeiros românticos alemães, Friedrich Schle-

---

[2] Mas sempre houve também uma tradição que procurou valorizar os elementos do mundo que, por assim dizer, contaminam o "texto" da "tradução primária". Estou evidentemente me referindo ao tema clássico da linguagem natural em oposição à artificial, ou, em outras palavras, à distinção entre a linguagem motivada e a afirmação da arbitrariedade fundamental dos significantes com relação aos seus significados, que pode ser retraçada até a antiga querela entre Crátilo e Hermógenes no diálogo de Platão. Ainda voltaremos a este ponto.

gel e Novalis, sobretudo, esse modelo do Ser como reflexão e constante "tradução de si mesmo" torna-se paradigmático e substitui a concepção ontológica do Ser. Tradução equivale, a partir de então, a *poiesis*, *criação absoluta* — um binômio oximoresco (como falar de um *absoluto* relativo ou mesmo criado, perguntava-se Schelling...) sobre o qual a Modernidade e as suas melhores obras foram erigidas.[3]

Com base nesse conceito de reflexão é fácil compreender o sentido ambíguo de uma outra noção romântica também essencial para a sua teoria da tradução: a de *Bildung*. Esta palavra significa tanto "formação" como "cultura", possuindo portanto *in nuce* um duplo movimento: a formação só pode se dar através da saída de si — *traumática*, mas ao mesmo tempo originária do "eu" —; daí o culto romântico da Viagem, da busca do eu no confronto com o outro; daí também o culto romântico da tradução.[4] Mas na tradução já está implicado o movimento seguinte: o da *volta* à Pátria, à língua-pátria, onde encontramos o sentido da *Bildung* como cultura. O "eu", assim como a língua, só pode existir nesse *espaço entre a monolíngua e a plurilíngua*.

Como se sabe, os românticos desenvolveram a sua filosofia (da linguagem, da história, da tradução) dentro do contexto do relativismo cultural e do Historicismo, que vinha sendo constituído como visão de mundo desde o final do século XVIII, entre outros autores por Herder. Em termos de teoria da tradução — e também da historiografia, tomando-a benjaminianamente como uma espécie de "tradução" do passado para um determinado presente — pode-se dizer que a inovação básica do Historicismo foi o desenvolvimento paroxístico da *consciência quanto à impossibilidade da tradução* da totalidade de uma cultura — ou texto — para outra. W. Humboldt, com a sua noção de "forma interna" das línguas — retomada mais tarde por Benjamin em inúmeros fragmentos e textos de teoria da linguagem e tradução — representou um dos "avatares" do Historicismo, na medida em que justamente procurara demonstrar o grau de idiossincrasia de cada língua particular; ou seja, em que medida cada língua vincula-se a uma determinada *Weltanschauung*, e como ela constitui uma *perspectiva*, um prisma *a priori* através do qual cada indivíduo (ou os indivíduos pertencentes a um mesmo grupo linguístico) vê e compreende o mundo. Deste modo, o *trabalho de tradução* envolvia para os românticos — como também mais tarde para Benjamin (cf. BENJAMIN 1972a: 19) — um esforço no sentido de se tentar alargar os horizontes e a capacidade da língua para a qual se traduz: a tradução é um elemento da formação, *Bildung*. Mas ela deve ser pensada, para os românticos, antes de tudo como uma inversão da assimetria que caracterizava o trabalho do tradutor até então. Para eles o tradutor deveria atuar não mais dentro

---

[3] Quanto à concepção, do primeiro Romantismo, de tradução como criação absoluta, cf. SELIGMANN-SILVA 1996 e SELIGMANN-SILVA 1999: 32-37.

[4] Cf. quanto a esta concepção romântica da tradução como conhecimento do "outro", do estrangeiro, a obra de Antoine Berman (1984), na qual ele anotou o seguinte com relação à noção romântica de *Bildung*: "o movimento de saída e de entrada em si do Espírito, tal como ele foi definido por Schelling e Hegel e igualmente F. Schlegel [...] é também a reformulação especulativa da lei da *Bildung* clássica: o próprio não chega a si-mesmo a não ser pela *experiência*, ou seja, pela prova do estrangeiro" (1984: 258 ss.).

da tradição francesa, da tradução como *belle infidèle*, governada pela batuta da língua de chegada, pela apropriação homogeneizadora e que negava ao invés de afirmar o "outro".[5]

Esta visão é a da tradução não apenas "contra Babel" mas também "trans-Babel": nesse sentido a infração babilônica deve ser subsumida ao *tópos* da *felix culpa*. Essa tradução que se assume como tal baseia-se num respeito ao "Espírito" (*Geist*) da língua estrangeira que deve, na sua passagem para a língua de chegada, modificá-la. Essa modificação é absolutamente poética, geradora da linguagem, a saber, reconstrução da linguagem "originária": "O imperativo da tradução, afirmou Friedrich Schlegel, assenta-se evidentemente no postulado da unidade linguística [*Spracheinheit*]" (SCHLEGEL 1963: XVIII, 288). Do ponto de vista romântico, a tradução tem em comum com a Poesia a tarefa de "rejuvenescer" a linguagem (SCHLEGEL 1963: XVIII, 204). "Rejuvenescer", implicava para eles justamente a "restituição" de uma linguagem "originária" (*Ursprache*) que na verdade só existe dentro da tradução. A língua originária encontra-se ela mesma dentro do constante movimento de passagem entre as línguas.

Com esta concepção somada a outros conceitos mais complexos que não podemos tratar agora,[6] como os de Ironia, Alegoria e "Witz", os românticos encontram-se no início da tradição moderna de crítica do reinado de um *lógos* concebido antes de tudo como domínio de um *sentido* singular, independente de qualquer elemento "corpóreo". Eles, como se lê por exemplo nas obras de um Tieck, desmontaram sistematicamente a linguagem da Lógica, que sempre esteve ligada à noção de *linearidade* (compreendida como cadeia de causa/efeito). A consequência desta crítica foi a valorização dos elementos "corpóreos" da linguagem em detrimento do seu elemento "artificial", comunicativo de sentido. Como afirmou Novalis: "Quanto mais grosseira é a arte, mais evidente é a pressão do conteúdo".[7] Em termos da concepção da arte, a revolução iniciada pelos românticos, com a sua críti-

---

[5] A época romântica foi a época das grandes traduções na Alemanha. Como notou Antoine Berman na sua obra sobre o conceito romântico de tradução, há sempre uma resistência a esta abertura ao "outro" implícita na tradução: "toda cultura resiste à tradução, mesmo precisando essencialmente dela. A *visada* mesma da tradução — abrir no nível da escrita uma certa relação com o "outro", fecundar o "próprio" pela mediação do Estrangeiro — atinge de frente a estrutura etnocêntrica de toda cultura" (1984: 16). A. W. Schlegel e Hölderlin visaram com as suas traduções não apenas alargar o idioma alemão, mas também transmitir novas formas literárias para a sua cultura. A. W. Schlegel foi, juntamente com Ludwig Tieck, o tradutor das obras completas de Shakespeare para o alemão, obra esta que atuou de modo efetivo no sentido de remodelar a concepção do drama da época e de superar os antigos cânones da poética. A. W. Schlegel traduziu também Calderón, Ariosto, Dante, Petrarca, Boccaccio, o *Bhagavad Gîtâ* e outros autores portugueses, italianos e espanhóis. Tieck traduziu o *Don Quijote* e o próprio Goethe traduziu Diderot — *O sobrinho de Rameau* —, a autobiografia de Benvenuto Cellini, Voltaire, Racine, Corneille, sem contar outras traduções suas do latim, grego, espanhol e das línguas eslavas.

[6] Cf. SELIGMANN-SILVA 1999: 37-42.

[7] Cf. o famoso fragmento no qual Novalis define a poesia aproximando-a da música, a arte tradicionalmente considerada como a menos passível de narrar: "Poesias apenas bem-soantes e cheias de belas palavras — mas também sem qualquer sentido ou contexto — apenas compreen-

ca radical da noção de sentido, levaria à busca de uma arte não mais empenhada na *imitatio naturae*, mas sim a uma arte como *poiesis*, criação do mundo, que se compreende como um fator na *Bildung*/formação do "eu": de um "eu" que só existe enquanto circulação, passagem, que é ele mesmo poesia, vale dizer — tradução.[8]

HAROLDO DE CAMPOS:
LINGUAGEM CONCRETA E LINGUAGEM COMUNICATIVA

Toda a reflexão e prática literária de Haroldo de Campos pode ser compreendida dentro deste paradigma romântico da linguagem poética e da sua tensão com a função comunicativa. Para Haroldo de Campos, assim como para Novalis, o elemento central do artesanato poético está na "estrutura paralelística que perpassa em todos os níveis (sintático-gramatical, sonoro, imagético e semântico) um texto" (CAMPOS 1993: 94). Já com Jakobson — um dos autores-chave na construção da sua concepção da palavra poética e, por sua vez, um grande leitor de Novalis[9] — Haroldo de Campos compartilha a ideia de que, em poesia, "toda coincidência fonológica é sentida como um parentesco semântico", como na paronomásia, "num processo fecundante geral de pseudoetimologia ou etimologia poética" (CAMPOS 1977: 39). A "etimologia poética" funciona como estratégia de crítica da dita etimologia histórica, baseada na existência de um sentido transcendental, ou seja, baseada na metafísica da presença que Haroldo de Campos empenha-se em desconstruir tanto na sua poesia como nas suas traduções e textos teóricos. Mas ele não cai na ingenuidade de pregar uma linguagem desprendida da sua carga semântica. Na sua poesia ele trabalha o jogo de tensões entre o elemento "concreto" da linguagem — o seu valor de *escritura*, como diria Henri Meschonnic — e o seu componente de sentido. Nas suas traduções ele mantém a mesma tensão entre a submissão ao texto original e à sua própria língua, entre o respeito aos elementos

---

síveis em algumas estrofes — elas devem ser como meras ruínas das coisas as mais diversas. No máximo, a poesia verdadeira pode ter um sentido alegórico geral e exercer um efeito indireto como a música etc. A natureza é portanto puramente poética — e assim também um quarto de um Mágico — de um Físico — de uma criança — um quarto de núpcias e uma dispensa" (NOVALIS 1978: II, 769). O ideário que tradicionalmente se associa ao termo Romantismo está a quilômetros de distância do que este movimento de fato representou em termos de filosofia e teoria da literatura. Também é do romântico Novalis a seguinte frase: "Que a poesia não deve gerar nenhum efeito, está claro para mim — afetos são simplesmente algo fatal, como as doenças" (NOVALIS 1978: II, 757). Cf. quanto a este ponto BENJAMIN 1993.

[8] Karl Philipp Moritz, um importante antecessor dos românticos de Iena, deve ser considerado como o primeiro teórico da noção moderna da arte como "criação absoluta". Cf. o seu pequeno estudo "Tentativa de uma unificação de todas as belas-artes e ciências sob o conceito de completas em si mesmas" (*in sich selbst vollendeten*), que deve ser lido como uma resposta ao influente texto de Batteux *Les Beaux Arts réduits à un même principe* (1747), que tentara, por sua vez, explicar a unidade de todas as artes a partir da imitação da Natureza. Cf. ainda, também de Moritz, o seu *Versuch einer deutschen Prosodie* de 1786.

[9] Cf. HANSEN-LÖVE 1978: 33-6, 276, 517.

figurais do texto original — à sua etimologia poética — e ao seu elemento descritivo, narrativo. Neste sentido, se as suas traduções podem e devem ser aproximadas do *criticism by translation* poundiano, a noção de crítica deve ser compreendida não apenas enquanto uma crítica das obras traduzidas, mas também de crítica de toda uma concepção da linguagem, e, mais ainda, da metafísica da presença como um todo. Já nos manifestos e textos explicativos da época do movimento da Poesia Concreta esta crítica era um tema constante. Haroldo de Campos buscava então uma organização da linguagem "de maneira 'sintético-ideogrâmica' ao invés de 'analítico-discursiva'" (CAMPOS 1965: 5). Neste mesmo texto fica clara a noção totalizante e não-privilegiadora do semântico no conceito de linguagem de Haroldo de Campos:

"[POESIA] CONCRETA: atualização "verbicovisual"
                      do
                      OBJETO virtual
DADOS:
            a palavra tem uma dimensão GRÁFICO-ESPACIAL
                        uma dimensão ACÚSTICO-ORAL
                        uma dimensão CONTEUDÍSTICA
            agindo sobre os comandos da palavra nessas
            3   dimensões   3

O concretismo herdou da concepção cubista de arte a tentativa de desmontar o aparato mimético do código artístico, mas sem abandonar o elemento, digamos assim, "semântico" ou "figurativo" (no caso das artes plásticas). Haroldo de Campos descreveu esta tentativa como uma "fascinante aventura de criar com dígitos, com o sistema fonético, uma área linguística não-discursiva, que participa das vantagens da comunicação não-verbal (maior proximidade das coisas [...]), sem, evidentemente, mutilar o seu instrumento — a palavra..." (CAMPOS 1965: 80).

Assim como ocorrera antes entre os românticos de Iena e entre as vanguardas do início do nosso século, também Haroldo de Campos, nesta operação de reflexão sobre a linguagem e o código da literatura, aproximou a poesia das demais artes: ora da música (valorização dos elementos fônicos "não-semânticos" da literatura), ora da pintura (desmontagem da estrutura linear, lógico-discursiva da linguagem, a favor da simultaneidade do eixo espacial).[10] Na sua análise do texto de Fenollosa sobre os ideogramas chineses — autor esse cuja obra também representou, deve-se lembrar, uma das vias de continuidade do ideário romântico dentro das vanguardas literárias da nossa época —, Haroldo de Campos destacou reiteradas vezes "a propensão do chinês para as construções paratáticas e para os esquemas paradigmático-paralelísticos, inspirados numa 'lógica da correlação', [que]

---

[10] O tema da relação intersemiótica entre as artes — da possibilidade da *tradução* de uma arte para a outra e de um órgão do sentido para um outro — acompanhou tradicionalmente desde o século XVIII a reflexão sobre a possibilidade da tradução de uma língua para outra.

parece coincidir com a tendência da própria linguagem poética ocidental a romper com a lógica tradicional, para reger-se por uma lógica outra, a 'lógica da imaginação' de Eliot [...], a 'lógica concreta' da *pensée sauvage* de Lévi-Strauss, a lógica da analogia ou 'analógica'" (CAMPOS 1977: 70).

O conceito de "concretude" da linguagem de Haroldo de Campos deve ser tomado dentro da tradição poetológica que via como uma das tarefas da Poesia a restituição da "linguagem natural", na expressão corrente nas teorias dos Iluministas do século XVIII.[11] A concepção de "linguagem concreta" que subjaz a toda obra de Haroldo de Campos constrói-se sobre o paradoxo de tender *ao mesmo tempo* à maior proximidade possível com as coisas[12] e, por outro lado, constituir um mundo fechado em si; lembrando a também romântica concepção da Poesia como *poiesis*, criação do mundo, já acima referida.[13] Há, portanto, atuando no subterrâneo dos textos de Haroldo de Campos, um trabalho incansável de, por um lado, uma busca de uma linguagem icônica, transparente aos objetos, imediata, concreta, e,

---

[11] G. E. Lessing, Moses Mendelssohn e Friedrich Nicolai, três dos principais teóricos da poesia do Iluminismo alemão, já defendiam esta postura, inspirados por Du Bos e por suas importantes *Réflexions critiques sur la Poesie et sur la Peinture* (Reflexões críticas sobre a poesia e sobre a pintura) de 1719. Cf. a famosa carta de Lessing a Nicolai, de 26 de maio de 1769: "A Poesia deve simplesmente buscar elevar os seus signos de arbitrários para naturais; e apenas deste modo ela se diferencia da Prosa e torna-se Poesia. O meio através do qual ela o faz são o tom, as palavras, a posição das palavras, a medida das sílabas, as figuras e os tropos, comparações etc. Todas estas coisas elevam os signos arbitrários à proximidade dos naturais" (LESSING 1891: XVII, 290). Cf. quanto à relação da Poesia Concreta e as teorias estéticas do século XVIII o interessante ensaio de Wendy Steiner (1982). Vale notar que estes conceitos possuem nos românticos um sentido praticamente oposto ao da filosofia do racionalismo e Iluminismo alemães. Para Novalis, o correspondente à "Natursprache" (língua natural) dos Iluministas era a "Ursprache" (protolíngua), a linguagem, em termos semióticos, mais icônica possível e, portanto, modelo para a linguagem da arte. "Die gemeine Sprache ist die Natursprache — die Büchersprache die Kunstsprache" (A língua comum é a língua natural — a língua dos livros a língua artificial; Novalis 1978: II, 524).

[12] Haroldo de Campos, fundamentando a Poesia Concreta, escreveu que, "tendendo para a técnica sintético-ideogrâmica de compor, ao contrário da analítico-discursiva, toda uma culturmorfologia que, nos últimos sessenta anos, se produziu no domínio artístico (desde Mallarmé), armou o poeta de um instrumento linguístico mais próximo da real estrutura das coisas" (CAMPOS 1965: 69). Mesmo mais tarde, num texto de 1981, falando da linguagem de Alencar, Haroldo de Campos aplicará o termo "concreto" dentro da noção iluminista de linguagem natural que seria mais próxima das coisas nomeadas: "A busca da origem se dava por via mitopoética de um naturalismo adâmico, já que a 'barbarização' do português — língua civilizada do poder e da verdade 'eurocêntrica' — permitia ao autor de *Iracema* reconduzir-se escrituralmente à condição edênica da língua natural, concreta, próxima das coisas em estado de nomeação inaugural, icônica" (CAMPOS 1992: 155).

[13] Veja-se o "malabarismo teórico" que Haroldo de Campos executou ao tentar descrever o elemento icônico dos ideogramas; "malabarismo" este que lembra o obscuro "conceito" benjaminiano das "semelhanças não-sensíveis" (que tem suas origens no romântico alemão Hamann): "Desde logo o 'pictograma' é decididamente um 'ícone': é uma pintura que em virtude de suas próprias características, se relaciona, de algum modo, por similaridade, com o real, embora esta 'qualidade representativa' possa não decorrer de imitação servil, mas de diferenciada configuração de relações, segundo um critério seletivo e criativo" (CAMPOS 1977: 40).

por outro lado, de crítica da possibilidade de se instituir esta linguagem.[14] A tensão gerada por estas duas concepções levou à construção de um universo estético monadológico, hermético: paradigma da incapacidade de se traduzir o texto do mundo num "Livro" — para mantermo-nos no campo deste grande mito mallarmaico que tanto marcou Haroldo de Campos. Esta tendência para o hermetismo — para o sublime "silêncio" do sentido — direciona também, como veremos, a eleição dos textos nas traduções de Haroldo de Campos. Esse caminho eminentemente aporético deve ser visto não como um fracasso da sua poética, mas antes como um percurso programaticamente visado: a palavra deve justamente trazer as marcas do luto, inscrevê-las na sua superfície, ela deve abdicar ao ideal de uma linguagem instrumental que visa o domínio do mundo e assumir a sua paradoxal onipotência — enquanto *poiética* e Absoluto — e incompletude — enquanto eterno devir, obra aberta.

O modo de pensar de Haroldo de Campos deve portanto ser considerado como programaticamente aporético. E não poderia ser de outro modo: como crítico da função semântica da linguagem que atua inevitavelmente *de dentro desta mesma linguagem*, a tendência para a aporia e para o oxímoro é uma consequência desejada. A teoria da tradução de Haroldo de Campos não poderia fugir a esta mesma estrutura: também nela ele reitera tanto a *necessidade* da tradução como a sua intrínseca *impossibilidade*.[15]

Poesia como tradução — tradução como poesia

Tentando fazer uma leitura detalhada de "A tarefa/renúncia do tradutor" de Walter Benjamin, Derrida chegou a uma conclusão não muito diferente acerca da necessidade/impossibilidade da tradução. Já no título do ensaio de Benjamin estava inscrita a ambiguidade da "tarefa" do tradutor: em alemão "Aufgabe" quer tanto dizer tarefa como *abandono*, renúncia. Para Derrida o "evento" da Torre de Babel constituiria o próprio mito da origem do mito: origem da necessidade de tradução, de suplementação. É a "metáfora da metáfora". E ele arrematou: "Esta história

---

[14] Apesar da crítica constante da parte de Haroldo de Campos ao modelo mimético como explicação tanto da linguagem de um modo geral como da obra de arte, é evidente — e ele é consciente deste fato — que estas duas tendências inerentes à sua obra — a busca da iconicidade da linguagem e a visão da obra de arte como *poiesis* de um mundo fechado em si — permanecem dentro do esquema aristotélico da *mímesis*, que, como se sabe, pode dar-se de três modos: como *imitatio* da Natureza, como *poiesis* (ou seja, imitação do princípio criador da natureza, da *natura naturans*) e como imitação das obras de arte clássicas. Esta última modalidade, Haroldo de Campos incorporou — também criticamente e ironicamente — na sua concepção de literatura como intertextualidade, que veremos abaixo.

[15] Haroldo de Campos já destacara a noção de "lógica oximoresca" que Susanne K. Langer aplicou à natureza da arte de um modo geral, e em que medida a metáfora, como elemento central da linguagem poética, "mina o princípio da identidade". Ele, como poeta-teórico, nunca buscou fugir a esta lógica. Cf. Campos 1977: 79.

conta, entre outras coisas, a origem da confusão das línguas, a multiplicidade dos idiomas, a tarefa necessária e impossível da tradução, sua necessidade *como* impossibilidade" (Derrida 1987: 208). Mito de origem não apenas na medida em que Babel funda a necessidade de se traduzir, mas também enquanto anuncia a impossibilidade desta tarefa: ele funda a diferença *necessária* e portanto insuperável entre as línguas. Mais que isso, Babel mostra a inexistência de uma língua originária, ou seja, revela a própria *diferença* como origem, a *queda* como uma situação "já na origem" — ou "psicanalizando": o pai castrador/Super-eu como instaurador do mundo simbólico. Daí a necessária busca de suplementação das "línguas particulares" e o inexorável da tradução como tarefa *a priori* condenada ao malogro: pois só há língua ("eu") diante de uma *outra* língua ("Não-eu"). Voltamos portanto ao nosso ponto de partida: à concepção de tradução como metáfora da linguagem e do próprio processo de autoconsciência (formação) do indivíduo, como metáfora da cisão palavras/coisas, indivíduo/mundo.

Na obra de Haroldo de Campos, de um modo geral, encontramos a tradução com um sentido muito diverso do "tradicional". Isso não apenas pelo fato de ele ser um crítico das traduções na linha das *belles infidèles* às quais me referi acima e que continuam até hoje a dominar o horizonte das traduções. Na sua obra, a tradução tem o peso de uma potente alavanca a partir da qual ele procura remodelar não apenas a tradução *stricto sensu*, mas a própria noção de literatura, as oposições entre a prosa e a poesia, literatura e pintura, aparência e realidade, original e tradução, ficção e discurso "da verdade", nacional e estrangeiro, isto sem contar toda uma gama de gêneros literários que são repensados e problematizados sob a lupa quer das suas traduções quer dos seus ensaios. Mesmo a sua obra, que poderia, seguindo certas categorias tradicionais, ser dividida em obra ficcional (ou poética), traduções e ensaios de crítica e história da literatura, já dá mostras do seu espírito eminentemente transgressor: nos seus poemas ele teoriza sobre a literatura, cita e traduz outros poetas; nas suas traduções ele cria "livremente", enxerta textos de outros poetas brasileiros e portugueses, redige verdadeiros tratados nas introduções, notas e posfácios histórico-filológicos, justificando as suas opções na tradução; já nos seus ensaios, a sua linguagem nunca deixa de ser a do poeta Haroldo de Campos e o seu tema é muitas vezes a reflexão sobre a sua própria atividade poética/de tradutor.

Seguindo a sua concepção de linguagem poética acima descrita, Haroldo de Campos sempre procurou para as suas traduções textos marcados por intrincados jogos de assonância, aliteração, perpassados por uma teia paralelística de elementos tanto imagéticos como sonoros e semânticos; em suma, Haroldo de Campos quase sempre optou por textos os mais distantes possíveis da nossa linguagem cotidiana ou mesmo científica, marcada pela obediência à lógica discursiva. Daí a opção pela segunda parte do *Fausto* do Goethe — um dos textos mais herméticos da literatura ocidental —, pelo *Finnegans Wake* — obra que visou desmontar a estrutura hermenêutica da leitura tradicional do texto como "busca de um sentido", na medida em que levou às últimas consequências o processo de ciframento da escrita — daí a sua opção pelo teatro Nô, pelos "hai-kais" japoneses, e por textos do Antigo Testamento — escritos em hebraico, a língua celebrada por muitos teóricos do século XVIII, como por exemplo Herder, como sendo a língua originária e, portanto, a mais carregada de elementos "naturais" (Haroldo de Campos diria: concretos) e repleta de estruturas paralelísticas.

Em todas estas escolhas Haroldo de Campos foi guiado pela preferência por textos, por assim dizer, caracterizados por uma baixa carga semântica, ou seja, estas opções em si mesmas já revelam quais os elementos da linguagem que a atividade tradutora de Haroldo de Campos vai buscar trabalhar e até, de certo modo, redimir da língua de partida, onde eles se encontravam "dominados" pela articulação comunicativa. Ao contrário dos tradutores da tradição *belles infidèles*, que elegem textos onde prepondera a função semântica — o que é compatível com o privilégio do lógico discursivo linear em detrimento do elemento figural, próprio da poesia —, Haroldo de Campos busca aqueles textos que seriam considerados por aquela tradição como "os menos passíveis de serem traduzidos". Ora, para Haroldo de Campos — assim como para Walter Benjamin, vale lembrar (cf. BENJAMIN 1972a: 20) — os textos que possuem uma relação mais "frouxa" com o sentido são justamente os que se prestam à verdadeira tradução. As traduções tradicionais que elegem textos onde apenas a "moeda gasta do sentido" (BENJAMIN 1974a: 296) desempenha um papel importante seriam apenas arremedos de tradução: elas fornecem a ilusão da traduzibilidade entre as línguas, quando na verdade o que ocorre é apenas uma troca de palavras de uma língua para outra, na qual se perde o elemento "natural", "concreto", "corpóreo", a etimologia poética da língua de partida, que representava justamente o seu teor estético, ou seja, para Haroldo de Campos, a "essência" da linguagem. Daí porque também a opção por traduzir uma tradução que Hölderlin fizera da *Antígona* de Sófocles, ou seja, a tentativa de uma tradução à terceira potência, levando em conta que também para Haroldo de Campos vale a noção expandida da linguagem ou do "original" como tradução.

Benjamin, no seu ensaio sobre a tarefa do tradutor, justamente lançara a interdição da tradução da tradução e sobretudo a tradução dessa tradução de Hölderlin, pois nela "o sentido é tocado apenas como uma harpa eólica pelo vento" (BENJAMIN 1972a: 21). Haroldo de Campos empreendeu esta tradução justamente para ir além da teoria benjaminiana da "tarefa" do tradutor. Ir mais além implica uma concordância de princípio, pois "Benjamin inverte o propósito, tradicionalmente atribuído à tradução, de *restituir o sentido*, suspendendo a consideração do conteúdo [...]. Com isso abala o próprio dogma da *tradução servil*...".[16] Apesar desta concordância fundamental entre as concepções de Haroldo de Campos e as de Benjamin, Haroldo de Campos sente a necessidade de libertar a teoria benjaminiana do seu elemento metafísico-místico: ele critica a visão do tradutor como redentor da língua pura, originária, que Benjamin defendera. Uma vez que para Haroldo de Campos esta origem tornou-se mera *diferença*, não há mais espaço para uma visão

---

[16] CAMPOS 1989: 84. Cf. ainda CAMPOS 1993: 23; CAMPOS 1990: 32. E veja-se ainda a seguinte leitura da teoria da tradução de Benjamin, que não deixa dúvidas quanto à sua filiação romântica: "O abandonar, na teoria da tradução de Walter Benjamin, diz respeito ao sentido comunicacional" (CAMPOS 1992: 78).

do tradutor como o encarregado dessa "tarefa angélica", como a denomina ironicamente Haroldo de Campos. Ele inverte esta tarefa numa missão "luciferina": a transformação do "original, na tradução da sua tradução" (CAMPOS 1992: 84). Na medida em que Haroldo de Campos traduziu a tradução de Hölderlin ele infringiu o tabu que ainda "enclausurava" a teoria benjaminiana da tradução: a separação de status entre o escritor e o tradutor, entre o original e a tradução.

"A ultimação da teoria da tradução em Walter Benjamin implica levá-la até consequências por ele mesmo não enfrentadas, ou seja, a uma nova reversão que lhe force a 'clausura metafísica', para falar com Derrida. De fato, apesar de ter desconstituído e desmistificado a norma da transparência do sentido e o dogma da fidelidade e da servilidade da teoria tradicional da tradução; apesar de ter promovido o aspecto estranhante da operação tradutora como 'transpoetização' da *forma de uma outra forma*; apesar de ter contribuído, ainda que em termos sublimados e sacralizados, para o descortino do código intra e intersemiótico, a 'língua pura', que a tradução de poesia põe em relevo e exporta de língua a língua como prática libertadora e re- ou transfiguradora;[17] apesar de tudo isso, Benjamin insiste na manutenção de uma distinção categorial entre original e tradução, o que o leva a afirmar outro dogma, o da impossibilidade da retradução de traduções de poesia." (CAMPOS 1992: 81 ss.)

Como já disse acima, Haroldo de Campos é guiado, na sua escolha de textos para a tradução, pelo baixo teor semântico e alta performance "estética". Num texto de 1962, discutindo a teoria semiótica de Max Bense, ele já ressaltara a "impossibilidade" de se traduzir estes textos: "a informação estética, escreveu ele então, não pode ser codificada senão pela forma em que foi transmitida pelo artista [...] A fragilidade da informação estética é, portanto, máxima". E ele concluiu: "Então para nós, tradução de textos criativos será sempre *recriação*, ou criação paralela" (CAMPOS 1977a: 33 ss.). Haroldo de Campos elegeu como estratégia, nesta "batalha da tradução" já de antemão perdida, uma leitura totalizante do texto, "leitura partitural", como ele denominou, para poder executar a passagem para o texto de chegada, a "reorquestração", ou "reconfiguração — em termos de 'trans-criação' — das articulações fonossemânticas e sintático-prosódicas do texto de partida" (CAMPOS 1993: 11). Esta acentuação do elemento recriador do ato de tradução foi denominada por Haroldo de Campos algumas vezes como uma necessidade constante da parte do tradutor de "compensar". Esta compensação liga-se não apenas ao que ele chamou de "jogo de perde-ganha" com relação à transferência para a língua de chegada das

---

[17] A noção benjaminiana de "língua pura" possui um substrato que é comum às teorias das vanguardas literárias: a noção — utópica — de uma linguagem que "nada significa e nada expressa": "Das Ausdruckslose" (o sem-expressão) (BENJAMIN 1972a: 19). Ela funciona como a utopia negativa que instrumentaliza a crítica da noção de sentido e que perpassa a teoria literária de linha romântica até o pós-estruturalismo (cujos adeptos, não por acaso, são os maiores críticos da teoria Hermenêutica).

diversas funções da linguagem ativas num texto, mas também se liga a uma *atualização* do texto, à sua passagem transformadora para um novo "con-texto". A tradução como crítica também significa, portanto, uma crítica da noção de linearidade, mas não apenas no sentido de linearidade do significante, pois também implica uma crítica da "lógica aristotélica e [d]a dignidade-linearidade alfabética" (CAMPOS 1977: 97), e ainda uma crítica da *linearidade da história*. A tradução enquanto "corte", ou "salto" (tigrino, dentro da noção benjaminiana de "Jetztzeit", "tempo do agora" que deve guiar a atividade do historiador), que conecta dois pontos históricos, põe em questão a visão tradicional da história: Haroldo de Campos filia-se neste ponto, portanto, à moderna postura que vincula o "modelo épico-aristotélico" à "concepção clássico-ontológica da história", que regem juntas a "clausura metafísica do Ocidente".[18] Ou seja, a crítica do sentido está ligada não apenas a uma crítica da arte como *imitatio*, mas *da própria historiografia como* imitatio *de uma série linear de eventos*.

Haroldo de Campos construiu a sua concepção não-linear da história, da tradução como corte sincrônico e criador de nexos históricos, com base num modelo *intertextual* tanto da literatura como da história.[19] Ele recorre frequentemente nas suas obras à teoria, desenvolvida basicamente por Bakhtin e Kristeva, da literatura como dialogismo e intertextualidade; ele fala de um "movimento plagiotrópico da literatura", e explica: "A *plagiotropia* (do gr. *plágios*, oblíquo; que não é em linha reta; transversal; de lado) [...] se resolve em tradução da tradição, num sentido não necessariamente retilíneo. [...] Tem a ver, obviamente, com a ideia de *paródia* como 'canto paralelo', generalizando-a para designar o movimento não-linear de transformação dos textos ao longo da história, por derivação nem sempre imediata." E Haroldo de Campos ainda acrescenta: este modelo "conjuga-se com minha concepção da operação tradutora como capítulo por excelência de toda possível teoria literária (e literatura comparada nela fundada). [...] Nesse sentido, pode-se dizer que a mais eficaz tradução da linguagem de Dante, enquanto resultado esteticamente computável, encontra-se antes, fragmentariamente, em Camões (e no Sousândrade [...]), do que nos tradutores que se ocuparam explicitamente com a tarefa" (CAMPOS 1981: 75 ss.). Seguindo esta concepção da literatura como jogo intertextual — jogo de citação e "plágio", tradução constante de um texto no ou-

---

[18] CAMPOS 1984. No seu "Tópicos (fragmentários) para uma Historiografia do c o m o" (*in*: CAMPOS 1992), Haroldo de Campos já expressara uma semelhante ordem de ideias: "Derrida mostrou a solidariedade entre a concepção metafísico-linear da história, enquanto desdobramento da presença, num esquema de início-meio-fim, e o modelo épico-discursivo; Jauss evidenciou como a ilusão de objetividade da historiografia teleológica tradicional está presa à ideia aristotélica da unidade da fábula épica" (1992: 149).

[19] A noção de "texto" está intimamente conectada à de "compensação" como atualização acima descrita. Ligada a ela também está a crítica da divisão estanque entre a prosa e a poesia, na medida em que Haroldo de Campos propôs "substituir" estes conceitos "pelo de texto". Henri Meschonnic, no seu *Pour la poétique II: Épistemologie de l'écriture, poétique de la traduction* (Para a poética II: Epistemologia da escritura, poética da tradução; 1973), também destacara a empresa de tradução como uma estratégia de desconstrução da polaridade poesia/prosa (cf. 308 ss.).

tro —, Haroldo de Campos procurou nas suas traduções não apenas "estranhar" a língua portuguesa, vivificando-a, "abalando-a criativamente com a violência do sopro" da língua estrangeira, romanticamente "alargando a língua do tradutor", como além disso ele violenta sistematicamente o texto original, reprocessando-o dentro do horizonte da literatura da sua língua e do *"agora"* (benjaminiano) do seu ato tradutório. Um modelo deste procedimento ele encontrou em Odorico Mendes, cujas traduções ele sempre trata como ideais no seu gênero: "O nosso Odorico Mendes, 'pai rococó' (Sousândrade) e patriarca da tradução criativa, interpolava, quando lhe parecia bem, em suas traduções homéricas, versos de Camões, Francisco Manuel de Melo, Antonio Ferreira, Filinto Elísio. Na recriação do 'Coro dos Lêmures' (*Grablegung*/Enterramento) [do *Fausto*], usei deliberadamente de uma dicção cabralina, haurida no auto *Morte e vida severina*" (CAMPOS 1981: 191). Haroldo de Campos deixou-se inspirar pelo Guimarães Rosa do "Meu tio, o iauaretê" para traduzir o *Finnegans Wake*, ou ainda pela poesia de Sousândrade para verter o *Fausto* de Goethe e o *Bere'Shit*. Para traduzir do chinês utilizou-se de "técnicas medievais de paralelismo" para *compensar* as diferenças com o texto de partida. Como ele afirmou no seu posfácio à tradução do *Fausto*, a sua tradução enquanto não-submissa a um "texto original" — assim como a linguagem poética para Haroldo de Campos não se submete ao simples objetivo comunicativo — liga-se a um *"desideratum* de toda tradução que se recusa à tirania de um Logos pré-ordenado" que implica "romper a clausura metafísica da presença (como diria Derrida): uma empresa satânica" (CAMPOS 1981: 180). A consequência deste raciocínio foi evidentemente, eu repito, a transformação do "original na tradução da sua tradução".[20] Essa empresa satânica de tradução como crítica culmina, como num "efeito dominó", no questionamento da própria noção de *identidade*. "Identidade" não mais apenas no sentido da lógica, que vimos acima, mas também na sua acepção expandida de "identidade nacional".[21] Este último passo só pode ser compreendido agora, depois de termos trilhado juntos a teoria romântica da reflexão e da *Bildung* na sua relação com a concepção de tradução (trans)formadora, após termos visto a concepção haroldiana da linguagem poética funcionando como crítica da linguagem discursiva, a sua operação de desmonte de diversas oposições da tradição ocidental, e como a sua valorização do "plano de expressão" em detrimento do significado — do elemento espacial, material da linguagem em detrimento do seu encadeamento lógico-linear — levou a uma crítica da linguagem como mera portadora de um sentido transcendental, que se conectou por sua vez à crítica da noção de arte como imitação (*mímesis*) e da historiografia como construção de uma sucessão linear de fatos. Finalmente, com a visão da literatura — e da sua história — como construção de intertextos, como "*trabalho* de tradução" — no sentido que

---

[20] Walter Benjamin reatualizara a ideia romântica segundo a qual o texto meta-poético poderia vir a valer mais do que o poema, uma vez que, para ele, a tradução e a crítica ultrapassam o original na medida em que o transporta para um âmbito linguístico — ironicamente — mais definitivo. Benjamin 1972a: 15.

[21] Cf. nota 15.

o termo *trabalho* possui para Freud na locução *"trabalho* de luto" —, a barreira que separa e cimenta a identidade de cada literatura — ou "cultura" — nacional é abalada. A tarefa (*Aufgabe*) do tradutor, ou, melhor dizendo, da tradução, para Haroldo de Campos, culmina na "Aufgabe", no "abandono" de uma já impossível — ainda que necessária e indispensável — noção de identidade. A tradução como necessária e como necessária impossibilidade encontra portanto o seu correlato na identidade como necessária e como necessária impossibilidade. Para usar uma expressão do próprio Haroldo, ele movimenta-se dentro do modelo do "como": da "lógica da correlação", da aproximação por analogia, antilinear por excelência. O "como", afirma Haroldo de Campos, "torna lábil o estatuto da identidade (da continuidade, da verdade) abrindo nele a brecha vertiginosa da associação por analogia [...] no limite, como ressalta Walter Benjamin a propósito da metaforização hieroglífica na alegoria barroca, 'qualquer coisa, cada relação, pode significar uma outra qualquer *ad libitum*'".[22] A concepção de tradução de Haroldo de Campos, ou por outra, a sua aplicação da *tradução como princípio, como um operador privilegiado*, contamina toda a linguagem e, graças ao modelo metafórico da "razão poética" baseada no "como", ela corrói os compartimentos estanques criados por uma certa tradição filosófica que domina até hoje o nosso modo de pensar.[23] O *como* deve ser visto como um *medium* na equação do Ser como constante saída de si mesmo, jogo de diferença. Essa reflexão sobre a diferença, sobre a dependência de princípio entre o "eu" e o "não-eu", Haroldo de Campos já pudera encontrar num eminente poeta brasileiro que sempre se empenhara em desconstruir determinados "mitos nativos".

"Creio que, no Brasil, com a 'Antropofagia' de Oswald de Andrade, nos anos 20 [...], tivemos um sentido agudo dessa necessidade de pensar o nacional em relacionamento dialógico com o universal. A 'Antropofagia' oswaldiana é o pensamento da devoração crítica do legado cultural universal [...] segundo o ponto de vista desabusado do 'mau selvagem', devorador de brancos, antropófago. Ela não envolve uma submissão (uma catequese), mas uma transculturação, melhor ainda, uma 'transvaloração': uma visão crítica da história como função negativa (no sentido de Nietzsche), capaz tanto de apropriação como de expropriação, desierarquização, desconstrução."[24]

---

[22] "Tópicos (fragmentários) para uma historiografia do c o m o" (CAMPOS 1992: 150).

[23] Já Novalis — para recorrer ainda uma vez a uma comparação com os românticos de Iena — refletira sobre a tenuidade dos limites entre as oposições que regem o nosso modo de pensar (cf. NOVALIS 1978: II, 527).

[24] "Da razão antropofágica: diálogo e diferença na cultura brasileira" (1980), *in*: CAMPOS 1992: 234s. Seguindo o mesmo ensaio, Haroldo de Campos opõe ao nacionalismo tradicional, de raiz historicista, "um *nacionalismo modal, diferencial*. No primeiro caso, busca-se a origem e o itinerário de *parousia* de um Logos nacional pontual. Trata-se de um episódio da metafísica ocidental da presença, transferido para as nossas latitudes tropicais, e que não se dá bem conta desta transformação" (grifo meu).

A tradução haroldiana seria, portanto, uma continuação da "dialética marxilar" de Oswald, que com seu *Coup de dents* des-constrói a relação entre o próprio e o estrangeiro sob o signo da devoração. A tradução atua como exercício e terapêutica do *abandono* tanto do "eu" como do outro, ela tece e revela tanto a literatura como a história, o "próprio" e o "outro", como palimpsesto e intertextualidade.[25] Há um momento dentro desta "lógica da tradução" de Haroldo que constantemente, na medida mesma em que "anula" — abandona — os conceitos já estabelecidos, indica (deiticamente) o oco dentro da própria linguagem: revela a melancolia com relação à perda e ao abandono na base da eloquência da Palavra, na raiz da necessidade da Palavra e da Identidade... Como Benjamin notou com relação às traduções de Hölderlin, nelas desvendamos "o perigo monstruoso e originário de todas as traduções: que os portões de uma língua tão alargados e atravessados fechem-se e encerrem o tradutor no silêncio" (die ungeheure und ursprüngliche Gefahr aller Übersetzung: dass die Tore einer so erweiterten und durchwalteten Sprache zufallen und den Übersetzer ins Schweigen schliessen) (BENJAMIN 1972a: 21). Na obra de Haroldo de Campos este perigo extremo sempre está à espreita; e isto não apenas nas suas traduções (criações), mas também nos seus poemas (traduções): somos constantemente guiados na borda e sobre o precipício das palavras. Daí o seu percurso revelar a necessidade da parte do poeta, num mundo marcado pelo anoitecer das utopias — e como ele mesmo notou, "sem perspectiva utópica, o movimento de vanguarda perde o seu sentido" (CAMPOS 1984) —, de carregar mais e mais o caráter de tradução da sua poesia: ou seja, o ato "poiético" assume-se como pura tradução. A tradução torna-se o gênero *criativo* da poesia num momento em que o projeto de uma "busca/criação" de uma "identidade nacional" foi suspendido — ou melhor, reorganizado sob o signo de um "nacionalismo modal" — junto com o minguar das utopias. A poesia pós-utópica possui portanto, como afirmou Haroldo de Campos, "como poesia da *agoridade*, um dispositivo auxiliar essencial na operação tradutora. O tradutor, na expressão de Novalis, 'é o poeta do poeta', o poeta da poesia. A tradução permite recombinar criticamente a pluralidade dos passados possíveis e presentificá-la, como diferença, na unicidade 'hic et nunc' do poema pós-utópico" (CAMPOS 1984). A tradução como guardiã e recriadora dos *passados possíveis*: vale a pena reter essa reflexão central. Também o poeta, tradutor e teórico Hölderlin fez um percurso semelhante a este de Haroldo de Campos, assumindo, após ter passado por toda uma paleta de gêneros poéticos, a tradução como poesia. As traduções de Hölderlin também são marcadas por uma dupla violência, um duplo abandono: violência com relação ao texto/língua de partida e com relação à sua própria língua. Ele fora, portanto, assim como, entre nós, Haroldo de Campos, além do modelo romântico da *Bildung*, que se baseava,

---

[25] Já para Goethe o conceito de "literatura universal" (*Weltliteratur*), envolvia de certo modo este movimento de "osmose" generalizada entre as diversas ditas "literaturas nacionais". Como ele certa vez afirmou: "A força de uma língua não está em repelir o estrangeiro, mas em devorá-lo". O "como" da "analógica" de Haroldo de Campos revela-se à luz da Antropofagia, portanto, no seu sentido *verbal*: princípio "devorador" das identidades estanques.

como vimos, num respeito (sacralizador) com relação à língua do original. Com o seu misto de "literalidade abrupta" e "desvio enigmático",[26] Hölderlin "abandonou" tanto a sua língua como a do texto traduzido.[27] Norbert von Hellingrath, o principal divulgador das traduções hölderlineanas, e um dos seus grandes teóricos, notou que Hölderlin traduziu muitas vezes de modo "literal" "all zu ängstlich" (carregado pelo medo), "porque ele não compreendera totalmente o sentido" do original (HELLINGRATH 1911: 24). Gostaria de concluir estas reflexões propondo uma outra explicação para esta "literalidade radical" nas traduções de Hölderlin — e também nas de Haroldo de Campos.[28] O "medo" que Hellingrath detectou pode ser lido como conectado ao "perigo" acima mencionado de ser tragado pelo (sublime) "silêncio" que, como Benjamin afirmou, espreita toda tradução. Esse "silêncio" decorre do risco constante da "perda do 'eu'" que está implícito no "abandono" inerente ao ato de tradução. Já Kant vira no sublime a resposta a um fenômeno que extrapola a capacidade de recepção do "eu", defrontando-o com o seu limite — a morte. Daí a tradução ser marcada pelo "medo": medo de que não ocorra a "volta", o retorno a si mesmo. Tanto o tradutor como o artista de um modo geral criam a partir da "perda de si mesmo"; eles podem tanto mais "ser" na medida em que eles menos "são". Como Philippe Lacoue-Labarthe notou com relação a esse paradoxo do artista: "O paradoxo anuncia uma *lei da impropriedade* que é a lei mesma da *mímesis*: apenas o 'homem sem qualidades', o ser sem propriedades nem especificidade, o sujeito sem sujeito (ausente de si mesmo, distraído de si mesmo, privado de si) pode, de modo geral, apresentar ou produzir".[29] A astúcia do conceito antropofágico de tradução de Haroldo de Campos está no fato de ele ter transformado o luto pela perda num "jogo de perde-ganha".

---

[26] Cf. BERMAN 1984: 278. Vale lembrar que Hölderlin também costumava enxertar os textos das suas traduções com elementos que lhe pareciam apropriados a uma *atualização* do texto original. Jean Laplanche destacou um procedimento intertextual semelhante nas traduções bíblicas de Chouraqui, que tenta revelar o universo linguístico e cultural hebraico e aramaico entre as linhas do texto do Novo Testamento. Cf. LAPLANCHE 1988: 104.

[27] A. Berman relacionou esta prática da tradução de Hölderlin com a sua teoria da tragédia e da diferença entre o mundo grego clássico e a sua época, tal como Hölderlin explicitara nas suas famosas cartas a Böhlendorf. Cf. BERMAN 1987; REINHARDT 1982 e o esclarecedor artigo de Gerhard Kurz, KURZ 1988.

[28] Abro mão de indicar os inúmeros exemplos nas traduções de Haroldo de Campos tanto da dupla violência de que venho falando como também da sua radical literalidade. Vale notar que para ele a capacidade de ler as suas traduções acompanhando o original é quase que uma condição exigida de seus leitores, ou seja, ele traduz para os iniciados no texto "original".

[29] LACOUE-LABARTHE 1986: 27. Poder-se-ia muito bem fazer uma história deste belo *tópos* que sempre acompanhou as reflexões sobre a literatura: o "perder-se" do artista "inspirado" com o seu correlato no "perder-se" do leitor das obras poéticas, que consegue através da arte romper a oposição entre o reino da liberdade e o da necessidade.

17.
GLOBALIZAÇÃO, TRADUÇÃO E MEMÓRIA

Historicismo: fundamentalismo, globalização e discursos pós-coloniais

Vivemos numa época marcada pela convivência tensa entre duas tendências aparentemente opostas: de um lado, o historicismo — entendendo essa categoria no seu sentido específico de respeito rigoroso às diferenças históricas e culturais; do outro, a dissolução das fronteiras nacionais e a implantação do capitalismo na sua fase de globalização e internacionalização do capital. O respeito às idiossincrasias locais (regionais, culturais, "étnicas" e até "nacionais", compreendendo este termo em um sentido diverso ao do Estado-Nação) leva muitas vezes a movimentos fundamentalistas que com sua irracionalidade procuram a autoafirmação do Eu-Nação via extermínio do "outro". Na outra vertente, a globalização nivela as diferenças, impõe um modelo homogeneizado e pasteurizado de "cultura" transnacional onde a tradição é reduzida a uma simples coleção de imagens. Tudo vira pastiche; assim, por exemplo, Veneza vira uma caricatura de si mesma, que poderia muito bem existir ao lado — ou dentro — de Sydney, Miami etc.

Mas essas duas tendências são opostas apenas na *aparência*: ocorre na verdade uma determinação recíproca entre esses dois movimentos, uma espécie de complementaridade. O fundamentalismo do culturalismo exacerbado é uma resposta às tendências diluidoras da globalização; assim como esta se estrutura para quebrar as barreiras que impediam a circulação do capital.[1] O perverso nessa lógica de sobre-determinação é que há uma desigualdade de forças entre os dois polos: a tendência homogeneizadora consegue desviar para si as forças do fundamentalismo cultural. A pluralidade de culturas é traduzida em termos de pluralidade de produtos, vale dizer, de imagens que podem ser comercializadas: através do turismo, de revistas, jornais, canais de televisão voltados para a indústria do exotismo etc.

É evidente que essa "redução da diferença" a um "mínimo denominador comum" — a saber, à cultura de massas — também é contraposta por um movimento de autoafirmação das "minorias" que deve ser compreendido em todo o seu significado cultural: a era pós-colonial é marcada pelas estratégias culturais da subversão da ação normalizadora da globalização. A crise do modelo do Estado-Nação imposto aos países colonizados abriu — e foi deslanchada por — um movimento de rearticulação das culturas antes oprimidas e impossibilitadas de se

---

[1] Mas a força de trabalho é excluída dessa circulação, que é apenas monetária e "de imagens".

manifestar. Desse ponto de vista também é possível se articular uma crítica da visão essencialista do fundamentalismo enclausurado em um monolinguismo narcisista. A cultura pós-colonial introduz de modo explícito a *política* da identidade e da *construção* histórica: ela está consciente da impossibilidade de se traçar de modo claro e distinto as fronteiras entre grupos culturais — e aposta na reinvenção das culturas, para além da homogeneização da globalização e da hipostasiação do fundamentalismo. Ela nega a tutela do princípio da *mímesis* — entendido como a *imitação servil* da cultura da metrópole — como mecanismo central na "formação" da cultura e desenvolve um pensamento profundamente antimimético e, portanto, antirrepresentacionista baseado na recriação constante dos discursos identitários. Em termos de uma teoria da tradução, os discursos pós-coloniais têm tentado articular uma modalidade da tradução baseada na ética da diferença: o passado deve ser reatualizado ou, nos termos de Rorty, *descrito* com todo respeito com relação às suas particularidades — ou seja, do modo mais *literal* possível —, por outro lado, estamos conscientes dos *limites da tradução* e desse ideal-de-literalidade; sabemos que essa atividade, como qualquer interpretação, é determinada pelo nosso *presente* — suas lutas, modos de ver, hierarquias e resistência às estruturas do poder. A política da tradução antimimética destrói a noção de um original estanque, cristalizado e imune à ação do tempo e da interação entre as culturas (SELIGMANN-SILVA 1999a). Recusa-se, assim, tanto o narcisismo da razão universalizante que não é capaz de ver a diferença, que nega o que não se deixa subsumir/traduzir com base em um pretenso universalismo — como se lê na segunda das regras do método cartesiano: "nada omitir" —, como também se descarta o narcisismo da política fundamentalista que só tem olhos para a "sua cultura". Diferentemente do irracionalismo inerente ao fundamentalismo, podemos ler nessa perspectiva pós-colonial tanto uma *crítica* da ação da razão homogeneizadora e aplanadora das diferenças como também um movimento inerente à própria dialética do Iluminismo, que sempre faz com que a razão recicle a si mesma e incorpore de modo *autocrítico* os seus limites.[2]

---

[2] Cf. a seguinte passagem de J. Habermas que acentua o lado uniformizante da globalização, sem deixar de chamar atenção para a resposta sempre "singular" a esse movimento de homogeneização: "[...] A globalização pesa sobre a força de coesão das comunidades nacionais ainda de um outro modo. Mercados globais, bem como o consumo de massa, a comunicação de massa e o turismo de massa cuidam para que ocorra a difusão mundial (ou o conhecimento) dos frutos padronizados de uma cultura de massa (marcada de modo preponderante pelos EUA). Os mesmos bens de consumo e estilos de consumo, os mesmos filmes, programas de televisão e êxitos se espalham pela esfera terrestre; as mesmas modas *pop*, *techno* ou da calça *jeans* atingem e marcam a mentalidade da juventude, mesmo nas regiões mais distantes; a mesma língua — sempre o mesmo inglês assimilado — serve de meio de compreensão entre os dialetos mais remotos. Os relógios da civilização ocidental dão a cadência à simultaneidade imposta dentro da diferença cronológica. O verniz de uma cultura unificada e acomodada é posto não apenas sobre as partes mais desconhecidas da Terra. Ele também aparece no ocidente para nivelar as diferenças nacionais, de tal modo que os perfis das tradições fortemente locais cada vez mais enfraquecem. Novas pesquisas de antropologia do consumo de massa descobrem, no entanto, uma interessante dialética entre a nivelação e a diferenciação criativa" (HABERMAS 1998: 114 ss.). Para uma leitura pós-colonial da

Também em termos históricos nem sempre o antifundamentalismo cultural esteve submetido às estratégias da razão globalizante que abarca o "outro" para impor um "diálogo entre iguais" apenas fictício, de fachada. Também no passado existiram outros modelos de pluralismo cultural, por assim dizer plurilinguísticos, da convivência entre as culturas.

DOIS CAPÍTULOS DA HISTÓRIA DO FUNDAMENTALISMO

Tentemos pensar do ponto de vista de uma teoria da tradução as duas concepções extremas de relação entre as culturas, a saber, a pluralista e a fundamentalista.[3] Como Jan Assmann já o demonstrou com base no seu estudo sobre a tradução dos nomes divinos, o paradigma do fundamentalismo é mais recente em termos históricos. Na Babilônia os nomes dos deuses eram traduzidos sem grandes conflitos entre o sumério, o acádio e o emesal (um dialeto literário). Imperava o que Assmann denomina de uma *theological onomasiology*: partindo do deus (da sua função) procura-se um nome correspondente na outra língua/cultura. Esse modelo é "cosmopolita", *cross-cultural* e se opõe à "semasiologia" (*semasiology*), ou seja, àquele modelo que parte do *nome* para depois perguntar o seu significado.

Tanto a religião como também o campo jurídico dão testemunho do multilinguísmo e, portanto, multiculturalismo dos povos da região da Mesopotâmia. Existem decretos bilíngues e até trilíngues tanto na Pérsia como na Anatólia e no Egito (ASSMANN 1996: 27). Por mais paradoxal que soe aos ouvidos modernos, a religião serviu durante os três milênios a.C. como uma instituição que promovia a tradução. Acreditava-se na traduzibilidade total entre as línguas. Essas culturas eram marcadas pela tradução que servia de contrapeso às tendências de isolamento e criação de culturas monológicas. "A profissão de intérprete", afirma Assmann, "é atestada nos textos sumérios de Abu Salabih desde a metade do terceiro milênio a.C. O termo *emebal*, significando algo como 'mudador de fala', designa um homem capaz de mudar de uma língua para outra. O correspondente na Babilônia e Assíria ao *emebal* sumério é o *targumannum* (intérprete), uma palavra que sobrevive não apenas no aramaico *targum* (tradução), mas também no turco *dragoman*,

---

questão da globalização, cf. os ensaios reunidos no volume JAMESON E MIYOSHI 1998. Gaeta Kapur, por exemplo, falando do caso da Índia, destaca os lados positivos da globalização: "a globalização permite pela primeira vez uma libertação do sistema de patronato do Estado pesadamente paternalista. Ela permite uma libertação da posição rigidamente anti-imperialista na qual o artista pós-colonial encontrava-se enclausurado; e a liberdade de se incluir nas realidades pós-coloniais outros discursos de oposição como aqueles dos gêneros e das minorias — discursos que questionam a ética do próprio Estado-nacional" (KAPUR 1998: 204). Cf. ainda, para uma reflexão sobre a tradução e a globalização, VENUTI 1998: 158-89.

[3] Sirvo-me nesta reflexão do volume *The Translatability of Cultures* (A traduzibilidade das culturas), Sanford Budick e Wolfgang Iser, particularmente dos ensaios de Jan Assmann, "Translating Gods: Religion as a Factor of Cultural (Un)Translatability" e de Gabriel Motzkin, "Memory and Cultural Translation".

turguman, e assim por diante e que eventualmente, via metátese, levou ao alemão *dolmetsch* (intérprete)" (ASSMANN 1996: 27 ss.).

Assmann descreve também o nascimento de grupos culturais que desafiam essa traduzibilidade universal. Ele denomina — seguindo Erik Erikson — de *second--degree pseudo-speciation* o fenômeno que ocorre sobretudo com minorias perseguidas que constituem a sua identidade de modo normativo e rígido em resposta às tendências homogeneizantes da cultura dominante. A cultura/religião judaica seria um exemplo de tal "pseudoespeciação de segundo grau" (ASSMANN 1996: 29); outro exemplo é a cultura egípcia sob o domínio macedônico. Aqui se introduz o paradigma da intraduzibilidade: o único modo de acesso a essas culturas é a *conversão*, a passagem "total para a outra cultura".

Não pretendo neste espaço continuar esta tentativa de esboço, mesmo que esquemática, da história desses dois modelos de relação intercultural. Mas devo mencionar ao menos um outro capítulo central dessa história, ou seja, o período histórico do Iluminismo, uma época marcada pelos desdobramentos da *querelle des anciens et des modernes* e na qual se originou a moderna consciência histórica. Na verdade, o paradigma da intraduzibilidade e da "conversão" que acabamos de indicar pode ser visto como típico de qualquer cultura ou época marcada pelo historicismo e nosso historicismo (pós)moderno tem suas raízes mais próximas justamente no século XVIII. O tratamento teórico da tradução sofreu uma mudança radical nessa época: ao lado da formação dos Estados modernos e burgueses europeus e do desenvolvimento das culturas e literaturas ditas "nacionais", inicia-se então a reflexão sobre a possibilidade e os modos sob os quais as trocas simbólicas entre as diversas culturas e línguas deveriam se dar. Michaelis, Herder, Lessing, Kant e Schleiermacher representam alguns dos autores-chave na fundação da moderna teoria da tradução. Herder, por exemplo, não apenas defendeu a doutrina do gênio do poeta, como também do *gênio da língua*. Ele pode ser considerado como o fundador da doutrina da tradução como *Versetzung*, ou seja, como deslocamento do leitor na direção da língua e cultura de partida — a versão secularizada da "conversão" religiosa, mas que é mais *dialógica* na medida em que sai do registro religioso e passa para o campo da *formação* das *culturas*. Mas, ainda assim, para ele o essencial nesse exercício era o movimento de "volta para a sua pátria": de construção de uma literatura nacional com base nas características "puras" de cada nação.[4]

---

[4] Herder possui o mérito de ter criticado o paradigma da tradução como *belle infidèle*, mas o seu conceito de tradução funda-se numa concepção metafísica do Ser da "nação" e dos "povos". Nesse sentido ele é um autor "de transição", ou seja, não consegue se libertar totalmente da visão ontológica da "nação" e do "nacional", apesar de perceber o valor da *construção* dessas instâncias. Ele quer que a tradução sirva não apenas no sentido de trazer para a língua alemã os elementos da língua poética, por exemplo de um Homero, ou da prosa poética de um Platão, mas sobretudo que ela sirva de "tratamento de choque" para que haja uma *volta* — da Nação — *para si mesma*. A intenção da sua propagação da tradução é o encontro do autêntico caráter nacional alemão, tal como ele havia sido descrito por Tácito: o ideal da pureza, livre da "mistura decadente". A suma da pureza para ele se concretiza na imagem do *corpo* "puro, livre de misturas" dos

Tradução como modelo de uma nova ética das relações interculturais

O modelo de tradução como necessária *Versetzung* (transplante) para a língua/cultura de partida é, sem dúvida, dialógico, mas em um sentido estreito. Pois, apesar de levar em conta as diferenças entre as línguas/culturas — destacando a *intraduzibilidade* dessas instâncias —, ele se estabelece dentro de um modelo (tradicional) "belicista" das mesmas. Nesse ponto ele não deu um passo decisivo além da tradução como *belle infidèle*. Esta última, que era praticada nos séculos XVII e XVIII (mas também em nossos dias), é "colonizadora" da língua de partida. Ela submete o "outro" à lei da casa, do anfitrião. Ela é anti-hospitaleira. Segue a lei da hostilidade e não a da hospitalidade.[5] Não *respeita* a singularidade do "outro" e trata a língua como uma mera vestimenta de conteúdos inalteráveis e independentes da sua cultura. Seu ideal é a aniquilação da tradução como passagem, mudança e criação — enfim, como *tarefa*, desafio, algo necessário e impossível. Ela, portanto, pode ser vista como o protomodelo da globalização. O *agon* (competição) entre as línguas se "resolve" na era da globalização via anexação das línguas/culturas "minoritárias": daí a resposta fundamentalista, que tendeu ao modelo da "subespeciação de segundo grau".[6]

No entanto, Assmann acredita que existiu na nossa pré-história e em momentos tardios um modelo de relação intercultural onde imperava a reciprocidade e o crescimento via diálogo que se opõe ao atual paradigma da globalização como perda e

---

"primeiros" alemães. O corpo, no entanto, é o intraduzível por excelência. Herder chega a lamentar que a Alemanha não é uma ilha como a Inglaterra. O tradutor deve "roubar" da cultura estrangeira não *essa cultura mesma*, mas sim o modo de se criar a poesia: não a poesia, mas apenas a técnica *poiética*: "Man raube fremden Völkern nicht das Erfundene, sondern die Kunst zu erfinden, zu erdichten und einzukleiden". No limite, o que importa na tradução é mostrar que a poesia deve ser desenvolvida a partir da natureza "mais profunda" de cada povo. Cf. HERDER 1985: 129 *et passim*.

[5] Benveniste destacou o parentesco etimológico entre esses dois termos. Cf. BENVENISTE 1995: I 87. Cf. neste volume os capítulos 14 e 20. Com relação a esse parentesco etimológico (e não apenas psicológico) entre hostilidade e hospitalidade, Derrida observou que a identidade — "Notre question c'est toujours l'identité" — significa, antes de mais nada, uma relação de *poder*, na qual o "eu" se associa a essa polaridade hospitalidade/hostilidade (DERRIDA 1996: 31 ss.). Ou seja: não existe um espaço exterior à "formação" da identidade como crise de identidade. A tarefa do tradutor consiste em não negar a crise que está na raiz do texto e do "ser" de um modo geral, mas antes procurar trazê-la à luz do dia, revelar as *faltas* ao invés de fixar as hierarquias e reproduzir as estruturas de dominação/denegação da "crise".

[6] Lawrence Venuti no seu livro *The Scandals of Translation: towards an ethics of difference* (1998) tentou desenvolver uma ética da tradução — que privilegia a tradução "minorizante" — a partir da quebra nessa hierarquia que sempre pesa contra as "minorias". Concordo de um modo geral com o projeto que Venuti esboçou nesse livro, mas acho que ele ganharia em complexidade se levasse em conta o nosso "historicismo pós-moderno" (com as polaridades globalização/fundamentalismo a serem evitadas) e enfrentasse mais a fundo o tema da *literalidade* como uma modalidade da ética da tradução — ainda que sempre utópica, como não poderia deixar de ser — na medida em que se guia pelo princípio do respeito pelo "outro".

empobrecimento (ASSMANN 1996: 36) — que na verdade representa apenas a continuidade do modelo "belicista" do século XVIII. A tradução originariamente funcionou como uma prática de sucesso de relação dialógica entre as línguas/culturas. Essa dialogicidade fundamental — lógica do diálogo, lógica da determinação *pelo* outro, através do outro, da *diferença* não só como incomensurabilidade entre os "indivíduos", mas sobretudo como *origem*, como fonte da vida cultural — é essa dialogicidade que deve ser resgatada e sobretudo *criada*, como vem acontecendo, de certo modo, no âmbito do discurso pós-colonial. É claro que não se pode pregar uma inocente volta às origens (tampouco podemos deixar de ler a apresentação que Assmann faz dos primórdios "democráticos" da humanidade como uma recaída na eterna projeção do paraíso na história). *Muito pelo contrário*: trata-se de construir um *novo* modelo de relação intercultural, como um dispositivo tradutório que leva em conta a necessidade e o *limite* da sua tarefa (cf. a noção benjaminiana de tradução como *Aufgabe*, isto é, *double bind*, necessidade e impossibilidade). Não podemos "sair" do historicismo pós-moderno, mas devemos tentar pensar para além das alternativas — complementares — da globalização e do fundamentalismo. É esse programa que devemos estabelecer lançando mão da teoria e da história da tradução. A tradução essencialmente dialógica opõe-se ao fundamentalismo cultural porque ele é nomológico e monológico, ou seja, autolegislador e não-dialógico (ao menos na sua filosofia), e é antípoda do modelo da globalização porque este visa apenas a anexação e "pasteurização" do "outro". Do fundamentalismo essa lógica do diálogo guarda, no entanto, o respeito pela *unicidade* de cada língua/cultura: a *Versetzung* é necessária para a compreensão do "outro". Temos que nos colocar na posição do "outro" para tentar compreendê-lo. Sabemos que existe algo de *intraduzível* no "outro", e esse "resto" é constitutivo do seu "sistema cultural". Por outro lado, esse respeito à unicidade de cada formação cultural deve ser contrabalançado pelo princípio universalizante da dialogicidade. A subespeciação (de "primeiro grau") parte do princípio de que *há uma unidade de base* na *espécie* humana. A intraduzibilidade deve ser vista como a outra face da moeda da traduzibilidade. É sobre esse *double-bind*, sobre essa tensão que se deve construir a ética dialógica da tradução.[7]

A SHOAH COMO O INTRADUZÍVEL

A Shoah pode desempenhar um papel fundamental no desenho dessa ética da tradução baseada no diálogo e no respeito. A reflexão sobre a Shoah pode desdo-

---

[7] Quanto à fundação de uma nova ética dialógica, cf. sobretudo as obras de LÉVINAS 1991 e 1974. Em uma linha de pensamento oposta à da fenomenologia, Habermas defende a possibilidade do diálogo a partir do dado universal da razão: "A modernidade deve-se estabilizar a partir da única autoridade que lhe restou, a saber, da razão. Pois apenas em nome do Iluminismo ela desvalorizou e superou a tradição. Com base nessa afinidade eletiva, Hegel identifica a necessidade de autocertificação da modernidade como 'necessidade da filosofia'. A filosofia nomeada como guardiã da razão compreende a modernidade como uma filha do Iluminismo." HABERMAS 1998: 198 ss.

brar e aprofundar muitos dos teoremas discutidos no âmbito da teoria pós-colonial. É em torno desse evento, como muitos autores já o afirmaram, que se está delineando uma nova estética e sobretudo uma nova ética da representação.[8] A Shoah introduz um novo modelo de representação porque ela redimensiona a questão do intraduzível, revela que não existe uma monolíngua que dê conta de abarcar o "todo"; em segundo lugar, porque esse evento teve um efeito tal na nossa cultura que trouxe à luz de modo irrefutável em que medida a identidade (e o universo simbólico) só se estabelece a partir dos *traumas* (e não de uma formação linear e ascendente); finalmente, a reflexão sobre a Shoah é essencial para a nova ética da tradução porque esse evento é o resultado mais decantado e trágico do modelo monológico da língua. O nazismo se caracterizou pela tentativa de construir uma língua radicalmente autocentrada. Esse caráter autotélico está na origem da sua "impotência" em lidar com o "outro": essa língua só podia se estruturar via *eliminação* do "outro".

Um outro aspecto central que a reflexão sobre a Shoah introduz na teoria da tradução (como um modelo de ética dialógica) é a consciência da insuficiência das práticas tradicionais de historiografia. Assim como a tradução na sua modalidade *agonal* (na linha das *belles infidèles* ou historicista) é posta em questão pela reestruturação do paradigma da tradução como convivência entre as culturas, do mesmo modo a Shoah trava a maquinaria da historiografia tradicional enquanto meio de "representar" o passado. Tanto o modelo tradicional da tradução como o da historiografia (que não é nada mais do que uma *tradução do passado*) se baseavam numa concepção representacionista do saber. O conhecimento era igualado à tradução total do objeto e a língua a um mero instrumento. Com a Shoah o paradigma tradicional da representação sofre um abalo: esse evento mostra em que medida o "real" não pode ser totalmente traduzido e como a língua nem simplesmente "transporta sentidos" nem meramente "constrói a realidade" *ex nihilo*; por outro lado, esse evento exige a sua representação. Voltamos, portanto, ao registro do *double bind*: da necessidade e impossibilidade da tradução.

No lugar da historiografia tradicional, via Shoah nos aproximamos de um outro *modus* do registro do passado: o da *Memória*. Gabriel Motzkin notou nesse sentido que a memória — diferentemente da história — é dialógica. A história não conseguiu satisfazer as exigências impostas a ela por esse evento. Existe um abismo entre o discurso "oficial" da historiografia e a memória dos sobreviventes (MOTZKIN 1996: 272). E mais ainda: a Alemanha conhece mais do que qualquer outro país uma "crise" de identidade derivada da incapacidade de se relacionar com esse fato histórico que, como uma ferida traumática, recusa-se a fechar. O discurso historiográfico tenta impor uma tradução total do passado que equivale a uma *normalização* — encobridora — do mesmo, como na tradução na linha das *belles infidèles* que negava tanto o evento da tradução (e da sua necessidade) como tam-

---

[8] Cf. o capítulo 7, assim como SELIGMANN-SILVA 2000 e, ainda, a título de introdução à vasta bibliografia sobre o tema: CARUTH 1995; FRIEDLÄNDER 1992; HARTMAN 1996; LAUB 1991; YOUNG 1993.

bém o "resto" — o recalcado —, a diferença entre os diversos presentes que estão envolvidos na tarefa de tradução (de textos e do passado). O "resto" — o trauma, o "real" que não penetra o simbólico — é posto de lado, recalcado. A memória constitui um dispositivo de tradução do passado que justamente trabalha a partir do "resto" e do trauma. Ela recusa tanto a denegação da necessidade/ impossibilidade do trabalho da tradução como também desmistifica a tradução (idealisticamente) calcada (que, de resto, é a marca da alucinação e recordação patológica dos sobreviventes de traumas extremos).[9]

Pode-se derivar da reflexão sobre a Shoah uma "política da memória" na qual a *Versetzung* também constitui um momento essencial. Os alemães, afirma Motzkin, "devem assumir as memórias das suas vítimas; eles devem tornar-se judeus em um sentido estético (ou seja, eles não podem fazê-lo efetivamente, mas apenas de modo imaginário e via empatia)" (MOTZKIN 1996: 273). Se a história não tinha espaço para a alteridade, mas sim apenas para a construção *agonal* do Eu-Nação, a memória é o espaço da comunicação com o "outro" como formador do "eu". Não há mais espaço para o discurso positivista da historiografia que nega as diferenças, as *minorias* e os traumas/cortes históricos e apresenta uma visão triunfalista do desenrolar da humanidade. A memória da Shoah assume agora um papel central na estruturação de um modelo epistemológico no qual o "saber" é visto como uma *reescritura* aberta, nunca completa e total. Como reescritura infinita de textos e do passado, justamente porque nessa memória o *outro*/"resto" reivindica a sua *voz* de um modo nunca antes experimentado. Enquanto evento traumático, a Shoah está servindo de base para se estabelecer e pensar uma memória coletiva que também deve atuar no movimento de resistência à homogeneização das diferenças passadas e presentes. *Constrói-se* uma política da "identidade" a partir da catástrofe, das mortes e das suas ruínas, que foram provocadas pela própria "lógica" da razão iluminista.

A consciência histórica acreditava-se supra-individual, objetiva e desprezava tanto o testemunho individual como a memória coletiva: ela acreditava na existência de um passado (cronológico) que poderia ser integralmente traduzido. Já a memória funciona de modo diverso: para ela existem *traços/imagens* do passado que povoam o nosso *presente*. O trabalho da memória parte do pressuposto de que o embate com o passado é guiado pela nossa situação presente. Se existe algo como uma política da memória ela só pode se dar no plural: a memória coletiva é o resultado sempre cambiante de diversas "visões" individuais do ocorrido. No caso da memória da Shoah isso é evidente. Aqui se observa tanto o embate entre o modelo historiográfico e o mnemônico como também — dentro deste último — uma infinidade de possíveis leituras do ocorrido.

O ponto de vista da memória é o da história como catástrofe, como uma série de rupturas e não — como no Iluminismo e no Historicismo do século XIX — como uma linha temporal contínua e ascendente. Transpondo essa equação em termos de uma teoria da tradução, o texto do "original" não é visto como uma

---

[9] Cf. capítulos 5-8.

arché absoluta, mas sim como sendo ele mesmo já tradução de outros textos, da "tradição" literária, um conjunto estruturado sobre cortes e cesuras. Esse texto e a tradução não se articulam mais seguindo a lógica e a batuta da estrutura semântica, mas sim o *estilo* do texto e seu elemento *escritural*, as suas rupturas e fragmentações é que são vistas como o seu cimento. A linguagem concebida como estando saturada de estilo, de cortes e vazios é o contramodelo da língua instrumental marcada pela possibilidade — metafísica — de separar-se o significado do significante. Como consequência direta dessa visão mais densa da linguagem, a tradução se revela como uma operação infinita — como o é também o trabalho da memória, que sempre tem que retomar o delicado fio da experiência para tecer a nossa identidade.

A tradução no seu modelo radicalmente dialógico alimenta não mais o *agon* entre as nações, mas sim a convivência entre as línguas/culturas. A sua filosofia pode nos ajudar a enfrentar o desafio da nossa era de globalização e de fundamentalismos. Ela nos ensina a manter uma distância correta para além dessas duas posturas; ensina-nos que a *responsabilidade* é o primeiro dado do "estar com o outros" e, como afirma Lévinas, deve estruturar a nossa subjetividade.[10] O "outro" é um paradoxal constructo de *proximidade* e de *distância*: sua proximidade convida para o diálogo; sua distância e alteridade, para o *respeito incondicional*. Devemos aprender a traduzir respeitando a língua de partida, conscientes de que não existiam as línguas antes da bem-vinda *babelização*.

---

[10] Cf. a análise de Lévinas que Zygmunt Bauman faz no seu livro. BAUMAN 1998: 211.

18.
DO GÊNIO DA LÍNGUA AO TRADUTOR COMO GÊNIO

É inegável que nas últimas duas décadas a teoria da tradução sofreu um *boom* e aos poucos conseguiu ganhar um espaço impressionante dentro das discussões acadêmicas e também para além desse âmbito. Isso é muito saudável e não pode ser desvinculado das complexas articulações que se dão na era da *Glocalização*, ou seja, do movimento complementar entre a globalização (econômica e da circulação de informações) e, por outro lado, a (re)afirmação das culturas locais. Creio, no entanto, que a teoria da tradução atual peca algumas vezes por uma visão histórica estreita. É claro que existem exceções — algumas ilustres como George Steiner e Antoine Berman —, mas acredito que muitos dos erros cometidos por teóricos da tradução têm sua origem em uma visão de mundo simplista e por demais pragmática. Isso talvez esteja na origem de uma tendência teórica que, partindo de uma leitura um tanto apressada de comentadores de autores ditos desconstrutivistas, defende (de modo quase que fundamentalista...) as identidades, sobretudo quando se trata da defesa dos assim chamados "subalternos" ou "híbridos", ou seja, "nós" do assim chamado Terceiro Mundo. Essas leituras, além de serem profundamente contraditórias ao defenderem ao mesmo tempo uma disseminação da *différance* e pregarem a (arque) identidade das culturas "menores", tendem a misturar resquícios de um marxismo mal resolvido com uma glamourização dos "oprimidos". Todorov (1999), entre outros, já criticou a crise de "vitimização" pela qual a cultura americana (e americanizada) passa, e não preciso insistir aqui nesse ponto.[1] Creio que Derrida não é culpado por esse tipo de apropriação metafísica e ontologizante de suas ideias, mas também acho que não seria injustificado tentar aqui e ali lançar um olhar sobre a história de nossa disciplina, ou seja, a teoria da tradução. Com este trabalho, gostaria de enfocar um momento central na história das concepções de tradução, apresentando dentro dele dois modelos "clássicos" da teoria da tradução:

1) O modelo que defende a *possibilidade de tradução* e enfatiza a adaptação do original ao "gosto" do público de chegada.

2) O modelo que afirma a *impossibilidade da tradução*, a intraduzibilidade:

a) quer porque se valoriza no texto (e sobretudo na escrita dita *poética*) justamente os seus aspectos mais sensuais e, portanto, indissociáveis da língua de partida;

b) quer porque se afirma o relativismo cultural e a intraduzibilidade entre as culturas;

---

[1] Cf. capítulo 11.

c) quer porque, como no caso dos românticos alemães Friedrich Schlegel e Novalis, afirma-se não apenas a impossibilidade de separação entre os significados e os significantes, mas se define o próprio significante e as identidades de modo geral como sendo um resultado de um jogo diferencial.

Este último ponto deixarei aqui apenas mencionado, visto que já tive a oportunidade de desenvolvê-lo em outra ocasião (cf. SELIGMANN-SILVA 1999).

SÉCULOS XVII E XVIII: AS *BELLES INFIDÈLES*, PERROT D'ABLANCOURT E NICOLAS BEAUZÉE

Nos séculos XVII e XVIII a tradução era concebida basicamente como imitação de um original. Essa noção de imitação, no entanto, não é a mesma que possuímos hoje. Ela deve ser pensada no sentido da tradição clássica-renascentista de imitação vinculada ao trabalho de *eleição*, imitação que embeleza o modelo. Essa imitação é guiada pela *Ideia* da obra que é projetada em termos platônicos. Dentro da tradição que vem da Antiguidade não existe *mímesis* sem criação, *poiesis*. Mas isso não anula o fato de o conceito de "original" dessa concepção de tradução ser estanque e ser considerado como possuindo uma "identidade própria", por assim dizer "trans-histórica". Ou seja, quero dizer que o ato do tradutor que estava vinculado à doutrina artística da emulação não deve ser confundido com a moderna afirmação da "repetição diferente" (PERNIOLA 2000).

Perrot d'Ablancourt (1606-1664) traduz tendo em vista mais o *but*, o objetivo das obras (sua Ideia — ou aquilo que ele acredita ser essa Ideia), do que as suas palavras. Ele visa a imitar a *concepção*, o *desenho*, mas também quer se igualar e até ultrapassar o original (BURY 1995: 498). Até o século XVIII a doutrina retórica dos cinco momentos da produção da obra literária moldava toda a reflexão e prática literárias. Refiro-me aos momentos da *inventio, dispositio, elocutio, memoria* e *pronuntiatio*: criação da ideia e do seu "desenho" (sendo que essa "criação" não deve ser pensada, pós-romanticamente, como algo necessariamente "novo"), plano de apresentação,[2] criação da tessitura — colorida — do texto, memorização do mesmo e, por último, apresentação em público. Esse modelo retórico anula o tempo e o trabalho da diferença: ele acredita que no ato de *pronuntiatio*, o texto — com a sua Ideia — seria "restituído" de modo integral. O discurso deve cumprir o seu papel: se se tratar de um discurso de defesa, convencer ao juiz; se for de um poema, agradar. No caso das traduções de Perrot d'Ablancourt, o que importa tam-

---

[2] Até o século XVIII o desenho era identificado ora com a *inventio* ora com a *dispositio*, de qualquer modo ele era sempre diferenciado do momento do colorir, reservado à *elocutio*, ou seja, o momento de "ornamentar" o discurso com figuras visando a *delectatio*, o deleite do ouvinte, que move suas paixões (*movere*) e facilita o seu convencimento. Com relação à história da comparação entre a pintura e a literatura, ou seja, à tradição do *Ut pictura poesis* que afirma a traduzibilidade entre as palavras e as imagens, cf. minha introdução a LESSING 1998.

bém é a recepção, ou seja, no caso, *agradar* ao leitor. Na apresentação do seu *Lucien*, de 1654, ele escreveu:

> "eu me propus agradar mais do que ser fiel, ou antes, eu achei que a fidelidade nesse ponto consistiria no agrado, sem me distanciar, no entanto, do objetivo e do desenho do meu Autor." (*apud* ZUBER 1995: 499)

Ser fiel quer dizer tentar conservar o mesmo efeito diante da *pronuntiatio*/leitura do mesmo objeto que o autor apresentou. A linguagem é vista como puro meio que pode ser dissociado do seu "conteúdo". É interessante notar que d'Ablancourt filia-se abertamente ao modelo retórico da tradução como *aemulatio*, que não deixa de ter relação com a prática da cópia "infiel" (realizada pelo *commentator* em oposição ao copista fiel, o *scriptor*) na Idade Média, que era marcada pelas interpolações daquilo que o copista acreditava ser adequado para "enriquecer" o "original". Seguindo esse preceito, d'Ablancourt escreveu ainda na mesma *Remarque sur la traduction* (Observação sobre a tradução):

> "Em muitas passagens eu traduzi palavra a palavra [princípio 'teológico' ou 'bíblico' da tradução], ao menos tanto quanto isso é permitido numa tradução elegante; existem também outras nas quais eu considerei aquilo que deveria ser dito ou o que eu podia dizer ao invés do que havia sido dito, seguindo o exemplo de Virgílio no que ele tomou de Homero e de Teócrito." (*apud* ZUBER 1995: 498)

Aqui o tradutor assume a posição (forte) do *auctor* medieval.

A tradução também é vista dentro da tradição retórica, na medida em que é descrita como um processo de *transplantação* de um clima e de um "modo de ser" de cada país — com a sua *couleur locale* — e época para outro clima e modo de ser. Como o que importa é o transporte da "Ideia" da obra, esta deverá trocar "apenas" a sua vestimenta exterior, que deve ser adequada à moda e clima (*costume*) do país de chegada.

> "Portanto, eu não me agarro sempre às palavras nem aos pensamentos deste autor; e permanecendo no seu objetivo, eu adequo as coisas ao nosso ar e ao nosso modo [*façon*]. As diversas épocas exigem não apenas palavras mas também pensamentos diferentes; e os Embaixadores possuem o costume de se vestir segundo a moda do país para o qual são enviados, temendo serem ridículos diante daqueles que eles devem agradar. No entanto, isso não é propriamente a tradução; mas isso é melhor que a tradução; e os Antigos não traduziam de outro modo." (*apud* ZUBER 1995: 498)

Como nota Zuber, a tradução, para d'Ablancourt, está submetida a uma espécie de "fidelidade ativa, que se manifesta com gestos precisos: a divisão, a dádiva, a troca de presentes" (ZUBER 1995: 380). Ele critica o que denomina de "superstição judaica" que exige a submissão à "letra e abandona o espírito, [e] que traduz um Autor como os versos de Oráculo ou de uma Sibila". Isso implicaria mostrar esse autor "apenas pela metade", na medida em que não há uma transposição da sua "eloquência"; isso é o mesmo que se esforçar muito apenas para "desonrá-lo e traí-lo; é despojar um homem de boa casa que nós havíamos simulado abrigar na nossa" casa (*apud* ZUBER 1995: 381). Para d'Ablancourt, portanto, a regra de hospitalidade que deve guiar a atividade do tradutor exige uma troca de "dons": o hóspede dá a sua "Ideia", o anfitrião o "tom" e a vestimenta/costume da mesma.³ A tradução literal seria apenas um cadáver, enquanto a *belle infidèle* seria um *corpo vivo*, "belo", "leve", "animado". A tradução está submetida ao agradar, ao âmbito que mais tarde seria denominado de estético e que, então, era assimilado ao retórico e poético. O princípio das *belles infidèles* é o da fidelidade apenas ao *espírito*, e não à *letra*, daí esse modelo de tradução ter sido comparado na época à metamorfose e, sobretudo, à metempsicose.⁴ De certo modo, pode-se dizer que a tradução da época das *belles infidèles* representa a essência da tradução (ao menos no sentido mais comum e banal do termo); afinal, toda tradução parte de um ideal de uma "*Über-Setzung*" (BERMAN 1986); toda tradução parte da separação entre o significante e o significado, a letra e o espírito. A questão é como ela se relaciona com essa situação metafísica: se a enfrenta, desafia, como se fosse uma tarefa (no sentido romântico de *Aufgabe*, como tarefa infinita, SELIGMANN-SILVA 1999: 45 ss., 64 ss.), submete-se a ela, ou a (de)nega. O que importa para as *belles infidèles* é a beleza e a clareza do texto, a sua recepção, e não o respeito pelo texto de partida. Seguindo a doutrina retórica que nos alerta para evitar a todo custo os dois vícios mortais do discurso — o *taedium* e a incompreensão —, o mais "belo" é, nessa doutrina, o "mais claro". Daí o uso de adições, supressões e explicações em meio ao texto. O texto de chegada deve soar "como se o autor tivesse escrito nessa língua". A diferença entre as línguas é um empecilho menor que deve ser como que "posto de lado". O conteúdo seria o dado universal da linguagem, que os teóricos de então estudavam sob a chave da Gramática. O que muda são as estratégias retóricas/poéticas de "vestimenta" do "conteúdo" e que devem agradar e seduzir os leitores.⁵

---

³ Mas a hospitalidade é um termo que implica uma relação não apenas de trocas de dádivas: existem regras que devem reger essas trocas para evitar que a relação de hospitalidade se transforme numa relação de hostilidade. A semelhança entre esses dois termos possui, como Benveniste o demonstrou, uma explicação histórica e etimológica (BENVENISTE 1995: I, 87). Derrida, em mais de um ensaio (cf. DERRIDA 1996), desdobrou as implicações históricas dessa proximidade tendo em vista uma política da relação com o outro (e da tradução).

⁴ Como depois Schopenhauer se expressaria no seu *Parerga und Paralipomena* (Parerga e paralipomena) com relação à tradução: "Toda tradução correta é travesti [no sentido de um discurso paródico]. Dito de modo mais contundente, permanece a alma, mas ela muda de corpo: a verdadeira tradução é metempsicose" (*apud* STEINER 1975: 267).

⁵ O elemento patriarcal (falocêntrico) dessa doutrina é evidente. É interessante notar que esse falocentrismo está aliado a uma afirmação da hierarquia entre significado e significante, espírito e corpo. A masculinidade do autor/tradutor (fértil) é oposta à docilidade da tradução feminina, bela e — fielmente infiel.

O século XVIII não foi de modo algum homogêneo na sua forma de ver a tradução. A tradição das *belles infidèles*, que vinha do século anterior, não teve uma morte súbita. Nicolas Beauzée (1717-1789), autor do artigo "Traduction, Version" (Tradução, versão; 1765) da *Encyclopédie*, é uma prova. Nesse artigo ele fez uma clássica e importante distinção entre a versão e a tradução:

> "Parece-me que a versão é mais literal, mais ligada aos procedimentos próprios da língua original e mais submetida nos seus meios à construção analítica; e que a tradução ocupa-se mais com o fundo dos pensamentos, está mais atenta em apresentá-los sob a forma que pode lhes convir na nova língua e mais subordinada nas suas expressões à índole [aos torneios, *tours*] e aos idiotismos desta língua." (*apud* SCHNEIDERS 1995: 62)

Essa concepção de tradução dá continuidade ao modelo das *belles infidèles* e, portanto, ao da Antiguidade. Falando de modo estrito, entre os latinos não havia um limite entre a tradução e a *produção original* (SEELE 1995: 8). Mesmo Cícero traduziu dentro do paradigma da *aemulatio*. Tanto para Quintiliano como para Sêneca e Plínio, o Jovem, a tradução era vista como um dos exercícios retóricos fundamentais, ao lado da paráfrase de textos em verso (que eram vertidos para a prosa) ou em prosa e da descrição de quadros ou cenas da natureza (X, 5, 5 e I, 9, 2). Nesses exercícios o retor sempre tentava superar o original. Uma vez que se partia do pressuposto de que o *conteúdo* se mantinha "igual" nesse processo, assim, no caso da tradução e da paráfrase, poder-se-ia comparar de maneira privilegiada dois modos de enunciação, no seu estilo, escolha das palavras etc. Era frequente que o tradutor comentasse e corrigisse o texto em meio à tradução. Mas nem por isso deixou de ocorrer na Antiguidade romana uma clara distinção entre esses dois modelos de tradução ressaltados por Beauzée — como se lê, por exemplo, em Cícero, Horácio e Terêncio — a saber, entre a tradução segundo a fórmula *verbum--de-verbum*[6] e a segundo a *sensu-de-sensu*.[7] Devido à doutrina da emulação, houve um evidente predomínio do segundo modelo.

---

[6] Jerônimo, no século IV, ao rever a *Vetus latina*, uma versão para o latim que havia sido feita a partir da *Septuaginta*, renega o valor dessa última, questiona que ela tenha sido "inspirada" — nesse ponto defendendo uma posição diversa da de Santo Agostinho (cf. CHRÉTIEN 2002: 65-74) — e considera falsa a lenda dos 72 tradutores da bíblia. Numa epístola de 395 ele afirmou um princípio de tradução que representa um estágio intermediário entre a concepção dominante na Antiguidade e a do medievo: "Eu não apenas o reconheço como declaro francamente que nas minhas traduções do grego — com exceção das da Escritura Sagrada, na qual já o posicionamento das palavras é um mistério — translado não palavra a palavra, mas, antes, sentido por sentido" (SEELE 1995: 9).

[7] Cf. SEELE 1995: 86. Em Cícero já se podia encontrar um modelo sofisticado que diferencia três tipos de tradução, correlacionados aos diferentes gêneros do discurso: a tradução filosófica-científica, a retórica e a poética. Hans Vermeer (1992: 214 ss.) resumiu esses três *modi* de tradução com as seguintes palavras: "(1) Cícero traduz como retor de modo 'funcional'. [...] (2) Como

O importante nesse modelo é o *efeito final*, do qual não se pode separar o valor estético. Ele deve ser visto como uma consequência da concepção representacionista da linguagem (e, portanto, do conhecimento) que imperava na doutrina retórica e poética. O tradutor teria um compromisso apenas com as *ideias*, às quais teria um acesso sem impedimentos — e essa universalidade da compreensão era um dado central da teoria do conhecimento antiga —, a forma seria determinada pela sua situação particular.

Para Beauzée, a versão literal deveria ser apenas um momento que antecede à tradução propriamente dita. Mas já nessa versão dever-se-ia destacar os idiotismos da língua original, preencher as elipses, suprimir os pleonasmos e consertar os desvios da "ordem natural" — que para ele equivalia à ordem da língua francesa. Quanto a esse ponto, vale lembrar o famoso dito de Rivarol, autor do *Discours sur l'universalité de la langue française* (Discursos sobre a universalidade da língua francesa), de 1784: "o que não é claro, não é francês" (*apud* SCHNEIDERS 1995: 69). A versão já inicia a reversão ou inversão do "original". Portanto, essa versão que ele denomina de "literal" está muito longe de o ser. De resto, a tradução propriamente dita deveria adicionar ao texto da versão o *tour* e o *génie* da língua de chegada. O pensamento do original deve ser comunicado como se ele tivesse sido concebido nesse idioma. A tradução deve respeitar — como em d'Ablancourt — o caráter da língua de chegada.

Beauzée foi um teórico da especificidade de cada língua — do seu caráter e gênio — que impõe à versão/tradução o trabalho de reversões. Numa passagem típica das teorias do século XVIII lemos no seu artigo *Langue*:

> "O hábito de um povo de empregar de preferência certos sons, ou de flexionar certos órgãos e não outros pode frequentemente ser um índice do clima e do caráter da nação que é determinado pelo clima em muitos pontos, como o gênio da língua o é pelo caráter da nação."

Ou seja: o *clima* determina o *caráter da nação* e este, por sua vez, imprime sua marca no *gênio* da língua. Em um exemplo típico do relativismo cultural de sua época, Beauzée arremata:

> "O uso habitual de articulações rudes designa um povo selvagem e não policiado. As articulações líquidas são [...] uma marca de nobreza e de delicadeza, tanto nos órgãos como no gosto."

'poeta' Cícero traduz segundo os hábitos romanos, com o objetivo de ultrapassar seu modelo. (3) Enquanto 'cientista' (e aqui entra também o filósofo) Cícero traduz 'literalmente', ou seja, no seu caso frequentemente: 'morfem(at)icamente' ('*morphem(at)isch*')". Apesar dessa tipologia, nas traduções de Cícero predominou o modelo da *aemulatio*.

O GÊNIO E A SUA INTRADUZIBILIDADE:
DU BOS E CHARLES BATTEUX

Jean Baptiste Du Bos (1670-1742) é um dos responsáveis no início do século XVIII pela revalorização da linha sensualista (e de certo modo "irracionalista") da tradição Retórica/Poética, em oposição ao domínio das doutrinas derivadas do racionalismo do século XVII na linha da *Grammaire générale et raisonée* (Gramática geral e arrazoada) de Port-Royal. Com Du Bos ocorre uma valorização do elemento *sensual* da poesia e não mais tanto da *inventio*. A *elocutio*, que ele denomina de "poesia do estilo", diferentemente do que ocorria até então, passa a constituir o desenho da poesia: ou seja, o desenho não é mais equiparado à Ideia e à *inventio*. Para ele, a "poesia do estilo" — ou seja, a invenção de figuras poéticas — é que faz da poesia uma poesia. Mas se agora o elemento sensual da linguagem é valorizado, a *couleur locale* como que passa, com mais razão, a controlar o "desenho". A "originalidade" da obra — incluindo a sua relação com o seu *local de origem*, como vimos em Beauzée, um ótimo exemplo também do século XVIII — adquire um novo sentido e ganha muito mais peso.

Para Du Bos,[8] só podemos julgar as obras escritas numa língua que nós *compreendemos*. Não se pode tentar julgar uma obra com base em traduções ou com base no juízo estabelecido pelos críticos e historiadores da literatura. Isso ocorre desse modo justamente pela originalidade da poesia que impõe a ela uma *intraduzibilidade*. Du Bos faz uma série de comparações para tentar ressaltar o "absurdo" da empreitada do julgamento "de segunda mão" (um *tópos*, de resto, que ainda é válido para muitos teóricos da tradução de nossa época). Ele compara esse procedimento à tentativa de explicar as cores a um cego de nascimento, ou às pessoas que seriam citadas para testemunharem sobre um acontecimento que elas não presenciaram. Para ele, a tradução tanto da "poesia do estilo" como do ritmo e da harmonia é impossível devido à diferença entre as diversas línguas. O *medium* da língua é levado em conta; portanto, não há mais a possibilidade de se traduzir.

> "Uma vez que não reencontramos numa tradução as palavras escolhidas pelo autor, nem o arranjo no qual ele as havia posto para agradar ao ouvido e para emocionar o coração, pode-se dizer que julgar de modo geral um poema com base numa versão equivale a querer julgar um quadro de um grande mestre, elogiado sobretudo pelo seu colorido, com base numa estampa na qual o traço do seu desenho ainda estaria corrompido. Um poema perde na sua tradução a harmonia e o número que eu comparo ao colorido de um quadro. Ele perde aí a poesia do estilo que eu comparo ao desenho e à expressão. Uma tradução é uma estampa na qual nada permanece do quadro original a não ser a ordem e a atitude das figuras: por mais que ela esteja alterada." (DU BOS 1770: 2ª parte, 556)

---

[8] O que segue sobre Du Bos retoma com algumas nuanças minha introdução a LESSING 1998: 26 ss.

Citemos também:

> "É da essência de toda tradução verter tão mal as maiores belezas de um poema na mesma medida em que ela verte fielmente os defeitos do plano e dos caracteres. Se é permitido falar desse modo, na poesia o mérito das coisas está quase sempre identificado com o mérito da expressão." (Du Bos 1770: 2ª parte, 553)

O significado não existe sem o significante — ao menos na poesia.

Isso também valeu para Condillac no seu *Essai sur l'origine des connaissances humaines* (Ensaio sobre a origem dos conhecimentos humanos):

> "Entre todos os Escritores é entre os Poetas que o gênio das Línguas se exprime do modo mais vivo. Daí a dificuldade em traduzi-los: ela é tal que, com talento, seria mais fácil de superá-los com frequência a nos igualarmos a eles sempre. A rigor poder-se-ia mesmo dizer que é impossível realizar boas traduções: pois as razões que provam que duas Línguas não poderiam possuir o mesmo caráter, provam que os mesmos pensamentos raramente podem ser restituídos numa e noutra com as mesmas belezas." (CONDILLAC 1746; *apud* MEYER 1965: 166)[9]

John Locke, de resto, já insistira nessa não correspondência entre as línguas de que Du Bos parte. Isso pode ser visto como um desdobramento da sua teoria da origem arbitrária da linguagem.[10]

A reflexão sobre a diferença do *genius* (do indogermânico *gen*, criar, dar à luz; gr. *génesis*: origem) de cada "nação" também pode ser retraçada à tradição Retórica clássica. Quintiliano, por exemplo, descreve o *genus Rhodium*, que constituiria um terceiro estilo, além do ático e do asiático, como um gênero misto que teve a sua origem em Aeschines quando ele levou a cultura ateniense para Rodes. Nessa *trans-posição* teria ocorrido, como explica Quintiliano, uma "degeneração" (XII, 9, 19).

O *genius* serve tanto para descrever o traço individual do *estilo* (de *stilus*, caneta, isto é, caligrafia, traço próprio) de um *gênero* literário, uma época ou região, como a comunidade com as suas características próprias culturais e naturais — assim pode-se falar de *genius* de uma língua. Nesse gênio da língua concentram-

---

[9] Cf. também Diderot na sua *Lettre sur les sourds et muets* (71 ss.): "Eu acreditava com todo mundo que um poeta poderia ser traduzido por um outro: trata-se de um erro, e eis-me desiludido. Pode-se restituir o pensamento, pode-se talvez ter a alegria de se restituir o equivalente de uma expressão; [...] trata-se de algo, mas não é tudo. O emblema desfeito, o hieróglifo sutil que reina em toda uma descrição e que depende da distribuição das longas e das breves nas línguas com a quantidade marcada, e da distribuição das vogais entre as consoantes nas palavras em todas as línguas, tudo isto desaparece necessariamente na melhor tradução".

[10] Cf. em *An Essay Concerning Human Understanding* (1689) de John Locke o capítulo V, "Of the Names of Mixed Modes and Relations" (1975: 432 ss.).

se todos os elementos — retóricos ou estéticos — que transcendem à gramática e não são redutíveis ao racional (SCHNEIDERS 1995: 76).[11]

Em Du Bos, acrescenta-se ainda a categoria do artista como *gênio*, desenvolvida a partir da noção retórica, também presente em Quintilano, de *ingenium*, que constituiria um terceiro grau de intraduzibilidade que estaria na base da produção poética. Essa categoria de gênio, que foi central nas *Poéticas* do século XVIII, desdobra a noção clássica do estilo como um "não sei quê". O *Ingenium* é traduzido para o francês tanto por *esprit* (Boileau na sua *Arte poética* I 166) como por *génie* (Buffon) e significa o talento natural que não pode ser atingido nem pela imitação — a *imitatio* — nem através da *ars* (LAUSBERG 1990: § 1152). Já para Du Bellay (1522-60), a tradução era algo intrinsecamente *instrumental* (bassement utilitaire). Estava distante do ofício do verdadeiro poeta, que deveria compor na *langage de Dieu*. Para ele, "a elocução é essencialmente intraduzível",[12] e os tradutores não poderiam representar "essa energia e não sei que espírito que existe em seus escritos [dos Antigos], que os latinos chamavam *genius*" (*apud* ZUBER 1995: 23).

Em Charles Batteux (1713-1780) pode-se ler o credo de larga aceitação no Iluminismo acerca do caráter arbitrário da linguagem. Apesar de Locke ter afirmado a diferença entre as línguas partindo desse mesmo pressuposto, não se pode dizer que existe uma relação necessária entre essa concepção e a afirmação ou negação da traduzibilidade. Para Batteux, no entanto, esse fato estaria sim na base da *diferença* entre as diversas línguas. Daí por que na sua teoria da tradução ele afirma que não é tanto a passagem do *sens* (sentido) de uma língua para outra mas sim que "a vivacidade do sentimento causa muito embaraço para o tradutor" (BATTEUX 1774: 280 ss.). Batteux, que era tradutor de Epicuro, Aristóteles, Dionísio de Ha-

---

[11] No século XVIII, a noção de propriedade original sofre uma mudança radical com o surgimento do relativismo histórico em autores como Du Bos, Condillac, Rousseau, Diderot, Herder etc. No século XIX, esse relativismo deu lugar ao historicismo com a sua afirmação radical da diferença (ontológica) entre as culturas/nações e, por outro lado, foi somado à explicação científica para a origem das espécies e à fundação da ciência da origem, a saber, a genética, com Mendel tendo decifrado a lei da hereditariedade em 1866.

[12] ZUBER 1995: 23. O humanista Etienne Pasquier, cuja atividade tradutória o teria "tornado cético com relação a esta atividade" (ZUBER 1995: 174), também era um crítico da tradução e defensor da obra original na sua peculiaridade e estilo em detrimento da obra traduzida. Nas suas cartas pode-se ler de modo claro as suas opiniões a respeito do tema: "O tradutor como um escravo fatiga seu espírito para seguir no traço os passos do autor que ele traduz [*qu'il translate*], ele consome assim todo seu tempo e emprega todas as mais belas características [*traits*] que ele pensa ter curso entre os seus para se aproximar ao máximo do elemento natural do outro. No entanto, pouco a pouco a sua língua maternal muda de tal modo com o tempo, como se nós tivéssemos usado uma roupa nova e não quisséssemos usar mais a antiga [...]" (*apud* KLOEPFER 1967: 41). Ou seja, as relações que existem entre a língua e o original e entre a língua e uma tradução são opostas, na medida em que no primeiro caso essa relação seria "natural" e no segundo caso se daria como a relação da roupa com o corpo. Em W. Benjamin, no seu "A tarefa/renúncia do tradutor", também se nota essa separação metafísica quando ele fala da diferença da relação entre o *Gehalt* (teor) com a *Sprache* (língua) no original e na tradução.

licarnasso e Horácio, valorizou a tradução como poucos na sua época: "sabemos que muitas vezes é necessário mais tempo, trabalho, aplicação para copiar bem um quadro do que foi necessário para fazê-lo. [...] é evidente que é necessário, se não tanto gênio, ao menos tanto gosto, para se traduzir bem, do que para compor" (BATTEUX 1774: 258, 260).[13] Do ponto de vista da teoria hermenêutica tal como ela se cristalizaria dali a cinquenta anos, essa equação não expressa nada mais do que o famoso *tópos* schleirmacheriano do intérprete como aquele que deve compreender melhor o texto que o seu próprio autor (em outras palavras: esse modelo hermenêutico é na verdade uma transformação de um princípio já existente na tradição retórica). Não fosse uma posição como que intermediária entre os partidários da tradução e da intraduzibilidade, a teoria da tradução que Batteux sustentou não representa nenhuma grande inovação com relação aos matizes já apontados nas teorias vistas acima no que tange à descrição da mecânica dessa atividade. Novamente reencontramos a exigência da máxima fidelidade ao original — ao modelo da *imitação* — aliada a uma máxima preocupação com a *clarté*, clareza, com o *agrément*, agradar, e com a *vivacité*, vivacidade, do texto na linguagem de chegada. Para conseguir esse objetivo, o tradutor deve, como em Cícero, "pesar as expressões" para tentar gerar um equilíbrio. Numa metáfora monetária, que explicita a sua visão da linguagem, Batteux esclarece: "ele [o tradutor] não fará nada diverso do que o viajante, que por comodidade dá ora uma peça de ouro em troca de muitas peças de prata, ora muitas peças de prata por uma de ouro" (BATTEUX 1774: 278 ss.).[14] Mas para Batteux também "existem em todas as línguas maneiras de falar que não podem ser traduzidas", bem como uma diferença de dignidade entre as palavras nas diversas línguas, que impede a tradução "palavra a palavra" (BATTEUX 1774: 284 ss.).[15] Batteux retoma então os dois modelos da tradução: uma que é vista como *fiel* no sentido de ser uma *cópia idêntica* ao original, e a outra como uma aproximação, um *meio* de se poder compreender o *sentido* do original. Esse segundo modelo de tradução — no qual se perde a *cor* da poesia — Batteux também aproxima da arte da estampa:

> "Eu distingo aqui dois tipos de tradução: o primeiro é aquele que restitui um autor com tal perfeição que poderia tomar o seu lugar quase como uma cópia de quadro feita por uma excelente mão ocupa o lugar

---

[13] Cf. nesse mesmo sentido as afirmações de Marmontel e de Bitaubé citadas por Lieven D'Hulst (52 e 61).

[14] Batteux afirma que o tradutor deve tentar manter do original: "a ordem das coisas", "a ordem das ideias", "os períodos", "todas as conjunções", "as frases simétricas serão transpostas com a sua simetria ou de modo equivalente" (no que tange tanto ao som como à quantidade e terminação), "as figuras de pensamento" e os provérbios devem ser traduzidos por outros provérbios *equivalentes* (Batteux 1774: 269-79).

[15] Cf. quanto a essa diferença a defesa que Batteux fez da "ordem natural" na língua latina e grega — que seguiria a ordem das ideias e da ênfase que se quer dar, devido à sua maior liberdade na organização das frases —, que ele opôs ao francês. Cf. BATTEUX 1774: 321, 388, bem como o seu *Traité de l'arrangement des mots*, 1788: 203ss.

do original. O segundo não é feito para ocupar o lugar do autor, mas para auxiliar apenas a compreender o seu sentido; para preparar as vias para a compreensão do leitor. Seria algo como uma estampa." (BATTEUX 1774: 289 ss.)

Para o autor, o primeiro modelo é *impossível* para "os poetas". Nesse ponto, a pintura estaria em vantagem com relação à poesia, ao menos no que concerne à sua tradução. Pois ao pintor "basta a ele olhos inteligentes e uma boa mão", para poder reproduzir as cores do original. Mesmo a tentativa de se traduzir um poema em prosa está fadada, para Batteux, ao fracasso. Ele também descarta a paráfrase como meio de tradução; nesse caso, para ele "não é mais traduzir, é comentar", ou seja, a tradução ideal deveria tentar manter-se dentro do paradigma da *mímesis*: a interpretação pertenceria a um outro registro. O ideal da tradução — um ideal *pictórico* — é descartado para ele como um ideal impossível de ser alcançado. A tradução é em si uma empresa sempre condenada ao fracasso. A originalidade da teoria da tradução de Batteux está justamente nessa (re)afirmação da impossibilidade da tradução. Esse *tópos* da intraduzibilidade já havia sido defendido, entre outros, por Du Bos e pela Pleiade. Dentro dele, a linguagem não pode existir sem a sua cor.

* * *

Para os autores aqui enfocados, a intraduzibilidade, em suma, origina-se (cf. SCHNEIDERS 1995: 84):

a) de motivos linguísticos (fonéticos, do campo semântico do vocabulário,[16] de expressões linguísticas, da sintaxe);

b) de motivos externos à língua (clima, Estado e sociedade, ambiente físico);

c) da relação indissociável entre a palavra e o pensamento;

d) e, acrescento ainda, da intraduzibilidade de elementos estéticos. Como Diderot afirmou no seu *Salon* de 1767, "não se pode traduzir a originalidade".

Para Johann David Michaelis (1717-1791), no seu *De l'influence des opinions sur le langage et du langage sur les opinions* (Acerca da influência das opiniões sobre a linguagem e da linguagem sobre as opiniões), de 1762 (na verdade uma autotradução com acréscimos do original alemão de 1760), lemos, por fim:

"Todos os objetos apresentam-se ao nosso espírito sob um certo aspecto; e é sob esse aspecto que sempre são regrados os nomes que

---

[16] Para Du Bos, não existe justamente uma correspondência exata entre as línguas, ou uma sinonímia. Ele dá alguns exemplos: *herus*, que implica em latim um *maître* apenas no sentido de uma relação com um escravo, não poderia ser vertido apenas por *maître*; *hospes*, que possuiria originalmente uma dignidade, já que implica uma relação de amizade de um homem com outro, não poderia ser traduzido por *hôte* (que também conota uma relação comercial); *Imperator* não deve ser vertido por *Empereur*, pois não são palavras sinônimas. Du Bos inclusive elogia o tradutor que traz para a língua de chegada o termo original intraduzível.

> nós damos a eles e as descrições que nós deles fazemos." (MICHAELIS 1762: 7)

> "São as opiniões do povo e o ponto de vista sob o qual ele observa os objetos que dão forma à linguagem." (MICHAELIS 1762: 9)

Essas palavras de Michaelis já deixam entrever a "virada copernicana" do conhecimento que significou também a sua virada linguística. Wilhelm von Humboldt (1767-1835), com o seu conceito de "forma interna das línguas" desenvolvido no início do século seguinte, já estava montando seus edifícios conceituais com uma matéria-prima muito parecida com a nossa. Essa "forma interna" significava para ele o resíduo — intraduzível — de cada língua, o que escapa ao conceito, e que ao mesmo tempo a constitui (SELIGMANN-SILVA 1999: 26 ss.). A máxima ainda defendida em 1777 por Marmontel, "O primeiro e mais indispensável dos deveres do tradutor é o de apresentar o pensamento; e as obras que não são senão pensamentos são fáceis de traduzir em todas as línguas" (*apud* D'HULST s.d.: 49), não pôde mais ser aceita após essa virada copernicana. O discurso que é "só pensamento" também é constituído pela "forma interna", também é ligado por aquilo que alguns autores hoje em dia denominariam de estilo (FRANK 1992). O tradutor que agora assume a questão da *diferença* das línguas será não mais o *commentator* ou o *auctor*, no sentido medieval desses termos, mas sim o autor no sentido romântico e pós-romântico (por mais que ele alie o trabalho de tradução ao do comentário e da crítica). Não por acaso esse momento de nova inflexão na história das ideias da tradução coincide com o fim da *querelle des anciens et des modernes*, o longo debate que ocupou todo século XVIII europeu em torno do estatuto do modelo — exemplar, digno de imitação — da Antiguidade. Sem a presença forte de uma ideia de modelo a tradução teve de ser assumida cada vez mais como forma. Forma formante — lembremos da noção de *Bildung* — de culturas e literaturas, mas também jogo infinito entre as línguas e suas diferenças.

19.
COISAS E ANJOS DE RILKE E O DESAFIO DA TRADUÇÃO

A poesia é pensada desde a Antiguidade como um discurso que se diferencia da prosa tanto por estar mais voltada para o universal do que para o singular como também pelo maior número de elementos "ornamentais" (lembremos de Aristóteles na sua *Poética*). Essa divisão é decerto "metafísica" e um tanto inocente do nosso ponto de vista. Afinal, o Romantismo explodiu as polaridades conceituais e mostrou que não existe uma linguagem imune ao campo do poético (rebatizado então pelo termo "literatura"). Não podemos crer na confortável divisão entre uma linguagem referencial e outra "literária" (também pensada como sendo "fictícia"). A famosa *ironia romântica* é justamente a expressão de uma nova visão da linguagem como algo ao mesmo tempo interno e externo ao "mundo da efetividade". Por sua vez, o século XIX foi marcado por um duplo projeto literário que desdobrou as aporias românticas: de um lado, a aproximação entre a poesia e a prosa — dentro da linha do romance realista — e, no outro extremo, a criação de um espaço reservado para o poético que levou ao mito da "poesia pura".

Mas apesar de toda essa revolução aberta pelo Romantismo, no século XX e ainda hoje permanece válida a definição da linguagem poética (seja ela escrita segundo a forma da poesia ou da prosa) como um campo de manifestação do "elemento sensual" da linguagem. Na medida em que essa linguagem está dispensada de "servir" a um objetivo, ela está, por assim dizer, livre. A poesia — como as artes de um modo geral — é um dos raros locais onde a liberdade pode se manifestar do modo mais radical. É claro que cada autor, cada época, cada lugar gera uma nova retórica que empresta formas diferentes a essa liberdade. Após o Romantismo, por exemplo, um tema constante da poesia é justamente essa sua independência: ela se volta para pensar o âmbito do estético/poético. Como ela não é mero meio, seu elemento material, sensual, ganha um peso inexistente (ou dissimulado porque proibido) na "prosa do cotidiano". A poesia torna-se reflexão, autorreflexão: espelhamento.

Karl Philipp Moritz, no final do século XVIII, já percebera esse elemento autotélico da poesia. Ele retomou a comparação clássica entre a prosa como um caminhar marcado pela sujeição à necessidade de se atingir um ponto determinado (*provorsa* quer dizer "voltado para frente"), e, por outro lado, a poesia como uma dança (*versus*, volta).

"O andar usual possui um fim *fora de si*, ele é mero *meio* para se atingir algum alvo [...] A emoção, no entanto, a felicidade que dá saltos, por exemplo, *também faz com que o caminho volte sobre si mesmo*, e os progressos individuais não se diferenciam mais porque sempre estão nos aproximando do alvo, mas antes são todos iguais entre si porque o andar não se dirige mais a algum fim, mas antes acontece *por si mesmo* [*um sein selbst willen*]. Uma vez que desse modo os progressos individuais adquiriram uma *mesma importância* logo é inevitável *medir e dividir aquilo que por natureza tornou-se igual*: desse modo nasceu a Dança. — A falta de um *fim exterior* ou de um fim próprio em direção ao qual o movimento corporal se dirige deve ser necessariamente *substituído* por algo; a falta de exterioridade do caminhar deve ser voltada para ele mesmo; pois algo em si totalmente sem fim não pode despertar prazer em nós."[1]

Essas palavras de Moritz, de 1786, não perderam seu brilho. A poesia é dança, está para além do convencer referencial e só visa um *convencimento estético*. Enquanto dança, ela é jogo entre *repetitio* e *variatio*. Repetição e variação de sons que constitui a sua estrutura sonora densa, mas também de ideias e, ainda, da literatura enquanto um enorme arquivo de textos, gestos, tropos e formas. Penso aqui nas formas enquanto gêneros e subgêneros literários, mas também enquanto figuras, imagens visuais que também caracterizam a excepcionalidade do texto literário diante da "prosa". Pensemos no soneto, no hai-kai, na tradição da poesia imagética que remonta à Idade Média e assumiu um novo significado após o Romantismo, com Mallarmé, Apollinaire e com os poetas concretistas.

Repetição e variação. É claro que a "estética do gênio" do século XVIII e entronizada pelos românticos fez pender a balança desse binômio em direção à variação. Mas, pensando-se de modo mais detido, as coisas não são tão simples. Pois a ironia romântica a que nos referíamos supõe o espaço literário como campo habitado por discursos que se ecoam de modo paródico, como pastiche, falsificação etc. Ou seja: se com o Romantismo o poeta/artista (potencialmente) se liberou da angústia da imitação, da *mímesis* como *imitatio naturae*, por outro lado a *emulatio* com seus pares recebeu então uma carga inaudita. A ironia indica uma possibilidade lúdica de lidar com essa nova questão. Não muito distante dessa alternativa, outra porta aberta pelos românticos para se pensar a literatura como jogo entre repetição e variação foi a tradução.

Rilke: poesia como autorreflexão e figura

A poesia de Rilke pode ser localizada neste cenário que acabo de esboçar com traços largos, como uma poesia absolutamente consciente de seu meio. Se essa obra a princípio tendeu para um estilo carregado de emoção e subjetividade — o caminho para si mesma da poesia, para dentro, de que Moritz falava, levou também a esse tipo de solução que a nossa poesia conhece bem demais —, no primeiro Rilke é verdade que já podemos ver aquela precisão e virtuosidade do poeta maduro.

---

[1] Karl Philipp Moritz, *Versuch einer deutschen Prosodie* (Ensaio de prosódia alemã), *in*: Moritz 1962: 185s.

Segundo Beda Allemann, um dos comentadores mais gabaritados do poeta, "no jovem Rilke essencialmente já encontramos tudo o que também marca a obra tardia" (ALLEMANN 1986: V). No seu *Livro das horas* (1899-1903), a cisão entre o "eu" e o mundo é (tentativamente) superada via projeção do "eu" no mundo: as coisas transformam-se em sujeitos, via prosopopeia. Paul de Man mostrou de modo convincente[2] como essa alienação — ao menos no primeiro livro dessa obra, ou seja, o *Da vida dos monges* — permanece não resolvida. A própria poesia apresenta-se então como ponto de fuga da obra. É esse mesmo traço autorreflexivo que marcaria a obra de Rilke como um todo.

Pode-se perceber um processo de volta sobre si mesma nessa poesia que leva a uma "solução" diversa para a questão da alienação do indivíduo moderno. O polo do significante, que desde o início recebe uma atenção e um peso pouco comuns, já indica a tensão inerente ao projeto de "descrição" poética do mundo externo-subjetivado. A profusão de recursos paronomásicos e o uso generoso de *enjambements* corroem qualquer intenção descritiva. Como na passagem de Moritz sobre a transformação da prosa andante em poema-dança, também nessa poesia cada fragmento passa a ter o mesmo peso, o mesmo valor, o que bloqueia a chegada a um "sentido final". Essa fragmentação das palavras indica um processo de "coisificação" das mesmas. Nesse sentido, nos poemas do *Livro das imagens* (1902-06) e dos *Novos poemas* (1907-08) Rilke dedicou-se de modo consequente ao projeto de criar poemas-coisa dentro de uma poética cada vez mais contaminada pelo modelo das artes plásticas. Vale lembrar que nos anos de 1905 e 1906 ele foi secretário de Rodin em Paris.

Devo notar, mesmo que rapidamente, que essa poética, no entanto, não pode ser lida (apenas) com base no que ela já trazia de inovador e que foi recuperado pela poesia das décadas seguintes. A sua riqueza pode ser observada também nos pontos que poderiam sugerir fraqueza: ou seja, onde Rilke é conservador. Onde ele reafirma a poesia como *repetição* da tradição. Como é bem conhecido, a história da poesia em alemão é caracterizada pela tentativa de se conciliar a prosódia das línguas clássicas, caracterizadas por uma clara distinção entre sílabas longas e curtas, com uma língua com um acento prosódico determinado pela força impressa às sílabas (no alemão o acento recai sempre na sílaba que representa a raiz da palavra independentemente da posição que ela ocupa na mesma). Apenas Klopstock e Hölderlin conseguiram criar poemas harmoniosos em alemão seguindo de modo rigoroso a métrica clássica. Rilke, por sua vez, toma essa história da poesia alemã — com a sua "dupla temporalidade" essencial que já faz com que ela seja paradigmática para a era Moderna — como um elemento central para a sua (auto)reflexão poética. Ele joga com a não-adequação entre a métrica latina e a sua língua. O rigor de seus versos decassílabos, sua construção de séries de iambos, suas sequências alternantes de iambos e troqueus, sua atração pelo soneto, sua maestria no domínio das rimas em suas modalidades consagradas, o recurso abundante à

---

[2] "Tropes (Rilke)", *in*: DE MAN 1980: 20-56.

aliteração e à assonância, a exploração do *enjambement*, todos esses elementos entram na sua obra para potenciar o seu trabalho — irônico a seu modo — de construção precisa de versos que ao mesmo tempo desconstroem a tradição. Essa ambiguidade, a pertença e impossibilidade de pertença ao passado, é parte constitutiva da sua poética tanto quanto são ambíguas as suas "descrições" que se voltam para a linguagem e para o poema.

A repetição da tradição dá-se também na obra de Rilke via tradução — ele foi um exímio tradutor de poesia francesa, de Baudelaire, Mallarmé e, sobretudo, de Valéry. Essas escolhas evidentemente não são gratuitas e novamente permitem lembrar o nome de Hölderlin como o poeta-tradutor por excelência da língua alemã. Nas suas traduções de Sófocles e de Píndaro a tradução atua como uma potente máquina de apropriação transformadora do passado clássico e de criação da "modernidade". Na Alemanha, desde o século XVIII, a Modernidade é pensada e descrita justamente como nascida a partir da falta e da perda da Antiguidade.[3] Rilke tradutor e poeta liga-se a essa tradição alemã. Seu conhecido poema "Torso arcaico de Apolo", parte dos *Novos poemas*, desenha justamente uma figura ruinosa sem cabeça, mas onde "ponto não há/ Que não mire", como lemos na bela tradução de Manuel Bandeira. Esse passado clássico e ruinoso, sem cabeça, mas que devolve o nosso olhar, também pode ser lido como a visão de uma Grécia dionisíaca que brota das ruínas da Grécia apolínea. Todo o "drama" da poesia moderna alemã — e da própria "identidade alemã" — encontra-se nessa metamorfose. O rigor da poética de Rilke já foi interpretado como uma estratégia apolínea de apresentar o indizível.[4] Esse indizível é o dionisíaco.

Augusto de Campos: tradução, "introscrição" e autoria

Augusto de Campos publicou na última década três obras de tradução dedicadas à poesia de língua alemã: o belo e compacto volume bibliófilo *Irmãos germanos* (1992), *Rilke: poesia-coisa* (1994) e agora *Coisas e anjos de Rilke* (2001) que aparece na Coleção Signos. O número de poemas de Rilke traduzidos foi se avolumando e levou naturalmente às duas últimas publicações. Como as introduções destes dois volumes rilkeanos indicam, Augusto de Campos sente-se atraído pela poesia de Rilke não devido ao misticismo de suas obras tardias (que na verdade também pode ser lido a contrapelo...), nem tampouco pelo elemento *schwärmerisch* (sonhador, delirante; cf. Allemann 1986: XVI) do primeiro Rilke, mas antes pela sua precisão poética, pela proximidade da poesia-coisa com as artes plásticas, pela "desegoização" (Oskar Walzel) levada a cabo em sua obra (e preconizada, vale lembrar, nas famosas *Lettres du voyant* de Rimbaud). Augusto de Campos segue a interpretação demaniana e reafirma o elemento de resistência da linguagem de Rilke que faz de sua obra não um reflexo do mundo, mas sim um jogo

---

[3] Cf. capítulo 21 abaixo.
[4] Cf. De Man 1980: 22 ss.

especular com a linguagem. Se De Man — na senda interpretativa aberta por Beda Allemann — notou que o quiasmo deve ser visto como a figura retórica típica de Rilke, Augusto de Campos, por sua vez, aplica essa lógica às imagens presentes na poesia do Rilke autor de poemas-coisa e afirma que ele "panteriza o anjo e angeliza a pantera".

"A pantera" é um dos poemas dos *Novos poemas* que foi traduzido por Campos. Um primeiro exemplo de sua destreza na tradução já pode ser notado aqui: a rima do penúltimo verso obtida com a palavra "instila" *repete* de modo inesperado o som do termo alemão na mesma posição "Stille" (paz, sossego). A variação é enorme: mas feita em função de uma repetição que, como uma forma poética, funciona ao mesmo tempo como um limite e como um desafio imposto ao poeta-tradutor. Em certo sentido, a tradução — como a poesia — é soma de "caminho e volta" (Weg und Wendung) (*Sonetos a Orfeu*, I,11), regra e liberdade.

"L'Ange du Méridien" é um dos poemas mais conhecidos do mesmo volume. Seu título em francês recorda o multilinguismo da poética de Rilke (e de Campos) mas também indica uma referência pontual, a saber, uma estátua da catedral de Chartres. Trata-se de um anjo-relógio de sol, cuja foto está na capa do volume *Coisas e anjos de Rilke* confeccionada pelo próprio *autor* do livro. Nessa mesma capa, sobre a foto, o autor grafou o último terceto do soneto: "Pétreo, como saber das nossas penas?/ Acaso teu sorriso é mais risonho/ à noite, quando expões a pedra em sonho?" (Was weisst du, Steinerner, von unserm Sein?/ und hältest du mit noch seligerm Gesichte/ vielleicht die Tafel in die Nacht hinein?). Nessa tradução que dá mostras da preocupação do autor em manter — repetir — a métrica, a rima, a paronomásia e o nível semântico do original, há também um outro registro de adequação que aponta na verdade para o momento da *variatio*: refiro-me à ausência do "du/tu" no primeiro verso. Augusto de Campos procede a essa elisão da segunda pessoa (seja ela um ente com quem o narrador dialoga, seja o próprio leitor) em outros momentos de seu livro (cf. os poemas "A rosácea", "A cortesã", "Jeremias", o terceiro dos *Sonetos a Orfeu*). É verdade que em português muitas vezes a simples conjugação do verbo já é suficiente para indicar a pessoa verbal em questão, mas neste caso a questão é outra. Trata-se da interpretação/tradução da poética rilkeana por um poeta que se identifica justamente com a sua tendência para a materialidade, para a "coisidade" e não para o dialógico. O tradutor-autor potencia no poema aquilo que reforça a visão da poesia como constructo ensimesmado. Ou seja, Campos também "panteriza o anjo e angeliza a pantera": na sua tradução autoral vemos o processo tradutório ser revelado como quiasmo, entrecruzamento temporal e topográfico de dois momentos/locais que geram um "terceiro dado", em um movimento que lembra o *coup de dents* antropofágico que Haroldo de Campos destacou como gesto basilar da obra de Oswald.[5]

---

[5] Não posso deixar de comentar a beleza e a profundidade da ideia que estrutura a estrofe do "L'Ange du Méridien" que o autor estampou na capa de seu livro. O Anjo do Tempo, que carrega o mostrador de pedra do relógio, acaso será "mais risonho à noite" ao expor a pedra em sonho, porque nessa hora o tempo está suspenso: petrificado como o próprio Anjo. O relógio de sol

Não faltam exemplos de soluções potenciadoras na tradução de Augusto de Campos, que lembram a definição do primeiro Romantismo do tradutor como alguém ao mesmo tempo *transformador* do original e "poeta do poeta": "*hölzern hören*" — "ouvidos de vime", "*das Haupt ins Horschen hält*" — "a prumo, prestes, para", "*denn Dieses: diese Tiefen, diese Wiesen*" — "e que tudo, essas sombras, esses prados", "*und die Gelenke lebten wie die Kehlen/ von Trinkenden*" — "vibram as juntas como gorgolhantes/ gargantas", "*Tot, rot, offen*" — "Morto, roxo, oco", "*Der Sommer summt. Der Nachmittag macht müde*" — "O calor cola. A tarde arde e arqueja", "*Ein Ohr der Erde. Nur mit sich allein*" — "Ou terra-ouvido. Apenas com seu eu" etc.

Em certos momentos a múltipla determinação da criação tradutória faz com que certas "soluções" sejam postas de lado por questões centrais como a eufonia. Assim, no belíssimo "A ilha", na estrofe-chave sobre a indizibilidade e o silêncio, "*Nah ist nur Innres; alles andre fern./ Und dieses Innere gedrängt und täglich/ mit allem überfüllt und ganz unsäglich./ Die Insel ist wie ein zu kleiner Stern*", lemos: "Só o que é interno é perto; o mais, distante./ E esse interno é tão denso e a cada instante/ mais denso ainda. Impossível descrevê-la./ A ilha é como uma pequena estrela". A opção de Campos por uma pontuação mais cortante "iconiza" o tema do poema. A sonoridade é impecável. Mas creio que o *Inner* foi melhor vertido no poema "San Marco" por interior (que corresponde aí à psicologização do prédio). Já na tradução de "*Ein Hauch um nichts. Ein Wehn im Gott. Ein Wind*" Campos criou: "Ar para nada. Arfar em deus. Um vento". O espelhamento sonoro de *Wehn* em *Wind* foi "substituído" pelo desdobramento de Ar em Arfar mantendo-se o sentido de *Wehn*, soprar.[6] Uma "solução" perfeita, um perde e ganha mais do que legítimo. José Paulo Paes, por sua vez, optou por uma solução que mantinha a mesma posição da aliteração mas perdeu na literalidade mantida por Campos na versão das preposições: "Um sopro de nada. Um alento de Deus. Um vento".[7]

Mas voltemos à pantera. Campos vê nesse poema uma espécie de suma da poesia-coisa rilkeana: "De tanto olhar as grades seu olhar/ esmoreceu e nada mais aferra./ Como se houvesse só grades na terra./ Grades, apenas grades para olhar". Vale a pena citar o comentário que ele faz após reproduzir essa estrofe na sua introdução: "Rilke não é um parnasiano. Mais do que descrever, se *introscreve* em

---

libera a noite da ditadura das horas. É desse momento de liberdade e de suspensão, angélico e felino, sacro-sóbrio, que nasce a poesia. Cf. quanto a essa suspensão do tempo a carta de Rilke a Lou Andreas-Salomé que cito mais adiante.

[6] O tema da respiração como uma espécie de "origem da poesia" voltará depois sob a pena de Paul Celan, um profundo admirador da obra de Rilke. No volume de Augusto de Campos também lemos o soneto a Orfeu II, 1: "Respirar, invisível dom — poesia!/ Permutação entre o espaço infinito/ e o ser. Pura harmonia/ onde em ritmos me habito". Poesia como metamorfose do homem em cosmos via sopro.

[7] RILKE 1993: 149. Diferentemente da tradução de Augusto de Campos, na de Paes o autor que aparece na edição é Rilke. Essa substituição da autoria faz parte da reversão em forma de quiasmo do procedimento tradutório-autoral de Campos — dos Campos!

Coisas e anjos de Rilke e o desafio da tradução

seus modelos. Faz com que o eu desapareça para que através da captação da figuralidade essencial do outro, com um mínimo de adjetivação e um máximo de *concretude*, aflore uma dramaticidade imanente, insuspeita" (grifo meu). E concluindo o círculo de identificações de linhagens literárias que o autor executa nessa passagem, Campos arremata: "Para chamar à baila o jaguaretês de Guimarães Rosa — que, com outras estratégias linguísticas, opera semelhante transubstanciação ("eu oncei") — dir-se-ia que o poeta se pantera". Novamente aqui podemos *reverter* as palavras do autor para seu ofício. Esse movimento de "introscrição" é o que caracteriza a tarefa poética/tradutória de Campos, sendo que na verdade o apagamento do eu nunca é nem pode ser total. A ambiguidade que sustenta a referida dramaticidade da cena (poética e tradutória) depende desse "jogo de eus". A "introscrição" caminha na borda da "introscriação".

A concretude que Campos lê na poesia rilkeana ele encontra como que descrita na famosa carta de Rilke a Lou Andreas-Salomé de 8 de agosto de 1903 que ele cita: "No mundo, a coisa é determinada, na arte ela o deve ser mais ainda: subtraída a todo acidente, libertada de toda penumbra, arrebatada ao tempo e entregue ao espaço [*dem Raum gegeben*], ela se torna permanência, ela atinge a eternidade [...]". Mas o programa poético que podemos depreender dessas linhas estava longe de ser facilmente executado. Como Beda Allemann notou, a poesia de Rilke desde *As anotações de Malte Laurids Brigge* está mais marcada pela impossibilidade de realização desse projeto (ALLEMANN 1986: XVII). Daí ele afirmar com relação ao poema da pantera que o seu núcleo permanece sendo um "meio vazio" em torno do qual ela anda em círculos. A linguagem que se volta sobre si. Esse programa de transformação da poesia em coisa — aberto, como vimos, pela "crise romântica" — será sempre aporético: o espaço aberto entre a linguagem e o mundo nunca é recoberto. A iconicidade valorizada por Campos nos poemas de Rilke permanece sempre uma promessa. É claro que ele sabe disso: e a poesia justamente atua nesse espaço do anseio e da impossibilidade, assim como a tradução *joga* no espaço entre a repetição e a variação. Como lemos em Rilke, em um de seus poemas em francês citado por De Man: a poesia é máscara, "*mensonge, tu as des yeux sonores*". *Olhos sonoros* como todos aqueles olhos que são cúmplices da poesia de Christian Morgenstern "*Fisches Nachtgesang*" (Canto noturno do peixe) que Augusto de Campos estampou — imprimiu *em relevo* — na capa do seu *Irmãos germanos*. Nesse poema vemos/ouvimos (*ouvemos*) a escritura concreta da sonoridade despida de toda semântica — não fosse o belo título sugestivo.

O indizível, o não-apresentável, aquilo que não se transforma em imagem, também aparece entre os poemas escolhidos por Augusto de Campos que têm por tema o asco. Refiro-me sobretudo aos poemas "Morgue", "O prisioneiro" e "O rei leproso". O leitor como que "vira a cara" diante dessas imagens terríveis. Elas são diferentes da exploração expressionista do feio (que permanece restrita a uma estética do belo que apenas é invertida) e estão mais próximas das aparições de feridas, vômitos e outras (não)formas do abjeto na obra de Kafka. Nesse sentido, o tradutor fala na sua introdução de uma "poesia do impreciso, terrivelmente precisa, que nos maravilha e nos agride na solidez coiseante [...] das imagens em que compacta as angústias e as incertezas humanas" (CAMPOS 2001: 23). A poesia de

Augusto de Campos, de resto, também caminha e volteia entre o dizer e o calar, a imagem e a letra, a vida e a morte (lembremos o seu poema "viv", de 1988).

A poesia "pós-tudo", na era da reprodutibilidade técnica — e agora da síntese de imagens/vida —, não pode ficar alheia ao papel central da tradução enquanto um potente gênero, ou forma, para lembrarmos de Walter Benjamin em seu ensaio sobre a obra de arte e do seu "A tarefa/renúncia do tradutor". Nesse sentido encontramos em *Coisas e anjos de Rilke* dois poemas emblemáticos que tematizam a necessidade e impossibilidade de se captar e apresentar as imagens. O primeiro é o conhecido e belíssimo "Orfeu. Eurídice. Hermes" que narra a cena em que Orfeu *se volta* para a amada Eurídice, que assim é obrigada a retornar para o Hades de onde Hermes a trazia. Já em "A montanha", do segundo volume de *Novos poemas*, Rilke tematiza a famosa série de gravuras — gênero por excelência da reprodutibilidade técnica — do pintor Katsushika Hokusai "Trinta e seis visões do Monte Fuji" (1830-33). Na primeira estrofe lemos com Augusto de Campos: "Trinta e seis vezes e mais outras cem/ o pintor escreveu essa montanha,/ devotado, sem êxito, à façanha/ (trinta e seis vezes e mais outras cem)". Se aqui a repetição do primeiro verso iconiza o ato do pintor, por sua vez a referência à sua *escritura*,[8] bem como ao fato de esta ser tanto devotada como imperfeita, aproxima-nos da questão da impossibilidade da tradução (repetição): seja ela compreendida como atividade do pintor que "copia" o mundo, seja ela pensada em termos intersemióticos (tradução da imagem para o texto, a *ekphrasis* retórica), ou como tradução entre as línguas. Como a poesia de Rilke é marcada pela fragmentação, pela exploração das cesuras, dos cortes, ela realiza desse modo a dissolução do tempo contínuo da narrativa em frações de instantes. Assim, nesse mesmo poema lemos: "cada imagem imersa num instante,/ em cada forma a forma transformada,/ indiferente, distante, modesta —,/ sabendo, como uma visão, do nada,/ acontecer atrás de cada fresta".

Em uma das imagens de Hokusai, que pode ser vista no British Museum, "Under the Wave, off Kanagawa (The Great Wave)", e que é uma das mais conhecidas da série, o Monte Fuji aparece ao fundo do quadro, pequeno, sendo que no primeiro plano vemos uma enorme onda no momento que vai se quebrar e eventualmente matar as pessoas que remam em barcos de madeira abaixo dela. A poesia sublime contida nessa imagem da onda petrificada e do monte transformado em água — um quiasmo imagético — apresenta um exemplo acabado das imagens

---

[8] É interessante lembrar que Rilke assistiu no semestre de inverno de 1915-16 a um curso na Universidade de Munique do americanista Walter Lehmann sobre escritura hieroglífica mexicana. Walter Benjamin foi colega de Rilke nesse curso e, a partir desse contato, em 1925 ele o convidou para traduzir "L'Anabase" de Saint-John Perse. Essa tradução que Benjamin fez acabou não sendo publicada por Rilke — que faleceu em 1926 — e só foi publicada em 1999 dentro de um volume suplementar das *Obras completas* de Benjamin (BENJAMIN 1999: 56-81). Creio que Benjamin apresenta muitas ideias frutíferas para uma leitura de Rilke: penso aqui não apenas na sua teoria da poesia e da escritura, mas também na sua "angeologia" e na sua filosofia da linguagem (com o conceito de "linguagem das coisas") que permitem lançar uma luz inusitada sobre essa obra.

evocadas nos versos "em cada forma a forma transformada,/ indiferente, distante, modesta —,/ sabendo, como uma visão, do nada,/ acontecer atrás de cada fresta". Este acontecer no momento instantâneo (ou momento-do-agora, *Jetztzeit* benjaminiano) atrás de uma fresta, no espaço entre ser e não-ser, é o acontecer da poesia — de Rilke e não só dele — e da tradução. Nesse espaço e apóstrofe assistimos à angelização da pantera. Mas para logo a reversão entrar em cena e o anjo ser panterizado: "tudo aquilo em que ponho afeto/ fica mais rico e me devora" ("O poeta").

VI.
A (PERDA DA) ANTIGUIDADE E O NASCIMENTO DA MODERNIDADE

20.
ULISSES OU A ASTÚCIA
NA ARTE DE TROCAR PRESENTES

para Jeanne Marie

Polifonia sobre Polifemo e *Polymetis*

Ao ser convidado para participar de uma obra "polifônica" sobre o canto IX da *Odisseia* fiquei silencioso por alguns segundos, pensando na infinidade de itens bibliográficos que teria pela frente caso quisesse de fato enfrentar a tarefa de leitura analítica, criteriosa e acadêmica desta passagem nuclear da história da literatura ocidental (e, talvez, da literatura *tout court*). O convite dos editores, no entanto, foi feito de um modo tão *astucioso* que era quase impossível recusar. Em um belo e pequeno caderno ilustrado, contendo o texto-convite e a lista dos convidados, citando Jean-Pierre Vernant e Nicole Loraux, os organizadores propunham uma leitura assumidamente atualizadora do canto em questão: sem medo de ousar ler e interpretar, e esta mensagem devia se dirigir sobretudo, imagino, a alguns autores convidados — como sem dúvida é o meu próprio caso — que não são especialistas em literatura grega ou mesmo antiga. Se somos apaixonados por literatura e pelo "perder-se" sem fim a que chamamos de filosofia, é impossível não ser um leitor (frequente) dos nossos clássicos dos clássicos e sobretudo das epopeias homéricas, protofenômenos de nossa paisagem cultural e em torno das quais estudos e debates apaixonantes não param de surgir e são fonte de inspiração para toda reflexão e crítica culturais.

Como não poderia deixar de ser — e também tratarei de certo modo deste ponto —, cada autor deveria apresentar a sua leitura tomando como ponto de partida a perspectiva determinada pela sua experiência, a saber, por leituras e questões que mais lhes tocam. Tentarei apresentar aqui uma leitura ao mesmo tempo "próxima" ao texto homérico (com base em algumas edições críticas e em comentaristas abalizados) e "interpretativa", na medida em que pretendo apontar alguns traços que me parecem fundamentais na epopeia homérica e no seu universo, e mostrar também como esse universo é em parte o nosso. Afinal, como determinar o terreno das especialidades no campo da literatura e da filosofia senão testando constantemente as fronteiras? A leitura, por assim dizer, "mais filológica" (em um certo sentido deste termo) seria a mais respeitosa das idiossincrasias do texto "original". Mas o espectro dos convidados, no meu entender, apontava também para uma busca de leituras díspares, "polifônicas", como lemos na revista-convite. Apresentamos, portanto, com o perdão do trocadilho, uma leitura polifônica da história de Ulisses, o *Polymetis* (*o de muitas astúcias*), e do seu encontro com Polifemo (*o de muitas falas*). Em que medida esta leitura do canto IX ecoa diferentes sons uma vez que cada som provém de um determinado leitor na sua tentativa única de apresentar o texto, eis a questão que perpassa, no meu entender, a proposta daquele livro. Portanto, o momento de "ruptura", de "tomada de posição" do leitor me pareceu tão importante quanto o cuidado "filológico", a *philía* para com o texto/ *lógos*. Ou ainda, de *outro ponto de vista*, a *philía*, o amor pelo texto, só existe dentro do risco da leitura que preserva um *espaço interpretativo* e não se submete inteiramente à batuta espectral da figura do "original": sobretudo quando este original tem cerca de vinte e oito séculos. A *literalidade* almejada pela filologia só existe, afinal de contas, dentro da perspectiva do embaralhamento das nossas "letras" com as do "original". É isso que compreendo pelo que Nicole Loraux denomina de "prática controlada do anacronismo". Sem deixar de me mostrar imantado pela (forte) leitura já "clássica" de Adorno/Horkheimer desse canto (que delineou em grande parte as nossas perspectivas de apropriação de Homero), tentarei resgatar certos dados estruturais que surgem no canto IX da *Odisseia* que permitem novamente um desdobramento da crítica cultural, com todos os riscos que o "a-historicismo" envolvido neste tipo de leitura pode carregar consigo. Não tenho como "álibi" para este procedimento exegético, no entanto, nem o fato de não ser um "especialista" (ou de ser um tanto cético com relação aos autodenominados especialistas), nem o de me colocar, dentro de um fundamentalismo historicista, confortavelmente "mergulhado no século XXI", mas apenas o convite dos editores do referido volume que, ao me presentearem com o dom de poder contribuir para aquela obra, estabeleceram comigo e com os demais autores um pacto ou uma aliança à qual respondi com um outro dom.

Kléos e Ilíada — nóstos e Odisseia

Se concordarmos com a afirmação nietzschiana, citada por Adorno/Horkheimer no famoso "Excurso I" do livro *Dialética do Esclarecimento*: "'O Homero apolíneo é apenas o continuador daquele processo artístico humano universal ao qual devemos a individuação'",[1] então não será difícil perceber em que medida este processo de individuação ocorre através dos inúmeros e incessantes traçamentos e apagamentos de fronteiras e limites que essa mesma atividade artística produz. Compor um poema, assim como transmiti-lo, atividades do aedo de tipo homérico, implica desenhar linhas divisórias, limites geográficos, dar nomes, transmitir tradições. Não por acaso a *Ilíada* e a *Odisseia* foram decantadas ao longo de séculos como as epopeias e narrativas originárias por excelência do mundo ocidental. Uma, como a descrição de uma batalha em que as regras da *aristeía/virtus* indicam o tempo todo para a obtenção da glória, *kléos*, vida eterna e honrada após a morte. A outra, enquanto o traçado oscilante de uma longa volta, *nóstos*, e de um reencontro/reconhecimento, advindo do *nóos* (ou *noûs*, na forma ática). Nessas obras, as fronteiras entre o mundo arcaico e mítico e, por outro lado, o mais moderno, da

---

[1] Adorno e Horkheimer 1987: 69s.; 1985: 55. É sabido que Adorno foi o autor do excurso sobre Homero, mas como os próprios autores o formularam, a obra em todas as suas passagens é de responsabilidade dos dois ensaístas.

expansão helênica colonizadora do século VIII, fundação das cidades e difusão do alfabeto, são traçadas e borradas. A epopeia nesse sentido contém a narrativa do triunfo sobre o mito e sua violência através de um tipo específico de razão, a *mêtis* (sabedoria, astúcia).

Mas este triunfo da astúcia não é homogêneo. Na epopeia, enquanto gênero de fronteira entre o mito e a narrativa heroica, também existem heróis que representam mais a força bruta, originária, tectônica, do que a inteligência. Aquiles na *Ilíada* IX, 410-15 afirma:

> "[...] Pés-de-prata, a deusa Tétis, madre,
> me avisou: um destino dúplice fadou-me
> à morte como termo. Fico e luto em Troia:
> não haverá retorno [*nóstos*] para mim, só glória
> eterna; volto ao lar, à cara terra pátria:
> perco essa glória excelsa, ganho longa vida;"
> (2002, 353)

Para Aquiles, o *kléos* é mais importante que a volta à pátria.[2] A morte é o horizonte constituidor da virtude heroica (Nagy 1994: 33) que se encarna à perfeição em Aquiles, na medida em que esta leva à glória que é o cerne da própria epopeia enquanto gênero. Nesse sentido, percebe-se uma diferença clara entre a *Ilíada* e a *Odisseia* com seus respectivos heróis virtuosos: enquanto na primeira domina a força e a presença da morte/*kléos*, na segunda obra vemos o triunfo da *mêtis* (sobre as forças míticas) e da volta à pátria, *nóstos*. Não por acaso também a artimanha do cavalo de Troia só é narrada na *Odisseia*, e a *Ilíada* encerra com o enterro de Heitor.[3] Daí também a escolha privilegiada de Adorno/Horkheimer da *Odisseia* para tratar da dialética da razão, a saber, exercer a crítica da razão instrumental/astuciosa.

Nóstos, como Gregory Nagy recorda, possui a raiz verbal indo-europeia *nes* que significa "voltar à luz e à vida" (1992, 218). *Néomai* significa "retornar", enquanto *nóstos* significa mais especificamente "voltar para casa". Interessante também para a compreensão estrutural do que está em jogo nestas epopeias é que *nóos* (inteligência) também deriva de *néomai*. Portanto, a narração da *Odisseia* depende essencialmente dessa relação entre a volta ao lar, *nóstos*, e a inteligência, *nóos*,

---

[2] Por outro lado — e marcando a diferença entre a *Ilíada* e a *Odisseia* —, lemos nesta última a conhecida fala de Aquiles no Hades, que ao ouvir de Odisseu que devido à sua fama "não podes queixar-te da morte" (*Odisseia* XI, 486; Homero s.d.: 159), reagiu com as palavras: "Ora, não venhas, solerte Odisseu, consolar-me da morte, pois preferira viver empregado em trabalhos do campo sob um senhor sem recursos, ou mesmo de parcos haveres, a dominar deste modo nos mortos aqui consumidos" (*Odisseia* XI, 488-91; Homero s.d.: 159).

[3] Quando Haroldo de Campos, na tradução que acabamos de citar, põe na boca de Aquiles a frase "Fico e luto em Troia", não podemos deixar de admirar a astúcia (!) do tradutor que revela aqui um dos traços característicos da *Ilíada*: o *luto* em Troia advindo de uma *luta* entre fortes.

de Ulisses. Nagy, ao notar esse laço etimológico, arremata: "a chave para o *nóstos* — a 'volta ao lar' — de Ulisses é o seu *nóos* e o *nóstos* é posto em perigo sempre que o *nóos* está ameaçado por *léthe*, o 'esquecimento', como na história dos comedores de lótus" (NAGY 1992, 218), do canto IX da *Odisseia* (cf. *Odisseia* IX, 102: "... *nóstoio láthetai*"). A história desta obra narra a volta à luz, o reencontro e reconhecimento final que implica memória e capacidade de ler os signos do perigo e de superá-los. Ulisses deve ser, para tanto, um bom leitor de *sémata*, saber interpretá-los (NAGY 1992: 203), para atingir seu objetivo sem ser antes atingido pela morte e transportado para baixo da terra — sob um *sema*, que também significa tumba, de sua glória (mas este *kléos* é o da *Ilíada* e não o buscado por Ulisses). Esta glória será atingida por nosso herói através de sua *mêtis* e não da sua força/morte.[4]

FIGURABILIDADE DA LINGUAGEM E FINGIMENTO

Mas como funciona exatamente esta astúcia? Como Ulisses traça o limite entre a força bruta e a inteligência? Antes de mais nada, jogando com a capacidade de negar a si mesmo. Essa capacidade de troca e ocultação da identidade (enquanto parte das modalidades de individuação, o "perder-se para encontrar-se" que também caracteriza o plano geral da *Odisseia*) contamina a sua própria capacidade de utilizar os signos/a linguagem. Ulisses *Polymetis* é o idealizador tanto da astúcia do cavalo de Troia[5] como da metamorfose de seu nome em "Ninguém".

O procedimento por excelência da astúcia é a inversão. Na simulação, na mentira, na troca de vestimentas, podemos perceber modalidades dessa passagem para o oposto: o rei torna-se mendigo, o presente, veneno, o inimigo, amigo, o "ser", "não-ser" etc. Essas passagens e transposições ocorrem de modo semelhante à exploração dos recursos figurais da linguagem. Como recordou Auerbach (1938: 436; 1997: 13; tradução minha) "*Figura*, do mesmo tronco que *fingere*, *figulus*, *fictor* e *effigies*, significa, segundo a sua origem, 'imagem plástica' [*plastisches Gebilde*]". Essa profunda relação entre a figurabilidade da linguagem e a (nossa) capacidade de simular, por um lado, e a fatura de imagens, por outro, é essencial, pois ao notar os termos gregos para forma, este mesmo autor recorda que *morphé*, *eîdos*, *skhêma*, *typós* e *plásis* entram em jogo (1938: 438; 1997: 15). As figuras, por um lado, são pensadas enquanto protoformas da linguagem: elas fornecem um *tipo*, um selo impresso que guarda a memória dessas imagens sem as quais não existe o *nóos*. Por outro lado, o procedimento das imagens é o dos saltos, da transposição, *meta-*

---

[4] É evidente que só podemos pensar o *kléos* a partir do horizonte da morte (e da luta contra ela). O astucioso Ulisses tenta reverter a lógica da *morte heroica* em termos de uma *vida heroica* que lhe garantirá glória eterna.

[5] Em *Odisseia* VIII 75-76, insinua-se que Aquiles e Ulisses, "os melhores aqueus", brigaram em uma disputa acerca de como conquistar os troianos, um propondo a força, outro, a astúcia. Como veremos também no canto IX, esta contraposição entre força bruta e inteligência tem um papel central. Cf. NAGY 1994: 47.

phérein, via analogia (das formas). Esses saltos e transposições podem dar-se também como inversões (como no caso da ironia, *eironeía*, dissimulação) mas o que importa é o seu princípio ativo, a capacidade de se descolar de um campo para outro, de percorrer de modo "soberano" a linguagem enquanto não tanto um campo de *sémata*/mortos, mas como construção constante.

Ulisses utiliza a linguagem com esta desenvoltura, ele se permite "afastar-se" do seu "uso comum": como o nome de seu filho indica, Telêmaco ("aquele que combate de longe"), ele também sabe lutar a distância, sendo que suas armas são as palavras — mas não só elas.

Excurso. Dons de hospitalidade: *agon* e *potlatch*

A astúcia do cavalo de Troia é particularmente eloquente pois envolve uma linguagem ritual específica, que, na verdade, está no coração da *aristeía* ou valentia, *virtus* heroica homérica, a saber, o ritual das trocas. Na *Ilíada*, Diomedes e Glauco, em um determinado momento, suspendem a luta, apertam as mãos um do outro e trocam armas quando descobrem que possuem um pacto de amizade/hospitalidade entre suas famílias (*Ilíada* VI 211 ss.). A troca de armas repete aqui a troca de dons que é a marca da hospitalidade. Apesar de Marcel Mauss ter afirmado que em Homero a estrutura agônica que caracteriza a troca de presentes já é considerada algo do passado, ele é o primeiro a notar que existe uma ampla disseminação desta prática da troca usurária da Índia antiga até os gauleses, passando por muitos povos europeus (Mauss 1999: 358 e 369). Uma leitura mais detida dos textos homéricos mostra que também neles está presente aquilo que Mauss denominou por *potlatch*, a partir do termo empregado pelas populações do noroeste da América do Norte para a troca agonística de presentes que ele, a princípio, desenvolvendo as descobertas de Boas, percebeu também existir nas populações da Melanésia ocidental, sempre na qualidade de um "sistema de prestações totais" (1999: 351). O caráter usurário das trocas na poesia homérica é possível de ser percebido, por exemplo, na hora de se dividir a presa das cidades saqueadas (cf. *Ilíada* IX 551). Mauss nota que a relação de dependência de alguém que recebe uma dádiva é quase mágica: a não resposta ao dom pode resultar na perda do nome, das armas, dos totens e da honra do chefe do clã (1999: 354). Este código moral, militar e financeiro também caracteriza muitos dos usos retratados na poesia homérica. A troca usurária tem por fim, lembra Mauss, a glória dos totens e dos brasões (1999: 354). Muitas festas de caráter explicitamente de troca usurária *potlatch* são reuniões nas quais os vivos se unem aos mortos através da nomeação destes últimos. Essas trocas desequilibradas serviam para estabelecer hierarquias no interior e entre os clãs. Na competição agônica, o presente transforma-se em estratégia de domínio e submissão do outro, que muitas vezes paga a dádiva recebida com a sua própria vida (id., 369), o que explicita a óbvia relação entre este sistema de trocas e o sacrifício. Como nota Mauss, o presente (*gift*) torna-se veneno (*gift*), assim como o *phármakon* grego pode se transformar em veneno se a dose estiver errada (1999: 366).

Benveniste foi quem lançou uma luz sobre essa ambiguidade do *gift* na sua fundamental obra sobre o vocabulário das instituições indo-europeias. Ele reafirmou aí a tese de Mauss segundo a qual o passado indo-europeu é marcado pelo *potlatch* (1995: I, 63). Elencando os termos para "dom" em grego, ele destaca: *dôs* (dote), *dôron* (dom material), *doreá* (o fato de destinar um dom), *dósis* (ato de dar) e *dotíne* (ligado ao dom, indica o valor de um indivíduo como vinculado às oferendas das quais é digno) (1995: I, 64-66). O termo *dósis* possui também um uso médico no sentido de "dose". "A palavra", explica Benveniste, "passou por empréstimo semântico ao alemão: *Gift*, e, assim como o grego, o latim *dosis* serviu de substituto a *venenum*, 'veneno', fez-se em alemão *Gift* neutro 'veneno' ao lado de (*Mit*)*gift* feminino 'dote'" (1995: I, 66). Benveniste analisa ainda a relação entre os banquetes e a estrutura do *potlatch*, bem como sua relação com o sacrifício e a instituição da hospitalidade. Na Grécia, o dar (um dom) estava intimamente ligado a um pacto/ aliança de amizade e hospitalidade.

Para nossa interpretação do canto IX da *Odisseia* é essencial recordar a leitura etimológica que Benveniste apresenta do termo "hospitalidade". Nele encontramos a mesma ambiguidade de *phármakon* ou *gift*. O *hospes* latino deriva de um termo composto, *hostipets*. O segundo termo, *pet-*, "está em alternância com *pot-*, que significa 'senhor', de modo que *hospes* significaria propriamente 'o senhor do hóspede'" (1995: I, 88). A análise dos dois elementos, *hostis* e *petis*, lança luz sobre as oscilações de sentido de *hospes*. O *potis* é encontrado no grego, em termos como *despótes*. Em latim o *potis* é encontrado, por exemplo, em *compos*, senhor de si mesmo, aquele que possui, ou em *potest* (ele tem poder), *ipse* etc. (cf. ainda DERRIDA 1997: 41). Em Plauto, dois destes sentidos se unem em *ipsissimus*, que indica "o senhor (a senhora), o patrão" (BENVENISTE 1995: I, 90). O verbo *potior* significa "ter poder sobre algo, dispor de algo". O mesmo radical que em sânscrito originou o termo *dam pati* e em grego o equivalente *despótes*, deu em latim *dominus*, chefe do lar, proprietário (BENVENISTE 1995: I, 93). Já o termo *hospes* deriva de *hostis*, que originariamente designava o estrangeiro. Resumindo, Benveniste afirma: "Para explicar a relação de 'hóspede' e 'inimigo', admite-se em geral que ambos derivam do sentido de 'estrangeiro', que também é atestado em latim; donde 'estrangeiro favorável = hóspede' e 'estrangeiro hostil = inimigo'" (BENVENISTE 1995: I, 92). Também é digno de nota que *hostis* significa antes de mais nada uma "equalização", "compensação". A palavra *hostia*, que se liga à mesma família, "designa propriamente 'a vítima que serve para compensar a cólera dos deuses', uma oferenda de resgate, portanto, o que distingue *hostia* de *victima* no ritual romano" (BENVENISTE 1995: I, 93). O *hostis* possuía direitos iguais aos dos cidadãos romanos e estava ligado a eles por um pacto de igualdade, reciprocidade — hospitalidade. A partir dessas digressões (cratílicas, poéticas: mas tão convincentes!), Benveniste conclui: "*hostis* significará 'aquele que está em relação de compensação', o que é o fundamento mesmo da instituição de hospitalidade. Esse tipo de relação entre indivíduos ou grupos não pode deixar de evocar a noção de *potlatch*, tão bem descrita e interpretada por Marcel Mauss..." (BENVENISTE 1995: I, 93). A hospitalidade, portanto, tem no seu âmago a situação agônica da compensação e da superação. Em grego, o mesmo termo que designou estrangeiro, na sua origem já designava o hóspede, *xénos* (apesar de nunca ter chegado a designar inimigo, como o *hostis* latino). A *xenía* é o pacto de hospitalidade, cujo patrono é Zeus Xênios, e a sua aliança implica os descendentes dos envolvidos na troca, como no exemplo já referido de Glauco e Diomedes na *Ilíada*. Em outra passagem da mesma obra, Ajax e Heitor suspendem a batalha para trocar armas (*Ilíada* VII, 302), ligando-se assim por *philótes*, que indica o "ato preciso que liga os dois parceiros" (BENVENISTE 1995: I, 338). No mundo homérico percebe-se esta cumplicidade entre o *xénos* e a noção de *phílos*. Quem acolhe o hóspede deve obrigatoriamente seguir o comportamento indicado no verbo *phileîn* (BENVENISTE 1995: I, 337). Na relação de troca, compensação, inclui-se os *phíla dôra*, os "presentes de hospedagem" (BENVENISTE 1995: I, 343).

Esta profunda imbricação que existia no mundo greco-romano entre o estrangeiro, a hospitalidade e o amigo/inimigo aponta para um dado estrutural que é recorrente no universo homérico (e na historiografia, desde sua fundação por Heródoto, mas não podemos agora seguir esta trilha; cf. HARTOG 1999). Conforme vimos acima, a obra homérica (como qualquer manifestação cultural) pode ser lida como um sistema de traçamentos, a saber, um sistema de construções identitárias. Na *Odisseia*, a hospitalidade está no cerne deste sistema de traçamentos. Enquanto texto fundante e fundamental da cultura helênica e latina, não admira o fato de que, nele, a questão da afirmação das fronteiras e identidades tenha papel tão central. A situação da hospitalidade é absolutamente tópica neste contexto. Nela desenham-se as fronteiras e limites a partir do "ir além" e penetrar em terra *ignota*, ou, pelo contrário, do receber o "outro", estrangeiro/hóspede, com seus costumes diversos dos nossos. A hospitalidade é a cena do nascimento do Eu, da ipseidade, a partir do confronto (amigável e tenso) com o Não-Eu. Um é a imagem diferida do outro. Na geografia traçada nesses encontros, a *porta*, os limiares, a soleira, desempenham um papel fundamental. Esses locais mágicos e amaldiçoados devem ser tanto protegidos quanto violados. A hominização (cf. SCHÉRER 1997, 60) está em jogo nesses locais de passagem e de circulação entre as "identidades". Aquilo que é instituidor está também "fora da lei", "aquém da lei". A cena da hospitalidade é, portanto, também a cena da supressão da lei, da eliminação da regra, da singularidade do encontro único que apaga a lei para instituir novas regras. Daí toda a regulamentação em torno da hospitalidade.[6] Daí a impossibilidade de essas leis barrarem o conflito agônico, a transformação do dom em sacrifício, da hospitalidade

---

[6] Esta concepção da hospitalidade como encontro único, como *evento* que se coloca "fora" da lei e da regulamentação (por mais que ela seja regulamentada), possui evidentemente uma relação subterrânea com a própria concepção da *linguagem como evento*, como criação constante "em ato de linguagem", onde o *código* é recriado na sua iterabilidade potencial que é também dependente deste *desvio único* a que chamamos *parole*. Quando, no início deste trabalho, afirmei que também trataria de como "cada autor deveria apresentar a sua leitura a partir da perspectiva determinada pela sua experiência", estava me referindo a esta estrutura da leitura/interpretação como um gesto único de hospitalidade de um outro, que pode e deveria implicar um processo de recodificação do Eu por esta passagem pela outridade. *Qualquer processo hermenêutico pode ser interpretado como um ato de hospitalidade.*

em hostilidade. Na hospitalidade assistimos à protocena da espécie humana, onde o indivíduo retira-se do seu espaço para acolher ao "outro": um *Zimzum* (a contração de Deus que teria dado origem ao mundo) cabalístico, originário, violento, mas que também pode indicar uma possibilidade de *philía*, de convivência, de troca.

Se a hospitalidade na Modernidade foi subtraída ao registro da *philía* e passou para a esfera do "direito de visita", como ocorre em Kant, vale destacar que este direito, a regulamentação jurídica moderna, cuida para que a situação de visita se perpetue, ou seja, o direito de instalação é negado (SCHÉRER 1997: 64). O drama dos *Gastarbeiter*[7] alemães é um exemplo típico desta situação. A hospitalidade deve ser compreendida, com Mauss, como um *fait social total*, ela vai além do direito (SCHÉRER 1997: 60). Só deste ponto de vista podemos rever os casos históricos de violação dos direitos da hospitalidade, como ocorre em todas as "colonizações" que pontuaram a nossa sangrenta história. Nesse sentido, podemos ver também como a teoria política modernamente desdobrou as aporias da hospitalidade e do *phármakon* na teoria schmittiana da amizade/inimizade enquanto fundamento da esfera política como um todo (RAFFESTIN 1997: 167). Se a hospitalidade implica o cruzamento entre o conhecido e o desconhecido (viragem ao avesso do *Unheimlich* — que volta a dar as costas para o "outro"), existe também um pensamento do próprio e da propriedade que ao invés de entronizar a circulação hospedeira (com suas tensões) apela diretamente para uma *interioridade pura* (RAFFESTIN 1997: 170), excluindo (eliminando) o outro. Essa vertente leva a aporia da hospitalidade ao seu limite exterminacionista. O hóspede recusado, recorda Claude Raffestin, torna-se *otage*, refém, termo que não por acaso também vem de *hôte*. A recusa de receber o outro também é uma recusa de ler seus *sémata*, seus códigos outros. Trata-se da situação violenta de interdição da tradução. Nesse contexto, o excluído/banido está paradoxalmente "fora", na margem da sociedade que o exclui, e ligado intrinsecamente a ela, no seu centro (SCHÉRER 1997: 67; cf. AGAMBEN 2002). Lévinas, por sua vez, indicou em que medida podemos pensar o sujeito como *otage* de um ponto de vista ético, a saber, como absolutamente heterônomo diante do outro e, portanto, no registro inverso da interioridade pura (cf. LÉVINAS 1974; DERRIDA 1997).

O HÓSPEDE ULISSES *POLYMETIS* DO CANTO IX DA *ODISSEIA*

No canto XIX da *Odisseia* (332-334), Penélope dirige as seguintes palavras a seu marido (ainda *disfarçado*, sob a identidade de um *estrangeiro/hóspede*): "quem se mostra benigno e só sabe espalhar benefícios,/ os estrangeiros a fama [*kléos*] excelente por longe lhe exaltam/ entre os mortais, sendo muitos os homens que nobre lhe chamam" (s.d.: 257). A fama, portanto, liga-se não só aos grandes feitos heroicos, à virtude guerreira e à força, mas também à hospitalidade e aos seus laços

---

[7] Literalmente, "trabalhadores hóspedes", termo que designa os trabalhadores estrangeiros na Alemanha.

que se estendem para além da situação pontual do *tête-à-tête* com o outro. Ulisses, na abertura do canto IX da *Odisseia*, encontra-se entre os feácios onde desfruta da hospitalidade deste povo e de seu rei, Alcinoo.[8] Os laços que eles estabelecem apontam para a fama do hóspede que é reiterada ao longo de toda visita, pelo canto do aedo e do próprio Ulisses. Este dirige-se ao rei para agradecer a hospitalidade e elogiar o aedo e o seu canto — em um não raro momento metadiscursivo da obra homérica[9] — mas também para realizar um dos momentos essenciais na troca envolvida na hospitalidade, a saber, a apresentação recíproca dos nomes. Só então os feácios ficam sabendo quem é o nobre e heroico hóspede (*xeînos*, IX 18) que eles abrigam. Nos versos 28 e 34 ele enaltece a sua terra natal, dando clara demonstração de sua de relação íntima e nostálgica com a terra distante.

A narrativa das aventuras após a queda de Ílio/Troia inicia com a passagem pelos Cícones. Ao invés das virtudes da hospitalidade gregária, Ulisses ressalta neste passo as ações violentas do saque e assassinato dos Cícones por ele e seus homens. Força bruta, e não astúcia, domina nesta cena. Bruta a ponto de os homens de Ulisses se deixarem pegar pelos aliados dos Cícones, o que lhes custou várias vidas. O segundo povo a que eles chegam — sempre levados pelo destino, no seu *nóstos* cego, guiado pela mão inimiga de Poseidon — foi o dos lotófagos, a que já nos referimos acima e que ameaçavam o *nóos* (e o *nóstos*) dos aqueus com a flor do esquecimento. Eles não comiam pão (*como homens normais*), mas viviam desse *estranho* alimento que faz esquecer a pátria, a origem — e o fim. Espécie de negação (terrível!) da própria estrutura do *kléos* na sua relação essencial com o tempo/morte e a pátria.[10]

O terceiro lugar onde Ulisses e seus homens aportam — ainda levados na escuridão por um deus — é a terra dos Ciclopes, os de olhos redondos, que o "aedo" Ulisses descreve como sendo sem lei, sem moral, *athémistoi*. Eles tampouco possuiriam ágora ou concílios e viveriam agrestes, em cavernas, sem praticar a agri-

---

[8] Este, como notou Nagy (1992: 205) em outra digressão etimológica, recebeu apropriadamente o nome de *Alkí-noos*, na medida em que foi o único que percebeu (*noéo*) que Ulisses chorava enquanto o aedo cantava as suas aventuras na guerra de Troia.

[9] Vale notar que Ulisses, ao cantar suas aventuras, assume o papel do aedo: este, o aedo--Homero, torna-se portanto o próprio herói da narrativa e da narração, aedo-Ulisses. O *kléos* do herói é também o do aedo. Se "Homero" cultua o herói, este culto só existe via o próprio canto que é como que contaminado pelo seu tema e se torna também o objeto do "encômio". Ou, traduzindo esta ideia em termos de uma teoria da hospitalidade: na cena da hospitalidade sempre hospedamos a nós mesmos na medida em que hospitalidade é afirmação da identidade via diferimento/convergência. O autor (também) narra a si através de seus personagens, e nesse sentido a questão complexa da autoria coletiva das epopeias homéricas mereceria um novo estudo. O "ser coletivo" da autoria não anula o fato concreto da criação e da transmissão do poema.

[10] Aqui podemos pensar em uma outra passagem metadiscursiva: afinal, o loto que faz esquecer é de certo modo comparável ao próprio canto/narrativa da epopeia de Ulisses, que transforma sua vida em canto encantador que o impede de retornar ao lar. Este esquecimento pela arte é um *locus classicus* que foi reatualizado na pena de Freud sob o mote da arte como meio de "esquecimento do sofrimento", como "narcose suave", no seu ensaio *O mal-estar na civilização* (FREUD 1970: IX 212).

cultura ou conhecer as artes (o oposto do povo dos Féacios que representariam ao mesmo tempo um povo-outro, igual, humano e ideal). A descrição que se segue é a de uma ilha vizinha à terra dos Ciclopes, onde eles lançam âncoras, que Ulisses enaltece como se ela possuísse um excelente potencial para se estabelecer uma *colônia* grega. Aqui também a hospitalidade que podemos imaginar é do tipo conquistador, desbravador e dominador do outro (que no caso se mostra como uma natureza dócil e submissa, pronta para servir aos desígnios dos eventuais habitantes futuros). E é exatamente com este espírito que Ulisses decide levar um grupo de seus homens com ele para conhecer a terra dos Ciclopes. É essencial para se compreender esta visita, que aqui se trata da única situação em que Ulisses enfrenta um povo levado pela curiosidade e não pela mão do destino. Ele poderia ter partido da ilha sem ter ido conhecer os Ciclopes. Mas as vozes dos gigantes vindas do continente como que despertaram sua curiosidade de protoetnólogo (ou daquele que pratica a *"hospitalidade experimental"*, para lembrar os termos que Anne Gotmann reservou para os etnólogos; GOTMANN 1997: 11). Ulisses afirma aos seus amigos que queria saber se os gigantes eram "selvagens violentos" (*hybristaí te kaì ágrioi*) ou "amigos dos estrangeiros" (*philóxeinoi*) (IX, 175 ss.; s.d.: 124). Ou seja: se eles seriam *inteiramente outros e indignos de nossa amizade* (ao menos no seu modo de ver) ou *amigos e próximos, e, logo, potenciais parceiros de pactos e trocas*. Ao chegarem na ilha os aqueus são atraídos pela entrada de uma caverna mais afastada das outras. O Ciclope que ali morava deveria ser uma espécie ainda mais associal que seus pares. E a descrição que logo se segue confirma este "ser inteiramente outro" do Ciclope, espécie de paisagem inerte que se tornou animal: "Era ele um monstro espantoso deveras, que aspecto não tinha/ de homem que vive de pão, mas de um pico, coberto de selvas,/ de alta montanha que, longe, das mais se destaca, isolada" (IX, 190-192; s.d.: 124). Após essa visão, Ulisses escolhe doze de seus companheiros para ir visitar a caverna. Nesse ponto ocorre uma digressão (197-211) que mais uma vez traça uma série de contornos e identidades a partir do motivo, central neste canto, da hospitalidade. Ulisses leva consigo um odre carregado do vinho que Maro (segundo certa tradição, bisneto de Dioniso) lhe dera como presente de hospitalidade. Apesar de os Ciclopes terem conhecimento do vinho, a bebida de Maro lhe era muito superior, fruto, talvez, de um mundo com maior domínio da técnica e não simplesmente abandonado ao ritmo da natureza. Uma vez na (uterina) caverna, Ulisses diz a seus companheiros o que lhe prendia àquela arriscada empresa: nada menos do que a esperança de obter *xeínia*, "presentes de hóspede" (IX, 229; s.d.: 126). Aqui podemos perceber novamente uma certa *hybris* da parte de Ulisses, que arrisca a sua vida e a de seus amigos devido ao grande valor que ele atribuía a si, uma vez que se julgava digno de belos presentes (cf. a noção de *dotíne* que vimos acima com Benveniste). Ou seja, Ulisses, que queria ver se os Ciclopes eram *hybristaí*, mostra-se ele mesmo cheio de *hybris*. Eis aqui mais uma das várias "inversões" que podemos surpreender neste canto.

Mas as falas e comportamentos protocolares à hospitalidade não estão ausentes desse encontro com o "inteiramente outro". Afinal, esse Ciclope, que depois ele saberá chamar-se Polifemo, o de muitas falas, possui não apenas uma série de apetrechos e vasilhames — o que revela um conhecimento da arte do artesanato — como também é preciso e ágil no seu trabalho de pastor. Quando entra na caverna — e quase mata seus hóspedes não-convidados com a lenha que joga ao chão —, ele não deixa de fazer um movimento (brutal) de delineamento das fronteiras: fechando a porta com uma enorme pedra maciça. Uma futura "teoria das portas" não poderia deixar de fora esta rústica porta de Polifemo. Mas o brutal gigante dirige-se aos visitantes com a questão que sempre "está em questão" quando se trata do estrangeiro: "Ó estrangeiros [xeînoi, hóspedes], quem sois? De onde vindes por úmidas vias?" (IX 252; s.d.: 126). A fala seguinte de Ulisses (IX 259-271) é uma chamada para a tradição da *xenía*: Polifemo não poderia se furtar a seguir a sua lei, caso não quisesse ser vítima da vingança de Zeus hospitaleiro. Se em seguida Polifemo afirma de fato estar aquém das leis (apesar de falar a mesma língua de Ulisses e de potencialmente ser um "hospedador"), Ulisses na sua tréplica também confirma o seu epíteto de *Polymetis* ao dizer de modo astucioso (*dolíois*) que seu navio havia sido destruído pela fúria do mar. A resposta antropofágica de Polifemo dá mostras de que a estratégia de Ulisses estava equivocada até este ponto — não fosse o fato de ele ter consigo do vinho de Maro. A descrição do assassinato e do repasto dos companheiros de Ulisses aponta para um certo prazer sádico em narrar e ouvir estas cenas, comparável em sua acribia asquerosa a algumas passagens da *Ilíada*. Mas, impossibilitado de matar o gigante adormecido, pois neste caso pereceria na caverna com seus amigos sem poder abrir sua gigantesca porta, só restou ao herói pensar na astúcia do cegamento do Ciclope como meio para "vingar-me e obter glória" (IX 317; s.d.: 127). É esta mesma memória do mal que guia nas epopeias (e tragédias) boa parte das ações empreendidas.

Ulisses oferece um presente/veneno ao gigante, o vinho que recebera de Maro, empregando com certa ironia o termo *loibé* (IX 349), termo utilizado para as oferendas aos deuses: pois esta libação levará ao sacrifício (mesmo que parcial, apenas da visão) do presenteado (Heubeck e Hoekstra 1990, 32). Mas Polifemo não é capaz de entender ironias, *apesar* de simular também querer dar um presente a Ulisses *Polymetis*: devorá-lo por último. Polifemo não entende ironias porque representa a cultura pré-urbana, anterior à sutileza de espírito. Ele representaria aquele período da formação da humanidade descrito por Platão nas *Leis* (III, 679-681), quando não existia mentira, as artes, a escritura e apenas uma proto-instituição política baseada na autoridade pessoal. O olho único representaria, como bem observaram Adorno/Horkheimer, a ausência de *profundidade* do campo perceptivo. Ulisses, aquele que, como seu filho, "combate de longe", joga com a distância e as inversões, pode, portanto, vencer o gigante brutal com este gesto de esconder-se sob a própria linguagem ao transformar seu nome em "Ninguém". A língua para os Ciclopes é unidimensional, literal — como ela o é para as crianças. Polifemo paga por esta inocência com a sua própria (e tosca) visão. Ulisses, aquele que busca o seu *nóstos* e o conquista graças à sua capacidade de perceber e ler os *sémata*, nega esta unidimensionalidade estranha (estrangeira) que se lhe opõe, retirando a luz do seu olho, para que ele mesmo "retorne à luz" de sua pátria. Ele nega a lei do seu anfitrião, que não (re)conhece a lei de Ulisses, a lei da hospitalidade. O Ciclope é *áxenos*, não hospitaleiro. A cena asquerosa em que Polifemo dorme bêbado e vomita "vinho e pedaços/ de carne humana" (IX 372; s.d.: 129) após ter se comportado como um monstro carcereiro que devora seus prisioneiros, não poderia ser mais eloquente ao retratar a violência cega (e a inversão logo virá com o cegamento do próprio Polifemo) que antecede à instituição da lei. Mas ocorre justamente que esta violência logo depois será reproduzida, mimetizada, não apenas por Ulisses, mas também pelos futuros órgãos de policiamento dos cárceres e campos de concentração que funcionam como braços do poder judiciário. A vida continua a ser cobrada para a manutenção do sistema e de sua violenta economia de trocas/sacrifícios. A reversão dos papéis introduzida por Ulisses com sua inteligência conforme a fins (a saber, sua sobrevivência luminar) só faz manter a "ordem da violência": só que agora esta ordem é legitimada justamente pelo código de leis do poder (*Gewalt*: em alemão, a um só tempo, poder do Estado e violência; BENJAMIN 1974a: 179-203).

A cena do cegamento novamente é recheada de detalhes:

> "[...] quando o pau de oliveira, apesar de ser verde, se achava
> quase no ponto de em chamas arder, e ficara brilhante,
> rapidamente do fogo o tirei; ao redor se postaram
> meus companheiros; coragem nos deu qualquer grande demônio.
> Eles, então, levantando o pau, cuja ponta afilada
> no olho do monstro empurraram; por trás, apoiando-me nele,
> fi-lo girar, como fura com trado uma viga na nave
> o carpinteiro, enquanto outros, em cima, as correias manobram
> de ambos os lados; o trado não cessa de à roda mover-se:
> dessa maneira virávamos todos o pau incendiado
> no olho redondo, escorrendo-lhe à volta fervente sangueira.
> A irradiação da pupila incendiada destruiu a pálpebra
> e a sobrancelha; as raízes, à ação do calor, rechinaram.
> Do mesmo modo que um grande machado, ou um machado pequeno,
> em água fria mergulha o bronzista, entre grandes chiados —
> esse o remédio com que costuma dar têmpera ao ferro: —
> dessa maneira rechia o pau de oliveira o olho grande."
> (IX, 378-394; s.d.: 129)

O remédio (*phármakon*) que Ulisses deu de presente ao gigante foi-lhe dado na dose correspondente à sua ira.[11] O presente que ele recebera de Maro tornou-lhe possível anular a única vantagem do anfitrião, sua força bruta, sem no entanto ser encerrado na caverna para sempre longe da luz do *nóos* e do *nóstos*. O vinho possibilitou transformar a loucura violenta do Polifemo em uma loucura dócil, em um corpo sacrificial. Para além de todas as possibilidades das leituras "simbólicas" desta penetração cegadora do outro, prefiro me concentrar aqui na reversão da posição do anfitrião no sentido de um *homo sacer*, ser sacrificável, fora da lei dos

---

[11] Carlos Alberto Nunes é o único dos tradutores que eu pude consultar que preferiu — de modo feliz — o termo "remédio" para traduzir *pharmásso* do verso 393, que significa tanto utilizar remédios como envenenar, temperar o ferro e encantar.

homens e dos deuses, cuja morte é necessária para manter a economia do *nóstos*. Se a hospitalidade é em si um ritual que inclui a transgressão da lei, nesta situação particular a lei transgredida foi a de uma possível hospitalidade incluidora do outro. O conflito nasceu de uma situação limite da diferença intransponível entre os "contratantes" da hospitalidade. Se a hospitalidade inclui três obrigações de dom: dar, receber e restituir, nesta cena Polifemo deu apenas seu ser-canibal, Ulisses o seu presente astucioso e, por fim, receberia ainda de Polifemo os frutos da sua ira. Polifemo apresenta-se nesta situação como o estrangeiro — ele, que estava em sua casa. Como na situação de colonização, ele é o *ágrios*, o selvagem que é confrontado com o representante do poder urbano, *dominus*, chefe do lar, que quer impor a ele a sua lei, a saber, a lei do *nóos* que nega a obtusidade do outro. Se os amigos de Ulisses devorados se transformaram de hóspedes em *hostia*, oferenda de resgate, no fim o próprio anfitrião também sofre essa mesma reversão para Ulisses salvar a sua pele e a dos companheiros restantes.

Os demais Ciclopes que acodem ao ouvirem os gritos de Polifemo e perguntam o que se passa com este, ecoam em sua pergunta, através de uma homofonia, a *mêtis* de Ulisses: eles falam "se por acaso alguém [*métis*]" o pilha o rebanho, ou ainda "se por acaso alguém [*métis*]" mata-o "com uso da força ou por meio da astúcia [*dólos*]" (IX, 406; s.d.: 129). De fato Ulisses usou a força, mas apenas a partir do seu estratagema, *dólos* (ou da sua *mêtis*, sabedoria, prudência, astúcia, mas também artifício: força figural transformadora da linguagem), que transmutou a sua pessoa em um "Ninguém" (*Oûtis*) e cancelou a possibilidade de Polifemo lançar um *sêma* (sinal distintivo, aviso) de socorro. Ulisses, soberano na sua relação astuciosa com o Ciclope, é aquele capaz de embaralhar as cartas da linguagem para dominá-lo. Em um gesto de conquista das forças naturais pela "razão"/*lógos*, Ulisses assume um "papel ativo" na situação de perigo e, seguindo um "impulso de dominação" (*Bemächtigungstrieb*), transforma a sua presença em ausência: como Freud descreve o jogo da criança diante do espelho que se acocora e se levanta, "deixando-se desaparecer" em um jogo de *fort-Da* que duplica o abandono para dominá-lo (FREUD 1970: III, 225 ss.). Só que Ulisses faz seu jogo de *fort-Da* utilizando a linguagem simbólica e é o Polifemo de um olho que assume o papel do infante que ainda não aprendeu a dominar a linguagem figurativa.

Após esta cena sangrenta, Polifemo ainda apresenta seu lado voltado para a natureza — como um Caliban *avant la lettre* — no seu famoso monólogo com seu carneiro predileto (IX 447-460). Ulisses, que se encontrava dependurado, agarrado sob este carneiro — numa projeção ilusória do leitor — deleita-se (e nós leitores/ouvintes também) com as palavras do gigante que, acariciando o seu animal, afirma que seu coração ficaria mais leve se conseguisse se *vingar*. Mas ao invés da vingança ele recebe mais um golpe ao saber que quem lhe infringira aquela ferida fatídica havia sido Ulisses: não só ele descobre-se vítima de um engano banal, mas ainda percebe que o que acontecera não passara da realização de um oráculo que há muito havia sido anunciado. Ulisses afirma ter feito o gigante *pagar* (com a visão) a quebra das leis de hospitalidade através da força. Protegido pela *distância*, do barco ele lança suas palavras cortantes na direção do "monstro" cego, que enfurecido ainda arremessa duas rochas sobre ele e sua tripulação. A *hybris* de Ulisses manifesta-se mais uma vez aqui. Ele prefere correr o risco de morrer e deixar morrer os seus companheiros, a não revelar a sua verdadeira identidade. Afinal, no seu *nóstos* tudo deve levar ao seu *kléos*. A volta e a glória não devem se anular, e suas peripécias — desvios, distanciamentos e retomadas de rumo — são partes essenciais desta longa viagem. A "volta à luz e à vida" de Ulisses depende do *banimento* do seu "inteiramente outro", Polifemo — que não sabe compreender a linguagem e suas figuras — no reino das trevas. Polifemo responde a essa revelação (verdadeira *anagnórisis* trágica) afirmando que não podia imaginar que o Ulisses/Odisseu que, como Télemo havia previsto, cegaria-o, seria um sujeito "pequeno e sem força,/ um coisa-alguma" (IX 515; s.d.: 132). O "ser pequeno" de Ulisses foi "compensado" pelo seu ser "*Polymetis*", que transformou seu ser "coisa-alguma", "ninguém", em arma. Mas as inversões não param aí: ocorre aqui também uma inversão da situação de hospitalidade tradicional. Diferentemente do que se passa entre Ulisses e os feácios, ou ainda, do tipo de relação de hospitalidade que Penélope fala ao seu cônjuge disfarçado (que citei acima; *Odisseia* XIX 332-334), para Ulisses, a glória na sua visita a Polifemo será cantada não pelo anfitrião mas sim por ele mesmo, pois de seu anfitrião ele só pode esperar ódio e desejo e vingança.

Se Télemo, como seu nome também indica, sabia ver *longe*, por sua vez o Ciclope não soube — novamente — interpretar as suas palavras. Ulisses, pelo contrário, não é néscio para acreditar nas promessas de "dons hospitais [*xeínia*]" que Polifemo ainda lhe faz (IX 517). Como nas tragédias gregas, também neste passo a interpretação do oráculo chega *tarde demais*. A palavra dos mensageiros e oráculos é portadora da desgraça. Ela serve para a revelação que leva à perdição dos envolvidos na ação. A palavra que "vem de longe" ou se volta para o futuro "distante" traz inevitavelmente consigo castigo e culpa. Mas aqui vislumbramos outro limite, a saber, o que separa a palavra da tragédia da palavra da epopeia. Com Ulisses fica claro que apenas uma palavra que introjeta em si mesma a distância pode tentar dominar (mesmo que mimetizando-as) as forças do destino, ou seja, a violência que emana do mito. De posse da linguagem, Ulisses pode tanto se apagar como indivíduo e responder à violência bruta com mais violência, como também realizar o seu autorretrato cegando Polifemo e apresentá-lo para a plateia de amigos-anfitriões feácios — e para as gerações futuras. Diferentemente de Aquiles, que portava o sofrimento, *ákhos*, aos aqueus — e a glória de sua eternização nos cantos —, Odisseu, com a sua passagem pela negação do eu e exploração da linguagem na sua figurabilidade, mostra que a introjeção do sacrifício é parte do "retorno" a "si mesmo". Vida longa gloriosa e eternidade não se excluem. A questão é saber a que custos! As cicatrizes que ele portou na sua pele e no seu coração apresentam uma possível superfície de leitura para esses custos.[12] Se nós aqui, neste

---

[12] A escrita alfabética que se disseminava na Grécia homérica logo se encarregou de afirmar tanto o tipo de pensamento astucioso e a razão instrumentalizadora que caracteriza (de certo modo) Ulisses, como também representou a assinatura desta introjeção da violência. Assim como Ulisses assinou seu contrato de hospitalidade com o nome "Ninguém". A escrita alfabética e a cultura ligada a esta escrita, enquanto meio *inóspito* à cultura oral, continua até hoje o seu trabalho

momento, ainda somos capazes de ler e de nos emocionar com esse autorretrato e com essa narrativa é porque Ulisses de certo modo representa o *nóstos*, a viagem formadora, de cada um de nós. Cabe a nós tentarmos ler os oráculos contidos nessa narrativa, aprender a ler nos *sémata* da poesia, signos de violência e morte, antes que seja *tarde demais*.[13]

---

de cegamento deste seu "outro". No entanto, a escritura imagética, hieroglífica, apresentou historicamente um modo de pensar também *estranho* ao da escritura alfabética e resiste até hoje a ele: isso tanto em termos da escrita "propriamente dita" como também da escritura poética e das artes plásticas.

[13] Agradeço ao meu colega Flávio Ribeiro de Oliveira do IEL-Unicamp pela leitura do manuscrito deste ensaio e pelas preciosas sugestões. Agradeço igualmente às excelentes sugestões de leitura de Trajano Vieira, do mesmo Instituto.

21.
"COMO UM RAIO FIXO".
GOETHE E WINCKELMANN: O CLASSICISMO E SUAS APORIAS

Tratar do "classicismo" de Goethe implica abordar uma gama de temas e de problemas que envolvem, por exemplo, a "querela dos antigos e modernos", inaugurada na França em 1687 e que se estendeu ao longo de todo o século XVIII; implica acompanhar a evolução dos Estados nacionais nessa época; implica enfrentar a questão da passagem do Iluminismo para o Romantismo, a análise dos reflexos da Revolução Francesa na concepção de tempo de então e, ainda, acompanhar a criação do âmbito da Estética como uma área particular da Filosofia, entender a implantação do modo de vida capitalista, substituindo antigos modelos de comportamento, eliminando concepções de mundo, impondo apenas a certeza de que, como depois Marx afirmaria, "tudo que é sólido desmancha no ar". Tampouco podemos entender o classicismo de Weimar sem levar em conta seu contraponto romântico e a sua prefiguração no "Mais antigo programa sistemático do Idealismo alemão" (Das älteste Systemprogramm des deutschen Idealismus) que pregava a necessidade de uma "nova mitologia": o classicismo, em parte, veio responder a essa exigência.[1] Mas, paradoxalmente, esse classicismo estabeleceu-se sob a égide da filosofia kantiana. A suma da teoria estética do século XVIII — ou seja, a terceira Crítica de Kant — entronizara o artista-gênio e não o imitador dos clássicos e dos modelos de um modo geral (e aqui nos deparamos com a primeira das várias aporias que veremos).[2] Por último, não podemos perder de vista outros eminentes teóricos do século XVIII, como Du Bos, Diderot, os suíços Bodmer e Breitinger, ou nos esquecer das importantes obras de Baumgarten e, sobretudo, de Winckelmann e de Lessing. Goethe leu a todos eles e suas proposições são, em grande parte, respostas a esses autores.

Tendo dito isso, só me resta apelar para a benevolência do leitor e assumir o caráter inevitavelmente parcial e fragmentário desta apresentação. Tratarei de alguns "nós" centrais da questão mais ampla do "classicismo de Goethe". Explorarei o nosso tema a partir de quatro aporias, que na verdade poderiam ser desdobradas em muitas outras e que se constituem com base nas seguintes polaridades e campos de força que delas emanam: 1) a polaridade entre o *conceito* e o *mundo*

---

[1] Cf. a edição comentada do texto: *Mythologie der Vernunft. Hegels "älteste Systemprogramm" des deutschen Idealismus* (1984).

[2] Nesse sentido é importante recordar a biografia de Carstens realizada por Carl Ludwig Fernow (1806), onde ele tenta fundar uma estética kantiana dentro de preceitos neoclássicos. Cf. TAUSCH 2000.

efetivo; 2) entre a *imitação* e o mandamento da *originalidade*; 3) entre a linguagem, enquanto *lógos*, e as *obras de arte*; e, por último, 4) a tensão entre o *momento pontual* e o *decorrer cronológico*. É claro que essas polaridades refletem-se e traduzem-se mutuamente. Também fica evidente, portanto, que elas não devem ser tratadas de modo isolado.

A tese que gostaria de apresentar em relação ao classicismo de Goethe, vale dizer, em relação a essas aporias que, como veremos, sustentam e constituem esse classicismo, pode ser formulada nos termos do *double bind* (duplo vínculo) da tarefa tradutória.[3] Para Goethe, a relação da Modernidade com a Antiguidade dá-se no registro da *necessidade da leitura e da tradução*, mas, ao mesmo tempo, essa leitura é marcada e *barrada* pelo *historicismo* incipiente de então. O historicismo é a *consciência da radical historicidade do "homem"*, vale dizer, da *Bildung* (cultura) — outro termo-chave da época de Goethe. O mandamento do historicismo do século XIX, que foi gestado no século anterior sob a forma do *relativismo cultural*, afirma a *intraduzibilidade* entre as épocas e culturas. Goethe oscila entre, por um lado, a afirmação da (originalidade da) Modernidade e do limite da relação imediata com a Antiguidade e, por outro, o desejo de realizar esse mergulho no passado. Essa ambiguidade em termos da filosofia da história espelha-se nas demais polaridades: o desejo de contato direto com o modelo clássico manifesta-se na técnica da *descrição* das obras da Antiguidade — a *ekphrasis* da tradição retórica.[4] Mas a descrição se constrói sobre a corrosiva certeza dos seus *limites*: limites e fronteiras entre *as palavras e as imagens*, mas também entre o *lógos* e a Antiguidade, vale dizer, entre o *efetivo do presente*, e o modelo, a *Ideia*, realizada "à perfeição", *in illo tempore*. Fronteira ainda e barreira inexorável entre o tempo essencial ao trabalho do *lógos*, isto é, o tempo na sua linearidade *lógica*, causal, e o ser estático, *congelado no tempo*, da Antiguidade. Captar a Antiguidade corresponderia a descongelá-la e recriá-la no presente. Goethe está consciente desses limites — e talvez também dessas ambiguidades e aporias; ele conhece muito bem "a lei essencial da beleza", ou seja, "que esta aparece como tal apenas no invólucro", como Walter Benjamin nos recorda.[5] O *double bind* é parte dessa concepção do belo pois, como o próprio Benjamin escreveu, "[...] com relação a todo belo, a ideia da retirada do invólucro [*Enthüllung*] transforma-se na impossibilidade de retirada do invólucro [*Unenthüllbarkeit*]" (BENJAMIN 1974: 195). Contentemo-nos, por agora, em desdobrar essa tese.

---

[3] Quanto ao conceito de tradução em Goethe, cf. o meu artigo: "Filosofia da tradução — Tradução de Filosofia: o princípio da intraduzibilidade" neste volume.

[4] Quanto a esse conceito de *ekphrasis*, cf. Helmut PFOTENHAUER 1995, bem como a minha introdução à tradução do *Laocoonte* de Lessing (LESSING 1998: 7-72).

[5] Walter Benjamin, "Goethes *Wahlverwandtschaften*" (*As afinidades eletivas* de Goethe), *in*: BENJAMIN 1974: 123-201, aqui p. 194. Cf. ainda: "Pois o belo não é nem o invólucro nem o objeto encoberto, mas sim o objeto no seu invólucro. Sem o invólucro ele revelar-se-ia infinitamente invisível" (BENJAMIN 1974: 195).

I. WINCKELMANN

> *"Der einzige Weg für uns, groß, ja, [...] unnachahmlich zu werden, ist die Nachahmung der Alten."*[6]
>
> Winckelmann, 1755

O classicismo[7] de Goethe não pode ser tratado de modo algum como algo sempre presente na sua visão de mundo. Antes, ele foi se construindo aos poucos e sempre foi carregado de ambiguidades. Ao longo dos de 1770, Goethe esteve sob o influxo de seu amigo e de certa forma mentor intelectual Herder e, via este, de Hamann, as duas figuras centrais do que se convencionou denominar de "Sturm und Drang", com a sua supervalorização do *gênio* (do artista, mas também da *língua*, do *povo*, da *nação* etc.). Mas, por outro lado, Goethe frequentou nessa época em Leipzig as aulas do pintor Adam Friedrich Oeser (1717-1799), que fora amigo de Winckelmann e um grande admirador dos seus escritos. Se Goethe no seu texto de 1772 "Von deutscher Baukunst" (Sobre a arquitetura alemã), sob claro influxo das ideias de Herder e de Hamann, defende uma arte que seria *própria*, ou seja, genuinamente condizente com a "alma alemã" (GOETHE 1989: XII, 14), e critica com verve a doutrina do "bom gosto" que ele despreza como algo característico da superficialidade francesa e italiana, não é menos verdade que em uma carta de 1770 ele afirma que a lição de Oeser "terá consequências por toda a minha vida. Ele me ensinou que o Ideal da beleza é a simplicidade [*Einfalt*] e a quietude [*Stille*]" (GOETHE 1989: XII, 568). Ora, essa lição é a mesma de *Reflexões sobre a imitação das obras gregas na pintura e na escultura* de 1755. Nessa obra lemos uma passagem que ficou famosa, não menos pelo fato de ter sido citada por Lessing em 1766 no seu *Lacoonte*: "O sinal distintivo universal principal das obras-primas gregas na pintura e na escultura é [...] uma nobre simplicidade [*edle Einfalt*] e uma grandeza quieta [*stille Grösse*] tanto no posicionamento quanto na expressão. Assim como as profundezas do mar sempre permanecem calmas, por mais que a superfície se enfureça, do mesmo modo a expressão nas figuras dos gregos mostra, em todas as paixões, uma alma grande e sedimentada".[8] A *querelle des anciens et des modernes* expressa-se, portanto, no Goethe desse período, sob a forma de uma tensão entre os polos da admiração pelos clássicos e o culto da "germanidade", ou seja, do *próprio*.

Não podemos tratar do classicismo de Goethe sem antes retomarmos alguns pontos centrais da visão da Antiguidade desenhada por Winckelmann, que mar-

---

[6] "O único caminho para nos tornarmos grandes, sim, [...]/ inimitáveis, é a imitação dos antigos." Winckelmann, *Gedanken über die Nachahmung der griechischen Werke in der Malerei und Bildhauerkunst*, 1755.

[7] O conceito de "clássico" deriva do termo latino *classis*, no sentido de classe, segmentação. Como adjetivo, *classicus* determina a "classe" social e a "primeira classe". Nesse sentido, originou-se a expressão *scriptor classicus*. O conceito de clássico entrou na língua alemã apenas no século XVIII e aos poucos passou a indicar *os clássicos* por excelência de então, ou seja, os escritores e artistas gregos e romanos.

[8] WINCKELMANN 1995: 30. Citada por Lessing em LESSING 1998: 83.

cou toda a segunda metade do século XVIII e permaneceu influente ao longo do século seguinte. A imagem que Winckelmann cunhara no seu texto de 1755 de uma Grécia caracterizada pela sua natureza "saudável", "forte", e a sua descrição dos gregos como um povo heroico que vivia em total harmonia com a natureza constituem um *tópos* que serviu por assim dizer de "relato originário negativo" da Modernidade. Esse *tópos* retomava outros *topoi* como o da "Idade de ouro". Winckelmann nos fala "dos jovens mais belos que dançavam no teatro, sem roupas, e Sófocles era o primeiro que fez esse espetáculo, na sua juventude, para os seus cidadãos" (WINCKELMANN 1995: 19). A ausência de roupas serve aqui na verdade de ilustração para o fato de que para Winckelmann a natureza mostrava-se então *unverhüllet* (sic), sem o seu véu, sem o invólucro (WINCKELMANN 1995: 18). Ele recorda que "se evitava prudentemente todo inconveniente ao corpo e já que Alcibíades não quis aprender a tocar a flauta na sua infância, porque ela desfigurava [*verstellete*] a face, os jovens atenienses seguiram o seu exemplo" (WINCKELMANN 1995: 16). E ainda: "A influência de um céu puro e brando, afirma Winckelmann, atuava sobre a primeira formação [*Bildung*] dos gregos, mas os exercícios corporais, iniciados precocemente, garantiam uma forma nobre a essa formação" (WINCKELMANN 1995: 15). A natureza do sul imprimia um determinado caráter, uma conformação (*Gestalt*) ao corpo e ao *ethos* gregos.

Essa *descrição* do mundo grego que Winckelmann leva a cabo em vários dos seus textos deve ser pensada dentro do seu projeto de revitalização do passado "petrificado" via "sopro da palavra" — como uma estátua que deveria ser revitalizada por meio da *ekphrasis*, descrição. Esse projeto incorpora também elementos do classicismo francês, como a doutrina do "bom gosto".

As *Reflexões sobre a imitação das obras gregas na pintura e na escultura* abrem-se com uma referência ao fato de que o bom gosto, que "se encontra cada vez mais espalhado pelo mundo, começou de primeiro a se formar [*bilden*] sob o céu grego" (p. 13). Essa insistência quanto aos dados geográficos e climáticos era típica da antropologia filosófica do século XVIII.[9] A geografia cria, afirma Winckelmann, a "conformação" (*Gestalt*) das pessoas (WINCKELMANN 1995: 90). Essa origem "natural" é absoluta, fundante e fundamental. Ela se estende por todos os suportes da identidade, do *próprio*, vale dizer, do "nacional": tudo está ligado a tudo, pois a origem comum garante essa semelhança ontológica, o traço comum da *Gestalt*, da figura, marcada pelo selo da mãe-natureza. Portanto, para Winckelmann poderíamos julgar as qualidades do corpo grego a partir da língua grega (WINCKELMANN 1995: 91). A língua expressa o corpo e vice-versa. Assim como para Rousseau e outros filósofos da linguagem de então, também para Winckelmann as línguas do norte seriam "antipáticas", porque carregadas demais em consoantes; em contrapartida, o grego teria a vantagem de ser uma língua vocálica e, sobretudo, *harmoniosa*. Ela expressa a *harmonia* entre o homem e a natureza — na sua fase heroica e que é típica da visão *naïf* do mundo em oposição à *sentimental*, como Schiller o formulou em 1795-96 no seu famoso texto *Sobre a poesia naïve e sentimental*.

---

[9] Cf. capítulo 18.

Winckelmann prega no seu texto de 1755 a imitação dos antigos como único caminho para se atingir a originalidade: "O único caminho para nos tornarmos grandes, sim, inimitáveis, é a imitação dos antigos" (WINCKELMANN 1995: 14). Essa imitação deve ser vista como superior à mera imitação da natureza, pois os gregos haviam submetido esta última a uma seleção, a *electio* da teoria retórica, que eliminou o que não é belo e digno. Como a natureza não possuía um véu encobrindo-a, o grego podia contemplá-la na sua plenitude. O artista grego pôde erguer-se [*sich erheben*] para além da natureza: ele construiu *conceitos* e o próprio princípio da natureza, o seu *Urbild*, a partir do seu entendimento (WINCKELMANN 1995: 20). A lei — à primeira vista, paradoxal — mais elevada do artista grego que trabalhava tendo em vista essa "natureza mais perfeita" afirmava a necessidade de "fazer as pessoas iguais [a elas mesmas] e ao mesmo tempo mais belas" (WINCKELMANN 1995: 21). Ou seja, a lógica da imitação funciona em uma cadeia de complementações, ou, como diria Derrida, de suplementações: o moderno imita os gregos, que são ao mesmo tempo a natureza e o seu aperfeiçoamento, a sua suma (WINCKELMANN 1995: 24). A *idea* sempre escapa e ao mesmo tempo determina. O moderno tem como *telos* a sua própria formação, a construção da sua originalidade: com base em uma outra origem ele deve *saber/poder* construir o seu *eu* (cf. WINCKELMANN 1995: 25). Aqui reencontramos uma reativação da polaridade retórica entre o talento, ou seja, o dom natural, e a *exercitatio*: como é bem conhecido, esta última na sua versão da *mímesis* de *exempla* é central para a *suplementação* da *ars*, que, por sua vez, já suplementava a *natura*.[10] Daí Winckelmann afirmar que o artista deve mergulhar o seu pincel "no entendimento"; ou seja, ele não deve se limitar à imitação subserviente. E, ainda, como uma consequência dessa junção entre *imitatio* e *ars*: "Ele [o artista] deve fornecer mais ao pensamento do que ele mostra aos olhos" (WINCKELMANN 1995: 50).

A arte é o campo desse "a mais", dessa ultrapassagem, da *elevação*. Ao *sich erheben*, ou seja, o elevar-se do artista, deve corresponder, na recepção, uma elevação do observador. A arte representa o irrepresentável; ela é uma imagem do não imaginável. No limite, ela sempre deve caminhar para o sublime (*das Erhabene*), para o que vai além do *limes* e que ao mesmo tempo (re)traça o nosso limite primeiro, a nossa origem. Mas essa "exposição do inexponível"[11] é profundamente

---

[10] Cf. LAUSBERG 1990: 28.

[11] Quanto a essa ideia, cf. a seguinte passagem de Moses Mendelssohn extraída do seu texto "Über das Erhabene und Naive in den schönen Wissenschaften" (Sobre o sublime e o *naïf* nas belas letras) de 1758: "Algumas coisas são por natureza tão perfeitas, tão sublimes [*so erhaben*], que não podem ser atingidas por nenhum pensamento finito, não podem ser sugeridas cabalmente por nenhum signo e não podem ser representadas [*vorgestellt*] como são por nenhuma imagem, como por exemplo Deus, o mundo, a eternidade etc. Aqui o artista deve lançar mão de todas as forças de seu espírito para achar os signos mais dignos para que esses conceitos infinitamente sublimes sejam despertados em nós de modo claro [*anschauend*. Cf. a noção retórica de *enárgeia*]. Ele pode fazer isso de modo tanto mais seguro, na medida em que o objeto designado sempre permaneça maior do que o signo de que ele se utiliza, de tal modo que a sua expressão, por mais plena que ele a tome, em comparação com o objeto permanece sempre *naïf*" (MENDELSSOHN 1986: 217).

autonegadora: primeiro, porque ela se coloca como uma tarefa de imitação de algo que só existe graças ao seu enraizamento geográfico (e, portanto, é único, "inimitável"); em segundo lugar, porque os próprios termos da concepção do ideal grego já mostram que a aporia se aloja na leitura que Winckelmann fez desse ideal (da estátua grega) enquanto corpo esfacelado entre as polaridades grandeza/nobreza e simplicidade/quietude. Esta polaridade, esta tensão, é típica do universo intelectual de Winckelmann. Na sua visão da Grécia não se pode separar o sublime do belo, assim como na Modernidade qualquer tentativa de revitalizar a Antiguidade estará condenada ao fracasso. Mas Winckelmann ainda quer acreditar nessa possibilidade. Diferentemente de Herder (ou de Goethe), ele ainda não é um historicista.[12]

Esse desnível entre o que é sugerido e o meio dessa sugestão (entre a Antiguidade e a Modernidade) é ecoado pelo descompasso entre a descrição das obras de arte antigas e as obras mesmas. Estas representam ideais. A *Idea* pode ser apenas anunciada, mas nunca se concretiza totalmente, nem mesmo na obra de arte. Esta é a manifestação de um desejo: desejo de algo que desapareceu para sempre, e que deixou apenas sua marca espectral. Como no mito de Dibutade da origem da pintura. Esse mito, reproduzido inúmeras vezes por artistas do século XVIII, retrata uma jovem de Corinto que traça, guiada por Amor, o contorno da sombra do amado, de partida para a guerra, que se projeta em uma parede.[13] Ou ainda: a arte *indica* algo cuja aparição significaria a sua imediata extinção, como no mito de Eurídice, que foi definitivamente banida no inferno por ter sido contemplada por Orfeu.

---

[12] Cf. Szondi 1984. Winckelmann procura separar o sublime do belo, mas acaba descaracterizando esses dois conceitos de tal modo que eles se tornam quase indistintos. Como Szondi (1984: 34) o apontou, de modo, até onde eu saiba, pioneiro, esta tensão que marca a leitura que Winckelmann faz da arte grega tem sua origem na sua visão da Modernidade como local de dissolução, de separação, em oposição ao universo harmônico, unívoco do *cosmos* grego. É essa polaridade entre o uno e o diluído que se desdobrou posteriormente na polaridade entre o ingênuo e sentimental, em Schiller, entre o objetivo e o interessante, em Friedrich Schlegel (no seu ensaio *Über das Studium der Griechischen Poesie* [Sobre o estudo da poesia grega], 1795-97) e, para os românticos e pós-românticos de um modo geral, entre o clássico e o romântico. Como se sabe, também em Hölderlin e em Nietzsche essa polaridade (projetada no interior do mundo grego, como em Winckelmann) será fundamental.

[13] Esse mito foi narrado por Plínio e, entre outros, relembrado por Lessing no seu *Laocoonte* (Lessing 1998: 89). Essa imagem da relação com a Antiguidade sob a chave desse mito de origem da pintura aparece de modo explícito no final do livro *História da arte da Antiguidade* de Winckelmann com todas as implicações da teoria platônica dos *eide* e da *mímesis*: "Já fui muito além dos limites na História da Arte e não obstante é como se eu me sentisse, ao observar o seu declínio, como aquele que na descrição da história da sua pátria teve de tocar na sua destruição que ele mesmo vivenciou, assim eu não pude deixar de perseguir, tanto quanto a minha visão podia alcançar, o destino das obras de arte. Do mesmo modo como uma amante está à beira-mar persegue com os olhos cheios de lágrimas o seu amado partindo, a qual ela não tem mais esperanças de rever e mesmo na vela já distante acredita ver a imagem do amado. Nós possuímos, como a amante, igualmente apenas um retrato de perfil dos objetos de nossos desejos; mas o mesmo desperta uma ânsia tanto maior pelo perdido e nós observamos as cópias dos arquétipos com mais atenção do que o faríamos se os possuíssemos totalmente" (Winckelmann 1993: 393-4).

O descompasso entre a linguagem das artes plásticas e o que elas indicam é, como já afirmei, redobrado pelo limite da descrição das obras. O *tópos* da *insuficiência da linguagem* diante das obras a serem descritas é parte constituinte da própria tradição clássica de descrição como uma modalidade da *exercitatio* — e nós logo o reencontraremos em Goethe. Antes disso, no entanto, gostaria de dar alguns exemplos desse *tópos* na obra do próprio Winckelmann.

Na sua famosa descrição do Apolo do Belvedere, essa questão é central. A própria descrição é desenvolvida em Winckelmann como um gênero poético (GOETHE 1989: XII, 120), numa tentativa de superar esse desnível entre as palavras e a escultura, o que é também um esforço para falar das "obras indizíveis" (*die unausprechliche Werke*), como Goethe ainda o formulou (GOETHE 1989: XII, 120). A linguagem "comum" deve também "se elevar" para poder atingir "as alturas" da arte: "Eu realizo", afirmou Winckelmann, "a descrição de uma imagem que se encontra elevada [*erhaben*] acima de todos os conceitos da beleza humana, e cuja perfeição não pode ser atingida pelo mais elevado ímpeto [*Schwung*] das minhas expressões [...]" (WINCKELMANN 1995: 153). O final dessa descrição entrecruza o tema da insuficiência da descrição com a evocação de um sopro de vida que atravessa a obra que, como na lenda de Pigmalião, põe-se em movimento: "Minha imagem parece ganhar vida e movimento como a bela de Pigmalião; como é possível pintá-la e descrevê-la? A arte mesma teria que me aconselhar e guiar a mão [...] Eu deponho o conceito que dei dessa imagem aos seus pés, como a coroa para aqueles que querem coroar as cabeças das divindades que eles não podem atingir" (WINCKELMANN 1995: 164).

Winckelmann utilizara como epígrafe no seu *Versuch einer Allegorie, besonders für die Kunst* (Tentativa de uma alegoria, especialmente para a arte, publicado em 1766, a máxima atribuída por Plutarco, no *De Gloria Atheniensium* (3, 346 d), a Simônides de Ceos: "a pintura é uma poesia muda; a poesia uma pintura que fala". Esse mote, que fora repetido inúmeras vezes desde o Renascimento, afirma a traduzibilidade que imperaria entre as artes plásticas e a poesia. Dentro da tradição do *ut pictura poesis*, portanto, não deveria haver problema para a descrição das obras de arte. Se o próprio Winckelmann reconhece esses limites entre as artes, nem por isso deixa de realizar essas descrições e mesmo de pô-las no centro da sua atividade de Historiador da arte clássica. Nesse sentido, o historiador faria o percurso inverso ao do artista, pois para Winckelmann "onde o poeta parou, o artista teve o seu início" (WINCKELMANN 1995: 175).[14] O artista plástico vence, para ele, a competição (o *paragone*) com o poeta (WINCKELMANN 1995: 178). Mas o discurso volta a ser central para Winckelmann, porque ele se encontra na Modernidade, porque a Antiguidade deve ser reencenada, reatualizada, a partir das suas obras e das suas ruínas, porque apenas o sopro da fala do *historiador* pode dar vida à Antiguidade.

---

[14] No último capítulo deste livro veremos outra delimitação de fronteiras quando F. Schlegel aponta "onde começa a poesia" e cessa a filosofia.

As primeiras descrições de Winckelmann tinham como base não estátuas greco-romanas, mas sim pinturas e gravuras da galeria de Dresden (cf. PFOTENHAUER 1995). Mas as suas descrições mais famosas e que se tornaram modelos do gênero têm por objeto as três estátuas do Belvedere que ele contemplou ainda em 1755, ano de sua chegada a Roma. A descrição dessas três estátuas, a de Apolo acima mencionada, o torso de Hércules e o grupo Laocoonte, representa também o ponto máximo da arte de descrição desenvolvida por Winckelmann. Ele utiliza para a sua *mise en action* das obras o recurso a referências míticas e heroicas. Não é de modo algum casual que essa arte da descrição tenha atingido o seu auge na descrição de *estátuas*, sendo que uma delas era um torso: uma ruína que com as suas faltas eloquentes acentuava a *distância* com relação ao passado "perdido" da Antiguidade. Pois, como já afirmei, a Antiguidade também parecia estar congelada no tempo como uma estátua: apenas o sopro do historiador poderia derreter aquele gelo. "Quanto mais quieta é a posição do corpo", afirma Winckelmann, "tanto mais ele está predestinado a expor o verdadeiro caráter" (WINCKELMANN 1995: 31). Como vimos acima, para este autor "O sinal distintivo universal principal das obras-primas gregas na pintura e na escultura é [...] uma nobre simplicidade e uma grandeza quieta tanto no posicionamento quanto na expressão" (WINCKELMANN 1995: 30). O exemplo máximo dessa quietude e dessa simplicidade é justamente o grupo escultórico do Laocoonte. A seguir cito a passagem dos *Gedanken* que descreve o Laocoonte e que está na origem da resposta que Lessing deu, onze anos depois, em 1766, a esse escrito de Winckelmann:

> "Esta alma, apesar do sofrimento extremo, está exposta na face do Laocoonte e não apenas na face. A dor que se revela em todos os músculos e tendões do corpo e que nós sem observar a face e as outras partes, apenas no abdômen dolorosamente retraído, quase que cremos estar nós mesmos a sentir; essa dor, eu dizia, exterioriza-se no entanto sem nenhuma fúria na face e em todo o posicionamento. Ele não brada nenhum grito terrível, como Virgílio canta do seu Laocoonte; a abertura da boca não o permite: trata-se muito mais de um gemido medroso e oprimido, como Sadolet o descreve. A dor do corpo e a grandeza da alma são distribuídas, e como que balanceadas, por toda a construção da figura com a mesma força. Laocoonte sofre, mas ele sofre como o Filoctetes de Sófocles: a sua miséria penetra até a nossa alma; mas nós desejaríamos poder suportar a miséria como esse grande homem." (WINCKELMANN 1995: 30 ss.)[15]

---

[15] Gérard van Opstal (escultor, 1597?-1668), na sua fala diante da academia sobre "La figure principale du groupe de Laocoon" (A figura principal do grupo Laocoonte), já destacara traços muito semelhantes aos destacados por Winckelmann aqui, sobretudo a relação entre a grandeza da alma e a sua *expressão* no corpo. Como lemos nas *Conférences de l'Académie Royale de peinture et de sculpture recueillies, annotées et précédées d'une étude sur Les Artistes et les Écrivains* (Conferências da Academia Real de pintura e de escultura recolhidas, anotadas e precedi-

A "psicologização" da cena já era uma parte da estratégia da *ekphrasis* de Winckelmann nas suas descrições de Dresden. Aqui, a empatia serve de porta para o processo de retradução do passado. Goethe terá esse fato em mente ao fazer a sua descrição e o seu comentário desse mesmo grupo.

II. Goethe

"An die Freude
Freude, schöner Götterfunken,
Tochter aus Elysium,
Wir betreten feuertrunken
Himmlische, dein Heiligtum.
Deine Zauber binden wieder,
Was der Mode Schwert geteilt;
Bettler werden Fürstenbrüder,
Wo dein sanfter Flügel weilt."

Schiller, *Die Freundschaft* (1786)[16]

Não existe uma explicação lógica para o fato de Goethe mencionar apenas lateralmente, no seu relato sobre a sua viagem à Itália entre 1786 e 1788, o seu encontro com o Laocoonte do Belvedere. Se essa estadia na Itália deu um importante impulso ao seu classicismo e fez com que ele estudasse a fundo a obra de Winckelmann, que lhe serviu durante todo esse período como uma espécie de guia espiritual, não é menos verdade que o grupo Laocoonte também encontra um lo-

---

das de um estudo sobre os artistas e os escritores) de M. Henry Jouin (1883), Van Opstal "não se esqueceu de destacar também as expressões fortes que surgem nesta figura admirável, na qual não apenas a dor encontra-se distribuída por toda a face, mas também pelas demais partes do corpo, chegando mesmo até às extremidades dos pés cujos dedos se dobram com a contração[...] podemos considerá-la como um exemplo realizado de um corpo natural e de um belo corpo". O escultor destaca a relação entre o corpo e o caráter do Laocoonte, que seria um "honnête homme" (homem honesto), "personne de probité" (pessoa proba), teria um "grand coeur" (grande coração), "une belle âme" (uma bela alma) etc. (1883: 19-27). Esse "corpo natural" e "belo" também tem as marcas do sublime nas descrições de Winckelmann. Essa imagem tópica encontra-se, por exemplo, no texto clássico da teoria do sublime e que constituiu uma fonte inesgotável para as teorias estéticas do século XVIII. Refiro-me ao *Peri Üpsous* (*Do sublime*) de Pseudo-Longino — que fora traduzido por Boileau em 1674 — onde lemos que "o sublime é o eco da grandeza da alma" (IX, 2). De resto, o autor anônimo nos fala também de um oximoresco "eco mudo", uma vez que seu primeiro exemplo de tal eco é justamente o silêncio de Ajax no Hades, ao ser interpelado por Odisseus, silêncio este que para ele "é grande e mais sublime que qualquer discurso". O sublime, para Winckelmann, expressa-se no corpo clássico na sua contenção e no silêncio mesmo diante da mais extrema dor. Para uma análise das complexas conotações estéticas (e sexuais) dessa noção singular de sublime desenvolvida por Winckelmann, cf. Potts 1994.

[16] "À alegria. Alegria, bela faísca divina,/ Filha de Elísio,/ Nós penetramos embriagados de fogo/ Celeste, teu sacramento./ Tua magia une novamente,/ O que a espada da moda separou;/ Mendigos tornam-se irmãos de príncipes,/ Onde a tua suave asa deitou." Friedrich Schiller, *A amizade* (1786).

cal especial dentro da sua visão da Antiguidade. A sua descrição e seu comentário dessa obra, ou seja, o seu "Über Laokoon" (Sobre o Laocoonte), publicado em outubro de 1798 no volume de estreia da revista *Propyläen*, é uma prova disso. Ele fundara essa revista ao lado dos amigos Schiller, Heinrich Meyer e Friedrich August Wolf. Ela durou apenas até 1800. Coincidentemente, a sua duração corresponde aos mesmos anos de existência da revista, por assim dizer, concorrente, do grupo dos primeiros românticos de Iena, a saber, a revista *Athenäum* (maio de 1798-agosto de 1800).[17]

Esse órgão de publicação de Weimar tinha no seu centro a valorização das obras de arte clássicas, e sua abordagem era inspirada, como o próprio Goethe o afirmou, diretamente nos textos de Winckelmann e de Lessing (GOETHE 1989: XII, 591). Na sua introdução ao primeiro volume, Goethe destacou a importância do discurso não apenas *a partir* das obras de arte, mas também, na *presença imediata* das mesmas: "Para se falar, para si e para os outros, de obras de arte de modo próprio e com verdadeiro proveito, isso deveria decerto ocorrer apenas na presença das mesmas. Tudo depende da visão, trata-se de pensar o mais determinado na palavra com a qual se quer explicar a obra, caso contrário absolutamente nada é pensado" (GOETHE 1989: XII, 51 ss.). Nesse texto, Goethe volta também ao *tópos* aporético do artista como alguém que não apenas penetra a fundo no seu objeto, a natureza, mas também compete com ela: sua obra deve parecer ao mesmo tempo natural e supranatural (*übernatürlich*) (XII, 42). Como ele expusera em outro texto de 1789, "Einfache Nachahmung der Natur, Manier, Stil" (Imitação simples da Natureza, Maneira, Estilo), o clímax da atividade do artista está na sua assunção ao reino dos "conceitos puros" por meio da natureza e das obras de arte (XII, 32). A imitação alcança sua perfeição apenas nesse estágio, ao atingir, no que Goethe denomina de *estilo*, a "essência das coisas".

A Antiguidade clássica é um modelo para Goethe por motivos muito próximos aos de Winckelmann. Modelo no sentido mais amplo de um conceito sem o qual não poderíamos falar e nos expressar, ao menos o que nós temos de "belo" a ser expressado. A linguagem clássica é para Goethe — em oposição à linguagem barroca — a linguagem da clareza, da leveza, da serenidade, articulada de modo seguro e pleno em torno de uma matéria nobre e de um conteúdo digno. Daí ele, em 1818, ter afirmado de modo emblemático: "Cada um seja um grego ao seu modo. Mas seja-o".[18] Rafael representaria um tal "grego à sua moda": "Ele não *greciziza* [*gräcisirt*, sic] em parte alguma, mas pensa e age totalmente como um grego" (GOETHE s.d.: 845). Não é a imitação subserviente que importa a Goethe, mas sim a imitação do "modo-de-formação".

A "fala" diante das obras deveria ser capaz de retraduzir a "essência das coisas" para o registro do *lógos*. Retraduzir aqui significa também "retro-traduzir";

---

[17] O fato de o nome de *ambas* as revistas serem referência à Grécia clássica não é de modo algum gratuito e faz pensar nas semelhanças que existiam entre os dois grupos para além das discordâncias pessoais.

[18] "Antik und Moderne", GOETHE s.d.: 846.

pois, para Goethe, as obras de literatura da Antiguidade grega são testemunhos de que "tudo o que aquela nação altamente talentosa compôs em palavras [...] teria nascido da visão imediata do mundo exterior e interior".[19] Não surpreende que Goethe tenha escrito em *Poesia e verdade* que "O olhar era o principal órgão com o qual eu abarcava o mundo". Se na Grécia a natureza manifesta a verdade, não há outro modo mais direto de conhecê-la que não através do olhar imediato. E, ainda, Goethe afirma: "A [...] mitologia [grega] mais antiga personifica os acontecimentos mais importantes do céu e da terra, individualiza o destino humano mais universal, os atos inevitáveis e incontornáveis sofrimentos de um gênero peculiar que sempre se renova".[20] A mitologia e a arte como representantes do *individual universal*: nada poderia formular melhor a base dessas aporias em torno das quais o classicismo de Goethe se estabelece do que essa ideia derivada da terceira Crítica de Kant.[21]

O trabalho de revitalizar o mundo antigo através de suas obras, Goethe levou a cabo também nas suas descrições do mundo romano antigo *a partir* de sua observação do mundo italiano moderno. Na *Viagem à Itália* com frequência o leitor é assaltado por dois recursos narrativos de revitalização característicos: Goethe introduz no meio da narração cenas da Antiguidade produzidas pela sua imaginação ou simplesmente lê na paisagem geográfica natural e cultural dados que recordam aquele mundo parcialmente soterrado. A relação com a Antiguidade passa necessariamente pela imaginação: assim como — kantianamente, outra vez — o nosso saber depende da imaginação, ou seja, da sua faculdade de sintetizar as imagens e do esquematismo transcendental.

Essa busca da Antiguidade — que também é uma busca de um modelo de formação, busca de uma sociedade harmônica, "heroica", e de uma alternativa aos modelos dos vizinhos modernos — não se confunde, em Goethe, com a visão da arqueologia que se impunha então. Goethe era um admirador de Winckelmann justamente pelo seu universalismo, pela sua visão total do mundo clássico. Mas a relação ambígua com o passado, a certeza da necessidade do seu conhecimento matizada pela consciência da impossibilidade desse diálogo direto, estas dúvidas estão ausentes na abordagem arqueológica. Goethe realiza as suas descrições muitas vezes levado pelo êxtase: ele envolve os leitores através da explicitação do *páthos* gerado pela *recepção* da obra. Isso é oposto à visão dita "científica" das mesmas. Uma carta de W. Humboldt a Goethe deixa clara a visão da Antiguidade que interessa a ambos: aquela que justamente descarta a possibilidade de uma restituição pretensamente total do passado. No artigo que Goethe redigiu sobre Winckelmann, de 1805, essa carta de Humboldt é citada: "A Antiguidade deve aparecer para nós apenas à *distância*, apenas separada de tudo que há de ordinário, apenas como passado. Ocorre aqui, ao menos para mim e para alguns dos meus amigos, como o que

---

[19] "Philostrats Gemälde" (As pinturas de Filóstrato, 1818), GOETHE s.d.: 792. Essa ideia reaparece muitas vezes ao longo da *Viagem à Itália*.

[20] *Ibidem*.

[21] Quanto às aporias dessa obra de Kant, cf. DERRIDA 1978.

ocorre com as ruínas. Sempre nos irritamos quando desenterram uma meio enterrada. Isso pode no máximo significar um ganho para a erudição às custas da fantasia" (GOETHE 1989: XII, 109; grifo meu).[22]

Não existe, para Goethe, estudo da Antiguidade sem amor à Antiguidade. Isso está expresso de modo cristalino nas suas "Elegias romanas", redigidas no seu retorno da viagem à Itália, em 1788, e que receberam primeiramente o título de "Erotica romana" (GOETHE 1989: I, 575). Como em Propércio, Roma aparece aqui ligada a uma modalidade muito sensualizada de amor.

Mas voltemo-nos, agora, para o Laocoonte de Goethe. O seu ensaio de 1798 sobre essa obra representa o estágio mais elaborado de uma longa história de recepção da mesma, isso não apenas em termos dos seus comentadores anteriores — sendo que os comentários e descrições de Winckelmann, Lessing e Herder têm um papel fundamental evidente para Goethe — mas também do seu próprio estudo dela. A primeira vez que ele viu uma cópia da cabeça do Laocoonte foi na academia de Oeser em Leipzig. Apenas em 1769 ele viu, na sala de antiguidades de Mannheim, o grupo inteiro. Em uma carta ao seu amigo Langer, ele descreve esse encontro com as seguintes palavras: "J'en ai été extasié pour oublier presque toutes les autres statues" (Eu fiquei extasiado, a ponto de esquecer quase todas as demais estátuas, GOETHE 1989: XII, 595; sic). A visão que cega: novamente um *tópos* intimamente ligado à tradição do sublime.

Também o artigo de 1798 inicia com uma referência a essa tradição. Goethe começa mencionando a insuficiência das palavras:

> "Uma obra de arte autêntica permanece, como uma obra da natureza, sempre infinita para o nosso entendimento: ela é olhada, sentida; ela atua, mas não pode ser propriamente conhecida e muito menos po-

---

[22] Cf. KREIKENBOM 1994: 42. Essa exigência da distância de que Humboldt fala corresponde a uma postura de filosofia da história diversa da de Winckelmann, que via na distância para com a Antiguidade não algo necessário, mas sim uma triste imposição de sua época. A utopia da arqueologia consistia na reconstrução do passado através da pesquisa, análise, descrição e arquivamento dos seus restos. Já Humboldt e Goethe estariam mais próximos das visões oníricas de Piranesi com suas misturas de imaginação e imitação/acúmulo de ruínas. Essa concepção difere também daquela iluminista que esteve na base do projeto da *Enciclopédia* e acreditava em um armazenamento e em uma tipologia total do conhecimento. Esse modelo, apesar de sua roupagem científica moderna, era conservador — e pode ser aproximado da "arte da memória" antiga, nesse sentido —, pois não levava em conta o "trabalho do tempo". O contrário se passa com o modelo romântico de Goethe e Humboldt. Nesses autores, de resto, podemos perceber o culto da ruína que havia sido iniciado na Inglaterra em meados do século XVIII e depois se expandira para o continente. Nos jardins do castelo Sanssouci, de Potsdam, bem como no de Wilhelmshöhe, de Kassel, do final daquele século, podemos ver ainda hoje as ruínas artificiais que eram construídas como "fonte de prazer e da mais doce melancolia", como escreveu então Christian Cay Lorenz Hirschfeld, autor da obra *Teoria da arte dos jardins* e diretor dos jardins do Príncipe Wilhelm I de Kassel. Cf. o catálogo *Heinrich Christoph Jussow 1754-1825. Ein hessischer Architekt des Klassizismus* (Heinrich Christoph Jussow 1754-1825. Um arquiteto do Hessen do Classicismo, 1999).

de-se proferir a sua essência, o seu mérito, com palavras. O que é, portanto, dito aqui sobre o Laocoonte não possui de modo algum a presunção de esgotar esse objeto, foi escrito mais por ocasião dessa obra excelente do que sobre ela [*es ist mehr bei Gelegenheit dieses trefflichen Kunstwerks als über dasselbe geschrieben*]. Que ela logo possa ser exposta de modo que todo amante possa se alegrar e falar sobre ela à sua maneira." (GOETHE 1989: XII, 56)

O texto de Goethe não se pretende "sobre o Laocoonte", mas sim inspirado por ele. A *distância* entre a obra e o seu comentário é essencial aqui. Isso difere do que se passa, por exemplo, com Friedrich Schlegel, que em 1798 publicara uma resenha crítica intitulada "Über Goethes Meister" (Sobre o *Meister* de Goethe) à qual Schlegel se referia como sendo o seu *Übermeister*: sobre-o-*Meister* (mestre), mas também, *acima* dele, ou *para além dele*... Se o romântico Schlegel podia quebrar a distância com o (ao menos do seu ponto de vista) não muito distante Goethe, este se submetia à ordem da distância diante das obras clássicas.

Para Goethe, o grupo Laocoonte contém as qualidades de uma obra-prima. Seguindo os passos do especialista na Antiguidade Aloys Hirt, que havia publicado um ensaio sobre essa obra na revista *Horen* em 1797, Goethe enumera essas qualidades que correspondem de um modo geral a uma concepção clássica da arte. Esse classicismo evidentemente não deixa de possuir traços característicos da estética do século XVIII. Goethe valoriza a *sinnliche Schönheit oder Anmut* da obra, ou seja, a sua beleza sensível ou a sua graça. Ligada a essa beleza encontra-se uma valorização do *páthos* que emana da obra, *páthos* este que deriva também da sua *vivacidade*, do seu jogo entre sensações opostas. A valorização das emoções mistas, teorizada no âmbito germânico sobretudo por Moses Mendelssohn,[23] estava na base também da teoria do sublime. Goethe fala de uma "tempestade dos sofrimentos e da paixão suavizada pelo encanto e pela beleza" (GOETHE 1989: XII, 58). O medo (*Furcht*), o terror (*Schrecken*) e a compaixão (*Mitleid*) encontram-se encarnados em cada um dos personagens do grupo. Compaixão pelo estado do filho mais novo, terror diante da dor do pai e medo — misturado à esperança — diante da situação do filho mais velho: ainda com chances de escapar, mas que, na qualidade de observador interno à obra, mergulha o espectador no turbilhão dos acontecimentos e das paixões. Seguindo Lessing, Goethe recorda as diferenças entre a poesia e as artes plásticas: enquanto aquela se desenvolve na extensão do tempo — e pode representar de modo mais adequado o medo e a compaixão —, as artes plásticas devem se limitar ao momento único — e frutífero — e representam de modo mais adequado o terror. O essencial é que no grupo Laocoonte essa mistura das paixões nasce também da abertura no tempo que a escolha daquele momento frutífero possibilitou. A estátua encontra-se, para Goethe, em movimento, justamente porque o momento escolhido permite ao espectador ima-

---

[23] Quanto a esse ponto, cf. o meu ensaio "Do delicioso horror sublime ao abjeto e à escritura do corpo" neste volume.

ginar possibilidades de desdobramento da cena. Também Lessing já teorizara no seu *Laocoonte* esse momento fecundo como aquele que deixa um espaço para a imaginação funcionar:

> "Se o artista só pode utilizar da natureza sempre em transformação nunca mais do que um único momento e o pintor em particular, esse único momento também apenas a partir de um único ponto de vista; se ainda as suas obras são feitas não apenas para serem meramente olhadas, mas antes, consideradas, serem longamente e repetidas vezes consideradas: então é certo que aquele momento único e único ponto de vista desse único momento não podem ser escolhidos de modo fecundo demais. Mas só é fecundo o que deixa um jogo livre para a imaginação. Quanto mais nós olhamos, tanto mais devemos poder pensar além. Quanto mais pensamos além disso, tanto mais devemos crer estar vendo. Mas no decorrer inteiro de uma emoção nenhum momento possui menos essa vantagem do que o degrau mais elevado da mesma. Além dele não há nada e mostrar ao olho o extremo significa atar as asas da fantasia e obrigá-la, uma vez que ela não consegue escapar da impressão sensível, a ocupar-se sob ela com imagens fracas, sobre as quais ela teme a plenitude da expressão como se fosse a sua fronteira. Quando, portanto, Laocoonte suspira, a imaginação pode escutá-lo gritar; se, no entanto, ele gritasse, ela não poderia nem subir um degrau acima na sua representação, nem descer um degrau abaixo, sem olhá-lo num estado mais tolerável e, portanto, mais desinteressante. Ela o escuta apenas gemendo ou já o vê morto." (LESSING 1998: 99)

Para Goethe, a riqueza do grupo Laocoonte deriva da ambiguidade contida no momento congelado: o artista paralisou a passagem do *páthos* de um patamar para outro (GOETHE 1989: XII, 62). Para ele, a obra só pode ser compreendida se levarmos em conta o papel do momento da ferida de Laocoonte: Goethe retraça toda obra a partir do momento dessa ferida. "A cobra não mordeu, mas antes, ela morde" (GOETHE 1989: XII, 60). Daí ele ver o "sentimento momentâneo da ferida como o motivo principal de todo movimento" (GOETHE 1989: XII, 60). O que orquestra a obra é a ferida. O movimento, ou seja, a *vida* da obra advém da ferida mortal. Do mesmo modo a reorquestração da obra, na descrição de Goethe, nasce de uma falta: da ausência da Antiguidade e da sua simultânea presença sob a forma de ruínas semi-soterradas. Mas a descrição também se estende sobre uma outra ferida que reduplica a ferida da nostalgia: eu me refiro àquela que separa a linguagem da obra — que por sua vez reatualiza a distância entre o ideal e o efetivo...[24]

---

[24] Esse sentimento de falta, de separação com relação ao passado clássico, é essencial para compreendermos o Romantismo e a Modernidade de um modo geral. É claro que podemos ver a cultura ocidental desde o século XIV até o final do XVIII como pontuada pela querela dos antigos e modernos: a Modernidade se constrói sobre as bases da afirmação do indivíduo burguês e de uma sociedade que se vê ao mesmo tempo como renascimento de valores antigos, clássicos (que

Goethe descreve no Laocoonte a cena da Modernidade e das suas feridas. O "nascimento" da Modernidade a partir do espírito (ausente) da Antiguidade. A sua *ekphrasis* visa fazer renascer o renascimento e dar movimento a um instante que, na verdade, não é outro senão o da ferida mortal. Essa ferida e a expressão de sua dor, que o artista fixou na pedra e eternizou, Goethe a compara a um "raio fixo" e a uma onda paralisada que nos ameaça. O — sublime — anúncio da morte contido na obra de arte guarda sua força que, com a sua carga, é capaz de eletrizar seus espectadores através dos séculos. Citemos essa passagem de Goethe:

> "Para apreendermos corretamente a intenção do Laocoonte devemo-nos posicionar na distância correta diante dele com os olhos fechados; devemos abrir os olhos e logo em seguida fechá-los; assim ver-se-á todo o mármore se movimentando, temeremos que ao abrir novamente os olhos, encontraremos o grupo modificado. Eu gostaria de dizer que do modo como ele se encontra, ele é um raio fixado, uma onda petrificada no momento [*Augenblick*] em que ia se chocar com a margem." (GOETHE 1989: XII, 60)[25]

---

seriam mais compatíveis com esse individualismo do que a visão de mundo medieval). Essa junção entre a afirmação do presente na sua singularidade e o culto do passado (transformado em uma série de conceitos e nomes de grandes homens e deuses) explica a tendência renascentista para o neoplatonismo e, como Walter Benjamin o demonstrou, esclarece sobretudo a insistência do Barroco no emprego de alegorias. Por outro lado, existem diferenças de grau enormes dentro desse período moderno, e o século XVIII deve ser considerado como o século da evolução paroxística desse conflito entre os antigos e os modernos, com a sua "resolução" no Romantismo e na afirmação do artista/burguês como "gênio" (criador "a partir de si mesmo"). O historicismo que nasce então, sob o impacto da Revolução Francesa, expõe à luz do dia a situação de abandono do indivíduo moderno. Ele carrega em si a "ferida" desse corte com o passado e com o *cosmos* (grego e com o mundo "fechado" medieval). Daí esse período ser pontuado por filosofias da história rousseaunianas que narram nossa origem a partir da *queda* e da perda de uma "era de ouro". É dessa consciência da distância que surge também a sensibilidade para a leitura mais apurada do passado: as técnicas arqueológicas desenvolvem-se então paralelamente ao estabelecimento de técnicas filológicas que, por sua vez, deram origem à fundação de instituições que passaram a tomar para si a tarefa de estabelecer as "literaturas nacionais". Esse será o novo berço dos indivíduos burgueses. O nacionalismo e a "religião da pátria" constituem, ao final, a "nova mitologia" que faltava para amalgamar esta sociedade (religião, para os românticos, era pensada etimologicamente como *religatio*). Assim como as escolas de interpretação alegórica da Antiguidade e do medievo, também a hermenêutica moderna nasce desse sentimento de distância e da necessidade de afirmação do presente. — Jean Starobinski analisou com sutileza as ambiguidades do neoclassicismo, com seu culto do antigo marcado por essa ferida do indivíduo burguês dilacerado. Cf. a sua bela obra, STAROBINSKI 1988. Na mesma linha — e com mais fôlego — cf. BUSCH 1993. Quanto à origem do culto do nacional como um desdobramento do classicismo alemão e como "nova mitologia", cf. sobretudo LACOUE-LABARTHE E NANCY 2002.

[25] Goethe ainda acrescenta: "Obtém-se o mesmo efeito quando se observa o grupo à noite sob a luz da tocha". Goethe planejou escrever um ensaio sobre a observação de estátuas sob a luz de tochas. Ele não o redigiu, mas na sua *Viagem à Italia* ele cita um pequeno texto de Heinrich Meyer sobre o assunto (GOETHE 1989: XI, 439-441). A observação à luz da tocha era um meio de atingir o mesmo efeito de vivificação das obras que a descrição visava.

Por último, eu gostaria de recordar a paixão de Goethe por uma representação da cabeça da Medusa em alabastro, a famosa "Medusa Rondanini". O que o atraía nessa obra era também o seu movimento provocado pela *luz* de uma vela posta em um suporte atrás dela — o que não deixa de ser digno de nota, tendo-se em conta o fato de a Medusa justamente transformar em *pedra* aqueles que lançam o seu olhar sobre ela. Na sua *Italienische Reise* ele fala dessa obra em uma carta enviada de Roma em 1787: "Com que prazer eu te digo algo sobre essa estátua, mas tudo o que se pode falar de uma tal obra é apenas sopro vazio. A arte está lá para ser vista, não para que falemos dela, quando muito [podemos falar apenas] na sua presença. Como eu me envergonho de toda tagarelice sobre a arte à qual me juntei antigamente". E Goethe ainda arremata: "Especialmente a boca é indizivelmente e inimitavelmente grande" (XI, 372). Permitam-me encerrar este texto com esta referência goethiana à incomensurabilidade entre as imagens e as palavras, uma contradição que, espero, todo admirador das artes saberá perdoar.

22.
PHYSIOGNOMIA, PAISAGEM IDEAL E FICÇÃO AUTOBIOGRÁFICA: A VIAGEM À ITÁLIA DE GOETHE

> "Goethe hält ihr [die Natur] den Spiegel vor, oder, besser gesagt, er ist selbst der Spiegel der Natur. Die Natur wollte wissen, wie sie aussieht, und sie erschuf Goethe."[1]
>
> HEINE (67)

Em 1999 completaram-se 250 anos do nascimento de Johann Wolfgang Goethe, que veio ao mundo em 28 de agosto de 1749, em Frankfurt am Main. Essa data foi comemorada no Brasil — que continua carente de mais e melhores traduções da obra de Goethe — com a publicação da tradução de sua *Viagem à Itália* (GOETHE 1999).

Essa obra constitui, em mais de um sentido, um livro singular. Não se trata de uma narração tradicional que se limita a relatar de modo ameno as experiências do seu autor na Itália — na sua viagem entre 3 de setembro de 1786, data da saída de Karlsbad, e 18 de junho de 1788, quando retornou a Weimar —, tampouco de uma obra com o formato de um guia de viagem, como já havia muitos naquela época. Apenas ocasionalmente o leitor surpreende o trabalho do autor de *construção* de uma narrativa nos moldes consagrados da literatura de viagem. Mesmo considerando que a utilização de cartas fictícias era parte do gênero descrição de viagem, é evidente que Goethe quis fazer da sua obra algo a mais ou, no mínimo, diferente daquela usual *descrição* de viagem. Como o seu amigo Wilhelm von Humboldt já notara em 1829, essa obra de Goethe, ao mesmo tempo e paradoxalmente, é e não é descritiva.

Goethe, enquanto leitor do *Laocoonte* de Lessing (de 1766; LESSING 1998), evitava o simplesmente descritivo; mas como adepto de Winckelmann, autor das famosas descrições do Apolo e do Torso do Belvedere e do próprio grupo escultórico Laocoonte, estava convencido do valor das descrições: não tanto como um meio de apresentar as esculturas e paisagens italianas aos seus leitores — pois inúmeros autores antes dele já haviam se encarregado desta tarefa — mas, antes, como meio de *estudo*. O fenômeno da apresentação vivaz das obras e paisagens por meio da articulação das palavras, com o qual o leitor se compraz, é quase que um efeito secundário nas descrições da *Viagem à Itália*. Goethe estava voltado para o estudo dessas obras e paisagens, vale dizer, para a sua própria *Bildung* (*formação*), termo-chave para se compreender o teor desse livro.

Mas, por outro lado, também é verdade que ele estava preocupado com o efeito geral da obra sobre o leitor; e aqui já nos deparamos com uma das características

---

[1] "Goethe coloca um espelho diante dela [a natureza], ou, melhor dizendo, ele mesmo é o espelho da natureza. A natureza queria saber qual é a sua aparência e ela criou Goethe."

mais marcantes deste texto. Ele se apresenta como uma espécie de "diário de formação", como se fosse de uma "janela" aberta na consciência do autor (com seus pensamentos e as imagens que o cativaram na Itália desfilando diante de nós), como um meio transparente que permitiria captar sua voz sincera — já que a obra estrutura-se como uma montagem de cartas, diários e documentos — e a verdade de sua experiência. A "formação" só pode ser narrada por assim dizer *ex post facto*. Esta *narrativa* é que constitui a obra do grande poeta.

A *Viagem à Itália* está, portanto, encravada num dos principais filões explorados — sempre a fundo — pela literatura goethiana, a saber, o da *autobiografia*. As duas primeiras partes foram publicadas respectivamente em 1816 e 1817 com o nome esclarecedor de *Da minha vida. Segunda seção. Primeira e segunda partes*. A "primeira seção" era composta justamente pela famosa obra autobiográfica de Goethe: *Poesia e verdade (Dichtung und Wahrheit)*. A primeira parte da segunda seção narra a viagem de Karlsbad até Roma, indo de 3 de setembro de 1786 a 21 de fevereiro de 1787. A segunda parte trata da viagem de Roma a Nápoles, sua estadia nesta cidade, da ida à Sicília e retorno a Nápoles, indo de 22 de fevereiro a 6 de junho de 1787. Apenas em 1829, Goethe completou a redação da sua *Viagem à Itália*, publicando-a então sob esse nome e acrescentando-lhe a "terceira parte", que narra a segunda estadia em Roma entre junho de 1787 e abril de 1788, que Goethe considerou a fase mais importante de sua viagem, quando se dedicou à sua autoformação com mais empenho — infelizmente deixada de lado na edição brasileira. Diferentemente das duas primeiras partes, compostas por cartas e extratos dos diários, na terceira aparecem ao final de cada mês relatórios que às vezes repetem o já dito, assim como textos de amigos (dos pintores Tischbein e Heinrich Meyer, bem como do teórico da estética e escritor Karl Philipp Moritz), ou ensaios já publicados. Nesta parte, onde o autor abandona o "presente do passado" e o narrador não-onisciente, que caracteriza as duas primeiras, e assume o ponto de vista retrospectivo do narrador em idade avançada, lemos passagens mais confessionais de Goethe, que também são raras nas duas primeiras partes. O tom muda do idílico-pastoril para uma nota mais melancólica. De um modo geral, o trabalho de edição normalmente consiste, pelo que se pode observar dos diários que restaram, em uma passagem do *du* (o "tu" informal) para o *Sie* (tratamento formal), além de pequenos retoques — essenciais para a manutenção do "todo" da obra, que programaticamente quer se mostrar como um documento com forma fragmentária. Goethe mesmo estava bem consciente deste elemento de "representação" do seu texto, uma vez que escreveu a Zelter, em 17 de maio de 1815, que estava se dedicando então à redação de sua viagem à Itália a partir dos diários, cartas e de notas com os quais ele pôde escrever "ein anmutiges Märchen" (um gracioso conto de fadas) (cf. HACHMEISTER 2002).

Formação de si a partir da passagem pelo "outro"

A viagem de Goethe é a realização da sua formação por meio do périplo pelo *outro*. O *outro* por excelência para ele, o seu *alter*-modelo, era sem dúvida, desde a sua juventude, a Antiguidade clássica. A fórmula da formação do eu pela passagem pelo não-eu é, no final do século XVIII, tanto cultivada por literatos como também constituía uma peça central da filosofia de Fichte, de Novalis e de Friedrich Schlegel (cf. BERMAN 1984). Não é casual que seja esse exatamente o modelo da *formação* de Wilhelm Meister na trilogia goethiana que fundou o gênero eminentemente moderno do *Bildungsroman*, o romance de formação. A versão final do *Wilhelm Meister Wanderjahre* foi publicada em 1829, o mesmo ano da publicação da parte final da *Italienische Reise*. O eu — vale dizer, o indivíduo burguês, que vive "solto" em uma sociedade onde tem que lutar para ocupar um lugar ao sol — só pode se construir, "achar-se", através do desvio pelo outro, pelos descaminhos da "viagem de formação". A carta sobre a formação, o livro VI dos *Anos de aprendizado de Wilhelm Meister*, "Bekenntnisse einer schönen Seele" (Confissões de uma bela alma), é um documento tanto da tradição pietista da confissão autobiográfica, com sua ênfase na relação entre sujeito, fé e a narrativa de sua vida, como da sua transformação no âmbito da modernização capitalista e da nascente necessidade de autoencenação da identidade. A ideia de uma "bela alma" (*belle âme* na *Nouvelle Héloïse*, de Rousseau) tem como base a concepção clássica e platônica da relação entre o bom, o belo e o verdadeiro. Para Goethe e sua época, torna-se um lugar-comum que a formação se dê pelos desvios, pelas viagens, pelo confronto com o outro, mas ela configura-se sobretudo através e na *narrativa* (ou tradução em imagens) dessas experiências. A supervalorização do romance com suas histórias de vidas é apenas um dos frutos desta era pré-romântica, e não por acaso o caráter muitas vezes episódico da *Italienische Reise* não deixa de lembrar um romance.

Assim ele escreveu de Veneza a Charlotte von Stein, em 14 de outubro de 1786, que ela deveria ir copiando as páginas de seu diário epistolar, passando o que estivesse em segunda pessoa (*du*) para a terceira (*Sie*), de modo que, quando ele retornasse, bastaria retocar o manuscrito para publicá-lo. Importante no caso é sua ressalva: Charlotte não deveria nem ler o texto para outras pessoas nem comentar seu conteúdo. Caso contrário não restaria nada a Goethe para contar, quando de sua volta! (HA XI 575; GOETHE 1962: II 14). No entanto já nesse ano, 1788, ele escreve a Herder dizendo que pensava em jogar seu diário no fogo. De fato, boa parte dos diários e cartas do período da viagem teve este destino, mas isto ocorreu apenas após o trabalho de edição e publicação, que teve lugar dali a quase trinta anos. Apenas o diário até a chegada em Roma se salvou.

Se desde o século XVII a viagem à Itália era moda entre as elites norte-europeias, e se essa viagem podia ser tratada dentro de uma chave humanista da "educação", agora esse teor pedagógico assumiu um valor totalmente diferente: não se trata da mera "aquisição" de um saber que se encontrava sedimentado no mundo antigo e nas suas manifestações em solo italiano na modernidade — em grande parte, sob a forma de ruínas —, mas sim de uma *autoformação* do indivíduo burguês. Goethe mesmo afirmara, em uma passagem muito citada, ainda de seu período em Estrasburgo durante seus estudos de direito, que "Paris deveria ser a minha escola, Roma, a minha Universidade" (carta a Langer de 29/04/1770). Essa Universidade teria para ele um valor não apenas de estudo "objetivo" da natureza e do mundo antigo, mas também e sobretudo de formação da sua "subjetividade".

A dupla temporalidade, expressa na querela dos antigos e modernos, que caracteriza a Modernidade desde o Renascimento (veremos que o Renascimento é o tema de Goethe na sua *Viagem à Itália*) sofreu um deslocamento ao longo do século XVIII, passando de uma concepção objetivista, que acreditava na necessidade e possibilidade deste "renascimento", para uma subjetivista. *A Sentimental Journey Through France And Italy* (Uma viagem sentimental através da França e da Itália), de Lawrence Sterne, com seu ar picaresco, descaso para com a paisagem física e apego à sentimental, pode ser visto como um outro modelo para Goethe, para além dos tradicionais relatos de viagem que conhecia, sendo que ele, na qualidade daquele que estava descrevendo a formação do poeta clássico alemão, deixou de lado o tom picaresco e oscila entre o idílico-pastoril, a narrativa das experiências e descrição das paisagens naturais e culturais.

O próprio Goethe escreveu que, diferentemente dos seguidores de Sterne, ele pretendia retirar-se de sua narrativa e deixar espaço para o elemento objetivo (Weimar Ausgabe I-35 12, *apud* Schmidt 1886: 10). Ocorre que justamente esta separação entre a esfera pública e o indivíduo estava (e está) em crise. Esta é a marca da Modernidade e ela se manifesta por toda a *Viagem à Itália*. Este maior peso do "objetivo", do mundo das relações cotidianas (dominadas pela economia e pela visão de mundo pragmática, que tende a reduzir tudo a interesses e o qualitativo ao quantificável) teria como fim a transformação da "bela alma", voltada para o lado agradável e ameno da vida, em um agente deste novo mundo.[2] Não deixa de ser surpreendente a clareza de Goethe quanto a este ponto, por mais que na verdade ele nunca supere sua ambiguidade entre a esfera do prazer e das artes e, por outro lado, a necessidade do trabalho no mundo burguês. Esta oscilação, não é necessário insistir, também é constitutiva do indivíduo moderno.

---

[2] "Desejo nesta viagem acalmar meu ânimo com relação às belas artes, decalcar a sua imagem sacra na alma e guardar para uma apreciação calma. Mas então, voltar-me para os trabalhos manuais e quando eu voltar, estudar química e mecânica. Pois, o tempo do belo já se foi, apenas a necessidade e as carências desafiam nossos dias." (Auf diese Reise hoff ich will ich mein Gemüth über die schönen Künste beruhigen, ihr heilig Bild mir recht in die Seele prägen und zum stillen Genuss bewahren. Dann aber mich zu den Handwerckern wenden, und wenn ich zurückkomme, Chymie und Mechanik studieren. Denn die Zeit des Schönen ist vorüber, nur die Noth und das strenge Bedüfniss erfordern unsre Tage.) (Goethe 1997: 102 ss.). Quando Goethe escreve que o tempo do belo já se foi é inevitável pensar em Hegel e sua teoria da superação do estético pela filosofia. É interessante que, em uma carta a Charlotte von Stein, de 1777, ele já ligara sua atividade de artista a uma espécie de suplemento que acalma: "Eu tive uma ideia, para mim é como se o desenhar fosse uma espécie de chupeta, que se coloca na boca da criança para acalmá-la e aquietar-se imaginando a comida" (Da hab'ich einen Einfall, mir ist's, als wenn das Zeichnen mir ein Saugläppgen wäre, dem Kind in den Mund gegeben, das es schweige, und in eingebildeter Nahrung ruhe) (*apud* Altcappenberg 1986: 99). A passagem citada do diário de Goethe — que serviu de base para seu livro —, quando confrontada com o volume publicado, deixa claros alguns dos mecanismos da construção da *Viagem à Itália* e da narrativa da sua "formação". No trecho do livro correspondente ao dia 5 de outubro de 1786, ele elimina esta passagem e enfatiza sua vantagem no campo das artes e das artes aplicadas (*Handwerk*) na medida em que conhece a matéria-prima destas artes (ou seja, os minerais).

Devemos recordar que essa viagem de Goethe era também uma viagem à sua infância — seu pai, Johann Caspar, fizera sua viagem à Itália em 1739-40 e a sua casa possuía lembranças por toda parte: das reproduções das gravuras de um talentoso antecessor de Piranesi retratando as paisagens de Roma aos modelos de gôndolas venezianas. Como lemos em *Dichtung und Wahrheit*, o pai de Goethe tinha um infinito amor por tudo que se relacionava com a cultura italiana. Seu relato de viagem foi escrito em italiano, *Viaggio per l'Italia*, e depois foi herdado, como um manuscrito de 1096 páginas, em 1794 pelo eminente filho (HACHMEISTER 2002: 17). Johann Wolfgang Goethe herdou também esta paixão, que se transformou nele em um ardente desejo de ir à Itália. Ardente, mas não sem contradições, já que realizou este sonho apenas com quase 40 anos — na sua "metade da vida" —, depois de ter estado mais de uma vez próximo da fronteira italiana, ao longo de suas inúmeras viagens como ministro da corte de Weimar; e apenas depois da morte do pai, em 1782. Ele fez questão também no seu périplo italiano de ir além de Pompeia e de Herculano, os pontos mais ao sul que seu pai (e a maioria dos viajantes) visitara. Sua frase "A Itália sem a Sicília não forma em nossa alma um quadro completo: somente aqui se tem a chave pra o todo" (GOETHE 1999: 299; GOETHE 1989: XI 252) deve ser entendida tanto dentro desta situação agônica como também enquanto parte de sua construção do classicismo italiano, tendo na sua base a paisagem natural e histórica grega que ele diz ter encontrado no sul insular.

Goethe afirma em seu livro que sua viagem foi antes de mais nada uma "fuga" para a Itália, uma vez que apenas Philipp Seidel, seu secretário particular, sabia de seus planos. Para tanto, ele assumiu a identidade ora de "Johann Phillipp Möller", comerciante de Leipzig, ora de "Filippo Miller, Tedesco, Pittore". Ele fugia da opressão das intrigas de Weimar e do fardo do trabalho administrativo que lhe roubava o tempo. Nos últimos dez anos, ou seja, praticamente desde sua chegada a Weimar — como comentou uma vez com Eckermann — ele publicou pouco e produziu apenas de modo fragmentário, já que tinha seu trabalho junto ao Ducado de Weimar, na qualidade de responsável pelas construções das ruas, pelas minas, relações exteriores, finanças, água, canalização e jardins. No momento anterior à viagem, ele não conseguia se organizar para realizar o trabalho necessário para a publicação de suas obras completas junto a Göschen, o que ele veio a fazer justamente durante sua estadia na Itália.

A viagem foi também um ato de revolta contra o ideário do movimento *Sturm und Drang* (Tempestade e ímpeto), de Herder e Hamann, do qual ele participara na época da publicação do *Werther* (1774). No seu artigo "Sobre a arquitetura alemã", de 1772, ainda em meio à afirmação unilateral da força do *gênio* do artista e da valorização do *gênio alemão* em oposição ao românico, Goethe escreveu que "a arte é plástica (*bildend*) antes de ser bela e até mesmo frequentemente a verdadeira e grande arte é mais verdadeira e maior do que a própria bela arte" (GOETHE 1989: XII 14). Nada mais distante do seu deslumbramento diante da *beleza* clássica de que a sua *Viagem* dá testemunho.

Não que a força subjetiva tenha sido subsumida a uma crença na objetividade da bela natureza e das belas artes clássicas. Justamente o que está no cerne dessa obra de Goethe é a conjunção tensa entre o sujeito autoformador de si e o seu necessário confronto com o estrangeiro, no caso, com a paisagem geográfica e cultural, a uma só vez presente e evocativa do passado da Itália. Goethe, como vimos, segue um determinado modelo de viagem no qual a *abertura* para o outro e para o abalo por esse confronto é essencial. Ele procura adotar os códigos da "casa", do seu anfitrião: além de dominar o italiano (a primeira língua estrangeira moderna que aprendeu), Goethe veste-se com roupas italianas e afirma se divertir muito imitando os modos dos autóctones.[3] Ao chegar à Itália, ele também está feliz em poder desfrutar do idioma que lhe era "estrangeiro", em terra própria: "Como estou feliz por, doravante, tornar-se viva a língua amada, tornar-se ela a língua usual!" (GOETHE 1999: 34; GOETHE 1989: XI 28). Em Veneza ele encontra um "representante de Versalhes" que realiza uma viagem pautada pelo ensimesmamento e fechamento para o "outro". "Ele também viaja! E eu observo com admiração como se pode viajar sem perceber-se algo fora de si, e ele é à sua maneira um homem verdadeiramente formado [*gebildet*], honrado e ordeiro" (GOETHE 1999: 114; GOETHE 1989: XI 97). Goethe possui uma outra *maneira* de formação que justamente passa pelo diálogo transformador. Essa maneira ele teorizou no seu livro *Divã ocidental-oriental* (1814-1819), no qual ele fala de três modelos de tradução, sendo que o mais elevado é marcado justamente por essa transformação do "eu" via influxo do "outro": "Esse gênero", ele afirmou então, "sofre a princípio a maior resistência; pois o tradutor que se agarra firmemente ao original como que abandona [*aufgibt*] a originalidade da sua nação e assim surge um terceiro para o qual o gosto da multidão ainda tem que se adaptar" (GOETHE 1989: II 255 ss.). Goethe, na sua viagem à Itália, fala da "intraduzibilidade" das "peculiaridades de cada língua, pois as palavras [...] encontram-se vinculadas às singularidades de cada nação, seja ao caráter, à maneira de pensar ou às circunstâncias"[4] (GOETHE 1999: 95; GOETHE 1989: XI 81). Daí a viagem formadora ter de lidar constantemente não apenas com a "resistência" à abertura para o outro, mas também com os limites da "tradução".

A tensão entre o subjetivo e o objetivo se reflete, por outro lado, na própria forma do livro: um compromisso entre o material cru provindo dos seus diários de viagem e de cartas a amigos — em boa parte a Herder e a Charlotte von Stein — e, por outro lado, um trabalho muito discreto de "edição" desses textos. O texto final espelha, desse modo, o mundo que ele "retrata": camadas de textos e de redação não desmentem a coexistência de diferentes *personae* na origem da obra — o Goethe na Itália entre 1786-88, autor de cartas e de anotações de viagem, o Goethe de trinta anos depois "compilando" o material (entre 1815-17, polemizando com os românticos defensores de uma arte "genuinamente alemã")[5] e, finalmente, o

---

[3] "Eu observei como se vestia uma determinada classe média aqui e me fiz vestir totalmente deste modo. Diverti-me muito com isto. Agora também imito suas maneiras" (GOETHE 1997: 62, 17/09/1786; cf. GOETHE 1989: XI, 51 e SCHMIDT 1886: 11).

[4] Neste ponto, Goethe segue o século XVIII e sua concepção do "gênio" da língua e dos povos como intraduzíveis. Cf. o capítulo 18 deste livro.

[5] Goethe, na terceira parte da *Viagem*, faz uma crítica explicita à "tendência dos artistas

Goethe octogenário, em 1829, autor da terceira parte. Não podemos esquecer que foram os conflitos com os adeptos de uma arte germânica e não-clássica que desencadearam tanto a publicação da *Viagem à Itália* quanto sua encenação como momento de nascimento do classicismo (cf. SPRENGEL 1997: 521). Algumas passagens das cartas permanecem obscuras ao leitor; o "autor" não estava preocupado em apresentar um texto uniforme, "limpo". Mas a monumentalidade ruinosa que emana dessa obra também não deixa nada a desejar diante das ruínas da Antiguidade que ela descreve e evoca.

A ITÁLIA ARCÁDICA DO SÉCULO XVIII ALEMÃO:
UT PICTURA POESIS

Essa Antiguidade também surge impregnada de idealização e de uma paradoxal concretude. Se a formação depende da passagem pelo outro, e se, ainda, esse outro é uma Antiguidade ao mesmo tempo idealizada e presente em solo italiano, consequentemente a formação exige a conjugação da visão e do pensamento, ou seja, das imagens e dos conceitos. O lema horaciano do *ut pictura poesis*, "a poesia é como a pintura", constitui o fio de Ariadne que guia a *Bildung* de Goethe na sua viagem pela Itália. A formação é um trabalho de elevação do sujeito, de tradução (*übersetzung*, em alemão, que significa literalmente "pôr para cima") da sua cultura de homem das letras para o âmbito das imagens. Essa tradução dá-se nos dois sentidos: Goethe tanto está buscando retraduzir as obras clássicas para a paisagem que as inspirou como também as suas peculiares descrições (ao mesmo tempo lacônicas e cheias de vida e paixão) dão conta da sua própria atividade de poeta como *leitor/tradutor* de paisagens. Resulta daí um terceiro nível de "tradução": do autor construindo a si mesmo via passagem pela "Antiguidade".

Já o público leitor da época iria ler a *Viagem à Itália* impregnado pelas imagens que emanavam das próprias palavras do autor dos *Anos de aprendizagem* (1795-96), sendo que o *Wilhelm Meisters theatralische Sendung* (A missão teatral de Wilhelm Meister), anterior à viagem, 1777-85, já incluía a seguinte poesia (provavelmente de 1783), em que a intrigante personagem Mignon, italiana, cantava sua origem em versos que ficaram famosos e se tornaram paradigmáticos quanto à imagem italiana, verdadeiro país de Cocanha arcádico (!) — cultivado e um legítimo "filho" do Norte. Seu tom pastoril também deu origem a inúmeras paródias:

"Kennst du das Land, wo die Zitronen blühn,
 Im dunkeln Laub die Goldorangen glühn,

---

alemães" que valorizavam apenas o primeiro Rafael, ou seja, os assim chamados Nazarener ou Lukasbund, um grupo que se formou mais de duas décadas após a viagem de Goethe, em 1809 em Viena. Em contraposição, Goethe elogia largamente os "cartões" de Rafael que serviram de base para os tapetes do Vaticano e que se encontram hoje em dia no Victoria and Albert Museum em Londres (GOETHE 1989: XI 362).

Ein sanfter Wind von blauen Himmel weht,
Die Myrte still und hoch der Lorbeer steht,
Kennst du es wohl?
   Dahin! Dahin
Möcht'ich mit dir, o mein Geliebter, ziehn!"[6]

A "Itália-mania" que existia então nos países do norte europeu não era menos forte em Weimar. A duquesa Anna Amalia era também uma devota da causa. No início de sua própria viagem italiana em janeiro de 1788, ela escreveu uma carta a Johann Heinrich Merck com uma série de ideias nada alheias às cartas que o próprio Goethe enviava do sul na época: "Eu acredito que a Itália é para nós o que o rio Letes era para os antigos: nós nos rejuvenescemos na medida em que nos esquecemos de tudo de desagradável que experimentamos no mundo e assim nos tornamos uma pessoa renascida" (*apud* PONZI 2001: 279). A poesia da Itália como arte de esquecimento da prosa das relações do mundo desencantado da modernidade: eis, antes de mais nada, o que a fuga à Itália representava então. Afinal, Goethe ao ler a terceira parte da obra de Herder *Ideen zur Philosophie der Geschichte der Menschheit* (Ideias para uma filosofia da história da humanidade), que ele recebeu em Nápoles, comentou em tom irônico o otimismo do amigo: "acredito que a humanidade haverá afinal de vencer; temo apenas que, por essa época, o mundo se terá transformado num grande hospital, e cada um de nós no humano enfermeiro do outro" (GOETHE 1999: 389; GOETHE 1989: XI 332; cf. GOETHE 1992: 1070).

RENASCIMENTOS

Quando, no nono dia de viagem, Goethe contempla o Lago de Garda, ele — com o guia de Johann Jakob Volkmann na mão — se delicia com um verso que Virgílio (*Georgica* 2, 160) compusera em homenagem ao lago, "o primeiro verso latino cujo conteúdo se faz vivo" (GOETHE 1999: 35; GOETHE 1989: XI 29). Também apenas a visão da Sicília pôde dar vida a Homero — que Goethe relê durante a viagem, no livro, mas também na paisagem. "Agora que tenho presente em minha mente todas essas costas e promontórios, golfos e baías, ilhas e línguas de terra, rochedos e praias, colinas cobertas de arbustos, suaves pastagens, campos férteis, jardins adornados, árvores bem cuidadas, videiras pendentes, montanhas de nuvens, e planícies, escarpas e bancos rochosos sempre radiantes, com o mar a circundar tudo isso com tantas variações e tanta variedade — somente agora, pois, a *Odisseia* tornou-se para mim palavra viva" (GOETHE 1999: 379; GOETHE 1989: XI

---

[6] "Conheces o país onde floresce o limoeiro?/ Por entre a rama escura ardem laranjeiras de ouro,/ Do céu azul sopra um arzinho ligeiro,/ Eis se ergue a murta clama, olha o altivo louro!/ Conheces?/ Oh! Partir! Partir/ Pra lá contigo, Amado! Oh! Quem me dera ir!" (tradução de Paulo Quintela).

323). A essa revitalização do passado corresponde o renascimento do próprio Goethe: "considero o dia que cheguei a Roma como a data do meu segundo nascimento, de um verdadeiro renascimento"[7] (GOETHE 1999: 175; GOETHE 1989: XI 147). E ainda: "não se tem, se não se está em Roma, a menor ideia de como se é nela escolado. É preciso renascer, por assim dizer, e então as ideias que se tinha antes serão vistas como sapatinhos de criança" (GOETHE 1999: 177; GOETHE 1989: XI 149; cf. GOETHE 1989: XI 430 ss.). E em uma carta ao casal Herder, de 18 de setembro de 1786, lemos também: "espero poder voltar feliz a vocês e desejo retornar renascido" (GOETHE 1974: IV-8 25; *apud* SCHMIDT 1886: 10). Com relação a Roma, ele também disse a seu amigo Eckermann em 9 de outubro de 1828 que, comparando com seu estado de espírito quando estava naquela cidade, ele nunca mais esteve tão feliz — "Sim eu posso dizer que apenas em Roma eu senti o que uma pessoa realmente é. Nunca mais atingi estas alturas, esta felicidade da sensibilidade [*Empfindung*]; comparado a meu estado em Roma, eu na verdade nunca mais fui feliz". Uma frase que até hoje ecoa na "memória coletiva alemã", e consta de prospectos de companhias de turismo.

Em uma carta de Triento, ele cria algumas imagens fortes que delineiam este contraste entre o norte e o sul: "As tranças das mulheres, presas no alto da cabeça, o peito nu dos homens, seus leves casacos, os porcos magníficos que conduzem do mercado para casa, os burricos carregados, tudo isso compõe um vívido e movimentado Heinrich Roos". Ou seja, Goethe lê a paisagem a partir das imagens do pintor barroco alemão de sua infância. O texto continua criando uma característica e envolvente atmosfera, um quadro onde até as nuvens estão paradas: "E agora, ao anoitecer, com o vento suave e as montanhas rodeadas de poucas nuvens, mais fixas do que atravessando o céu, o zumbido agudo das cigarras começando a se fazer ouvir logo após o pôr-do-sol, sentimo-nos afinal em casa no mundo, e não como se estivéssemos escondidos ou no exílio". A casa, o lar — a *Heimat* — é o sul e não o próprio, a "nação alemã". Goethe, afinal, não está de fato mais se escondendo e se esquivando das garras da burocracia estatal. E arremata com ironia: "Desfruto disso tudo como se tivesse nascido e sido criado aqui, e retornasse agora de uma caça à baleia na Groenlândia" (GOETHE 1999: 31; GOETHE 1989: XI 26).

Mas os sentimentos de pertença e de exílio não são tão facilmente cristalizáveis, ao menos na *Viagem à Itália*. Paira uma ambiguidade na apresentação de Goethe, como lemos em outra passagem, onde o peso das impressões e sensações de juventude levam a balança de sua preferência a se inclinar em direção ao outro lado dos Alpes: "Se o italiano faz uma ideia obscura do que seja o mundo ultramontano,

---

[7] Esta frase não apenas deve nos lembrar do Renascimento, mas também põe em cena na verdade um elemento típico dos "atos autobiográficos", a saber, o *tópos* da "conversão" ligada ao "renascimento". Santo Agostinho, nas suas *Confissões*, localiza sua conversão como o centro de sua vida. Para ele, a autoapresentação visa um testemunho, apresentar a vida para voltar à vida (*revixit*). A palavra de confissão corresponde a uma palavra de conversão (cf. CHRÉTIEN 2002: 122). Goethe, com seus textos autobiográficos — com destaque para o *Dichtung und Wahrheit* —, representa também um marco na história destes "atos autobiográficos".

também a mim o mundo além dos Alpes afigura-se agora sombrio; em meio à neblina, porém, figuras amigas estão sempre a acenar para mim. Somente o clima estimular-me-ia a preferir o lado de cá ao lado de lá das montanhas; afinal, a terra natal [*Geburt*] e o hábito são grilhões poderosos". Na mesma carta, no entanto, ele recorda que os autores clássicos lhe são familiares desde a infância, ou seja, sua saída de "casa" é também uma "volta ao lar": "Deus do céu, como volto a comprazer-me de tudo a que sempre dei valor, desde a infância. Como estou feliz por ousar aproximar-me novamente dos escritores da Antiguidade". Goethe, como Hölderlin, afirma que era necessário "proteger-se dos antigos", da loucura a que eles o levavam (GOETHE 1999: 97s.; GOETHE 1989: XI 115 ss.). Estes "antigos" constituíam um amálgama complexo, de conceitos, imagens familiares e inalcançáveis, *eide* que ele idolatrava.

Como alguns comentadores já destacaram, Goethe procede a uma estilização dos eventos ocorridos na sua estadia. Ou seja, o fato de ter queimado o material de sua viagem não é de modo algum gratuito. Devemos tentar concatenar as várias forças que atuam neste texto: Goethe relata sua viagem; este relato traz em si a marca da formação clássica (marca *paterna* também, antes de mais nada) de um Goethe que quer se distanciar do subjetivismo *Sturm und Drang*; existe, por outro lado, um elemento confessional (e, portanto, não oposto ao *Sturm und Drang*) na sua narrativa; o horizonte de expectativa, o público a que ele se dirige, quer tanto consumir a imagem clássica da Itália como também participar da estilização goethiana e da sua própria apresentação como o grande poeta do Norte em terras do Sul; e, finalmente, o texto, como vimos, constrói-se ao longo de mais de quatro décadas (de 1786 a 1829) de debates culturais e literários que deixam profundas marcas na sua estrutura. Poderíamos pensar que ocorre na "transcrição" goethiana da viagem o mesmo que na tradição da pintura clássica: o artista submete a realidade a um sistema tipológico que seleciona aquelas (belas) partes da natureza condizentes com a composição de um todo harmônico e com certos *topoi*. Esta comparação não é tampouco injustificada.

GOETHE DESENHISTA DE PAISAGENS

Na verdade, a atração pela concretude da paisagem tem consequências inusitadas na viagem de Goethe. O seu "renascimento" tem outro sentido também. Acompanhado de Tischbeim, de Angelika Kaufmann, de Hackert, de Heinrich Meyer, de Kniep e de alguns outros importantes artistas alemães que moravam em Roma e em Nápoles então e que o ciceronearam todo o tempo, Goethe torna-se ele mesmo desenhista ao longo da sua viagem, a ponto de chegar a ter dúvidas sobre qual seria o seu genuíno talento. Em uma anotação feita em Roma, em 22 de fevereiro de 1788, ele parece finalmente "voltar a si" — após ter "se perdido" no universo insondável das imagens — e constata que "diariamente fica mais claro para mim que na verdade eu nasci para a poesia" (GOETHE 1989: XI 518; cf. *idem* 410, 517 e 694). Esta confissão faz parte do tom melancólico da terceira parte da viagem marcado por este fracasso, além de certas desventuras amorosas.

A "voracidade visual" à qual Goethe se entrega totalmente durante sua estadia na Itália, e que finalmente o leva a pegar a pena e o papel na mão para "copiar" não apenas esse mundo em ruínas mas também a natureza "clássica" italiana, é sustentada na verdade pela sua paixão poética. Goethe — assim como Winckelmann — estava convencido de que "é evidente que os olhos se formam (*bilden*) em consonância com os objetos que eles olharam desde a infância e, sendo assim, o pintor veneziano há de ver tudo com maior clareza e limpidez do que outros homens". E ele ainda acrescenta, comparando e confrontando a paisagem clara do sul com as brumas do norte (outro tema tópico na época): "Nós que vivemos numa terra ora imunda, ora poeirenta, incolor, a obscurecer qualquer reflexo, muitos até, talvez, em cômodos apertados, não podemos, por nós próprios, desenvolver uma visão assim jubilosa" (GOETHE 1999: 102; GOETHE 1989: XI 86 ss.). Goethe desfruta da possibilidade de poder contemplar as obras de Poussin, de Claude Lorrain, na Galeria Colonna, em Roma, e em seguida — após longos *diálogos* com seu amigo Hackert — *contemplar* e "ler" também a natureza que havia sido "como que imitada" pelos pintores: "isso deve expandir a alma, purificá-la e, por fim, fornecer a ela o mais elevado conceito intuitivo (*anschauenden Begriff*) da natureza e da arte. Eu também não quero me acomodar, até que nada mais seja palavra e tradição, mas sim conceito vivo" (GOETHE 1989: XI 352). Este conceito intuitivo da natureza e da arte e esta vivificação do conceito passam necessariamente pelo próprio exercício de copiar a paisagem. Goethe anota que o ato de desenhar desenvolve nele uma melhor representação das coisas sensíveis e, consequentemente, aprimora seus conceitos, "pois, ao contemplarmos os objetos com maior exatidão e nitidez, o que fazemos é, antes de mais nada, elevarmo-nos rumo ao universal" (GOETHE 1999: 205; GOETHE 1989: XI 173). Diante de tanta observação da natureza, não é gratuito o fato de que muitas das ideias que Goethe posteriormente desenvolveu na sua doutrina das cores apareçam pela primeira vez nas páginas dessa *Viagem*.

Mas o que predomina na sua descrição e nos seus desenhos é a linha. Dentro de uma estética clássica, Goethe visa em seu livro e em seus desenhos — seguindo os modelos de seus mestres Hackert e Kniep — a construção de um "todo" a partir do traçado de linhas. A forma é o conceito-chave aqui e não por acaso Goethe defende uma visão da *formação* natural e histórica a partir da noção de metamorfose. O sul é a possibilidade da forma: a luz clara, sem as brumas do norte, permite sombras e perfis bem delineados. Como ele escreveu após seu retorno da Itália: "Fui jogado da Itália, a cheia-de-forma [*dem formreichen*], para a Alemanha sem-figura [*das gestaltlose Deutschland*], o céu límpido substituído pelo mais sombrio; os amigos, ao invés de me consolarem e chamarem-me novamente a eles, levaram-me ao desespero" (GOETHE 1974: XII 212 ss.).

GOETHE GEÓLOGO

É importante lembrar que, na verdade, a paixão de Goethe pelas artes plásticas era muito anterior à sua viagem à Itália. Em Leipzig ele havia sido aluno de Adam Friedrich Oeser, um amigo próximo e adepto das ideias neoclássicas de Winckelmann. Portanto, mesmo em seu período *Sturm und Drang*, ele mantinha fortes laços com as artes plásticas na sua linha clássica. Por outro lado, nos anos 1780, antes da viagem à Itália, Goethe realizou durante suas viagens ao Harz desenhos com lápis e aquarela de formações rochosas, sobretudo de granito, que ele acreditava ser uma espécie de mineral originário, que formaria a camada mais exterior de um processo longuíssimo de cristalização, como ele formulou em seu ensaio "Zur Theorie der Gesteinslagerung" (Para uma teoria da sedimentação rochosa), de 1785.[8] (cf. SCHULZE 1999: 498). Ou seja, como na viagem italiana, arte e *studium* sempre estiveram juntos para ele. Goethe, com suas explorações ou especulações sobre o granito, acreditava, como ele escreveu a Charlotte von Stein, estar na pista das "leis basilares da formação" (*Grundgesetze der Bildung*) (SCHULZE 1999: 500). Ao mesmo tempo, seus desenhos, apesar de representarem claramente uma busca de documentação e comprovação de seus estudos, acenam também para a tradição da pintura de paisagem que estava na origem do gosto romântico pelo investimento sentimental nas paisagens (como ocorre em Caspar David Friedrich).

Já na Itália seu mestre Hackert era justamente um autor de paisagens que tentavam conciliar a tradição neoclássica de Claude Lorrain e Poussin (com sua idealização da paisagem enquanto apresentação do *locus amoenus* pastoril) com a tradição da *veduta*, ou seja, a representação despojada e realista das paisagens. Se no século XVIII a *veduta* aproxima-se em certos artistas dos interesses científicos, na linha da Enciclopédia, visando um mapeamento/conhecimento do mundo, não é menos verdade que esta fusão com a idealização foi frequente. Hackert também visava criar uma *Gestalt*, uma figura unificadora do múltiplo, ou uma "impressão total", como diria depois Alexander von Humboldt, *Totaleindruck*, ao formular sua "geognostische Landschaft", "paisagem geognóstica" (cf. SCHULZE 1999: 502

---

[8] Cf. também seus textos "Der Granit" (O granito) e "Der Granit als Unterlage aller geologischen Bildung" (O granito como base de toda formação geológica). Como Werner Busch (1999) já apontou, Goethe queria com seus estudos geológicos (que ele prosseguiu durante sua viagem à Itália e com especial afinco nas suas perigosas excursões ao Vesúvio) defender a teoria dos netunistas, que afirmavam a origem do mundo a partir da água, em oposição à concepção vulcanista ou plutônica. Os netunistas argumentavam também a partir das Escrituras, com seu relato do dilúvio. Mas com o desenvolvimento da geologia, os vulcanistas ganharam mais e mais adeptos ao longo dos séculos XVIII e XIX, e, para desgosto de Goethe, converteram inclusive discípulos próximos a ele, como Alexander von Humboldt. Para os netunistas, as montanhas eram interpretadas como castigos divinos. É conhecido que os viajantes ingleses descreviam os Alpes no século XVII como "strange, horrible and frighful", e Herder, como se sabe, fechou as cortinas de sua carruagem ao passar por esta cordilheira na sua viagem à Itália. Nápoles teria, para Goethe, uma "natureza paradisíaca", enquanto o Vesúvio seria o "cume do inferno", um "amontoado terrível e disforme" (*furchtbare, ungestalte*), mas que ele enfrenta também porque "todo perigo iminente tem algo de fascinante" (GOETHE 1999: 230 ss.; GOETHE 1989: XI 192 ss.). Voltaremos a este lugar-comum da teoria do sublime. A visão vulcanista correspondia a uma concepção revolucionária da história (bem compatível com o final do século XVIII) que Goethe desdenhava (assim como tinha grandes reservas com relação à Revolução Francesa), privilegiando uma visão mais lenta, etapista, marcada pelas metamorfoses. No segundo *Fausto*, o debate entre vulcanistas e netunistas é encenado com os personagens Anaxágoras e Tales, respectivamente.

e MATTOS 2004). Em Nápoles, Goethe torna-se amigo de Sir William Hamilton, embaixador britânico na cidade entre 1764 e 1800 e o mais importante estudioso do Vesúvio de então, que justamente inspirara Hackert a realizar esta aproximação entre arte e ciência. Certas obras suas, apesar do tom idílico, deixam clara a opção pela exatidão topográfica (*idem* 410). As pinturas de Hackert da erupção do Vesúvio de 1774 não se rendem totalmente à estilização do sublime (em moda então e a que Goethe se rende nas suas descrições deste vulcão) e mantêm uma preocupação documental. O cientificismo levava-o a elaborar uma redução da multiplicidade a certas categorias classificatórias, enquanto a tradição clássica lhe fornecia certos *topoi* que serviam para construir um todo harmônico, sendo os modelos aqui tanto a Arcádia como o Éden. O resultado não se deixa encaixar nem na tradição da *veduta*, nem da paisagem ideal clássica, como ocorre também de certo modo na transcrição goethiana de sua viagem, que não é nem puramente "factografia", nem apenas repetição dos *topoi*, por mais estilizada que ela seja. Goethe chega a denominar de *Halbwahrheiten* (meias-verdades) as cenas mitológicas que eram incluídas nas *vedutas* (GOETHE 1989: XI 288), uma lição que ele tenta aplicar a seu texto e que levou um comentador a atribuir à sua visão da arte um "idealismo objetivo" (ALTCAPPENBERG: 109).

Já Christoph Heinrich Kniep, que era amigo de Hackert e acompanhou Goethe na sua viagem à Sicília, tinha um desenho de paisagem marcadamente centrado na linha horizontal que estruturava a maior parte de suas obras. O modelo desta redução da paisagem à linha do horizonte Goethe também encontrou na sua viagem ao se deparar com esta linha traçada pela água do mar. Ele conceituou esta ideia em seu relato: "Quem nunca se viu rodeado pelo mar não tem ideia do que seja o mundo e sua relação com ele. Como desenhista de paisagens, essa grande e simples linha do horizonte infundiu-me pensamentos inteiramente novos" (GOETHE 1999: 274 ss.; GOETHE 1989: XI 230 ss.).

A PHYSIOGNOMIA

Esta importância da linha ao lado da relação existente para Goethe entre forma (*Gestalt*) e caráter, sua busca de aprender através da visão das formas "puras" do sul, tudo isso pode ser aproximado da noção de *physiognomia*, que ficou em moda na Europa na segunda metade do século XVIII. Johann Caspar Lavater, com seu monumental livro em quatro volumes, *Physiognomische Fragmente* (Fragmentos fisiognomônicos), publicado em 1778 e que, apesar do preço abusivo, logo se tornou um sucesso e foi traduzido para outras línguas europeias, pode ser visto como o centro deste fenômeno. Lavater, um teólogo e pastor de Zurique, participou do *Sturm und Drang*, foi amigo de Goethe (que ainda se refere à sua *Physiognomik* e à sua pessoa de modo positivo na *Viagem*; cf. GOETHE 1989: XI 152, 386, e de modo negativo 413 ss.). Eles se conheceram em 1774 e Goethe contribuiu com descrições de si mesmo para a "enciclopédia" fisiognomônica de Lavater. A fisiognomia queria, então, ascender a um status científico — recusado pelas mentes mais inteligentes da época, como Moses Mendelssohn e o próprio Goethe, que depois se distanciou de Lavater. Ela partia da relação, admitida desde a Antiguidade, entre o caráter da pessoa e seus traços externos. Esta teoria, que depois desaguou na frenologia e nas teorias criminológicas de descrição do rosto, tinha em Lavater um fundamento esotérico e teológico (na tradição de Paracelso, Jakob Böhme e Swendenborg): o ser humano, sendo a imagem de Deus, teria na face uma espécie de mensagem divina repartida em infinitas letras isoladas. O *telos* da *physiognomia* de Lavater, com seu mapeamento de todas as faces humanas e respectiva decodificação, seria a construção de uma linguagem perfeita, universal: a reconquista da língua edênica, pré-babélica, se daria via leitura da "linguagem natural" das faces.[9] Este sonho universalista (de uma linguagem universal, tão caro ao século XVIII, e que seria ainda um tema central para W. Benjamin, ele mesmo um "physiognomista", já que era também teórico e praticante da interpretação da caligrafia) passava, no entanto, em Lavater, por um dos movimentos ontotipológicos mais radicais e que não por acaso estava pontuado de uma série de ideias racistas, contra negros e judeus, entre outros, e de um eurocentrismo que escandalizou mesmo alguns europeus da época, como Georg Christoph Lichtenberg, que era ele mesmo um apreciador da *physiognomia*, mas não das obras de Lavater (cf. SIEGRIST 1993).

Para Lavater, o modo mais eficaz de se aplicar seu "saber physiognômico" era através da leitura de perfis: ou seja, o traçamento da linha que delimita a forma da face seria, segundo ele, não só o suficiente, mas a melhor maneira de se captar o caráter do indivíduo. Este caráter para ele seria único, tal como na monadologia leibniziana. Cada face constituiria um caráter na escritura divina e revelaria nosso próprio caráter. As famosas representações faciais das paixões do pintor barroco Charles Le Brun, que tentou construir um dicionário delas, visavam uma tipificação mais generalizante. Por outro lado, elas podem ser aproximadas desta concepção escritural da face, já que Le Brun utilizou sobretudo a ênfase nos recursos expressivos das sobrancelhas na sua "redução/simplificação" da complexidade e multiplicidade das faces, como se elas constituíssem o cerne da expressão das paixões. Nesta tradição, a via da visão e da leitura da face seria mais confiável que a da linguagem verbal, já que nesta última pode-se mentir. Para Lavater, a tomada de perfil reduziria a possibilidade de se dissimular a face com maquilagem e outros expedientes. No limite, o que interessava a ele no perfil era a parte mais "consistente" da face e que não estaria exposta às mudanças: o crânio. A mania de se desenhar perfis nesta época também foi, portanto, alimentada pela *physiognomia*. O *Schattenbild*, imagem-sombra, na expressão em alemão, seria uma redução do ca-

---

[9] Com relação a esta concepção de "linguagem natural" como sendo a linguagem das imagens, em oposição à "linguagem artificial" dos conceitos, um axioma muito difundido na semiótica do século XVIII, cf. a introdução a LESSING 1998. Goethe também comungou desta ideia como indica, por exemplo, sua insistência no *tópos* da intraduzibilidade das imagens em palavras. Com relação à linguagem universal e a busca de uma proto-linguagem "natural" que estaria na base das demais, cf. o ensaio de Goethe "Moritz als Etymolog" (Moritz como etimologista) na terceira parte da *Viagem*, onde ele trata de seu "alfabeto do entendimento e da sensibilidade" que demonstra a raiz do alfabeto na natureza humana e não em uma decisão arbitrária (GOETHE 1989: XI 461).

ráter, uma espécie de essência da identidade, assim como nos desenhos científicos da época que privilegiavam a linha (e reduziam a natureza a ela) e que Goethe tinha como modelo. No perfil o sujeito seria revelado, seu negativo literalmente constituiria a via de se vislumbrar seu "positivo": tudo de modo claro e inequívoco, "preto no branco". Mas Goethe, com a sua concepção de metamorfose e de amadurecimento, afastou-se da *physiognomia* nos moldes de Lavater. Para Goethe, *Bild* (imagem) é a expressão da *Bildung* (formação) e não de uma forma/caráter estanque. De resto, ele manteve uma diferença entre a representação de paisagens e a de um ser humano ("Beym leben, wie anders" [vivo, quão diferente], ele observou com relação aos limites do retrato de perfil).

Por outro lado, não deixa de ser interessante recordar esta tradição e fascínio inicial de Goethe pelo trabalho e pela figura (!) de Lavater. Afinal, como vimos, seu *Italienische Reise* era uma autobiografia, portanto, uma exposição de seu "ser" ao público. Mais acima, escrevi que este livro pode ser visto como uma espécie de "janela" aberta na consciência do autor. Carsten Zelle, para tratar da doutrina *physiognômica* de Lavater, justamente lembra um mito discutido no século XVIII e que estaria por detrás desta empreitada, a saber, o mito de Momo, o deus do riso. Em uma competição entre os deuses Atena, Poseidon e Hefesto, a primeira fez uma casa, Poseidon, um touro e Hefesto construiu um homem. Conforme relata Luciano de Samósata, o veredicto de Momo com relação à invenção de Hefesto teria sido: "ele deveria ter feito uma janela no seu peito, de tal modo que, quando aberta, seus pensamentos e projetos, sua verdade ou falsidade, poderiam se manifestar" (ZELLE 1993: 40).

Goethe tentou apresentar sua obra como uma tal janela. Neste ponto, novamente percebemos em que medida o nascimento do sujeito moderno se deu por meio de uma miríade de dispositivos identitários, que passavam pela *physiognomia*, pelo desenho científico, bem como, evidentemente, pela literatura, esta fantástica máquina de criar "eus". Em todos eles vemos também o fenômeno do desdobramento, da duplicação do indivíduo, da sua reflexão e tradução. Como em um corredor de reflexos, criados pela sobreposição de dois espelhos, o homem moderno precisava criar e se acostumar com sua imagem. O poeta — não por acaso identificado tradicionalmente com o mito de Narciso, lembremos apenas do poema de Hölderlin, "Hälfte des Lebens" (Metades da vida) — é sem dúvida um precioso agente neste processo. Ou ao menos era. Assim, Goethe observa com relação à sua situação em Roma: "Nesta comunidade de artistas vive-se como em um quarto repleto de espelhos [...]" (GOETHE 1999: 181; GOETHE 1989: XI 153). Hoje, após o paroxismo das doutrinas tipológicas com os genocídios do século XX e do século XXI, com as cirurgias plásticas se popularizando e com a possibilidade palpável de desenhar as próximas gerações, sabe-se lá com base em que critérios *estéticos*, percebemos que a situação que caracterizava o mundo de Goethe mudou razoavelmente. Um poeta que se autoestilize como herói (clássico ou não) da nação seria hoje em dia um bom candidato à casa de loucos. Mas é claro que também não sabemos mais quais são os limites desta casa...

Antropologia sublime

Goethe, ao longo de sua *Viagem*, apresenta uma série de caracteres também: são figuras do povo, da burguesia e da aristocracia, alemães ou pessoas de outras nacionalidades que ele encontra. Sobretudo seu texto "O carnaval romano", da terceira parte, pode ser visto como um brilhante ensaio de antropologia urbana. Ele deixa claro que o espetáculo o desagradou, mas nem por isso deixa de realizar uma descrição pormenorizada da festa, caracterizada para ele pela suspensão da polaridade entre o elevado e o baixo (GOETHE 1989: XI 485). Em alguns momentos do livro ele dá algumas pinceladas lúgubres, as "sombras" de seu texto, como ele mesmo denomina, quando por exemplo narra a onda de assassinatos em Roma — que o faz pensar no assassinato de Winckelmann — e sobretudo ao narrar suas excursões ao Vesúvio. Ele observa como um arguto teórico de estética que "Esse fenômeno natural [o Vesúvio] possui de fato algo do efeito encantatório de uma cascavel, atraindo as pessoas de forma irresistível" (GOETHE 1999: 170; GOETHE 1989: XI 144). Na estadia na Sicília, uma longa passagem sobre a família Balsamo — os parentes do "eminente" Alessandro Caliostro, farsante que criou renome em toda a Europa após desencadear uma intriga na corte de Maria Antonieta em Paris — dá mostra da capacidade de *physiognomista* de Goethe, que descreve a aparência e caráter das pessoas desta família, sem descuidar de apontar que algumas faces estavam *entstellte* ou *ungestaltete*, ou seja, deformadas e desfiguradas pela varíola e outras doenças. Ainda em "O carnaval romano" ele destaca algo hoje evidente para qualquer um que conheça o carnaval brasileiro, mas que ele pensa a partir da teoria do sublime de Burke: "devemos notar que os maiores e mais vivos prazeres [...] nos alcançam em um momento, nos tocam e quase não deixam um traço na alma, liberdade e igualdade só podem ser desfrutadas na bagunça da loucura e que o maior prazer só nos excita ao máximo quando se aproxima bem perto do perigo e desfruta de sensações prazerosas, angustiosas-doces na sua proximidade" (GOETHE 1989: XI 515).

Naturalização do histórico, historiografia da natureza

Voltando à questão dos desenhos, é interessante lembrar também que, em parte devido a uma ausência de talento para a representação da arquitetura, Kniep tendia a incorporar os prédios e ruínas na paisagem natural (SCHULZE 1999: 441). Isto é tanto mais digno de nota na medida em que Goethe demonstra um certo incômodo diante das ruínas da Antiguidade durante sua viagem. Aqui também sua postura é marcadamente ambígua, oscilando entre o fascínio e uma certa angústia que elas pareciam despertar nele. Seu classicismo parecia não ter uma solução simples para o amontoado disperso de ruínas. Novamente a "solução" é um compromisso entre a idealização e sua pulsão científica. A paisagem ruinosa é integrada à paisagem natural: a história humana é naturalizada na mesma medida em que a natureza é historicizada. Seu estudo da formação (antes de mais nada autoestudo: lembremos de Heine com sua metáfora irônica do espelho, na epígrafe deste texto) é um estudo das formas e metamorfoses destas formas. O olhar estético penetra o científico e neste ponto Goethe pode ser visto como um antecessor de Darwin e de Freud.

Autoencenação da formação clássica ou o bailado da escritura

Uma das passagens que revelam o mal-estar de Goethe diante das ruínas da era clássica é a que narra sua visita a Paestum. No seu relato do dia 23 de março de 1787 ele descreve a primeira impressão do conjunto arquitetônico: "a primeira impressão só podia causar espanto. Eu me encontrava em um mundo inteiramente estranho". Em seguida ele encadeia uma reflexão que vincula história cultural e biológica, com destaque para a questão do olhar:

> "Da mesma forma como os séculos se constroem partindo do austero para o agradável, assim eles conformam [*bilden*] também o homem, criam-no dessa maneira. Nossos olhos — e, com eles, toda a nossa natureza interior — divisaram já uma arquitetura mais elegante e se decidiram por ela, de modo que essas massas truncadas, cônicas, espremidas e colunas nos parecem enfadonhas e mesmo horríveis." (Goethe 1999: 261; Goethe 1989: XI 219)

Depois ele narra que ao se lembrar da história e do estilo da época da construção (uma referência à doutrina dos estilos winckelmanniana, cf. Goethe 1999: 198; Goethe 1989: XI 167) se recompôs e passou a sentir simpatia pelos "restos conservados" e a agradecer a sorte por poder estar vendo-os "com meus próprios olhos" já que "é impossível transmitir uma ideia deles por meio de qualquer reprodução". A estratégia de ressuscitar a ruína, fazê-la renascer via reflexão e sopro do verbo histórico é ainda complementada na mesma passagem pela estratégia de uma *mise en action* que pode muito bem ser interpretada como um desdobramento da máxima do *Laocoonte* de Lessing, que afirmava que a paisagem só pode ser adequadamente representada na literatura (um meio extenso no tempo mas sem a espacialidade das artes plásticas) através da apresentação de uma ação. A ação, no caso, é o deslocamento do próprio Goethe (e com ele, do leitor em sua imaginação) pelo meio das ruínas. Ele escreve como apenas então, ao caminhar "à sua volta e [é] através que lhes comunicamos vida de fato".[10] A descrição dos monumentos

---

[10] Na cabeça do leitor moderno é quase irresistível fazer uma aproximação entre esta revitalização mágica do passado, via "andar pelas ruínas", e a fantástica (em mais de um sentido) novela de Wilhelm Jensen, *Gradiva* (1903, cujo subtítulo é justamente *Ein pompejanisches Phantasiestück* (Uma fantasia pompeiana), que tanto impressionou Jung e Freud no início do século XX. A mesma economia da espectralidade que assombra o texto goethiano foi transformada, em Jensen, para apresentar os fantasmas sexuais recalcados de seu protagonista, Norbert Hanold, fascinado com o *modo de andar* de uma imagem antiga. Vale lembrar que, na novela, Norbert

em si é praticamente inexistente, concentrando-se em sua própria recepção subjetiva, em seus pensamentos e teoremas. Por outro lado, na Sicília, Goethe descreve abundantemente a vegetação e seu mundo natural.

Mais surpreendente no que se refere a esta visita é que Goethe, não satisfeito com a apresentação desta cena quase milagrosa de conversão (sua) e ressurreição (da história), resolve introduzir uma segunda viagem a Paestum, depois de sua volta da Sicília. As pesquisas mais atuais (HACHMEISTER 2002: 42; GOETHE 1992) demonstraram com base em documentos que, na verdade, Goethe esteve apenas uma vez em Paestum, antes de sua ida à Sicília. A descrição do reencontro com o grupo de ruínas, que consta do início de sua segunda estadia em Nápoles (dia 7 de maio de 1787), é uma espécie de arremate da primeira cena que descrevemos. Ele escreve, então, que Paestum é a "mais magnífica imagem que agora levo inteira comigo para o Norte. Acrescento ainda que o templo central [a Poseidon, muito bem preservado] é, na minha opinião, superior a tudo o mais que se pode ver na Sicília" (GOETHE 1999: 379; GOETHE 1989: XI 323). É como se o périplo pelo mundo grego da Sicília tivesse aprimorado seu gosto e sobretudo seu olhar para poder admirar aquele templo. Assim, ele afirma a si e a seu público a sua formação pelo olhar.

Na mesma linha de interpretação, Sprengel (1997: 546) tenta entender por que Goethe, ao que tudo indica, também transpôs sua terceira ida ao Vesúvio de sua segunda estadia em Nápoles, para a primeira: assim, o Goethe geólogo e mineralogista ficou mais restrito a sua etapa anterior à Sicília, que teria aprimorado seu interesse pelo mundo clássico.[11] Não se trata, evidentemente, de esperar do texto goethiano um relato colado ao real, algo impossível; mas o importante é justamente tentar entender o que o levou a montar sua obra do modo como o fez. Ele era um grande admirador de Palladio e as palavras que encontrou para elogiar o elemento, segundo ele, "divino" de suas construções foi uma comparação com o "poder do grande poeta, capaz de, partindo dos universos da verdade e da mentira [*Wahrheit und Lüge*], criar um terceiro, cuja existência emprestada nos encanta" (GOETHE 1999: 62; GOETHE 1989: XI 53). "Wahrheit und Lüge" (Verdade e mentira) é uma expressão que não pode substituir "Dichtung und Wahrheit", mas pode ser aproximada

---

vira esta imagem em uma viagem a Roma e levara-a consigo para casa sob a forma de uma cópia em gesso. Já Goethe, quando esteve em Pompeia, também sentiu um efeito que poderíamos freudianamente chamar de *unheimlich* (sinistro) diante da ideia de estar andando em uma cidade morta que ele chama de "cidade mumificada".

[11] Um dos aspectos mais intrigantes da *Viagem* de Goethe é sua relação ainda mais tensa e, em alguns momentos, negativa com a arte religiosa, mesmo levando-se em conta sua grande emoção ao visitar o Vaticano. Existe uma boa e famosa ilustração desta posição (um tanto radical para nossos olhos) do classicismo de Goethe: em sua ida a Assis ele não se digna a visitar a igreja de São Francisco com os afrescos de Giotto ("com repugnância, deixei para trás à minha esquerda as gigantescas subestruturas das duas igrejas babilonicamente construídas uma sobre a outra", Goethe 1999: 137; Goethe 1989: XI 116) e vai direto visitar o templo de Minerva, do primeiro século de nossa era, que fora transformado na igreja Maria della Minerva. Andrea Palladio, uma das mais importantes referências do classicismo de Goethe, elogia este templo no livro IV do seu *Quattro Libri dell'Architettura* de 1570 e reproduz sua planta (Goethe 1992: 883).

dela, revelando o que está em jogo não só na autobiografia mas em toda literatura. A graça do campo estético advém justamente do fato de nele não existir propriamente lugar para a mentira em oposição à verdade: em parte por causa disto, discute-se sempre (e sem previsão de solução da questão) em que medida toda literatura é autobiografia e toda autobiografia é literatura. A "serpente" da escritura morde a cauda e descreve um círculo cujo bailado varia conforme o autor — e a capacidade do leitor de acompanhar a dança.

A busca da Urpflanze

Seus estudos da natureza deram um salto durante essa época. Na Itália, Goethe devora com seu olhar a arte e a natureza. Nesse sentido, ele estava pondo em prática o princípio exposto nas suas *Máximas e reflexões* — "O mais elevado seria: compreender que todo o fático já é teoria. O azul do céu revela-nos a lei basilar da cromática. Apenas nada procurar por detrás dos fenômenos; eles mesmos são a doutrina". Teoria, para Goethe, tem o seu valor etimológico: em grego, *theorein* é tanto "ação de contemplar, examinar" como também "estudo". Tanto na contemplação da arte como na da natureza, Goethe visa um ideal, um fenômeno originário, como ele o denominava: a proto-planta (*Urpflanze*) que ele busca/constrói no solo italiano, deveria conter em si todas as demais plantas *in nuce*, assim como a arte clássica seria o modelo da arte enquanto coincidência entre ideal e realização — conceito e concretude. Diferentemente de Schiller, que só podia conceber a *Urpflanze* como ideal, Goethe enfatiza sua busca via experiência. Em Palermo ele escreve: "À visão de tantas formas novas e renovadas, voltou-me à mente a velha fantasia de poder talvez, descobrir aqui, em meio a toda essa variedade, a planta primordial" (GOETHE 1999: 266; GOETHE 1989: XI 314). Esta visão de mundo evidentemente está muito mais próxima àquela que afirma a "grande cadeia dos seres" e vê no mundo uma teia de semelhanças, do que à da ciência moderna que justamente catapultou a visão orgânica do mundo para o campo da literatura e das artes. Goethe ainda tenta resistir a este movimento de expulsão tentando manter ampliado o conceito de ciência. Seu panteísmo spinozista e herderniano se transforma sob o influxo do cientificismo, mas não é totalmente superado. Nisto ele estava próximo aos pensadores de Iena, os irmãos Schlegel e Novalis. Ele ainda tenta utilizar a terminologia botânica de Lineu, mas suas pesquisas vão no sentido de destacar tudo aquilo que escapa da sua tipologia para demonstrar sua hipótese de uma *harmonia plantarum* (KUHN 1992: 93), como ele o expressou em uma carta a Karl Ludwig von Knebel, em 18 de agosto de 1787; assim como ele mesmo talvez quisesse escapar da tipificação paradoxal da sociedade moderna que ao mesmo tempo fornece uma identidade através do trabalho e deixa claro que somos todos substituíveis. Como artista e escritor (e cientista, segundo ele), sentia esta necessidade de conquistar uma unicidade de modo ainda mais intenso.

"Tudo é folha", afirma ele, tentando ver aí a protoestrutura botânica. Em um passo da *Viagem*, justifica também do ponto de vista de sua natureza sua tendência para o geral em detrimento da análise e da separação: "por certo trago o meu

Lineu e tenho a sua terminologia bem fixada em minha mente, mas onde encontrarei tempo e tranquilidade para a análise, que, aliás, se me conheço bem, nunca será o meu forte? Por isso, aguço meu olhar para as características mais gerais [...]" (GOETHE 1999: 23; GOETHE 1989: XI 19). Assim, na primeira formulação de sua "filosofia botânica" ao longo da *Viagem*, lemos em uma carta de Pádua, de 27 de setembro de 1786, com suas ideias nascidas ao visitar o jardim botânico: "Aqui, diante dessa multiplicidade que me é nova, torna-se cada vez mais viva a ideia de que talvez seja possível fazer remontar todos os tipos de plantas a uma única. Somente assim seria possível determinar verdadeiramente os gêneros e as espécies [...]" (GOETHE 1999: 71; GOETHE 1989: XI 60). Em uma carta a Herder escrita em Nápoles a 17 de maio do ano seguinte, ele escreveu: "A planta primordial será a criatura mais estranha do mundo, pela qual a própria natureza me invejará. Munido deste modelo e da chave para ela, poder-se-á então inventar uma infinidade de plantas, as quais haverão de ser coerentes. [...] A mesma lei deixar-se-á aplicar, então, a tudo quanto vive" (GOETHE 1999: 380; GOETHE 1989: XI 324). Não por acaso alguns autores mais recentes têm visto em Goethe um dos pais da engenharia genética atual. Importa ver que, se por um lado, sua busca voltava-se para uma espécie de chave da natureza que permitiria ao homem tornar-se um segundo Deus da criação, por outro, a disseminação da criação dava-se na sua obra via disseminação do sêmen semiótico: tratava-se aqui também de romper as barreiras entre o mundo das artes e o da vida "real". A frase de Heine, "a natureza queria saber qual é a sua aparência e ela criou Goethe", não é tão irônica quanto pode parecer (ao menos aos ouvidos de Goethe).

No jardim de Palermo, as ideias de Goethe também caminham em direção a outro tipo de "filosofia": ele se vê transportado para a época de Ulisses. Ele descreve o jardim público como o "mais maravilhoso do mundo", "parece mágico: plantado há não muito tempo, transporta-nos para a Antiguidade". Goethe descreve em detalhe o jardim e seu percurso por ele. A bruma dava um tom azulado a tudo. Goethe sobe uma elevação para apreciar melhor, e a natureza se transforma em imagem "como a que um pintor de grande experiência teria sabido destacar uma das outras mediante gradações de verniz". Este jardim encantado, com seus vapores penetrantes, acaba por trazer "à mente e à memória a ilha dos bem-aventurados feácios. De pronto, corri a comprar um Homero, a fim de ler com grande devoção aquele canto [...]" (GOETHE 1999: 285 ss.; GOETHE 1989: XI 240 ss.). Várias passagens, sobretudo as que narram o percurso na Sicília, aproximam Goethe do herói homérico, uma espécie de proto-homem.

Arte e natureza se encadeiam: "Infelizmente é muito reduzido o número das obras de primeira classe. Mas quando nós as vemos, não podemos desejar nada, senão conhecê-las bem e partir em paz. Essas obras elevadas são ao mesmo tempo as mais elevadas obras da natureza, realizadas por pessoas a partir de leis verdadeiras e naturais. Tudo arbitrário, fantasioso sucumbe, onde se encontra a necessidade, aí está Deus" (GOETHE 1989: XI 395). Eis aqui também um dos motes do segundo *Fausto*. Estas *leis verdadeiras e naturais* estariam, para Goethe, por detrás da estrutura do granito, da formação da terra, da metamorfose das plantas, das grandes obras de arte e dos mitos também (GOETHE 1999: 199; GOETHE 1989: XI

168). A "chave da natureza" abre todas as portas e estabelece canais comunicantes entre a sociedade e a natureza.

OLHAR PURO

A formação se dá através dos olhos: "Quem, com seriedade, põe-se aqui a olhar em torno e tem olhos para ver, há de tornar-se sólido, há de apossar-se de um conceito de solidez que jamais se lhe fez tão vívido" (GOETHE 1999: 159; GOETHE 1989: XI 135). Goethe quer se exercitar numa modalidade de "olhar puro", como ao contemplar a Capela Sistina procurando reprimir a ação do "juízo crítico" e do "gosto demasiado fastidioso e racional". Ainda no início da viagem ele anotou: "Interessam-me agora tão somente as impressões captadas pelos sentidos e estas, livro algum, pintura alguma fornece" (GOETHE 1999: 30; GOETHE 1989: XI 25).[12]

Ele quer não apenas se deleitar com essas imagens, mas também *fixá-las* na sua alma. Deixar-se marcar por elas. Nesse sentido, é interessante como Goethe vai acumulando um número crescente de minerais, cópias de pinturas, de paisagens e mesmo cópias em gesso de estátuas que ele admira. Apenas por problemas de transporte ele teve que abandonar algumas destas cópias em gesso, como foi o caso da Juno Ludovisi. Se apenas o original pode *formá-lo*, são as cópias que poderão guardar a memória dessas imagens intraduzíveis; pois, como vimos, o texto de Goethe é constantemente pontuado pelo *tópos* da impossibilidade de se traduzir em conceitos as imagens contempladas, bem como da infinita inferioridade das cópias diante dos originais (a *matéria* da arte, sobretudo no caso da escultura, é essencial para ele). "É impossível transmitir uma ideia dessas construções!" Como era típico na semiótica do século XVIII, para Goethe também neste ponto a visão é mais valorizada que a audição: "Por mais que tenhamos ouvido falar de uma coisa, sua peculiaridade somente se nos apresenta de fato mediante a observação direta" (GOETHE 1999: 256; GOETHE 1989: XI 215; cf. XI 386). A *Viagem à Itália* também é,

---

[12] Em uma passagem de 27/10/1787, ele afirma ser difícil conquistar um conceito da Antiguidade olhando apenas as ruínas. Mas o "solo clássico" continuaria o mesmo, o "mesmo palco decisivo no qual se desenrolaram os grande feitos do passado". Ele procura manter dois olhares distintos diante desta paissagem: um geológico, que reprime a fantasia e os sentimentos, para captar "a visão límpida e clara dos lugares", outro baseado na história: "sinto já um grande desejo de ler Tácito" (GOETHE 1999: 143; GOETHE 1989: XI 122; cf. também a carta de 02/01/1787, GOETHE 1999: 182 ss.; GOETHE 1989: XI 154). Por outro lado, em um momento de sua estadia na Sicília, ele critica um guia que resolve contar a história da batalha que ocorrera em um vale próximo a Palermo, que ele visitava. Novamente entra aqui a angústia sinistra de Goethe diante do passado que renasce em oposição, desta feita, a seu apego à bela natureza: "O mais belo clima primaveril e uma fertilidade exuberante espraiavam por todo o vale a sensação de uma paz revigorante, para mim estorvada pela erudição de um guia inábil a narrar em detalhes a batalha travada ali por Aníbal [na verdade por Asdrúbal], no passado, e os monstruosos atos de guerra perpetrados naquele local. Inamistoso, censurei-lhe a evocação fatal de tais fantasmas do passado" (GOETHE 1999: 277; GOETHE 1989: XI 233).

nesse sentido, uma pintura — como o próprio Goethe a denomina — daquilo que não pode ser copiado. Em vários momentos de sua viagem à Sicília ele comenta elogiosamente o trabalho de Kniep como uma espécie de guarda-memória precioso. Ele solicita ao amigo inúmeros desenhos para salvar as imagens que considera dignas, numa verdadeira mostra de que a sociedade com suas práticas de excursão e turísticas já clamava por um aparelho de fotografia, mas ainda teria que esperar cerca de meio século para obtê-lo.

O paradigma de Pigmalião

A *Viagem* tenta dar vida à Antiguidade clássica. Se Goethe, nas suas próprias palavras, "mudou até a medula dos ossos" durante sua viagem, por outro lado, sua obra descreve a metamorfose da Antiguidade: o seu renascimento, a passagem da rigidez fria para o movimento vivaz. O quadro de Guercino descrito por Goethe que retrata o renascimento e a ascensão de Santa Petronilla tem o seu tema como que realizado metaforicamente ao longo do livro. Como o Pigmalião das *Metamorfoses* de Ovídio apaixonado por sua estátua representando Galateia, que recebe então dos deuses o dom da vida, também Goethe se apaixona pela Antiguidade que ganha nova vida graças à voz do poeta. A Antiguidade é para Goethe uma tal estátua, pois ele mesmo diz que "apenas agora eu vejo, agora apenas eu desfruto do mais elevado que restou da Antiguidade: as estátuas". Remetendo ao texto do teórico da estética Johann Jakob Bodmer, "Pigmalião e Elisa", de 1747, Goethe traduz a sua satisfação em finalmente encontrar-se em Roma, *vendo* o que até então ele somente pudera imaginar, com as seguintes palavras: "Quando Elisa de Pigmalião, a qual ele conformara em plena consonância com seus desejos, conferindo-lhe tanta verdade e existência quanto é possível a um artista, finalmente veio até ele e disse: 'Sou eu!' — quão diferente era ela, viva, da pedra esculpida!" (Goethe 1999: 149; Goethe 1989: XI 126). Não por acaso um dos divertimentos que mais encantou Goethe durante sua estadia em Nápoles, no círculo de Sir Hamilton, foram as famosas seções de *Attituden*, atitudes de Emma Harte, a Lady Hamilton. Ela — uma inglesa de vinte anos que Goethe considerou "muito bonita e de bela constituição" (Goethe 1999: 249; Goethe 1989: XI 209) — vestia-se com uma túnica grega, tomava as posições e imitava gestos extraídos das pinturas gregas. "O que se vê — pronto e acabado, em movimento e apresentando surpreendentes variações — é algo que muitos milhares de artistas gostariam de ter conseguido produzir" (*idem*). Na casa de Hamilton ele se deparou também com uma enorme moldura e com o material que era utilizado para a construção de cenas do tipo *tableau vivant*, onde Lady Hamilton assumia o papel de figuras retratadas em imagens encontradas em Pompeia ou de pintores mais recentes (Goethe 1999: 388; Goethe 1989: XI 331). Esta espécie de divertimento era típica da segunda metade do século XVIII, uma era marcada pelo "paradigma de Pigmalião" (muito representado pelos pintores da época), fruto da leitura de seu presente pelos olhos da tradição clássica e expressão de seu fascínio diante da ciência. Lembremos também das descobertas de Luigi Galvani e do fenômeno que ficou conhecido como galvanismo, com sua ilusão de "ressuscitar" animais mortos — que inspirou a figura de Frankenstein, nascida em 1818. Mary Shelley batizou sua obra como *Frankenstein, or the modern Prometheus*, dentro deste mesmo espírito, conjugando passado clássico e ciência, lembrando que Prometeu foi quem, segundo Ovídio nas *Metamorfoses*, criou a raça humana e, segundo o Ésquilo de *Prometeu acorrentado*, foi quem deu a ela a ciência e as técnicas.

Et in Arcadia ego

Goethe abre seu livro com uma frase latina — *Et in Arcadia ego* — de origem desconhecida, que ele cita em alemão *Auch ich in Arkadien!* (Também eu na Arcádia!). Essa frase dá nome a um quadro de Guercino (de 1621-23) que representa dois pastores contemplando uma caveira sobre um muro com a inscrição "Et in Arcadia ego". Também Poussin, que circulou na esfera de Guercino em Roma, possui dois quadros sobre esse mesmo tema, sendo que a segunda versão (1630-45), que se encontra no Louvre, é muito popular desde o século XVIII e representa um túmulo antigo, com a inscrição, rodeado por pastores e uma misteriosa dama. Se na primeira representação de Poussin (de 1630) ainda percebemos uma proximidade com o quadro de Guercino, a caveira também posta sobre o túmulo, já no segundo esta desapareceu e o todo deixou de ser movimentado, barroco, para dar lugar a uma tranquilidade idílica, clássica. Nessas representações, como Panofsky o demonstrou (1976: 377-409; cf. MARIN 2000), o sentido da frase é inequívoco: "Também na Arcádia eu [a morte] estou no lugar certo". Mas, como Petra Maisak (1986) argumentou, a ausência da caveira na segunda tela, além da presença forte da mulher, que representa a sabedoria para o estoico Poussin, indica uma mudança no *tópos*. Trata-se agora de uma alegoria pastoral-elegíaca da transitoriedade. A felicidade da Arcádia seria uma felicidade calcada no saber. Nesse sentido, é interessante notar que Goethe retirou o mote quando da publicação da terceira parte da sua viagem. Como se o velho Goethe já tivesse passado da angústia diante do transitivo para o saber que não teme a morte (MAISAK 1986: 136).[13]

---

[13] Também é digno de nota que Goethe publicara em 1822 seu relato autobiográfico contendo sua participação na guerra ("Belagerung von Mainz" [Ocupação de Mainz] e o "Campagne in Frankreich" [Campanha na França], em *Aus meinem Leben. Zweiter Abteilung, fünfter Teil* (Da minha vida. Segunda seção, quinta parte) — sim, aos olhos da memória uma vida pode ter muitas compartimentações! — utilizando ironicamente o mote "Auch ich in der Champagne" (Também eu na Champagne). Na terceira parte da *Viagem à Itália*, Goethe narra ainda o ritual um tanto constrangedor de sua nomeação como membro da "Sociedade dos árcades" (Aufnahme in die Gesellschaft der Arkadier), que na verdade ocorrera em 4 de janeiro de 1787 (Goethe reproduz no livro o texto do diploma, atestando sua entrada nesta sociedade). Trata-se de uma organização voltada para o culto dos clássicos, que havia sido fundada em 1690. Para Goethe, ela era uma espécie de morte da tradição, daí esta cena da nomeação ter sido deixada de lado na primeira parte da *Viagem*. O paralelo desta descrição com a entrada de Wilhelm Meister para uma sociedade secreta, a *Turmgesellschaft* (Sociedade da Torre) — e de Goethe para a maçonaria em 1780 — é evidente. Em todos os casos trata-se de um render-se diante da sociedade burguesa.

Ocorre que já em 1685, Félibien, na sua biografia de Poussin, interpretara de outro modo essa frase: "por essa inscrição", ele afirmou, "quis-se marcar que aquele que está nessa sepultura *viveu* na Arcádia". O que importa é que foi sobretudo nesse sentido positivo que se repetiu essa frase na Alemanha ao longo do século XVIII (em Wieland, Herder, Jacobi e Schiller, entre outros) e provavelmente também é nesse sentido que Goethe a emprega. No seu texto, aliás, não seria exagerado ler a frase *Ich habe es [Rom] doch auch gesehen* (pois também eu vi Roma), como uma tradução livre desse mote sob a chave da *visão*.

Mas tampouco seria ilegítimo perceber a coexistência dos dois sentidos da frase dando sentido às ambiguidades da *Viagem à Itália*. A tentativa goethiana de renascer na Itália e de fazer com que a Antiguidade renascesse de sua obra está desde o início fadada ao fracasso. Por mais bela, monumental e *viva* que a sua obra seja, a distância e a "morte" da Antiguidade são incontornáveis. O presente não é o passado. "Admitamos, contudo", escreveu ele, "que separar a Roma antiga da nova é coisa triste e amarga, mas que precisa ser feita, e com a esperança de, ao final, se obter daí inestimável satisfação. Encontramos vestígios de uma magnificência e destruição que ultrapassam os limites de nossa imaginação. O que escapou aos bárbaros foi devastado pelos arquitetos da nova Roma" (GOETHE 1999 154; GOETHE 1989: XI 130). Goethe quer ver "a Roma que perdura, não a que se vai a cada década". O abandono da atmosfera idílica das duas primeiras partes, o tom elegíaco do final da terceira e, portanto, do livro como um todo, também podem justificar esta leitura: Goethe cita a elegia em que Ovídio, no Mar Negro, exilado de Roma, canta a sua saudade daquela cidade. O efeito de identificação com o grande poeta latino é bem refletido. Não devemos esquecer também que a elegia no século XVIII tornara-se um meio de representar a dor pela morte de alguém próximo. Era um gênero do luto e do renascer para a vida após a morte do outro/amado.

Se Roma ainda é para Goethe "a capital do mundo" (GOETHE 1999: 196; GOETHE 1989: XI 165), logo ela perderia esse posto para Paris, capital do século XIX — como Walter Benjamin o percebeu e decretou. O Goethe romântico autor do *Fausto* estava consciente desse peso do presente e da impossibilidade de se reviver a Antiguidade. Mas duzentos e cinquenta anos após o seu nascimento, a sua nostalgia da Antiguidade ainda nos envolve e emociona. Nossa "Arcádia" agora é composta por autores da sua estatura.

23.
A FORMAÇÃO DA ALEMANHA A PARTIR DA GRÉCIA: WINCKELMANN E F. SCHLEGEL

"O arquétipo [*Urbild*] da humanidade nos degraus mais elevados da *Bildung* [formação/cultura] antiga é a única base possível de toda a *Bildung* moderna" (SCHLEGEL 1979: I, 638). Assim lemos em um texto de 1795, "Sobre o valor do estudo dos gregos e dos romanos", de autoria de Friedrich Schlegel, publicado por Oskar Walzel em 1892. No mesmo texto, que é na verdade uma versão do seu conhecido *Studium-Aufsatz*, ou seja, o *Über das Studium der griechischen Poesie* (Sobre o estudo da poesia grega, 1795/96), Schlegel define o que seria para ele uma verdadeira imitação: "Autêntica imitação não é cópia artificial da figura [*Gestalt*] externa, ou o poder que o grande e forte exerce sobre ânimos débeis: mas sim a apropriação do espírito, do verdadeiro, belo e bom no amor, na inteligência e força ativa, a apropriação da liberdade" (SCHLEGEL 1979: I, 638). Esse modelo de formação do próprio por meio da imitação é evidentemente uma atualização da antiga lei retórico-poética da imitação como princípio da criação. Essa lei traz consigo inúmeras consequências e nuances. Basta lembrarmos, por exemplo, da doutrina da idealização da natureza, da prática de cópia de *exempla*, da noção de *aemulatio*, central na visão de mundo poético-retórica, ou da concepção de *mímesis* tal como foi aplicada por Aristóteles à dança e à música.

Cinquenta anos antes de Schlegel ter dado contorno a essa doutrina nos seus estudos filológicos e de história da poesia clássica, Winckelmann fora o maior responsável pela difusão entre os pensadores de língua alemã da ideia de imitação dos antigos como um meio que deveria possibilitar a formação de uma cultura própria. No seu texto-panfleto programaticamente denominado de *Gedanken über die Nachahmung der griechischen Werke in der Malerei und Bildhauerkunst* [Reflexões sobre a imitação das obras gregas na pintura e na escultura], de 1755, ele apresentou o paradoxo da *Bildung* de modo claro e inequívoco: "O único meio de nos tornarmos grandes e, se possível, inimitáveis é imitar os antigos" (WINCKELMANN 1995: 14; WINCKELMANN 1975: 40). A *querelle des anciens et des modernes* — que teve seu auge com uma intervenção em 1687 de Charles Perrault na França — deu, portanto, tardiamente, seus frutos entre os autores de língua alemã. Sem dúvida o debate dos teóricos e tradutores suíços de Milton, Johann Jakob Bodmer e Johann Jakob Breitinger, com Gottsched fora importante para a relativização do valor dos credos classicistas franceses entre os autores germânicos. Mas com Winckelmann esse processo tornou-se mais complexo: pois é dito então que a autoafirmação dos modernos deveria sim passar pela imitação dos modelos antigos; o neoclassicismo que marcou o final do século XVIII e o início do século seguinte, como é sabido, deveu muito a essas ideias.

Não me proponho aqui a esmiuçar em seus meandros a *querelle* no campo germanófono ao longo do século XVIII — trabalho que, até onde eu saiba, ainda não foi levado a cabo em profundidade. Antes, deverei mostrar (infelizmente de modo ainda esquemático) em dois autores — Winckelmann[1] e Friedrich Schlegel — de que modo a formação do próprio, a saber, do nacional, da "Alemanha", era pensada paradoxalmente a partir da imitação dos antigos. Essa questão implica outras: qual a relação entre a obra de Winckelmann — o fato de a "Alemanha" ter sido a fundadora da arqueologia e da história da arte modernas na figura dessa mesma pessoa — e o "projeto alemão"? Em que medida a leitura que Winckelmann fez das diferentes fases da história da arte clássica corresponderia a uma fusão do projeto estético do século XVIII com o político? Como veremos, houve de fato essa tentativa de fusão e ela envolveu uma miríade de conceitos — tais como o de *mímesis*, o de sublime e o de identificação (poderíamos dizer: catártica) — que foram tecidos por Winckelmann na sua reconstituição da história da arte da Grécia. A sua impressionante obra elevou-se em meados do século XVIII e lançou suas sombras até o início do século seguinte, época histórica que fertilizou o solo das ideias permitindo que apenas então muitos dos seus pensamentos germinais brotassem. As respostas de Klopstock, Herder, Lessing, Schiller, Goethe e tantos outros a essa constelação formada pela *Querelle* e pelo projeto de construção da germanidade não poderão tampouco ser tratadas aqui. Com Friedrich Schlegel encontraremos, no entanto, um potente interlocutor nesse debate. Indo da filologia clássica, passando pelos anos de ebulição do romantismo de Iena e depois assumindo uma postura cada vez mais patriótica ou pró-Europa, esse autor concentra em si muitas das contradições do "projeto alemão" de criação de uma nação a partir dos gregos. No final desta exposição, deverei discutir rapidamente a tese de Philippe Lacoue-Labarthe e Jean-Luc Nancy apresentada em *O mito nazista* acerca das origens desse mito nas ideias de autores como Winckelmann e F. Schlegel. Não preciso destacar o quão cuidadosos eles foram ao apresentar essa tese — eles escrevem por exemplo: "O nazismo não está mais em Kant, em Fichte, em Hölderlin ou em Nietzsche (todos pensadores solicitados pelo nazismo) — ele não está mesmo, no limite, mais no músico Wagner — do que o Gulag está em Hegel ou em Marx" (Lacoue-Labarthe e Nancy 2002: 28) —, também é ocioso explicitar o quanto o presente texto é um desdobramento e uma tentativa de dar voz a algumas inquietações nascidas da leitura (e tradução — *mímesis*!) dessa obra de Nancy e Lacoue-Labarthe.

Winckelmann ou como se tornar original pela imitação.
Antinomias entre o corpo e a alma

No ano de 1755, morando em Dresden e sem nunca ter ido à Itália ou à Grécia, Winckelmann redigiu as suas *Reflexões sobre a imitação das obras gregas na pintura e na escultura*. A referência a esse desconhecimento da paisagem natural e

---

[1] Com relação a Winckelmann e sua teoria da Antiguidade, cf. também o capítulo 21 acima.

cultural italiana ou grega é importante e já nos lança dentro da empresa aporética de Winckelmann: se para ele a essência da cultura/formação antiga só pode ser compreendida a partir da sua relação com a natureza (sobretudo a da península ática), é evidente que suas *Reflexões* nascem de um conhecimento de "segunda mão", de descrições e narrativas de outras pessoas que *viram* os "prodígios" da Antiguidade. Michelangelo, Rafael e Poussin, ele afirma — esses três expoentes do "renascimento" da Antiguidade —, puderam examinar com seus próprios olhos as obras dos antigos. "Buscaram o bom gosto na sua própria fonte" (WINCKELMANN 1995: 14; WINCKELMANN 1975: 40), uma vez que Winckelmann abre as suas *Reflexões* com a frase: "O bom gosto [...] começou a se formar, em primeiro lugar, sob céu grego" (WINCKELMANN 1995: 13; WINCKELMANN 1975: 39). O olhar e o desenho, a cópia, seriam as matrizes, as fontes geradoras e regeneradoras de toda grande arte — moderna ou antiga. Na sua *História da arte antiga*, de 1764, escrita já em solo italiano, Winckelmann volta ao tema da necessidade de se *ver* e aprender a arte antiga no seu meio próprio, original, autêntico. Vale lembrar que esse mesmo *Leitmotiv* será central trinta anos mais tarde, quando Napoleão ordenou o transporte das principais estátuas greco-romanas de Roma para o Louvre. Quatrèmere de Quincy — um ferrenho adepto das doutrinas de Winckelmann — nas suas *Lettres à Miranda sur le déplacement des monuments de l'art de l'Italie* (Cartas a Miranda sobre a transferência dos monumentos artísticos da Itália, 1796) falará da Itália, e sobretudo de Roma, como um único museu que não poderia ter nenhuma de suas partes desmembrada. Uma obra isolada não significaria nada e murcharia como uma planta retirada do seu meio natural. Os artistas de toda a Europa deveriam ir a Roma aprender não apenas a grande arte mas sobretudo passar pela escola da *visão*, educar o seu olhar através da "paisagem clássica".[2]

Se apenas através do olhar o artista pode se formar, e o seu trabalho vai do olhar ao ser olhado, o historiador da arte lança-se em uma empresa arriscada que visa dar conta de um objeto do olhar por meio de palavras. Winckelmann, como vimos anteriormente, antes de realizar suas famosas descrições das estátuas do Belvedere romano, já descrevera em Dresden algumas obras da imponente galeria de arte fundada por August dem Starken (cf. PFOTENHAUER 1995). Essa atividade *ekphrástica* teria um papel central na segunda metade do XVIII na obra de autores como Heinse ou Diderot. Winckelmann dominou a técnica de *ekphrasis* e tinha uma consciência clara do intuito das suas descrições: o efeito de presentificação — ou, em termos retórico-poéticos, a *enárgeia* (que não deve ser confundida com a *enérgeia* definida por Aristóteles). Sua tarefa de historiador da arte antiga — de uma

---

[2] Quatrèmere de Quincy, *Lettres à Miranda sur le déplacement des monuments de l'art de l'Italie* (Cartas a Miranda sobre a transferência dos monumentos artísticos da Itália), 1796 (1989). Para Quincy, Winckelmann tinha dado um "corpo" para a Antiguidade, que até ele teria sido apenas *disjecti membra poetae* (1989: 103): ou seja, Winckelmann teria reconstituído o corpo de Orfeu, o poeta-sacerdote que está na origem da cultura Grega. Schiller escreveu o poema "Die Antiken zu Paris" (As antiguidades em Paris) em resposta a esse rapto das obras romanas. Nele, o poeta afirma que as estátuas não descerão do seu pedestal para se encontrar com os parisienses: só quem possui o calor no seu coração poderia ter as Musas...

arte cujas obras ele não podia ver em Dresden, exceção feita às reproduções em gesso, gravuras ou às gemas, e que, na Itália, ele veria sob a forma de ruínas ou, na maior parte das vezes, de *cópias* romanas de originais gregos — estruturou-se a partir desse jogo com a ausência e a presença. De resto, como o historiador Alex Potts já o notou, o modelo-ideal da arte grega para Winckelmann será um modelo ao mesmo tempo presente nas obras e que as ultrapassa. A cena da história da arte é a cena da busca de presentificação de um passado idealizado: de um ideal ao mesmo tempo visto (*vorgestellt*) que deve ser copiado e que é construção, conceito — ideia. A história da arte é a disciplina que tenta dar conta do entrelaçamento da nova Estética com as aparições artísticas. Ela existe dentro da tradição que acredita na tradução mútua entre a arte e o discurso, ou seja, da tradição renascentista calcada no verso horaciano *ut pictura poesis*, que é atualizada no século XVIII nos termos de uma teoria filosófico-antropológica que tinha como subtemas o estudo do funcionamento da *aisthesis*, uma teoria da imaginação e também a compreensão da linguagem a partir de sua "origem". A história da arte é criada então com a função de descrever um passado e obras ao mesmo tempo distantes, em ruínas, e idealizados. Portanto não é mero acaso que o dispositivo da *ekphrasis* tenha servido de alavanca na obra de Winckelmann. Ele, enquanto fundador das disciplinas histórica e arqueológica modernas — a saber, científicas —, conheceu também diferentes modalidades de *ekphrasis*: se nas suas descrições da Gemälde Galerie de Dresden ele utilizou um estilo mais narrativo e psicologizante, aos poucos substitui esse método nas descrições de estátuas romanas por um estilo mais sóbrio, no qual o enobrecimento e monumentalização das obras foram realizadas por meio da invocação de heróis e deuses, para, finalmente, lançar as bases da descrição técnica voltada para a classificação e periodização das obras que esteve no fundamento das ciências histórica e arqueológica modernas (cf. PFOTENHAUER 1995).

Tanto as suas *Reflexões* de 1755 como também a sua *História* de 1764 seguem o mesmo preceito das descrições "pré-científicas": idealizam o passado e pintam-no de modo vivaz. Na descrição do "Hércules" — realizada, como vimos, após sua ida para Roma — Winckelmann chega a falar das partes ausentes, da cabeça, com os detalhes da testa, do nariz e dos olhos... Nos seus textos de história, ele descreverá cenas cotidianas da vida harmoniosa dos Gregos como que mergulhados no plasma amniótico da natureza. Nas descrições das estátuas do Belvedere, Winckelmann insiste quanto ao fato de a beleza das estátuas estar muito além da capacidade das palavras em descrevê-las: "tudo vai tão além dos nossos conceitos que é tomado por não verdadeiro" (WINCKELMANN 1995: 171), ele escreveu sobre o Torso de "Hércules". E falando do Apolo, do sublime e belo Apolo, escreveu: "Eu realizo a descrição de uma imagem que se encontra acima [*erhaben*] de todos conceitos de beleza humana e cuja perfeição o mais elevado movimento das minhas expressões não é capaz de atingir. [...] Talvez um poeta divino da época das pessoas e obras perfeitas pudesse dar [a ver] uma tal obra [...]" (WINCKELMANN 1995: 153 ss.).

Também as estátuas — espécie de alegorias da Antiguidade e representações concretas da sua morte e do seu estado gelado, cadavérico — ganham vida nessas descrições. O Torso, descreve Winckelmann, vai além das obras de um Michelangelo que tanto o admirava, porque falta "leveza" a estas últimas, elas não são perfeitas "no traço elegante do contorno [...] e permanecem para sempre pedra", enquanto as obras antigas "parecem ser carne" (WINCKELMANN 1995: 168). A obra antiga é ideal e vida ao mesmo tempo, animação das palavras que se torna imagem e a transcende. Jogo de remissão sem fim entre *pictura* e *poesis*. Afinal, as imitações antigas eram caracterizadas, marcadas, pela bela-natureza, mas também deveriam ir além dela: a lei da imitação clássica só existe no duplo mandamento contraditório da fidelidade e da emulação. As obras "representam" ideais decantados a partir de uma natureza onipresentemente bela. Assim, Winckelmann aconselha quem vai olhar o Apolo, a antes elevar o seu espírito ao "reino das belezas não-corpóreas". Devemos "colecionar conceitos de poetas sublimes e tentar nos transformar em um criador de uma natureza celeste, e quando tu tiveres criado dentro de ti uma figura perfeita que o teu olho viu, apenas então põe-te diante da imagem dessa divindade". Essa imagem, afirma Winckelmann, desaparecerá assim como a imagem onírica se esvai diante da verdade. "Uma admiração misturada com uma consternação vai te pôr fora de ti assim como ocorreu ao Pigmaleão sob cujas mãos sua imagem ganhou vida e movimento: sim, o corpóreo te parecerá espiritual" (WINCKELMANN 1995: 157). O quiasmo é perfeito: aquilo que antes imaginávamos, que idealizáramos, desaparece diante da visão da estátua, esta, por sua vez, na sua corporeidade viva, transformar-se-á em espiritualidade diante de nossos olhos. Do mesmo modo, na descrição do Torso, Winckelmann tematiza o limite das palavras e a passagem do silêncio da poesia para a matéria da escultura e desta para a espiritualidade divina: "Ali onde os poetas pararam, o artista iniciou: aqueles silenciam assim que o herói foi tomado entre os deuses e se casou com a deusa da eterna juventude; este [o artista], no entanto, mostra o mesmo em uma figura divinizada e com um corpo como que eterno, que não obstante mantém a força e a agilidade dos grandes empreendimentos que ele realizou" (WINCKELMANN 1995: 175).

Na *História*, o jogo entre a Antiguidade ausente e a *enárgeia* discursiva desdobra a "protocena do signo" no seu jogo de alternância entre *dêixis* e ausência. O pano de fundo dessas duas encenações — a das descrições e a da história — é o da emancipação da linguagem, do universo dos signos, com relação ao mundo. A consciência semiótica que desperta no século XVIII — que pode ser acompanhada de Locke e Leibniz a Diderot e Kant — está na base tanto da Estética como da Arqueologia e da História da Arte, para não mencionarmos a Filologia e a Hermenêutica modernas tal como elas se desenvolveram a partir da virada para o século XIX.

A *Geschichte der Kunst des Altertums* (História da arte da Antiguidade) deixa claro em que medida essa erupção da consciência do elemento sígnico do conhecimento transformou a historiografia. Afinal, a percepção do jogo semiótico não existe sem uma profunda modificação na concepção do tempo: uma revolução alimenta a outra, de modo dialético. O relativismo cultural do século XVIII, que posteriormente desembocou no historicismo, está na origem da visão da tarefa do historiador como um hermeneuta e detetive do passado que deve reconstruí-lo a partir das suas marcas. Em Winckelmann, como não poderia deixar de ser, esse historiador ainda hesita entre a idealização e o apego aos documentos do passado. Ele, como lembrou Potts, localiza-se em algum lugar entre o ceticismo radical de

Rousseau nos seus *Discours sur l'origine et les fondemens de l'inégalité parmi les hommes* (Discurso sobre a origem e os fundamentos da desigualdade entre os homens), que parte para uma visão sistêmica e conjectural da história e, por outro lado, o Montesquieu do *Espírito das leis*, que ainda procurava estruturar o seu sistema explicativo com inferências a partir de dados empíricos (cf. POTTS 1994: 41-4). Winckelmann tenta conciliar também uma visão linear da história — típica do Iluminismo — e uma baseada na construção de períodos e ciclos de ascensão e decadência estilística. Também aqui "real" e ideal se entrecruzam, uma vez que a *História* visa a reconstrução de um modelo (histórico e além da história) que deveria ser copiado. A tarefa do historiador está *a priori* fadada ao fracasso: o ideal nunca pode ser subsumido, sempre exige mais do signo do que ele pode dar, ele não pode suplementar a ausência. Se a obra do escultor começa onde o poeta silencia, a tarefa do historiador nasce do silêncio das obras e do passado e tem como resultado (no seio do seu espetacular fracasso) esse mesmo silêncio.

De resto, esse silêncio é, como vimos, um tema constante nas descrições de Winckelmann e não poderia estar ausente na mais famosas delas, a do Laocoonte que inspirou o importante texto de Lessing, de 1766, que leva o nome desse grupo escultórico.

> "Assim como as profundezas do mar sempre permanecem calmas, por mais que a superfície se enfureça, do mesmo modo a expressão nas figuras dos gregos mostra, em todas as paixões, uma alma grande e sedimentada.
>
> Esta alma, apesar do sofrimento extremo, está exposta na face do Laocoonte e não apenas na face. [...] Ele não brada nenhum grito terrível, como Virgílio canta do seu Laocoonte; a abertura da boca não o permite: trata-se muito mais de um gemido medroso e oprimido, como Sadolet o descreve. A dor do corpo e a grandeza da alma são distribuídas, e como que balanceadas, por toda a construção da figura com a mesma força."[3]

Não posso, neste espaço, comentar todos os inúmeros elementos contidos nessa passagem: o seu estoicismo, a teoria da empatia, a determinação do estético pelo ético, em que medida a visão sublime aqui descrita atualiza *topoi* da teoria da tragédia como *kátharsis* das emoções de pena e terror, a noção de limite do estético (que deságua na obra de Lessing em uma doutrina do asqueroso, o *Ekelhaft*, como ponto de dissolução e origem do estético[4]). Vale destacar, no entanto, a evidente filiação dessa passagem com as teorias do sublime em voga sobretudo na Inglaterra e na França desde o início do século XVIII.

---

[3] WINCKELMANN 1995: 30s. Tradução a partir da citação que Lessing faz dessa passagem em LESSING 1998: 83.

[4] Cf. LESSING 1998, sobretudo os capítulos II e XXV. Cf. ainda a obra de W. Menninghaus sobre o conceito de asqueroso: MENNINGHAUS 1999.

Se nessa passagem das *Reflexões*, o Laocoonte é aproximado do sublime, na *Geschichte* é o Apolo que o é, assim como da história de Pigmaleão e Galateia. Outro ponto central: devemos dizer que na sua concepção o auge da arte grega coincide em um quase "não momento" entre o período arcaico e austero e o de decadência maneirista (POTTS 1994: 53). Ou seja: o ideal encontra-se em um espaço, em uma abertura que está além ou aquém do tempo.

Agora que começamos a compreender melhor algumas das aporias que guiaram a tarefa de historiador de Winckelmann, podemos, antes de passar para Schlegel, ver, ainda que rapidamente, o tratamento que ele deu à noção de Grécia como modelo, como matriz e tipo da identidade alemã. A visão da Grécia antiga em Winckelmann é a visão não de qualquer ideal, mas sim de um ideal de natureza cuja forma privilegiada se decantou na figura do corpo masculino. As consequências estéticas do homoerotismo de Winckelmann ainda não foram suficientemente desdobradas por seus comentadores. O sublime, que nas teorias contemporâneas a ele era pensado como sendo eminentemente um atributo masculino, passa na sua *Geschichte* por uma mutação. O máximo da arte grega na visão de Winckelmann é atingido pelo estilo belo e gracioso, representado pelo Apolo do Belvedere. Mas esse Apolo mantém, como vimos, traços do sublime. A questão é que as estátuas descritas por Winckelmann são campos de projeção de pulsões eróticas tanto quanto de questões estéticas e de filosofia da história, bem como, não podemos esquecer, representam locais para onde migraram noções (como a do próprio sublime) que antes eram apanágio sobretudo das disciplinas teológicas. As estátuas representavam uma superfície de projeção que levava aqueles que nelas (se) miravam a uma identificação "catártica" que, no limite, deveria canalizar as pulsões eróticas. Não por acaso um teólogo como Robert Lowth incluiu então, na sua teoria do sublime, a visão da *kátharsis* interpretada sob a chave tradicional de purgação e disciplina das emoções.[5]

A natureza, os filhos do céu grego, esses são os elementos que estão na base da arte clássica. "A escola dos artistas eram os ginásios onde os jovens, protegidos do pudor público, realizavam seus exercícios corporais inteiramente despidos. O sábio e o artista aí compareciam: Sócrates para ensinar Cármides, Autólicus, Lísis; Fídias, para enriquecer sua arte contemplando essas belas criaturas. Lá se estudavam os movimentos dos músculos, os contornos do corpo, ou ainda as silhuetas deixadas impressas na areia pelos jovens lutadores" (WINCKELMANN 1995: 18; WINCKELMANN 1975: 43). Essa passagem pode ser lida como uma espécie de *protocena* da ontologia heideggeriana enquanto uma ontotipologia, ou seja, da sua obsessão — essencial ao mito nazista — pelo *tipo*, a forma-formante que Lacoue-Labarthe procura desconstruir em vários de seus estudos.

Enfim, a natureza do sul imprimiria um determinado caráter, um *éthos*, uma conformação, *Gestalt*, ao corpo e ao ser gregos. Esse mesmo selo do corpo helênico

---

[5] *Lectures on the sacred poetry of the Hebrews* (Aulas sobre a poesia sacra dos hebreus, 1787), *in*: ASHFIELD E BOLLA 1996: 109 ss. Com relação ao conceito de *kátharsis*, cf. ARISTÓTELES 1980: 188-93; HALLIWELL 1986: 184-201 e 350-6; e ainda LEAR 1992.

puro e perfeito, livre de qualquer doença e impureza, expressava-se na grandeza quieta das obras gregas e deveria ser apropriado pela modernidade. Diferentemente dos modernos, os antigos não representam nessas obras um corpo no qual a pele se descola da carne, ou um corpo, escreve Winckelmann, marcado pelas tensões da magreza. O corpo da estatuária clássica é tão imortal quanto a figura dos seus deuses. O jogo estético não permite que se vislumbre as tensões da violência, a face da morte, senão de modo contido. Não podemos esquecer que para Winckelmann esse culto do corpo e da sua visualidade espetacular se desenvolveu em uma sociedade marcada também pela *liberdade*. O projeto estético de Winckelmann de recuperação e imitação da Antiguidade também é, portanto, um projeto político (e por isso os jacobinos da França revolucionária também serão seguidores entusiastas de Winckelmann e verão a França como uma autêntica reencarnação da Grécia ou da Roma clássicas[6]). O paradoxo do imitador do norte, no entanto, encontra-se no fato de ele ter de se tornar um original deixando-se marcar por essa matriz grega, mas sem possuir o mesmo lastro-natureza dos gregos. Seguindo-se à risca o modelo de evolução histórica cíclica esboçado por Winckelmann, a Europa moderna corresponderia não à Grécia clássica, mas sim à Roma decadente (cf. POTTS 1994: 25), marcada pela cópia, pela imitação de segunda mão, pela distância da fonte, do *tipo*. Daí o preceito de apropriação de um *modo* grego de imitar, do modo de trabalho, de uma técnica — *da técnica*. Winckelmann estende-se por várias páginas nas suas *Reflexões* descrevendo em detalhes a técnica de esculpir de Michelangelo, o maior representante da Antiguidade nos tempos Modernos (WINCKELMANN 1995: 39-42). Além disso, essa imitação se dá em uma fase histórica separada por um fosso do passado clássico. Nesse sentido, vale a pena ler o final da *História* de Winckelmann, uma última encenação sob o signo da visão onde o historiador aparece sob a forma de uma mulher que enluta a partida do seu amado. Essa mulher, podemos deduzir, é justamente Dibutade, que traçou o primeiro desenho tendo por modelo o seu amado, contornando o seu perfil a partir da sua sombra:

> "Já fui muito além dos limites na História da Arte e, não obstante, é como se eu me sentisse, ao observar o seu declínio, como aquele que na descrição da história da sua pátria teve de tocar na sua destruição que ele mesmo vivenciou, assim eu não pude deixar de perseguir, tanto quanto a minha visão podia alcançar, o destino das obras de arte. Do mesmo modo como uma amante à beira-mar persegue com os olhos cheios de lágrimas o seu amado partindo, o qual ela não tem mais esperanças de rever e mesmo na vela já distante acredita ver a imagem do amado. Nós possuímos, como a amante, igualmente apenas um retrato de perfil dos objetos de nossos desejos; mas o mesmo desperta uma ânsia tanto maior pelo perdido e nós observamos as cópias dos arquétipos com mais atenção do que o faríamos se os possuíssemos totalmente. Muitas vezes parece que aqui ocorre como com as pessoas que querem conhecer fantasmas e

---

[6] Cf. a introdução de Pommier ao volume de QUINCY 1989.

creem vê-los onde não existem: o nome da Antiguidade tornou-se um
preconceito [*Vorurteil*]; mas também esse preconceito não é sem utilidade.
Imaginamos a todo momento que iremos encontrar muita coisa para que
se procure muito e se veja algo." (WINCKELMANN 1993: 393 ss.)

FRIEDRICH SCHLEGEL: GRECOMANIA E REVOLUÇÃO ROMÂNTICA

Assim como várias das noções que eram subsumidas sob os conceitos de sublime e de belo se embaralham e misturam na obra de Winckelmann, do mesmo modo não encontramos nela uma separação clara entre o dionisíaco e o apolíneo. Essas duas forças da cultura grega, tal como elas foram descritas ao longo do século XIX, já aparecem de modo claro nos seus textos, mas não há uma separação rígida entre elas. Mesmo assim, Winckelmann — com a sua definição da essência quieta, paralisada da grande arte grega — foi caracterizado por mais de um autor como o grande responsável pela formulação da visão apolínea da cultura clássica. Friedrich Schlegel, por sua vez, foi homenageado por Gundolf como sendo o pai da definição de dionisíaco nessa mesma cultura.

O percurso que leva, nesse autor, do admirador da Grécia antiga para o engajado teórico do mundo germânico moderno é relativamente claro e simples de ser traçado: a sua biografia já deixa entrever essa passagem da filologia clássica para a reflexão sobre seu presente e para a prática política. Suas primeiras obras de helenista foram muito marcadas pelas leituras de Winckelmann, Herder e Lessing. Mas logo outras influências, como a leitura de Kant e de Schiller, e de outros aspectos das obras de Herder e Lessing voltados para a reflexão sobre o moderno, levaram-no a tentar conciliar sua "grecofilia" com o interesse pela situação estética e política do seu presente. Os títulos das revistas que Friedrich Schlegel editou e as suas datas já nos dão uma amostra do percurso das suas ideias e preocupações: editor, ao lado de seu irmão August Wilhelm, da *Athenäum* entre 1798 e 1800, em 1803 eles fundam a revista *Europa* que durou até 1805 e, por fim, entre 1812 e 13, Friedrich editou ainda a *Deutsche Museum*, já em Viena — para onde ele mudara em 1808, ano de sua conversão. É verdade que a *Athenäum* não é de modo algum uma revista especializada em temas clássicos: muito pelo contrário, ela foi o principal órgão de divulgação das ideias revolucionárias do primeiro romantismo alemão, com a sua teoria do romance, da ironia, da nova mitologia e que levou tanto a crítica literária como a forma filosófica e reflexiva do fragmento a um padrão até então impensável. A *Deutsche Museum* não representou, por outro lado, um rompimento com a ideia de Europa divulgada pela revista de mesmo nome, antes ela foi fruto de um *intermezzo* nacionalista e patriótico de Schlegel durante o período das guerras de libertação. É claro que o cosmopolitismo de Schlegel após 1813 estará a serviço não da revolução estético-política, mas sim de uma política e de um governo conservadores.[7]

---

[7] Cf. BEHLER 1966 e SCHWERING 1994.

Exploremos um pouco a concepção que Schlegel desenvolveu do *dionisíaco* como estando na origem da arte grega (e em polaridade com o apolíneo), a passagem da *grecomania* para a *teoria da literatura/cultura moderna*, a concepção schlegeliana de *imitação*, assim como a sua superação nos termos de uma *teoria radical de auto-poiesis*:

1) *Grecomania e origens dionisíacas da cultura grega*: Schlegel manteve nos seus textos sobre a evolução da literatura na Grécia antiga muitas das noções históricas e estilísticas estabelecidas por Winckelmann na sua *História da arte da Antiguidade*. Também em Schlegel não é possível, por exemplo, fazer uma separação clara entre o sublime e o belo.[8] Diferentemente do que ocorre em autores como Burke ou Kant, não há uma preocupação em diferenciar — de modo estanque, como se passa nesse último — esses dois conceitos. No seu texto "Sobre as escolas da poesia grega", de 1794, Schlegel descreve o percurso da poesia grega do seguinte modo: "ela partiu da natureza (Escola Jônica) e atingiu via *Bildung* (Escola Dórica) a beleza. Esta elevou-se da sublimidade para a perfeição e decaiu novamente para o luxo e então para a elegância" (SCHLEGEL 1979: I, 17). Esse mesmo esquema — clássico, no sentido de retórico — de origem natural e declínio devido ao exagero, separados por um momento de auge e perfeição, encontramos também em Winckelmann. As descrições da origem órfica da poesia grega, dos seus primórdios onde os bardos e os sacerdotes uniam-se na figura do cantor vidente, podem ser reencontradas em vários textos dos anos 90, como o "Über die homerische Poesie" (Sobre a poesia homérica, 1796), o "Über das Studium der griechischen Poesie" (Sobre o estudo da poesia grega, 1795-97) e a *Geschichte der Poesie der Griechen und Römer* (História da poesia dos gregos e romanos, 1798). No artigo sobre "O valor estético da comédia grega", muitos elementos do culto báquico-dionisíaco são desdobrados como parte desse gênero. Para Schlegel, as origens da poesia e da filosofia se confundem: ambas derivam de cultos orgiásticos, do entusiasmo báquico e dos Mistérios (SCHLEGEL 1979: I, 411). Como em Winckelmann também — e, de resto, seguindo uma visão comum na Antiguidade —, haveria para ele uma relação indissociável entre a poesia e o solo de onde ela nasce (SCHLEGEL 1979: I, 444). A história da poesia grega constituiria um modelo a ser imitado. Em 1795, ele escreveu o texto "Von Wert des Studiums der Griechen und Roemer" (Sobre o valor do estudo dos gregos e romanos), onde se pode ler, entre outras afirmações nesse sentido, a que cito na abertura deste trabalho: "O arquétipo [*Urbild*] da humanidade nos degraus mais elevados da *Bildung* [formação/cultura] antiga é a única base possível de toda a *Bildung* moderna" (SCHLEGEL 1979: I, 638). No entanto, ele descobrira também em Winckelmann uma concepção antinômica da relação entre a Antiguidade e a Modernidade (SCHLEGEL 1981: XVI, 104 [V, 236]). É justamente

---

[8] Apesar de lermos em *Sobre o estudo da poesia grega*: "O belo em sentido estrito é a aparição de uma pluralidade finita em uma unidade determinada. O sublime, em contrapartida, é a aparição do infinito; plenitude infinita ou harmonia infinita" (SCHLEGEL 1979: I, 312). Com relação à concepção primeiro-romântica de sublime, cf. MATHY 1989.

essa visão que ele leva adiante e consistirá no diferencial romântico — profundamente marcado pelo relativismo histórico. Ele viu em Winckelmann alguém que tanto tinha uma "aversão contra a Modernidade" como também alguém incapaz de abstrair e que tendia a "classicizar" (ou seja, tornar clássico) demais (SCHLEGEL 1981: XVI, 70 [IV, 110]). Já Herder sofreria, para Schlegel, do mal oposto: não teria sensibilidade para o clássico (SCHLEGEL 1981: XVI, 71 [IV, 112]). Esse distanciamento com relação ao modelo winckelmanniano pode ser lido, por exemplo, na teoria da tradução de Schlegel. Ele, e logo também seus companheiros de Iena, estava absolutamente consciente da importância desse dispositivo cultural para a época. Ele afirmou que se vivia então a "verdadeira época da arte da tradução" (SCHLEGEL 1981: XVI, 64 [IV 50]).[9] Portanto, como na França, também no âmbito alemão a reflexão sobre a diferença entre antigos e modernos passava por uma teoria da tradução. Schlegel anotou em meados dos anos 90: "Quem quiser traduzir perfeitamente para o moderno deve dominá-lo de tal modo que se fosse preciso *poderia fazer tudo moderno*; mas ao mesmo tempo [deve] compreender de tal modo a Antiguidade que ele não apenas a copie, mas se fosse preciso poderia a recriar" (SCHLEGEL 1981: XVI, 65 [IV, 56]). Novalis deu uma formulação mais acabada a essa ideia: "Na literatura clássica passa-se como com a Antiguidade; na verdade ela não nos é dada — ela não existe de antemão — mas antes ela deve ser produzida por nós. Por meio de estudo aplicado e espirituoso dos antigos apenas agora surge uma literatura clássica para nós — que o Antigos não possuíam" (NOVALIS 1978: II, 414).[10]

2) *Teoria da Modernidade*: É no ensaio *Sobre o estudo da poesia grega*, publicado em 1797, que podemos ver de modo mais claro a virada de Schlegel com relação às antinomias Antigo/Moderno. Aí ele define a *falta de caráter* como sendo a maior característica da poesia moderna (SCHLEGEL 1979: I, 222) — o que tocou em um ponto fundamental do paradoxo da imitação, ou seja, da doutrina do ser via cópia e reprodução. Schlegel desenvolve aqui uma divisão da poesia em interessante ou moderna, por um lado, e, por outro, objetiva ou antiga, dicotomia essa que pode muito bem ser aproximada de teoremas desenvolvidos por Schiller e por muitos autores do final do século XVIII. Se ele ainda afirma nesse texto que "a história da poesia grega é uma história natural universal da poesia" (SCHLEGEL 1979: I, 276), ou que se deve conhecer toda a poesia grega para poder-se imitá-la (SCHLEGEL 1979: I, 331), Goethe já aparece como uma aurora da nova poesia e como aquele que mostra o caminho para se sair da "decadente" modernidade por meio de uma "revolução estética" (SCHLEGEL 1979: I, 257 ss.). Essa revolução em Goethe,

---

[9] Quanto à tradução para os românticos, cf. BERMAN 1984 e SELIGMANN-SILVA 1999: 32-7.

[10] Schlegel encontrara nos *Humanitätsbriefe* de Herder, que ele resenhou em 1796, uma passagem que se referia aos antigos como uma projeção narcisista do presente. Na resenha ele a citou: "Sempre existiram apenas poucos verdadeiros conhecedores dos Antigos! — Na maioria das vezes nós os olhamos como Narcisos, pensamos no que *Nós* temos a dizer sobre *Eles*, e admiramos a *nossa* figura [*Gestalt*] no espelho fluido da antiga fonte sagrada". A essa citação, Schlegel acrescentou as palavras entusiasmadas: "Muito bem observado e dito!" (SCHLEGEL 1967: II, 52).

ainda segundo esse texto, dar-se-ia com base no aprendizado e fusão com a cultura clássica antiga. O que deve ser imitado na Grécia, no entanto, ele ressalta novamente, não é o local, o individual, mas sim o seu estilo e, mais ainda, o "espírito do todo — a pura 'grecidade'" (SCHLEGEL 1979: I, 347). O "modo" de ser grego, diria Winckelmann. Mas Schlegel vai mais adiante dessa passagem da imitação do "o que" para o "como" (que de resto foi muito bem pensada por Herder também na chave de uma teoria da tradução; cf. acima capítulos 15 e 17). A fonte mais autêntica dessa cultura era, afirmou Schlegel, o mito: "a poesia era a primeira e [...] a única mestre do povo. O modo de pensar mítico, que a poesia no sentido próprio seja um dom e uma revelação dos deuses, o poeta um sacerdote e porta-voz divino, isso permaneceu uma crença popular grega para todas as épocas" (SCHLEGEL 1979: I, 351). Dessa doutrina teria surgido também a teoria platônica do entusiasmo musical e da divindade da arte. Tanto nesses textos sobre a história da poesia grega como no *Gespräch über die Poesie* (Conversa sobre a poesia) fica patente a concepção de uma identificação mística com a Antiguidade, uma espécie de apropriação da noção antiga de participação identificatória (*méthexis*) que deve ser compreendida tanto na chave do dionisíaco como também da *kátharsis* enquanto elemento seminal da arte como ritual de fusão com o mundo/com os *eide*, a saber, como sacrifício e renascimento. O diferencial do *Conversa sobre a poesia* é que nele Schlegel com uns poucos passos chegou na formulação da necessidade de um novo mito moderno que é proposto aí a partir de uma fusão do Antigo com o Moderno (SCHLEGEL 1967: II, 348). Essa concepção de certo modo não será superada posteriormente por Schlegel, ou seja, sua grecomania nunca foi totalmente superada. Em um de seus famosos ensaios sobre Lessing, o de 1804, "Lessings Gedanken und Meinungen" (Pensamentos e opiniões de Lessing), ele voltou a bater na tecla da imitação: "apenas a partir de um conhecimento penetrante e omniabarcante da Antiguidade grega, ligado a uma essência romântica igualmente fundamentada, pode-se dar uma imitação fundamental e duradoura, ou, antes ainda, uma revitalização e incorporação das grandes ideias da Antiguidade na nossa própria essência" (SCHLEGEL 1988a: III, 53). A ênfase aqui no mundo grego é parte do distanciamento das ideias do período propriamente primeiro-romântico anterior a 1800, quando Schlegel ainda identificava a sua época com o mundo latino, caracterizado pela recepção, imitação e tradução transformadora da Grécia.

3) *Teoria da auto-poiesis*: É justamente no período que precedeu ao *Gespräch* que podemos ler nos fragmentos de Schlegel uma verdadeira revolução na teoria da identidade, que foi muito além do elogio conservador da imitação dos Antigos (os quais, de resto, nesse mesmo *Gespräch*, já aparecem ao lado de uma Idade Média idealizada como constituindo os dois troncos ou as duas raízes originárias da cultura alemã moderna[11]). Essa teoria, como é conhecido, foi descrita por Benjamin sob

---

[11] A publicação da edição das "Minnelieder" feita por Bodmer e Breitinger em 1758/59, bem como vários trabalhos de Herder, J. von Müller e de A. W. Schlegel, já vinham apontando há tempos para essa conciliação entre a herança clássica e a medieval.

o signo da Reflexão, da concepção do Eu como um jogo de constante autodivisão, diferenciação e síntese.[12] Essa estrutura reflexiva é típica tanto da concepção de formação como constante saída de si (ou seja, como tradução [*Über-Setzung*]), como também de conceitos como o de ironia, o de romance (enquanto mistura e forma estruturante de todos os gêneros na modernidade e que possuiria, por exemplo, como seus elementos reflexivos, a *parekbasis* e o coro; SCHLEGEL 1981: XVI, 265 [IX, 133]). Com essa forte teoria autopoiética do ser e, portanto, da literatura e da cultura de um modo geral, o "ser sem caráter" passa a ser visto como um estado indiferenciável do "ter caráter". A ontologia é substituída por uma teoria do ser como jogo infinito e construção. Se Herder ainda pôde escrever nos seus *Humanitätsbriefe* (Cartas sobre a Humanidade): "Wir deutschen kamen [*sic*] zu spät. Der Charakter unsrer Poesie ist Nachahmung" (Nós alemães chegamos tarde demais. O caráter de nossa poesia é imitação; apud SCHLEGEL 1967: II, 53), para o Schlegel dos anos 1798 e 99 esse "zu-spät-kommen" (chegar tarde demais) seria o estado natural de toda cultura.

Por último, algumas observações quanto ao *O mito nazista*, de Lacoue-Labarthe e Jean-Luc Nancy. Essa obra contém uma pesquisa sobre a ideologia nazista, a saber, o "mito nazista", cujo núcleo seria o racismo. A base dessa ideologia seria a "identificação mítica": "o mito, como a obra de arte que o explora, é um instrumento de identificação. Ele é mesmo o *instrumento mimético* por excelência". Esse mimetismo exige certos *tipos* (modelos) que devem garantir a construção da identidade. No caso da Alemanha, essa construção teria se dado em oposição às nações "já formadas" como a França e a "Itália". O específico da Alemanha consiste, segundo os autores, na sua identificação com uma Grécia mítica/mística que teria sido "descoberta" por autores alemães no final do século XVIII (em oposição à Grécia "clássica" italiana e francesa) como o tipo a ser imitado. Lanço aqui apenas duas pequenas observações:

1) O mito da relação de co-naturalidade da Alemanha com a Grécia antiga pode ser retraçado, na verdade, de Winckelmann e Klopstock a Max Kommerel e Heidegger. Lacoue-Labarthe e Nancy enfatizam o romantismo alemão, mas esse movimento de identificação é bem anterior. Klopstock, no seu ensaio "Sobre a imitação da medida das sílabas gregas no alemão", de 1755, afirmou que a língua alemã é masculina e assemelha-se à língua dórica de Píndaro — uma ideia que ele também variou no seu "Sobre a língua da poesia" de 1758.[13] Já Kommerel, no seu

---

[12] Cf. BENJAMIN 1993.

[13] No contexto desta reflexão seria interessante comentar a leitura crítica que Klopstock fez das *Reflexões* de Winckelmann. No seu "Eine Beurteilung der Winckelmannischen Gedanken über die Nachahmung der grieschichen Werke in den schönen Künsten" (Um juízo sobre os pensamentos sobre a imitação das obras gregas nas belas artes de Winckelmann, 1760) ele restringe, por exemplo, a máxima de Winckelmann segundo a qual o único caminho para os modernos/alemães se tornarem inimitáveis seria a imitação dos antigos: para Klopstock essa lei vale apenas para os campos em que os Antigos atingiram a perfeição. Não valeria por exemplo — e esse exemplo é

ensaio *Der Dichter als Führer in der deutschen Klassik* (O poeta como líder no classicismo alemão), de 1928, trata justamente de Klopstock como sendo o "Aprendiz dos Gregos" e descreve o despertar do espírito alemão a partir da inseminação da palavra grega pura, dos sons do "autêntico *entousiasmos*. O esquivo Homem do Norte foi a tal ponto refundido na hora da Amizade que ele pôde apreender a sua parte no Mistério grego e dizê-lo". Klopstock teria experienciado as forças "por meio das quais é produzido o verdadeiro Povo: a profissão sacerdotal do poeta, a Hellas que ressurge na Alemanha e o amor com o qual os 'poucos nobres' se amam" (Kommerel 1928: 23). A figura do Dioniso-sacerdote, Kommerel recorda ainda, Klopstock conhecera no seu círculo de amigos poetas. Johann Arnold Ebert, por exemplo, transmitiu-a nas suas traduções de Young (Kommerel 1928: 18 ss.). O outro grande modelo de Kommerel do poeta amigo da Grécia é evidentemente Hölderlin.[14]

2) A tese da origem estética do mito nazista, desse mito como uma busca de uma ontotipologia, de um corpo primeiro de onde o corpo do "povo alemão" teria descendido, é radicalizada, também por Philippe Lacoue-Labarthe, na sua palestra "O espírito do nacional-socialismo e o seu destino" (*in*: Lacoue-Labarthe e Nancy 2002), nos termos do próprio Estético como parte dessa ontotipologia. Haveria uma contaminação entre a Estética e a concepção mesma de ontotipologia. Em Winckelmann isso não deixa de ficar claro; apesar de ele não ser um teórico da "Estética" enquanto disciplina, de algum modo ele participa da sua construção. Acredito que ainda está por ser traçada não apenas essa relação, mas também a da Estética com o modelo clássico (seja ele apolíneo ou dionisíaco). Primeiro porque na Alemanha nazista a identificação com o modelo clássico abarcava essas duas vertentes do "mito da Grécia", além de englobar toda a verborragia "romântica" e "neo-romântica" sobre a Idade Média e a germanidade. Em segundo lugar, tanto o monumentalismo como também uma modalidade muito elementar do realismo constituíram pontos importantes e coincidentes da produção artística não só da

---

emblemático para a sua modernidade — para a figura dos Anjos! Ele faz um elogio da pintura de temas religiosos e critica tanto a defesa que Winckelmann fez da alegoria como também a pintura que tem a Mitologia antiga por tema. Finalmente, Klopstock faz um largo elogio da gravura, que segundo ele dura mais do que as próprias obras em mármore: adiantando assim em mais de um século e meio às teorias benjaminianas da reprodução técnica! Com uma diferença fundamental: para Klopstock a reprodução não destruiria, pelo contrário, reforçaria a "aura" (termo que ele evidentemente não usa). Cf. Klopstock 1989: 216-22.

[14] Com relação à dupla visão do mundo clássico e à valorização, pela parte da tradição de autores germânicos, de uma certa Grécia "do êxtase" (em oposição a um classicismo mais latino e racional), vale notar que evidentemente esta duplicidade, sob outras formas, existiu ao menos desde o Renascimento. Frances Yates (1987) trata largamente desta dupla linhagem de recuperação da Antiguidade, uma humanista, filológica, na tradição de Petrarca, voltada para os grandes exemplos do passado (e com tendências ao paganismo), outra mística, neoplatônica, mágica e, ao mesmo tempo, cabalística e muito cristã, com representantes variados como Pico della Mirandola, Marcilio Ficino, Giordano Bruno, Cornélio Agripa, Johannes Reuchlin, entre outros.

Alemanha nazista, mas também de outras nações sob o totalitarismo. O "mito nazista" consiste em uma das versões da estetização da política ou da transformação da política no Estético. Decerto autores como Georges Perec, com o seu *W ou a memória da infância* (1995) — misto de autobiografia e de descrição do universo totalitário-nazista como um mundo calcado na Grécia olímpica antiga —, servirá, como um dos vários fios de Ariadne que precisaremos seguir nesse trabalho de arqueologia do "mito nazista". A utopia winckelmanniana de um paraíso helênico formado por corpos atléticos sob o céu claro do Mediterrâneo foi transformada em um pesadelo muito pior que o descrito no Hades homérico.

VII.
POÉTICAS DA FRAGMENTAÇÃO

24.
HIERÓGLIFO, ALEGORIA E ARABESCO: NOVALIS E A POESIA COMO *POIESIS*

Uma das características mais marcantes da recepção das ideias de Novalis (e do seu amigo e também membro do grupo de pensadores primeiro-românticos de Iena, Friedrich Schlegel) é que, ao menos desde 1919, ano da tese de Walter Benjamin sobre o conceito de crítica de arte no Romantismo alemão, e sobretudo desde os anos 70 do século passado — coincidindo com um momento de profundas renovações no pensamento da teoria literária —, essas ideias têm servido para pensarmos tanto as bases da nossa modernidade — no sentido baudelaireano e benjaminiano desse termo — como também nos têm ajudado a pensar de modo mais conceitual a nossa dita "pós-modernidade". Neste pequeno artigo, gostaria de apontar em que medida, a partir de uma reflexão estético-"poetológica" pós-kantiana, Novalis desenvolveu uma noção de linguagem poética que não se deixa reduzir a nenhum parâmetro tradicional e pode ainda hoje — sobretudo com as suas noções de hieróglifo, de alegoria e de arabesco — ajudar-nos a pensar a linguagem, e sobretudo a *escritura* poética e também a das artes (se é que uma tal separação ainda é possível de ser traçada de modo exato).

Poesia como "pôr" ativo

O poeta é, para Novalis, antes de tudo, autor de uma ação. Essa ação tem um valor muito particular no universo das suas ideias. Ele a identifica com a ação (*Handlung*) transcendental, tal como ela fora pensada por Fichte, ou seja, como uma *Tathandlung*, "estado-de-ação", na tradução consagrada de Rubens Rodrigues Torres Filho (FICHTE 1980). Para Fichte — assim como para Novalis —, eu e não-eu, mundo material e espiritual, são fruto de uma "posição" ativa, de uma *Tathandlung*, e apenas através de uma *Handlung* esse mundo pode ser exposto.[1] Ora — paradoxalmente — Fichte, levando às últimas consequências essa visão *poiética* e dinâmica do Ser, visou, nas várias exposições do seu sistema, à autoatividade (*Selbsttätigkeit*) e não à mera compreensão conceitual da parte dos seus leitores. Para ele, a imaginação só poderia ser apreendida pela imaginação e essa faculdade

---

[1] Cf. DICK 1967: 231. Cf. FRANK 1995: 13-34, para um estudo das origens da teoria produtiva do *pôr* (*Setzung*) na sua relação com a obra de Jacobi, *Über die Lehre des Spinoza in Briefen an den Herrn Moses Mendelssohn* (Acerca da doutrina de Spinoza em cartas ao Senhor Moses Mendelssohn; nova edição aumentada, Breslau 1789).

era vista como a fonte do funcionamento do espírito humano.² Haveria, além disso, uma correlação íntima entre o pensamento de um modo geral e o poético. Daí por que Novalis pôde escrever: "Poesia [*Dichtkunst*] é decerto apenas — uso arbitrário, ativo, produtivo de nossos órgãos — e talvez o pensar mesmo não seja algo muito diverso e pensar e poetar, portanto, uma coisa só [*einerley*]" (NOVALIS 1978: II, 759 ss.). A teoria da *autopoiesis* e o paradigma do poético (no sentido de uma "criação absoluta") representam, portanto, uma entronização do pôr (*Setzung*) criativo, do *princípio* da poesia, mais do que da poesia em si (enquanto gênero ou forma particular da linguagem).³

CRÍTICA DA *MÍMESIS*

Fica claro, portanto, que a poesia que visa apenas a uma *exposição pela exposição* (*Darstellung um darzustellen*), ou melhor, "para pôr" (*um zu stellen*), não pode mais ser vista como uma poesia pertencente ao paradigma da *mímesis* e da representação *tout court*. O amigo de Novalis, Friedrich Schlegel, no seu *Sobre o estudo da poesia grega*, de 1795-96, comumente referido como *Studiumaufsatz* — ainda no círculo magnético do "culto" da noção de "gênio" —, já afirmara, indo contra a estética clássica (com o seu culto da *imitatio*), que "já a denominação 'imitação' é infame e estigmatizante para todos que se veem como gênios originais" (SCHLEGEL 1979: I, 274). A única imitação (*Nachahmung*) que ele pôde admitir então foi a formal, ou seja, da "conformidade às leis" (*Gesetzmäßigkeit*) do modelo, que no entanto deveria ocorrer não de modo passivo, mas dentro da "mais elevada autoatividade". Ao invés da *imitação*, Schlegel propôs a visão da poesia como "reforma [*Nachbildung*] da Natureza", que também se opunha ao princípio mais passivo da filosofia, a saber: "desvendamento da Natureza" (SCHLEGEL 1963: XVIII, 301 [IV 1275]). Nos seus fragmentos de 1797 da revista *Lyceum*, ele também defendera não apenas uma obra poética autocentrada, livre de uma unidade coercitiva sobre o todo, como também os seus próprios elementos foram vistos como atomizados: "A poesia é um discurso republicano; um discurso que é a sua própria lei e o seu próprio fim, onde todas as partes são cidadãos livres e podem co-determinar" (SCHLEGEL 1967: II, 155). No mesmo ano ele condenou a poesia de Schiller justamente devido à sua submissão ao elemento político.⁴

Novalis também expressou reiteradas vezes o seu desprezo pela coerção da "matéria" (no sentido de conteúdo, assunto) na obra de arte. Para ele, a autêntica poesia deveria ser "uma superfluidade formada — um ser formante de si mesmo"

---

² Cf. FICHTE 1971: I, 284. Para Novalis também valia o mesmo princípio: "Deve-se deduzir a partir da imaginação produtiva todas a faculdades e forças internas — e todas as faculdades e forças externas" (NOVALIS 1978: II, 653).

³ LACOUE-LABARTHE E NANCY 1978: 21.

⁴ "Para a arte não existe nenhum erro mais perigoso do que, como Schiller, buscá-la na política e na universalidade" (SCHLEGEL 1981: XVI, 101 [V 194]).

que seria avesso ao "arrazoar e argumentar" e, portanto, deveria ser evitada nos "locais errados", pensando-se em um mapeamento do poético e do prosaico —, não deveria ter tampouco uma "cara séria" (NOVALIS 1978: II, 757). Ou seja, a poesia é descrita por Novalis como sendo toda *ornamento*[5] — *superfluidade formada* (*Zierat — gebildete Überfluß*), sendo que cada um desses termos tem o seu peso específico: ela é tanto *formada* (*ge-bildete*) como também *Bild* (imagem), assim como ela é *excesso* (um além e um aquém da prosa) e *fluida* (*Flüssig*). Novalis defende uma concepção totalmente moderna — "atual" e oposta à de Schiller — da arte como uma arte que, ao invés de visar a "ilusão" (*Täuschung*) o "parecer natureza" (o "als ob Natur" retórico e kantiano), assume-se como *arte*, como "máscara". Daí a sua condenação do teatro naturalista (burguês): "Também no teatro tiraniza o princípio da imitação da natureza. Mede-se o valor da peça a partir dele. Os antigos também entendiam melhor desse ponto. Neles tudo era mais poético" (NOVALIS 1978: II, 845 ss.). Também a sua teoria do conto de fadas (*Märchen*) enfatiza o elemento caótico, desprovido de um sentido unívoco nas obras desse gênero. Essa teoria traz importantes elementos para a desconstrução primeiro-romântica da concepção da obra de arte como meio de representação. O *Märchen* é conectado à fantasia, à música, ao sonho — e é oposto à *história* e à *moral*.[6]

A alta estima que se tinha pela música, que era tratada como um modelo na estética romântica, ilumina bem esse elemento antimimético de sua concepção da arte. Mas, na verdade, Novalis via mesmo a pintura como não tendo a imitação da natureza como o seu objetivo central. O artista, assim como o receptor da arte, é um componente ativo; nessa teoria a arte é criação (multideterminada, recíproca) do artista, da obra e do receptor:

> "O músico toma a essência de sua arte de si — não pode atingi-lo nem mesmo a menor suspeita de imitação. Ao pintor parece que a natureza trabalha de antemão por toda a parte — ser o seu modelo completamente inatingível — Na verdade, porém, a arte do pintor é tão independente, surgiu de modo tão totalmente *a priori*, quanto à arte do músico. O pintor apenas utiliza uma *linguagem de signos* infinitamente

---

[5] Nesse ponto também os românticos vão a contrapelo da doutrina kantiana. Kant, na sua terceira crítica (1959: 65), tratou dos *parerga* (*Zieraten*) como uma espécie de moldura do belo que não poderia reivindicar atrativos próprios, caso contrário eles transformar-se-iam em adornos (*Schmuck*) e destruiriam a beleza. Os românticos com a sua valorização do elemento ativo da poesia desprezaram essa hierarquia kantiana: nas obras românticas por excelência não poderíamos traçar de modo claro e "limpo" as fronteiras entre obra (*ergon*) e ornamento (*parergon*).

[6] "Nada vai mais contra o espírito do conto de fadas — do que um fato moral — um nexo [*Zusammenhang*] legal — No conto de fadas impera a autêntica anarquia da natureza./ Mundo *abstrato* — Mundo de sonho [...]" (NOVALIS 1978: II, 679). "Um conto de fadas é na verdade como uma imagem onírica — sem nexo — um *ensemble* de coisas e sucessos maravilhosos — por exemplo uma *fantasia musical* — as sequências harmônicas de uma harpa eólica — a *própria natureza*. Se uma *história* [*Geschichte*] é transposta em um conto de fadas, isso já é uma intromissão alheia [...]" (NOVALIS 1978: II, 696).

mais difícil que o músico — o pintor pinta propriamente com o olho — a sua arte é a arte de ver regularmente e belo. Ver aqui é totalmente ativo — atividade completamente formante. Sua imagem é apenas a sua cifra [...]." (Novalis 1978: II, 363)[7]

Para Novalis, como se pode ler ainda em um fragmento da mesma época, 1798, "quanto mais rude a arte é, tanto mais chama a atenção a pressão do assunto [*Stoff*]" (Novalis 1978: II, 360). A noção de "cifra" lembra aqui nessa passagem a doutrina do mundo como uma "escritura de cifras", que se pode ler no início do romance de Novalis *Os discípulos de Sais* (Novalis 1978: II, 201), também de 1798. Essa noção Novalis compartilhou com Herder, Hamann, A. W. Schlegel e com muitos outros contemporâneos. Na medida em que ele tentou "salvar" a pintura do campo das artes imitativas com base nessa noção de cifra, fica clara a importância que ele atribuía a ela. O caráter de escritura cifrada da pintura faz com que ela se torne mais do que uma simples imitação.

Mas para os românticos essa passagem para o registro da cifra (em termos benjaminianos: para o lado mágico da linguagem) não implica a total saída do campo conceitual. Essa ambiguidade presente na poesia — seu caráter simultaneamente semiótico e meta-semiótico — também contamina outros dois importantes conceitos que aparecem como qualificativos da linguagem poética, a saber, a *alegoria* e o *hieróglifo*. Novalis denominou a arte nos seus primórdios, quando a "arte da comunicação" (a saber, a linguagem) e a "arte da exposição [*Darstellungskunst*]" (a saber, a poesia) ainda não haviam se separado, de *hieroglifística* (*Hieroglyphistik*). A arte no seu "início" se utilizaria de "palavras alegóricas" (Novalis 1978: II 361)

---

[7] A obra do pintor Philipp Otto Runge é uma das que mais se aproxima desse ideal romântico de "pintura musical" também pensado por Friedrich Schlegel, sobretudo com a noção de *arabesco* como uma modalidade de *parergon* que domina o espaço antes reservado à obra (ao "tema principal") e desorienta uma leitura dentro da chave da "hermenêutica do sentido". A relação entre arabesco, música e fantasia é anunciada em uma pequena anotação em forma de pergunta, de 1800: "Arabescos são justamente aquilo na *pictur* que as fantasias no musical?" (Schlegel 1981: XVI, 342 [X 15]). Em um fragmento, Schlegel definiu o arabesco como "pintura absolutamente fantástica" e o conectou a uma "*paisagem* totalmente sem figuras, idílica-romântica em grande estilo" (Schlegel 1981: XVI, 167 [V 986]), sendo que não podemos esquecer que a paisagem é o gênero romântico por excelência que justamente desbancou a pintura histórica (mitológica e religiosa) com a sua carga narrativa explícita (cf. ainda: "Deve ter existido uma pintura hindu e na verdade grandiosa. *Pictur* pura, nada senão arabesco. Dever-se-ia poder pintar de modo *hieroglifístico*, sem mitologia. Uma pintura filosófica". Schlegel 1981: XVI, 326 [IX 860]). Schlegel também percebeu a proximidade entre essa noção de arabesco, a de grotesco e a de *Witz* (cf. Schlegel 1967: 238 e Schlegel 1981: XVI, 119 [V 409]), na medida em que nessas três noções está em jogo a quebra da linearidade e da lógica contida no discurso do verossímil ou do "racional". Assim, também a poesia universal progressiva, ou seja, o romance, é definido com essas palavras: "O essencial no romance é a forma caótica — arabesco, conto de fadas" (Schlegel 1981: XVI, 276 [IX 274]). Baudelaire, ao falar do *tirso* nos seus poemas em prosa e ao tratar da teoria do cômico e do riso, foi sem dúvida um dos maiores herdeiros dessa tradição primeiro-romântica que procurava pensar o "impensado". Com relação ao arabesco, cf. Busch 1985.

para atingir a "popularização" desejada. Ele admite que a arte — "de um modo geral" — tem uma "camada", ou um "momento", de saída de si mesma, de sugestão (*Anspielung*), que, para ele assim como para Schlegel, é sempre prosaico (SCHLEGEL 1981: XVI, 517 [XIV 162]). Daí por que para Novalis "a poesia é a prosa entre as artes. Palavras são configurações acústicas de pensamentos"[8] (NOVALIS 1978: II 544); e para F. Schlegel: "Toda poesia é representativa. A alegoria também tem parte nisso" (SCHLEGEL 1981: XVI, 262 [IX 104]). Por outro lado, na *Conversa sobre a poesia*, ele também afirmou "que a linguagem está mais próxima do espírito da poesia que outros meios da mesma. A linguagem, que na sua origem é idêntica à alegoria, [é] o primeiro instrumento imediato da magia" (SCHLEGEL 1967: II 348).[9]

Por um lado o (puramente) *poético* é o não representativo e "é o real" apenas no sentido produtivo do poético como *pôr* (*Setzung*); por outro, o prosaico é o real, no sentido da sua identificação com a sociedade despoetizada, burguesa, filisteia..., e é o meio da sua representação via uma linguagem instrumental, representativa. Mas ocorre que essa representação, na medida em que é aproximada pelos românticos da noção de alegoria, é novamente poetizada, novamente aproximada da noção "mágica" de *Setzung*. Para esses autores não há uma poesia que não penetre no campo da representação, não há poesia nem prosa puras, pois a linguagem nunca se deixa reduzir nem à pura autorreferencialidade (se a imagem sempre é alegórica, ela sempre "está para um outro"), nem tampouco à pura denotação. A solução tradicional no século XVIII para esse dilema — a exigência de uma linguagem poética imediata oposta ao registro representativo da "linguagem cotidiana" — foi a naturalização dos signos da poesia. Já os românticos tentam ir além da dicotomia prosa/poesia e trabalham com o modelo da linguagem onírica. Para eles a poesia deveria se restringir, como os nossos sonhos, a uma "significação livre".[10] Mesmo na frequentemente citada definição que Novalis deu da poesia como marcada pela

---

[8] Essa visão da linguagem como conceitual e representativa era típica da concepção iluminista, como se lê em autores como Mendelssohn e Lessing. Ao lado dessa visão da linguagem "prosaica" havia também a de uma linguagem "poética", imagética, "direta". Quanto a essa visão dupla da linguagem, cf. a minha introdução à tradução do *Laocoonte* de Lessing (LESSING 1998: 7-72). Novalis, como veremos, na verdade abalou a possibilidade de se traçar essa divisão clara entre a prosa e a poesia. Os "signos naturais" (da pintura), que eram altamente valorizados pelos teóricos mais próximos das doutrinas do classicismo, tornam-se agora um "problema" que deveria ser desmontado com a valorização dos elementos não miméticos da arte. Por outro lado, também no campo da escritura (poética) não é a representação, mas sim o momento do seu ultrapassamento que será valorizado.

[9] F. Schlegel posteriormente — em uma fase mais nacionalista e na qual seu catolicismo já despontava — explicitou essa dupla visão do alegórico nas suas descrições das pinturas do Louvre, em 1803, quando ele opôs a "alegoria comum" (que "quer traduzir em símbolos conceitos individuais abstratos e portanto determinados e limitados", SCHLEGEL 1959: IV 24) à alegoria enquanto "indicação de mistérios divinos" ("toda pintura verdadeira propriamente dita deve ser um hieróglifo, um símbolo divino", SCHLEGEL 1959: IV 150).

[10] "O sonho é frequentemente significativo e profético, porque é um efeito da natureza da alma — e portanto consiste na ordem de associação — Ele é significativo como a poesia — mas também devido a isso, significativo de modo irregular — totalmente livre" (NOVALIS 1978: II, 693).

ausência de "sentido e nexo" (Sinn und Zusammenhang") reencontra-se a "concessão" ao sentido alegórico e à ação *indireta*:

> "Narrações sem nexo, no entanto com associação, como *sonhos*. Poemas — simplesmente *bem-soantes* e cheios de belas palavras — mas sem qualquer sentido ou nexo — no máximo algumas estrofes compreensíveis — eles devem [ser] como puros fragmentos [*Bruchstükke* (sic)] das mais diversas coisas. A verdadeira poesia pode ter no máximo um sentido *alegórico* em grande escala e ter um efeito indireto como a música etc. — A Natureza é, portanto, puramente *poética* — e o quarto de um mágico — de um físico — um quarto de criança — uma casa de despejo e uma despensa." (NOVALIS 1978: II, 769)[11]

O belo e a harmonia eram categorias da arte que os românticos mantiveram no seu "sistema" estético. A alegoria (como *allegorein*, outro dizer) estabelece nele um *outro centro* da poesia: "*Harmonia* [é] o segundo centro da poesia ao lado da alegoria", escreveu Schlegel (1963: XVIII, 253 [IV 710]). A poesia constitui-se como um discurso que não pode ser dominado e reduzido, como uma cadeia infinita de indicações alegóricas. A concepção iluminista da linguagem como um sistema de signos arbitrários que representam ideias é dissolvida nesse modelo linguístico da poesia graças a uma super-dosagem de "significação" (de trabalho do signo). A poesia possui um modo infinito de significar (via exposição, *Darstellung*) porque, como na teoria kantiana do *Hypotipose* simbólico, há um limite (essencial: uma quebra sempre presente e negada pelo Iluminismo) da representação. A poesia seria apenas um esquema, um índice, uma analogia do seu "objeto". Daí por que para Schlegel: "A questão, o que quer o escritor, pode ser concluída; a, o que a obra é, não" (SCHLEGEL 1963: XVIII, 318 [IV 1515]). Essa resposta não se deixa formular porque a poesia é construída em torno do infinito, ela é exposição do não-exponível e ela mesma, portanto, inexponível, ou seja, (tradução, no sentido de super-posição, *Über-Setzung*, que é) intraduzível. Como Novalis "definiu" de modo exemplar:

> "Existe um sentido especial para poesia — uma afinação [*Stimmung*] poética em nós. A poesia é totalmente pessoal e, deste modo, indescritível e indefinível. Quem não sente e sabe, imediatamente, o que a poesia é, não pode aprender nenhum conceito dela. Poesia é poesia. Incomensuravelmente diversa da *arte-do-discurso(-da-linguagem)* [*Rede(Sprach)kunst*]." (NOVALIS 1978: II, 839)

---

[11] Numa passagem também conhecida de uma carta ao seu irmão Karl, Novalis põe em evidência essa tensão inerente à arte entre a ausência de *mímesis* e o seu sentido ("ainda que") indireto: "Nos poemas evita o acento [*Wortklang*]./ Na prosa seja pleno, conciso./ Nos pensamentos original, maravilhoso, novo./ Na composição, como nos pensamentos./ Decerto nenhuma imitação da natureza. A poesia é totalmente o oposto. No máximo a imitação da natureza, da efetividade, só pode ser alegórica [...]" (NOVALIS 1978: I, 737).

"O sentido para a poesia tem muito em comum com o sentido para o misticismo. Ele é o sentido para o próprio, pessoal, desconhecido, misterioso, que deve ser *revelado*, o necessariamente casual. Ele expõe o inexponível. Ele vê o invisível,[12] sente o que não se pode sentir etc. Crítica da poesia é absurdo. Já é difícil de se decidir, decerto a única decisão possível, se algo é poesia ou não." (NOVALIS 1978: II, 840)[13]

Nessa definição, Novalis leva ao extremo a a-conceitualidade e o elemento *poiético* da poesia, ou seja, afirma-se a poesia como *intraduzibilidade*. O poeta é descrito como aquele que *põe* tanto o mundo como o sujeito. O poeta como vidente (*Seher*), como aquele que através do seu sentimento (*Gefühl*) — da intuição intelectual (*intellectuelle Anschauung*) —, vale dizer, da reflexão, consegue *mediatizar* o indescritível. Assim como, kantianamente falando, a imaginação enquanto participante da criação da linguagem, fornecendo as imagens sobre as quais as intuições e a linguagem são processadas, constituiria o elo entre o figurativo e o conceitual, do mesmo modo o artista, ou melhor, o poeta, seria aquele capaz de — como num hieróglifo — conectar o descritivo, prosaico, e o imagético, poético. Ele representaria um ideal da humanidade, na medida em que nele se dá um encontro; ele constitui o local de passagem — de tradução — do inconceituável, do intraduzível para uma linguagem "popular"[14], "compreensível", ao mesmo tempo clara e enigmática, do mesmo modo que Novalis, na sua carta a A. W. Schlegel de janeiro de 1798, elogiara a poesia que se "contrai", se aproxima da prosa (NOVALIS 1978: I, 656s.), ou numa outra a F. Schlegel, resume a sua expectativa com relação ao *Heinrich von Ofterdingen* com a frase: "Prosa elástica é o meu desejo piedoso" (Geschmeidige Prosa ist mein frommer Wunsch; NOVALIS 1978: I, 742). O elemento fluido, maleável, era uma característica, para Novalis, da poesia originária. Se, para Du Bos, o poeta que realiza essa união do imagético e do discursivo é o *Genie*, para Novalis ele é gênio porque cria palavras-figura. Para ele seria a era de ouro quando as palavras se tornassem tais figuras:

> "Palavras e figuras determinam-se em alternância constante — as palavras audíveis e visíveis são propriamente figuras-palavra [*Wortfiguren*]. As figuras-palavra são as figuras-ideais das outras figuras — todas figuras etc. devem tornar-se figuras-palavra ou figuras-"linguais"

---

[12] Já Du Bos, em 1719 (DU BOS 1770), ao condenar a tradução da poesia, comparara esse procedimento à tentativa de se explicar as cores para um cego de nascimento (cf. acima capítulo 18); ou seja, só se tem acesso à poesia de modo direto, assim como o poeta é justamente aquele que se relaciona de modo direto com o invisível (*Unsichtbar*).

[13] Cf. ainda NOVALIS 1978: II, 845.

[14] "Toda a vida e toda a poesia devem ser postas em contato; toda a poesia deve ser popularizada e poetizar o todo da vida" (SCHLEGEL 1981: XVI, 206 [VII 27]). Esse fragmento de Friedrich Schlegel — que anuncia e resume o projeto moderno das vanguardas — deve ser compreendido no contexto da teoria romântica da poesia universal como devir infinito.

[*Sprachfiguren*] — assim como as *palavras-figura* [*Figurenworte*] — as imagens internas etc. são as palavras-ideal dos demais pensamentos ou palavras — na medida em que todas devem tornar-se imagens internas.

À fantasia, que forma as *palavras-figura*, cabe muito bem o predicado gênio.

Será a era de ouro quando todas as palavras se transformarem em *palavras-figura* — mitos — e todas as figuras em figuras-"linguais", hieróglifos — quando se aprender a falar e escrever figuras e a musicar e a tornar plásticas as palavras de um modo perfeito.

Ambas as artes devem estar justas, são inseparáveis, ligadas e se tornarão perfeitas ao mesmo tempo." (Novalis 1978: II, 458)

Ao hieróglifo como utopia linguística corresponde, na teoria romântica da superação dos gêneros literários tradicionais,[15] a construção de uma poesia que reunisse esses mesmos caracteres do hieróglifo, que fundisse imagem e escritura.[16]

Uma vez que a arte é uma exposição alegórica, o artista deve escolher entre duas estratégias de exposição (que, de resto, também podem ser misturadas, como nos contos de Tieck): ou ele expõe o mundo do ponto de vista de uma "teoria da vida comum" (Novalis 1978: II, 555) e cria poeticamente os elementos cotidianos novamente — e desse modo revela-se "sob" ou "por detrás" do nosso mundo prosaico os *disiecta membra poetae*; ou ele expõe o indizível através do sem-sentido, ou seja, por meio de uma obra "fantasiosa" como por exemplo os assim chamados *arabescos*. Em ambas as direções, o poeta trabalha também com hieróglifos e com alegorias. Ambos os caminhos expõem o mundo como uma cadeia infinita de significantes e como um emaranhado insolúvel de palavras-figura.

---

[15] Quanto à teoria romântica da superação dos gêneros literários via transformação dos mesmos em adjetivos, cf. Szondi 1970.

[16] Essa mesma tendência de aproximação do linguístico e do imagético, Walter Benjamin destacou no seu livro sobre o *Trauerspiel* como sendo um fenômeno tanto barroco como romântico e que se deixa expressar da melhor forma justamente na noção de hieróglifo. Como é conhecido, Benjamin, inspirado por Karl Giehlow, estabelece como uma das origens do alegórico as tentativas humanistas de deciframento dos hieróglifos egípcios (Benjamin 1974: 345). Ele notou uma antinomia na base da concepção barroca da linguagem que se "resolveu" na noção de hieróglifo. Do mesmo modo, no romantismo o conflito entre o imagético ("Darstellerisch", relativo à exposição) e o conceitual (comunicativo) levou a uma teoria do hieróglifo. Benjamin 1974: 351 ss.

25.
FRIEDRICH SCHLEGEL E NOVALIS: POESIA E FILOSOFIA

> *"Não existe nenhuma poesia ou filosofia totalmente puras."*
> (Schlegel 1963: XVIII 24 [II 74])
>
> *"Toda prosa é poética."*
> (Schlegel 1981: XVI 89 [V 40])
>
> *"Tudo deve ser* poético.*"*
> (Novalis 1978: I, 737)

Seria um erro dizer que a teoria romântica da prosa é mais radical e revolucionária do que a sua teoria da poesia. Antes de mais nada porque essa teoria da poesia é já ela mesma uma teoria da prosa, a saber, da impossibilidade de distinção entre esses dois registros — de dentro da tentativa de aprofundar a autonomia do poético. É essa estrutura de pensamento aporética, típica do Romantismo, que marca as suas reflexões sobre o nosso tema. Essa estrutura do *double bind* (duplo vínculo) se encontra também, por exemplo, em autores mais próximos de nós, como nas reflexões de Walter Benjamin e de Derrida sobre a tradução e sobre a diferença entre o poético e o prosaico.[1] Tratarei aqui da teoria romântica da poesia/prosa do ponto de vista da concepção romântica de filosofia (como passagem para o poético). Não poderei me deter, no entanto, na teoria romântica da poesia universal, a saber, na teoria da prosa (poética) como superação da diferença entre a prosa e a poesia. Recordo apenas que foi dessa doutrina do *romance* como forma que dissolve toda a história dos gêneros que se originou a concepção moderna de Literatura que não permite mais uma separação estanque entre o poético e o filosófico (Seligmann-Silva 1999: 68 ss.).

Filosofia como poesia

A poesia, para Novalis e Schlegel, era vista antes de qualquer coisa como *poiesis*, como criação e ação. Essa mesma concepção encontra-se na teoria da prosa desses autores. A filosofia e a prosa encontravam-se intimamente conectadas na concepção romântica de linguagem. O princípio (positivo) de contradição, que guia o *double bind*, permite aos românticos *ao mesmo tempo* afirmarem a relação da filosofia com a comunicação (*Mitteilung*, em oposição à apresentação, *Darstellung*, produtiva da poesia), com o desvendamento (*Enthüllung*), com a conceituação, a descrição etc., *e* com a poesia transcendental, ou seja, ela também seria meio da

---

[1] Com relação a Walter Benjamin e Derrida, cf. o meu ensaio Seligmann-Silva 1999a.

(re)poetização (ou romantização) do mundo. Expondo esse fato no vocabulário da lógica do suplemento: a prosa seria para esses autores o mal somado ao mal na busca de superação do mal originário (o "pecado original", a "queda"). Se essa lógica do suplemento é mantida por eles, isso ocorre apenas *dentro* de uma crítica dessa lógica — pois, como é conhecido, a crítica dessa estrutura suplementar do pensamento não consegue escapar do seu campo de forças.

Se a filosofia confunde-se muitas vezes entre os românticos com o pensamento guiado pelos juízos determinantes da tipologia que Kant fizera na abertura da sua Terceira Crítica, por outro lado, aqueles autores percebem que a subsunção do individual ao geral não pode se abstrair à estrutura abissal do *círculo* hermenêutico. Não há geral sem o individual, assim como não há individual sem o geral: "Eu não posso conhecer os indivíduos por meio do gênero, mas o gênero por meio dos indivíduos, mas é claro que devemos sempre ter sob os olhos a Ideia quando da observação dos indivíduos" (NOVALIS 1978: II, 182). Não há o gênero (*Gattung*) fora do individual, assim como não há filosofia sem poetar (*Dichten*). O poético, como registro do individual-universal, em oposição ao filosófico, como registro do geral-abstrato, deve ser aproximado e mesclado. Ou seja, a percepção da circularidade e da determinação recíproca do individual e do geral levou os românticos a uma desconstrução desses dois polos — a consequência oposta a que a teoria hermenêutica "tradicional" chegou. O ideal de uma ciência segundo o modo de ver poético seria, na formulação de Novalis: "Cada objeto [*Gegenstand*] (praticamente) deixa-se tomar como o objeto [*Object* (sic)] de uma ciência particular" (NOVALIS 1978: II, 695). Ele contrapõe ao procedimento analítico do juízo que separa, "das trennende Urtheil" (sic), que faz com que se perca o valor de cada "aparição [...] enquanto membro de um todo", o poder da poesia: "A poesia cura as feridas abertas pelo entendimento. Ela consiste justamente em partes em oposição" (NOVALIS 1978: II, 814). Mas essa contraposição entre a poesia e o entendimento é apenas "momentânea", deve ser compreendida como uma estratégia de crítica do modelo da verdade como produto do pensamento lógico. Para Novalis e Schlegel, o ideal, como ainda veremos mais de perto, permanece sendo a unificação dos dois registros.

A filosofia enquanto prosa produtiva não visaria à "descoberta" de uma verdade dada de antemão,[2] mas sim o desdobramento de uma "ausência", de um *problema* cuja solução é a própria *atividade* filosófica: "Assim como não comemos para nos apropriarmos de um material totalmente novo, desconhecido [*fremde*] — do mesmo modo não filosofamos para achar verdades totalmente novas, desconhecidas", escreveu Novalis (1978: II, 355). O seu modelo e o de F. Schlegel de filosofia deixa-se aproximar do que Rorty (1982: 92) pretendeu derivar da *Fenomenologia* de Hegel, ou seja, a concepção da filosofia como uma cadeia de textos que se somam constituindo uma obra infinita. Schlegel afirmou nesse sentido que a filosofia se resumia à sua história ("A filosofia é decerto nada senão a *História da Fi-*

---

[2] Cf. Manfred Dick (1967: 231), que nota que para Novalis a filosofia não equivaleria a uma busca das últimas causas mas sim "permite que surja o Absoluto no ato de filosofar".

losofia", SCHLEGEL 1963: XVIII, 137 [III 187]; "História não é nada senão Filosofia e esses nomes poderiam ser totalmente trocados", SCHLEGEL 1963: XVIII, 226 [IV 382]). A sua definição irônica do filósofo como aquele que *crê* na possibilidade de se conhecer o universo (SCHLEGEL 1963: XVIII, 230 [IV 432]) também vai nesse sentido de crítica ao modelo representacionista da filosofia. A esse modelo ele e Novalis contrapõem o da filosofia como *práxis*, que é aproximada da atividade — criativa, *poietica* do — *Genie*:[3] "A Filosofia só pode ser apresentada de modo prático e, como a atividade do gênio, não se deixa em geral descrever" (NOVALIS 1978: II, 828). O *Genie* é caracterizado como aquele que constitui um sistema fechado em si mesmo. Se o objetivo do filósofo é tradicionalmente a compreensão do mundo, o filósofo-gênio é, por sua vez, marcado pela incapacidade de ser compreendido ("Faz parte da essência do Gênio que ele seja um *sistema* por si e que, portanto, ninguém mais compreenda um Gênio", SCHLEGEL 1963: XVIII, 112 [II 996]). O saber (*Wissen*) seria, assim como a arte, "coisa de gênio" (SCHLEGEL 1963: XVIII, 344 [V 271]), e cada obra do *Genie* para Schlegel "pode até ser clara aos olhos, mas eternamente misteriosa para o entendimento" (SCHLEGEL 1967: II, 322). Daí porque para ele "um filósofo entende tão mal ao outro, ou talvez ainda menos, do que um poeta ao outro" (SCHLEGEL 1963: XVIII, 112 [II 997]). Mas isso não implica uma simples desvalorização da filosofia. A individualidade da linguagem (assim como a da poesia ou da arte) é resgatada pelos românticos contra o acento iluminista (e humanista, retórico) na sua universalidade. A concepção do *Genie* da língua é aplicada a cada língua particular; por assim dizer, cada indivíduo falaria apenas um idioleto, pois a língua é a expressão da sua individualidade, de sua forma de ler o mundo: "Cada pessoa tem a sua própria língua. Língua é expressão do espírito. Línguas individuais. Gênio-da-língua", escreveu Novalis ao seu modo tipicamente enigmático — "indescritível" (1978: II, 349).[4] A filosofia não é para os românticos "superada" devido a essa incompreensão entre as línguas. Ela constitui antes uma *atividade* central para eles. Como Fichte, Novalis vê na filosofia "o *ideal da ciência* em geral" (NOVALIS 1978: II, 623); ela seria um *esquema* desse Ideal, a saber, da "inteligência mesma". O núcleo dessa concepção de filosofia é, portanto, a teoria do funcionamento do pensamento.

Na verdade, já Fichte tinha uma concepção prática da filosofia: não no sentido kantiano da filosofia moral, mas na medida em que transformou a filosofia em *ato filosófico*, em ação, *Tathandlung*, do eu que põe a si mesmo e que existe apenas em função desse pôr (FICHTE 1971: I, 96). Novalis e Schlegel levam essa concepção mais adiante com a sua entronização da ação do eu, com a sua concepção de poesia (romântica) universal e de poeta transcendental. Pensar, falar e agir são conectados nessa visão de mundo, e a linguagem oriunda dessa constelação é mágica, absolutamente criadora — como a linguagem de Deus no início da Bíblia:

---

[3] Para Novalis, "o gênio em geral é poético. Onde o gênio atuou — ele atuou poeticamente. A pessoa autenticamente moral é poeta" (NOVALIS 1978: II, 325).

[4] As consequências dessa concepção para a teoria romântica da tradução são enormes. Tratei desse ponto no meu livro: 1999: 32-7.

"Pensar é falar. Falar e atuar e fazer são uma operação modificada. Deus falou faça--se luz e fez-se" (NOVALIS 1978: II, 531). Para Novalis, "um *pensamento* é necessariamente *lingual* [*wörtlich*]" (NOVALIS 1978: II, 705). Do mesmo modo que para ele a linguagem é uma ação criadora, também não há uma realidade fora do universo linguístico. "Tudo deixa-se descrever[5] — *Verbis*. Todas as atividades são ou podem ser acompanhadas por palavras — assim como todas as representações [*Vorstellungen*] do Eu" (NOVALIS 1978: II, 676). Inspirado por Plotino, Novalis critica o meio idealismo de Kant e de Fichte — "em nada *poético*" — e prega um experimentar ativo: "O meio livre de geração da verdade ainda pode ser muito ampliado e simplificado — a saber, aperfeiçoado. [...] Deve-se poder em toda parte presentificar a verdade — em toda parte *representar* (no sentido ativo, produtivo)" (NOVALIS 1978: II, 687). Novalis via na "crença na representação verdadeira, perfeita" a fonte da "superstição e do erro" (NOVALIS 1978: II, 637); a sua visão *poiética* da linguagem impedia-o de diferenciar "os signos da linguagem [...] dos demais fenômenos" (NOVALIS 1978: II, 691). Nesse ponto, também Novalis pretendia apenas levar adiante um ideal que ele já vira em Fichte, a saber, "a exigência ficheana do simultâneo pensar, atuar e observar" (NOVALIS 1978: II, 610). A imaginação (*Einbildungskraft*) seria o órgão dessa unidade, assim como é ela que une o filosofar e o poetar (NOVALIS 1978: II, 182). Através do "magismo ou do sintesismo da Fantasia" (*Magismus oder Synthesism der Fantasie*) a filosofia torna-se para Novalis "Idealismo mágico" (NOVALIS 1978: II, 671). Ao invés da descrição analítica — que estaria ainda na esfera da filosofia como representação/*imitatio* do mundo, como busca da conceituação para uma verdade ainda não-nomeada —, Novalis fala da definição geradora, dos "nomes geradores" como "palavra mágica" (NOVALIS 1978: II, 381 ss.). Ao invés da representação, da concepção da filosofia como tradução no sentido platônico deste termo, os românticos pregam um modelo (auto)gerativo da mesma. Schlegel também via na noção de *verdade* uma função relacional: "Verdade refere-se a *relações*, não a *coisas*" (SCHLEGEL 1963: XVIII, 410 [V 1076]). Como para ele "*as coisas encontram-se na consciência*" (SCHLEGEL 1963: XVIII, 449 [VI 197]) e "o pensamento é produtivo", a *verdade* só pode ser pensada a partir de cada indivíduo produtor: "*Toda verdade é relativa*" (SCHLEGEL 1963: XVIII, 417 [V 1149]).[6]

ESTILO

O elemento ativo que os românticos atribuem à filosofia expressa-se também no *estilo* da sua exposição. A conhecida oposição dos românticos à exposição sis-

---

[5] Com exceção da filosofia, que segundo o fragmento que citamos acima "só é apresentável via prática". Na verdade, Novalis tenta mostrar que a filosofia não se reduz ao discursivo, mas, por outro lado, não se pode ir além da linguagem, pode-se apenas sugerir esse campo, via alegoria.

[6] Esse é um ponto central nas suas *Vorlesungen* de filosofia de Colônia. Cf. SCHLEGEL 1964: XII, 92 ss. e 316 ss.

temática é parte dessa concepção *poiética* da filosofia. Jacobi fora um dos primeiros a introduzir a noção de "certeza imediata" (*unmittelbar Gewißheit*) (denominada por ele também de "sentimento" [*Gefühl*]), que não pode ser fundamentada na definição do saber (Wissen), que de outro modo teria a forma de uma regressão infinita. "Jacobi denominava 'sentimento' [*Gefühl*] (ou 'crença') o saber que se expressa acerca de uma proposição in-condicional [*un-bedingt*, não-coisificada]. 'Crença' quer dizer: ver sem mais um fato como certeza que justamente parece evidente sem carecer de uma fundamentação extra" (FRANK 1995: 17). O saber era visto por Novalis e Schlegel como uma complementação recíproca entre "crença" e "pensar": "A filosofia não deve simplesmente iniciar com proposições *não fundamentadas*, mas também *contraditórias*, para tornar visível o totalmente místico. Saber in-condicionado é *crença*" (SCHLEGEL 1963: XVIII, 407 [V 1045]). Os primeiros românticos foram profundamente marcados por essa ideia e a aplicaram ao seu próprio estilo. Ao invés da análise e da argumentação comprobatória das hipóteses, eles pregam um estilo absolutamente tético, a saber, nas palavras de Schlegel: "*Construir* ao invés de definir" (SCHLEGEL 1963: XVIII, 388 [V 815]). "Se toda verdade é subjetiva então também a sua prova deve o ser. Assim se faz a magia da Retórica" (SCHLEGEL 1963: XVIII, 75 [II 563]). Novalis também tratou do "poder retórico do *afirmar*" (NOVALIS 1978: II, 502). Para ambos há um *limite* do compreensível, a partir do qual não há mais espaço para o estilo demonstrativo da filosofia; apenas o *racional* (*Vernünftiges*) pode ser compreendido, já a Natureza, para Schlegel, só pode ser *vista* (SCHLEGEL 1963: XVIII, 316 [IV 1484]). "(Quanto mais clássico, parvo, um filósofo é, tanto mais ele se prende a essa *epideixis*.) Apenas a apresentação histórica que constrói, que não carece de mais nenhuma forma demonstrativa, é *objetiva*. A demonstração pertence portanto à popularidade [*Popularität*]. Nada deve e nada pode ser provado", afirmou Schlegel (1963: XVIII, 35 [II 174]), num tom que para um leitor moderno remete à aversão de Wittgenstein ao procedimento argumentativo na exposição filosófica.[7] A recepção da filosofia de Fichte se daria via "sentido e formação" (*Sinn und Bildung*), e não via "demonstração". O incompreensível não se torna compreensível via esclarecimento (SCHLEGEL 1963: XVIII, 35 [II 178]), do mesmo modo que polemicamente Schlegel nega que haja um "saber particular filosófico" (SCHLEGEL 1963: XVIII, 344 [V 271]). A concepção de apresentação (*Darstellung*) era, para os românticos, inseparável do seu conceito de poesia. "A *apresentação* é para a poesia o que o provar é para a filosofia", afirmou Schlegel no seu modo peremptório (1963: XVIII, 385 [V 774]). Se na definição do poético o importante era a acentuação, a saber, a *posição* do poético como "*darstellerisch*", o que apresenta, em oposição ao filosófico como comunicativo-discursivo, na medida em que os românticos elaboraram um conceito afirmativo da filosofia eles buscaram alargar o seu horizonte. A noção de teoria que deveria dominar nessa nova definição da filosofia é a que Schlegel expôs no seu *Conversa sobre a poesia* ao determinar o que seria uma teoria do romance, "que

---

[7] Cf. a famosa passagem da carta de Russel a Ottoline Morell que fala da aversão de Wittgenstein aos argumentos e da sua atração pelo simples afirmar.

seria uma teoria no sentido originário da palavra: uma intuição espiritual do objeto com todo o ânimo calmo e sereno, como convém ver o valioso jogo das imagens divinas na alegria festiva." E ele, logo em seguida, acrescenta: "Uma tal teoria do romance deveria ser ela mesma um romance" (Schlegel 1967: II, 337).

No local tradicionalmente ocupado pelo conhecimento "de fatos", de elementos estáticos, os românticos colocaram o próprio processo do conhecimento como construção de um saber; ao invés de definirem o que o conhecimento seria, eles repetem o movimento infinito de sua criação (cf. Neumann 1976: 270). O que eles valorizam na exposição filosófica não é a capacidade analítica, mas sim, como se pode ver por exemplo no caso do famoso ensaio de Schlegel sobre Lessing de 1804, a dramaticidade da exposição.[8] A exposição filosófica compartilha do registro da *Darstellung* na medida em que ela se torna apenas uma *indicação* para o caminho que o receptor deve seguir com o seu próprio pensamento. Schlegel "mimetiza" a teoria do seu objeto de estudo nesse ensaio (Lessing, e sobretudo as ideias do *Laocoonte*) na medida em que ele acentua a importância da *ordem* dos pensamentos (*Folge der Gedanken*) na exposição prosaica; o essencial nas obras de Lessing não seria tanto as suas ideias tomadas individualmente, mas sim o seu "estilo", "a marcha do seu pensamento", que é "genial", repleta de "viradas surpreendentes" (Schlegel 1988a: III, 43). Schlegel descarta o sistema fechado como o modo de exposição da filosofia: a filosofia não teria nada a expor a não ser a sua própria busca. O seu *resultado* é "indizível" (*Unausprechlich*). A filosofia deve também compartilhar da "autonomia" do poético e da sua oposição a um fim (*Absicht*) determinado: o seu critério não é nem "*aplicação*" (*Anwendbarkeit*) nem tampouco "*comunicabilidade*" (Schlegel 1963: XVIII, 9 [I 54]; 19 [II 9]).[9] A filosofia é definida como um eterno ir e vir entre os pensamentos, como um oscilar (*Schweben*) infinito:

"O conceito, já o nome mesmo da filosofia e também toda a sua história nos ensinam que ela é um eterno buscar e não poder encontrar;

---

[8] "A comunicação deve ser amigável, portanto vivaz, e o estilo enérgico, de um certo modo toda a preleção deve ser dramática. Não deve ocorrer como se alguém ensinasse apenas a si mesmo, mas sim como em uma conversa; o leitor deve sentir-se a todo o momento solicitado; a marcha dos pensamentos não deve ser furtiva e medrosa, pé ante pé, mas sim arrebatar tudo em volta com força veloz." Friedrich Schlegel, "Lessings Gedanken und Meinungen" (Pensamentos e opiniões de Lessing), Schlegel 1988a: III, 42. A crítica da linearidade da exposição filosófica encontrou o seu correlato tanto na crítica da linearidade temporal da representação histórica como também na recusa de um modelo mimético do conhecimento: *não há descrição pura, mas sim construção do real*. É interessante notar que o que vale para a teoria da *mímesis* — ou tradução — da realidade é reelaborado e aprofundado quando se trata da teoria romântica da tradução interlinguística. Isso fica ainda mais patente nas traduções de Hölderlin e nas suas reflexões sobre a diferença entre a Grécia e a Modernidade. Cf., entre outros comentadores, Berman 1984 e 1987 e o livro recentemente publicado de Rosenfield 2000.

[9] Cf. "Quem não filosofa em função da filosofia, mas antes utiliza a filosofia como meio, é um sofista" (Schlegel 1967: II, 179), ou seja, visa ao convencimento, um elemento exterior ao *poiético*.

e todos artistas e sábios concordam quanto ao fato de que o mais elevado é indizível, ou seja, em outras palavras: toda filosofia é necessariamente mística. Naturalmente; pois ela não possui nenhum outro objeto e não pode ter outro que não aquele que é o mistério de todos o mistérios; um mistério só pode e deve ser comunicado de um modo misterioso. [...] Daí, finalmente, a alegoria na expressão do filósofo perfeito, positivo; a identidade da sua doutrina e conhecimento com a vida e a religião e a passagem da sua visão para a poesia mais elevada; daí também, por fim, aquela forma da filosofia que sob todas as condições e em todas as situações é a duradoura e a que lhe é propriamente essencial, a dialética. Ela não se vincula meramente à reconstrução de uma conversa, ela encontra-se por toda parte onde ocorre uma mudança oscilante dos pensamentos em conexão progressiva, ou seja, em toda parte onde ocorre filosofia. A sua essência, portanto, consiste justamente na mudança oscilante, na eterna busca e nunca poder encontrar [...]." (SCHLEGEL 1988a: III, 78 ss.)

Nessa descrição da filosofia como passagem para a alegoria e para a poesia em decorrência da *indizibilidade* do mais elevado somos levados ao tema do simbólico na teoria do conhecimento e na estética românticas. Poder-se-ia demonstrar em que medida a teoria romântica do *arabesco* já continha — de modo tenso e aberto, não "resolvido" — a polaridade do simbólico e da crítica da representação.[10]

O trabalho do filósofo dá-se, portanto, via terminologia e alegoria, intuição e discursividade, costurando entre "mundo fenomênico" e o "ideal". Essa mesma dualidade ocorre na linguagem poética que nunca pode se autoaniquilar enquanto meio, que sempre é expressão (indireta): "Toda autêntica comunicação é simbólica", escreveu Novalis (1978: II, 354). Essa dualidade da filosofia não é na verdade nada mais do que uma manifestação da lei da *Darstellung*. Novalis a resumiu na fórmula: "A troca de esferas é necessária em uma apresentação perfeita — o sensível deve ser apresentado espiritualmente, o espiritual sensivelmente" (NOVALIS 1978: II, 194). Desse modo voltamos, portanto, à concepção romântica do saber, como construção, como oscilação, *Schweben*. À diferença da noção tradicional do panteísmo, nos românticos o todo não é um constructo transcendente, que iria além da somatória das partes, mas resultado do movimento das mesmas. A infinitude da filosofia é uma resposta à do movimento da *Setzung*, do pôr, da reflexão. A concepção do todo como um sistema constituído a partir da interação recíproca das suas partes foi exposta de modo exemplar por Novalis nos seus *Fichte-Studien* (Estudos de Fichte): "Apenas o todo é *real* — Apenas a coisa seria absolutamente real que não fosse novamente *parte constante*. O todo consiste aproximadamente — como as pessoas jogando que, sem cadeiras, sentam-se num círculo uma no joelho da outra" (NOVALIS 1978: II, 152). Desse modo, Novalis e Schlegel adiantaram a concepção saussuriana da linguagem segundo a qual "em cada elemento linguístico

---

[10] Cf. capítulo anterior.

está contido o sistema *inteiro*" (MENNINGHAUS 1987: 58). A *parole* e a *langue* têm uma relação sobredeterminante, a segunda (a linguagem como um *todo*) não podendo existir sem a primeira (a sua execução *prática*): assim como também para Wittgenstein "as palavras não falam para você a partir de si; uma palavra tem significado apenas em uma frase" (WITTGENSTEIN 1984: 87).

A filosofia se caracteriza por um movimento não retilíneo — de gradual esclarecimento do mundo — mas sim cíclico, sendo que as "curvas" (*Winkel*) do pensamento expressam justamente o seu caráter arbitrário (SCHLEGEL 1963: XVIII, 229 [IV 421]). A filosofia como uma *Trieb* (pulsão) insaciável, como um ir e vir entre certezas e ceticismos (um jogo entre luz e sombra), é um tema constante dos fragmentos de Schlegel: "Ceticismo é o estado da reflexão oscilante" (SCHLEGEL 1963: XVIII, 400 [V 955]). "O todo deve iniciar com uma reflexão sobre a infinitude da pulsão de saber. [...] (O itinerário dessa metafísica deveria se dar em muitos ciclos, sempre em frente e maior.) Quando atingir o fim, deveria *sempre reiniciar de novo* — alternando entre caos e sistema, o caos preparando para o sistema e então um novo caos. (Esse itinerário é muito filosófico.)" (SCHLEGEL 1963: XVIII, 283 [IV 1048]). A filosofia como um movimento de eterna autogeração e autodestruição (SCHLEGEL 1963: XVIII, 111 [II 987]) é um resultado da concepção relativista da verdade (SCHLEGEL 1963: XVIII, 131 [III 113]), sendo que assim como a poesia, para os românticos, era caracterizada por um centro duplo (harmonia e alegoria),[11] do mesmo modo o sistema e o caos constituiriam o "centro duplo" da filosofia: "A filosofia é uma elipse que contém dois centros" (SCHLEGEL 1963: XVIII, 340 [V 217]). Esse elemento dinâmico, ativo, como parte essencial da filosofia é uma consequência do postulado romântico da *Setzung* (o pôr) como princípio da mesma que se diferencia da solução fichteana: "No meu sistema o último fundamento é efetivamente uma *prova alternante*. No de Fichte um postulado e uma proposição incondicional", afirmou Schlegel (1963: XVIII, 521 [Anexo II 22]). A consequência dessa concepção, para os românticos, é aquele princípio da infinitude da filosofia a que já me referi aqui, como aliás Benjamin o demonstrou na primeira parte da sua dissertação sobre o conceito romântico de crítica (BENJAMIN 1993: 51), lançando mão, por exemplo, desse importante fragmento:

> "Na base da filosofia deve repousar não só uma prova alternante [*Wechselbeweis*], mas também um *conceito alternante* [*Wechselbegriff*]. Pode-se a cada conceito e a cada prova perguntar novamente por um conceito e pela sua prova. Daí a filosofia ter de começar, como a poesia épica, pelo meio, e é impossível recitá-la e contar parte por parte de modo que a primeira parte ficasse completamente fundamentada e clara para si. Ela é um todo, e o caminho para conhecê-la não é, portanto, uma linha reta, mas sim, um círculo. O todo da ciência fundamental deve ser

---

[11] Cf. capítulo anterior.

derivado de duas ideias, proposições, conceitos, intuições sem recurso a outra matéria." (SCHLEGEL 1963: XVIII, 518 [Anexo II 16])

Novalis já lera em Jacobi que, quando conectamos um predicado a um objeto, nós o determinamos. O *é* da fórmula *a é [igual a] a* não apenas representa um juízo predicativo, mas também estabelece o ser de *a*. A filosofia como *Darstellung*, no sentido romântico dessa palavra, significaria a solução do insolúvel: "Se o caráter do problema dado é a não solução, então nós o solucionamos se nós apresentarmos a sua insolubilidade. — Nós sabemos o suficiente de *a* quando nós vemos que o seu predicado é *a*" (NOVALIS 1978: II, 613).

Como Schlegel afirmou num dos fragmentos da *Athenäum*, a filosofia deveria ser uma unidade — como num tirso ou num arabesco — entre retas e curvas. A filosofia moderna teria o problema de justamente ter "retas demais" e de não ser suficientemente cíclica (SCHLEGEL 1967: II, 171). O elemento cíclico é visto *ao mesmo tempo como um polo alternante com a reta e como superação dessa polaridade*. A filosofia cíclica não é nada mais do que "o transcendental realizado" (SCHLEGEL 1963: XVIII, 350 [V 359]), ou seja, a tentativa de ligação do ideal e do real, que para Schlegel e Novalis é sempre paradoxal: "A mais elevada *apresentação* do inconcebível é síntese — unificação do que não pode ser unido — pôr da contradição, como não contradição" (NOVALIS 1978: II, 16),[12] afirmou o último. E ainda: "Apenas via um salto [*Sprung*] vai-se do universal arbitrário, de n — para o singular, individual — determinado. O manuseio da efetividade segundo a fórmula do necessário fornece o ideal. (Todas as relações autênticas são simultaneamente mediatas e imediatas.)" (NOVALIS 1978: II, 643). E Schlegel escreveu por sua vez: "A passagem é sempre um salto" (SCHLEGEL 1963: XVIII, 304 [IV 1325]). Esse salto (*Sprung*) que marca cada passagem, cada *volta* do pensamento, e que constitui a própria filosofia, caracteriza-a como um *perpetuum mobile*, um eterno *saltar* que constitui o seu próprio *Ur-Sprung* (origem) como um esquema da protoposição, *Ur-Setzung*. Novalis também caracterizou a filosofia como uma (paradoxal) resposta à atração pelo desconhecido; para ele todo "pensado" "prende-se [...] ao impensável" (NOVALIS 1978: II, 423). Ou ainda: "O desconhecido, misterioso, é o *resultado* e o *início* de tudo [...] O conhecimento é um meio para se atingir novamente o não-conhecimento" (NOVALIS 1978: II, 536). O problema, a tarefa infinita, em termos fichteanos (depois retomado no conceito benjaminiano de *Aufgabe* como tarefa/abandono do tradutor), é tanto o início como o resultado da filosofia. O motor que estaria na fonte da filosofia é uma casa vazia, que Novalis denomina de *Erkenntnißvermögen*, faculdade de conhecimento.

"O *desconhecido* é o *atrativo* da faculdade de conhecimento. O conhecido não atrai mais. Absolutamente desconhecido = atrativo absoluto. *Eu prático*. A faculdade de conhecimento é a si mesma — o *mais*

---

[12] Cf. também o *Blütenstaub* (Pólen), nº 26, de autoria de Schlegel (II 164).

elevado atrativo — o absolutamente desconhecido." (NOVALIS 1978: II, 379)

Ou seja, o conhecimento é novamente descrito como um movimento circular de autorreflexão[13] e *auto-poiesis*. Há uma concepção positiva do desconhecido e da não-compreensão (*Unverständlichkeit*); eles são a força produtora do saber, e um lado só existe em função do outro. Schlegel expressou essa concepção de modo mais acabado no seu *Über die Unverständlichkeit* (Sobre a incompreensibilidade). A defesa do "lado obscuro do conhecimento" que se lê nesse texto não deve ser confundida com uma mera apologia da impossibilidade de se penetrar nos mistérios do universo e da nossa alma. Para além da evidente ironia contra um certo Iluminismo, Schlegel antes constata a total dependência entre o saber e o não-saber; percebe o conhecimento como um jogo, e mesmo como uma simulação, *Verstellung* — a "solução" romântica para a questão da *Vorstellung*, representação — e hipocrisia, *Heuchelei*. O *soleil noir* aparece como apenas a outra face inexorável do sol luminoso.

> "Mas será que a incompreensibilidade é algo tão completamente ruim e desprezível? — Parece-me que a salvação das famílias e das nações baseia-se nela; se não sou iludido por tudo, Estados e Sistemas, as obras mais artificiais das pessoas, são frequentemente tão artificiais que não podemos parar de admirar a sabedoria do criador que aí se encontra. Uma porção incrivelmente pequena é suficiente se ela for conservada de modo inviolavelmente fiel e puro, e nenhum entendimento pecador deve ousar aproximar-se das fronteiras santas. Sim, o mais precioso que a humanidade possui, o contentamento interno mesmo depende, como qualquer um pode facilmente sabê-lo, em última análise, em algum lugar, de um de tais pontos que devem ser deixados na escuridão para que o todo seja suportado e conservado, e essa força seria perdida no mesmo momento em que se quisesse dissolvê-lo no entendimento. Na verdade vocês se assustariam se todo o mundo, como vocês o exigem, uma vez se tornasse seriamente de todo compreensível. E esse mundo infinito mesmo não é formado via compreensão a partir da incompreensibilidade ou do caos?" (SCHLEGEL 1967: II, 370)[14]

---

[13] Essa ideia é uma consequência da radicalização do princípio kantiano segundo o qual o "eu penso" (*ich denke*) acompanha todas as nossas representações (*Vorstellungen*). Cf. as preleções de filosofia de Schlegel (SCHLEGEL 1964: XII, 351). Nessas *Vorlesungen*, Schlegel criticou o conceito de "não-eu" (*Nicht-Ich*) porque ele compactuaria com a ideia de que existe algo fora do eu, uma coisa-em-si, e portanto uma finitude, um limite do eu. Ele propôs ao invés desse conceito o de "contra-eu" (*Gegen-Ich*) (SCHLEGEL 1964: XII, 338).

[14] Cf. ainda: "Pôr-se a esfera da incompreensibilidade e confusão é um patamar elevado e talvez o último da formação do espírito. O compreender do caos consiste em reconhecer" (SCHLEGEL 1963: XVIII, 227 [IV 396]). Com base nessa teoria positiva da *Unverständlichkeit* como parte da

Ordo inversus

A visão do saber como o avesso do não-saber e, portanto, da identidade como jogo de determinação e diferença fez com que Novalis acentuasse reiteradas vezes o fato de que só há definição através da saída do objeto a ser definido, só há *a* se *não-a*, ou como ele expressou: "A essência da identidade só deixa-se expor em uma pseudoproposição. Nós abandonamos o idêntico para apresentá-lo" (Novalis 1978: II, 8). Toda definição, portanto, é também um reflexo, uma inversão (Novalis 1978: II, 19). "O ponto de vista relativo sempre inverte a coisa" (Novalis 1978: II, 27); "O eu analítico alterna novamente com si mesmo — como o eu pura e simplesmente — na intuição — Alternam imagem e ser. A imagem é sempre o avesso do ser. O que é a direita na pessoa, é a esquerda na imagem" (Novalis 1978: II, 47; cf. Frank e Kurz 1977). F. Schlegel também expressou essa mesma ordem de ideias, como no seu "Über Lessing" (Sobre Lessing): "De modo total e em sentido rigoroso ninguém conhece a si mesmo. [...] não podemos ver o solo sobre o qual estamos" (Schlegel 1967: II, 115). Essa lei da determinação recíproca dos opostos ele elevou à lei da *Bildung* (formação/cultura) mesma, ou seja, só a partir da saída de si que se desdobra e se cria o si mesmo. "*Bildung* é síntese antitética e perfeição até a ironia. — Em uma pessoa que atingiu uma certa altura e universalidade da *Bildung* o seu interior é uma cadeia progressiva das revoluções as mais monstruosas" (Schlegel 1963: XVIII, 82 ss. [II 637]). A autonegação e a contradição levam a essas revoluções (a essas mudanças de posição) que resultam na *Bildung*, a saber, na construção do *ser*. Essa concepção do ser, da identidade, é aqui totalmente diversa da que se vê, por exemplo, em Herder.[15] Não se trata de uma imitação de si mesmo, que estaria no fim da *Bildung* e da filosofia, mas sim de uma concepção *poiética* do eu como (auto)criação a partir do seu "próprio ser", que para os românticos implica sempre necessariamente uma relação construtora com o "não-eu". No seu curso de filosofia de Colônia, Schlegel determinou como sendo uma das leis principais "de todo tornar-se" a que anuncia o "*saltar no oposto*" (*Überspringens in das Gegenteil*; Schlegel 1964: XIII, 25). Para ele e Novalis, o eu existe apenas no trânsito "fora de si", o *ek-sistieren* (existir) apresenta-se como *Ek-stasis* (Frank 1995: 26, 31): "O eu puro nós vemos, portanto, sempre fora — o eu puro é o objeto. Ele está em nós e nós o vemos ao mesmo tempo fora de nós" (Novalis 1978: II, 40). O eu puro é visto como uma ficção necessária — ou seja, dentro do paradigma do *double bind*, como impossibilidade e necessidade: "tudo que é puro também é uma ilusão da imaginação — uma ficção *necessária*" (Novalis 1978: II, 87). O princípio que guia o nosso conhecimento é o da *ordo inversus*.[16] Ao invés do regime monológico, Schlegel prega um eterno dualismo: "A *intuição*

---

compreensão, como seu polo alternante, a frase "Toda prosa sobre o mais elevado é incompreensível" (Schlegel 1963: XVIII, 254 [IV 723]) revela a sua outra face não metafísica.

[15] Cf. capítulo 17.

[16] Cf. os estudos de Fichte de Novalis (Novalis 1978: II, 32).

intelectual não é nada senão a consciência de uma harmonia preestabelecida, de um dualismo necessário e eterno" (SCHLEGEL 1963: XVIII, 280 [IV 1026]).

Para os românticos, a poesia era ela mesma uma força *autopoiética* e irredutível. O *espírito* do texto constituiria um ser "infinito" (SCHLEGEL 1963: XVIII, 115 [II 1044]). O absoluto literário que os primeiros românticos fundaram é também uma figura da sua filosofia, a saber, da filosofia como *auto-poiesis*. O discurso filosófico romântico é uma constante reflexão sobre esse absoluto que estaria na origem da filosofia e para o qual haveria apenas uma "expressão *sem-nome*" (NOVALIS 1978: II, 524). A crítica ao sistema origina-se justamente da impossibilidade de se nomear, "conceituar" e conhecer o *Absoluto* ("Assim que algo é sistema, então ele não é absoluto. A unidade absoluta seria algo como um caos de sistemas"; SCHLEGEL 1964: XII, 5), sendo que esse absoluto, como vimos, não seria nada mais do que essa própria "busca". Por outro lado, com relação ao outro polo do sistema, o caos, Schlegel escreveu: "A essência do caos parece localizar-se na sua absoluta negatividade" (SCHLEGEL 1963: XVIII, 228 [IV 406]). A Poesia — ou o poético, que pode atuar em qualquer discurso — seria a única forma de conhecimento do *todo* e, portanto, de "re-conhecimento" do Caos, porque ela seria a linguagem da *Umweg*, do desvio, que nos guiaria para o caminho que permite a *visão* correta desse todo. Essa concepção topográfica da verdade representa mais uma revolução romântica do que uma repetição e continuidade. À poesia caberia, portanto, não apenas a possibilidade de "salvar" o individual do domínio da abstração conceitual homogeneizadora, mas também a *perspectiva* que permite a visualização do todo. O percurso mais individual é na verdade o único possível e a única forma de se *ver* o "centro": "Eu pronunciei algumas ideias, que indicam para o centro, eu saudei a alvorada a partir da minha visão, do meu ponto de vista. Quem sabe o caminho faça o mesmo a partir de sua visão, de seu ponto de vista", escreveu Schlegel referindo-se às suas próprias *Ideen* (1967: II 272).

A filosofia para Novalis só existe enquanto interação — em *Wechselwirkung*, ação alternante, vale dizer — com a poesia. Se o poético é tanto representante do *individual* como da *visada* do *todo*, o filosófico representa o momento universal, um não podendo *ser* sem o outro. Para Novalis, portanto, "a poesia é o herói da filosofia".[17] A faculdade central da poesia, ou seja, a imaginação, e a da filosofia, o entendimento, também não podem agir isoladamente: sem a imaginação com o seu trabalho de esquematização transcendental não há conceitos; do mesmo modo, sem esses últimos, não há um sentido, um nexo significante para cada uma das partes. Essa ideia tanto Novalis como Schlegel expressaram de várias maneiras:

> "Unidade do *entendimento* e da *imaginação*. Sem filosofia fica-se desunido no que concerne às forças essenciais — São duas pessoas — Um com entendimento — e um poeta.

---

[17] "A poesia é o herói da filosofia. A filosofia eleva a poesia a princípio. Ela nos ensina a conhecer o valor da poesia. Filosofia é *a teoria* da *poesia*. Ela mostra-nos o que a poesia é, que ela é tudo e o todo" (NOVALIS 1978: II, 380).

Sem filosofia, poeta incompleto — Sem filosofia, pensador incompleto." (Novalis 1978: II, 321; Cf. ainda Novalis 1978: II, 318; 321 ss.)

"Toda a história da poesia moderna é um comentário contínuo ao curto texto da filosofia: toda arte deve tornar-se ciência, e toda ciência, arte; poesia e filosofia devem ser unificadas." (Schlegel 1967: II, 161)

A passagem da filosofia para a poesia segue a lei do "tornar-se" que já vimos. Novalis vê uma passagem, no sentido de uma superação contínua, que leva da ciência, passa pela filosofia e atinge a poesia (Novalis 1978: II, 636). O *poeta* é tomado como um objetivo que todos devem atingir; daí ele poder falar de "graus do poeta" e negar que haja uma separação entre o poeta e o *pensador* (Novalis 1978: II, 645).

26.
ONDE COMEÇA A POESIA

Paul Valéry expôs uma vez, com verve, o *problema* diante do qual Baudelaire se colocava, com essas palavras: "ser um grande poeta, sem ser nem Lamartine, nem Hugo, nem Musset". Hegel, por sua vez, tinha como seu *alter ego* não apenas Kant ou Schelling: o seu modelo negativo por excelência foram os românticos de Iena, e, dentre eles, sobretudo Friedrich Schlegel. Se é evidente que todo ódio esconde uma incontida atração e identidade, mais do que nunca Hegel procurou exorcizar os "fantasmas" que rondavam a *sua teoria* ao criticar o "subjetivismo exacerbado" dos românticos e ao denunciar o seu "culto do feio, do mal, da mentira — da ironia". Para Hegel, a arte autêntica deveria "apresentar em si a visão de uma harmonia". Para ele "é muito mais fácil interromper-se constantemente o duto da matéria exposta, iniciar, dar continuidade e terminar de modo arbitrário, lançar confusamente uma série de chistes e de sensações, gerando desse modo caricaturas da fantasia, do que aparar as pontas, desenvolver a partir de si um todo em si sólido como testemunho do verdadeiro ideal". A polaridade entre a concepção "clássica" e a "romântica" da arte não poderia ser mais gritante.

Essa concepção clássica que Hegel defendia encontrava-se umbilicalmente conectada a uma determinada visão de conhecimento. Hegel compreendeu Schlegel mais do que muitos dos seus seguidores; sua crítica parte de sua fundamental diferença com relação à filosofia do romântico de Iena: enquanto Hegel visava à construção de um sistema (*omniabrangente*) do pensamento e julgava ser possível a redução do mundo ao conceito — "o real é o racional..." —, para Schlegel uma tal *representação* do mundo passa a ser vista como uma tarefa impossível. Ao invés da adequação entre o sujeito e o objeto levada a cabo pelo trabalho do entendimento e dos seus agentes, os conceitos, Schlegel — juntamente com seu amigo Novalis e na senda aberta por Fichte — propõe uma nova concepção de conhecimento que se despedia da tutela milenar do paradigma da representação, ou, se se preferir, da *mímesis*. Hegel compreendera essa revolução, e foi contra ela que investiu com todo o peso de sua autoridade: o resultado da sua crítica aos românticos de Iena não poderia ter sido mais desastroso. Com raras e nobres exceções, tais como Nietzsche, o círculo de Stefan George, Walter Benjamin e o primeiro Lukács, poucos são os autores que se debruçaram de modo sério sobre as obras de Schlegel e Novalis, encarando-as como uma parte essencial da história da filosofia.

Por outro lado, não deixa de ser sintomático o fato de essa obra ter sido resgatada justamente no pós-Segunda Guerra Mundial, ou seja, numa época em que o discurso filosófico encontrava-se em profunda crise. No volume de fragmentos que agora o público de língua portuguesa tem ao seu alcance[1] — traduzido pelas mãos extremamente competentes de Márcio Suzuki, que o aparelhou com uma apresentação introdutória tanto necessária quanto exata e com notas eruditas e inteligentes — o leitor encontrará a resposta ao porquê dessa recepção tardia. Os fragmentos ora apresentados dividem-se em três grupos. O primeiro denominado de *Fragmentos críticos* foi publicado em 1797 na revista *Lyceum der schönen Künste* (Liceu das belas artes), o segundo e mais volumoso grupo abarca os fragmentos publicados na revista *Athenäum* em 1798, e o terceiro grupo, também publicado nessa mesma revista — o principal órgão de divulgação das ideias dos românticos de Iena — em 1800, recebeu o nome de *Ideias*.

Há uma clara "evolução" no pensamento de Schlegel que pode ser acompanhada ao longo desses três grupos de fragmentos: em 1797 a temática gira em torno da superação da "querela dos antigos e modernos" e, portanto, do "distanciamento" que Schlegel tomou com relação a sua primeira fase de filólogo, historiador e tradutor de obras da cultura clássica greco-romana. A forma em si mesmo crítica do fragmento — em oposição à exposição sistemática — já é aplicada com maestria, e conceitos fundamentais do assim chamado primeiro romantismo — que teve seu auge justamente entre os anos 1798-1800 com a publicação da revista *Athenäum* — apresentam-se também desenvolvidos, tais como o de ironia e o de chiste (*Witz*). A filosofia, como Schlegel definiu então, seria "a verdadeira pátria da ironia", e esta, por sua vez, é definida como "beleza lógica" — aos olhos dos kantianos ortodoxos de plantão na época, que não eram poucos, nada poderia ser mais sacrílego. Mas Schlegel, evidentemente, estava sendo kantiano a seu modo: ele estava apenas desdobrando o *tópos* iluminista da autonomia do sujeito. Para manter sua autonomia intacta, esse indivíduo moral deve limitar-se a si mesmo antes que isso ocorra por intervenção externa. Por sua vez, esse modelo de um sujeito que se autorregulamenta, Schlegel o encontrou na própria poesia: "A poesia é um discurso republicano; um discurso que é sua própria lei e seu próprio fim, onde todas as partes são cidadãos livres e têm direito a voto". A consequência — lógica! — desse modelo criativo, vale dizer autocriativo do ser como um poema (*poiesis* é criação), levou a uma superação da divisão estanque entre o discurso filosófico e o poético: "poesia e filosofia devem ser unificadas".

Nos fragmentos de 1798 vislumbramos o auge desse movimento de fundação de um novo modo de pensar baseado na ironia — vale dizer, na reflexão — e na poesia. Esses fragmentos realizam a utopia moderna do Livro total, que para garantir essa totalidade deve manter-se em aberto: além de Friedrich Schlegel, também Novalis, Schleiermacher e August Wilhelm Schlegel alternam-se na autoria dos fragmentos que não levam uma assinatura: ao invés do mote "todo real é racional", entra-se no registro "todo o real é poesia". O pensamento deve caminhar, para Friedrich Schlegel, não em linha reta (que seria o caminho da epistemologia tradicional conduzida pelas amarras da lógica), mas antes num constante movimento

---

[1] Resenha do livro *O dialeto dos fragmentos*, de Friedrich Schlegel, com tradução, apresentação e notas de Márcio Suzuki, São Paulo, Iluminuras, 1997.

— auto-irônico, reflexivo — de criação e destruição (num desdobramento característico da equação fichteana do início da doutrina-da-ciência lê-se: "Humor tem a ver com ser e não-ser, e sua essência própria é a reflexão"). Como Schleiermacher — kantianamente — afirma num desses fragmentos, "sem poesia não há nenhuma realidade, assim como, a despeito de todos os sentidos, não há mundo externo sem fantasia". Nesse sentido, esses fragmentos tematizam não apenas a teoria do conhecimento, mas também enfocam o amor, a mulher, a amizade, os diversos gêneros poéticos (com destaque para a teoria do romance — que teria sua origem na doutrina política de Platão —, esse gênero dos gêneros que sintetiza a utopia romântica), os gêneros da pintura, o próprio fragmento como síntese entre o subjetivo e o objetivo, entre o sistema e a sua ausência, a filosofia da história, o chiste, a morte, o belo, a teoria aristotélica da *kátharsis*, o trabalho do filólogo, a noção de gênio e o conceito de exposição (*Darstellung*, que substitui o paradigma da *representação*, *mímesis*), entre muitos outros temas.

O último bloco de "fragmentos" — que Schlegel preferia qualificar com o epíteto de *Ideias* — já dá mostras do final de um dos movimentos mais férteis da história ocidental do pensamento. A genial desconstrução/reconstrução da tradição filosófica aos poucos cede lugar a uma espécie pouco produtiva de misticismo, que pode ser lida aí sobretudo na teoria que Schlegel elabora de uma nova *religião* — e que na prática se concretizou com a sua conversão espetacular ao catolicismo em 1808. Também o nacionalismo germânico do futuro Schlegel ministro e participante do Congresso de Viena já pode ser detectado aqui. Nem por isso as *Ideias* deixam de documentar a força do intelecto desse autor e a sua tentativa de dar continuidade à reflexão filosófica através da fusão entre a filosofia e a poesia ("ali onde cessa a filosofia, a poesia tem de começar"). Lembrando a definição kantiana do gênio, da Terceira Crítica, Schlegel anotou: "um artista é aquele que tem seu centro em si mesmo"; e ainda, levando às últimas consequências a sua concepção forte de *exposição*, ele define a escrita como uma letra onipotente, como uma verdadeira "vara mágica" e a filosofia como uma elipse com dois centros: todo centro — assim como toda origem — para os românticos, deve ser duplo. Não há "eu" sem um "não-eu". Desse modo, é compreensível que Schlegel defina a *exposição* das suas ideias como dependente da *sua* "visão", como marcada "a partir do meu ponto de vista". A filosofia tradicional até hoje não aceitou essa "hiperbolia" do subjetivo e muito menos a definição romântica desse eu como uma alternância, entre ser e não-ser. Justamente nessa revolução do conceito de identidade — na coragem de se apresentar o eu como *poiesis* e jogo de diferenças — encontra-se o núcleo da revolução romântica.

SOBRE OS TEXTOS

1. "Após o 'violento abalo'. Notas sobre a arte — relendo Walter Benjamin"
Texto publicado em duas versões: "Après le 'puissant bouleversement'. Notes sur l'art — une relecture de Walter Benjamin", em Marc Jimenez (org.). *L'Oeuvre d'art aujourd'hui*. Paris: Klincksieck, 2002, pp. 189-201; "Após o 'violento abalo'. Notas sobre a arte — relendo Walter Benjamin", em *alea. Estudos Neolatinos*. Rio de Janeiro, vol. 4, nº 1, janeiro/junho, 2002, pp. 55-70.

2. "Do delicioso horror sublime ao abjeto e à escritura do corpo"
Palestra ministrada no VI Congresso da Abralic, UFSC (19/08/1998). Publicada como: "Do delicioso horror sublime ao abjeto e à escritura do corpo", em Ana Luiza Andrade, M. L. de Barros Camargo e R. Antelo (orgs.). *Leituras do ciclo*. Florianópolis: Abralic, 1999, pp. 123-36.

3. "Arte, dor e *kátharsis*. Ou: variações sobre a arte de pintar o grito"
Publicado originalmente como "Variações sobre a arte de pintar o grito", em *Insight. Psicoterapia e Psicanálise*, ano IX, nº 101, novembro, 1999, pp. 8-15.

4. "Elogio da *mímesis*: Mario Perniola"
Publicado em *Cult*, nº 47, junho, 2001, pp. 22-4.

5. "Literatura e trauma: um novo paradigma"
Trabalho apresentado originalmente como palestra no Laboratório de Filosofia e Psicanálise do Programa de Pós-Graduação em Filosofia da Unisinos (26/10/2001). Publicado em *Rivista di Studi Portoghesi e Brasiliani* III, Pisa e Roma, 2001, pp. 103-18 (Dossiê: Poesia e Trauma).

6. "Literatura, testemunho e tragédia: pensando algumas diferenças"
Texto originalmente apresentado como palestra no "Germanistentreffen Südamerika" organizado pelo DAAD (10/10/2001) e posteriormente no Instituto de Teoria Literária e Literatura Comparada da Universidade Livre de Berlim (19/12/2002). Publicado em versões mais curtas como: "'Zeugnis' und 'Testimonio': ein Fall von Unübersetzbarkeit zwischen Begriffen", em *Germanistentreffen 2001*, organizado por Deutscher Akademischer Austauschdienst, Bonn, 2002, pp. 339-53, com tradução de Claudia Bornbusch; "'Zeugnis' e 'Testimonio': um caso de intraduzibilidade entre conceitos", em *Letras*, nº 22 ("Literatura e Autoritarismo"), janeiro/junho, 2001, pp. 121-30.

7. "Literatura de testemunho: os limites entre a construção e a ficção"
Publicado em *Revista Letras*, nº 16, janeiro/junho 1998, UFSM — Centro de Artes e Letras — Mestrado em Letras, Dossiê "Literatura, Violência e Direitos Humanos", pp. 9-37.

8. "Era da destruição — era da memória: W. G. Sebald"
Publicado originalmente como "Sebald narra 'catástrofes silenciosas'", em *Especial, Folha de S. Paulo*, 01/09/2001, p. 4.

9. "Walter Benjamin e os sistemas de escritura"
Palestra apresentada no seminário "Historiografia Literária e as Técnicas de Escrita (do manuscrito ao hipertexto)", setor de Filologia da Casa de Rui Barbosa (12-15/09/2000) e no *Centre d'étude de l'écriture* da Universidade Paris 7 — Denis-Diderot (19/01/2001). Publicada em *Remate de Males*, Unicamp, n° 22, 2002, pp. 181-212, e no volume com as atas do seminário: Flora Süssekind e Tânia Dias (orgs.). *A historiografia literária e as técnicas de escrita: do manuscrito ao hipertexto.* Rio de Janeiro: Vieira & Lent, Fundação Casa de Rui Barbosa, 2004, pp. 293-312.

10. "Passagem de Walter Benjamin"
Texto publicado originalmente como "Pierre Missac trata das 'passagens do pensador", em *O Estado de S. Paulo*, 28/02/1999, p. D-5.

11. "O século das catástrofes"
Publicado em *Jornal de Resenhas (Folha de S. Paulo)*, n° 59, 12/02/2000.

12. "Revisionismo ortográfico"
Publicado com o título "Língua adulterada", em *Mais! (Folha de S. Paulo)*, n° 458, 19/11/2000, pp. 10-1.

13. "'Nostalgéria' e a origem da desconstrução"
Publicado como "Derrida e os ecos da Argélia", em *Mais! (Folha de S. Paulo)*, 26/06/1997.

14. "Judeu-brasileiro: traduzindo o passado em um contexto hospitaleiro/hostil"
Trabalho apresentado originalmente no congresso "BRASA V — Brasil 500 anos" da Brazilian Studies Association, Recife (18-21/06/2000). Publicado em *Cadernos de Língua e Literatura Hebraica*, Curso de Pós-Graduação de Língua Hebraica, Literatura e Cultura Judaicas da FFLCH-USP, n° 3, São Paulo, 2001, pp. 321-36.

15. "Filosofia da tradução — tradução de filosofia: o princípio da intraduzibilidade"
Trabalho originalmente apresentado no "Deutscher Lusitanistentag", Berlim (09/1995), organizado pela União dos Lusitanistas Alemães. Publicado em duas versões: "Philosophie der Übersetzung — Übersetzung von Philosophie: Das Prinzip Unübersetzbarkeit", em Ray-Gude Mertin (org.). *Von Jesuiten, Türken, Deutschen und anderen Fremden: Aufsätze zu brasilianischer Literatur und literarischer Übersetzung.* Frankfurt a.M.: TFM, 1996, pp. 165-85 com tradução minha; e "Filosofia da tradução — tradução de filosofia: o princípio da intraduzibilidade", em *Cadernos de Tradução*, n° 3, UFSC, 1998, pp. 11-47.

16. "Haroldo de Campos: tradução como formação e 'abandono' da identidade"
Trabalho originalmente apresentado no "48th International Congress of Americanists" (04-09/07/1994) em Estocolmo. Publicado em Jacques Leenhardt e Sandra Pesavento (orgs.), *Discurso histórico e narrativa literária.* Campinas: Editora da Unicamp, 1998, pp. 273-93.

17. "Globalização, tradução e memória"
Trabalho apresentado no "IX Congreso de la Federación Internacional de Estudios de América Latina y el Caribe", Tel Aviv (12-15/04/1999). Publicado em *Cadernos de Tradução* IV, UFSC, janeiro/dezembro, 1999, pp. 151-66.

18. "Do gênio da língua ao tradutor como gênio"
Trabalho apresentado originalmente no Instituto de Estudos da Linguagem da Unicamp, Campinas (27/10/1998). Publicado em *Delta*, vol. 19: Especial, 2003, pp. 175-91.

19. "*Coisas e anjos de Rilke* e o desafio da tradução"
Publicado em *Revista USP*, São Paulo, n° 54, junho/agosto, 2002, pp. 170-7.

20. "Ulisses ou a astúcia na arte de trocar presentes"
Ensaio escrito para a coletânea *Ninguém e o outro. Leituras polifônicas do canto IX d'A Odisseia*, Márcia Tiburi e Claudio Pereira Elmir (orgs.). Porto Alegre: Bertrand, (no prelo).

21. "'Como um raio fixo'. Goethe e Winckelmann: o Classicismo e suas aporias"
Texto originalmente apresentado no "Ciclo de conferências comemorativo dos 250 anos de Goethe", Departamentos de Alemão e de Literatura Comparada da Faculdade de Letras da UERJ (08/10/1999). Publicado em *Phaos: Revista de Estudos Clássicos*, IEL-Unicamp, vol. 2, 2002, pp. 167-85.

22. "*Physiognomia*, paisagem ideal e ficção autobiográfica: a *Viagem à Itália* de Goethe"
Publicado em uma versão menor com o título "O périplo italiano de Goethe", em *Cult*, n° 29, dezembro, 1999, pp. 40-4. O texto em sua forma presente foi escrito para uma coletânea sobre Goethe organizada por Luiz Montez e a ser publicada em 2005.

23. "A formação da Alemanha a partir da Grécia: Winckelmann e F. Schlegel"
Trabalho apresentado no Colóquio Internacional "Kátharsis" (17-20/04/2001) na FAFICH/UFMG.

24. "Hieróglifo, alegoria e arabesco: Novalis e a poesia como poiesis"
Publicado em *Poesia Sempre*, Biblioteca Nacional, Rio de Janeiro, n° 14, agosto, 2001, pp. 179-88.

25. "Friedrich Schlegel e Novalis: poesia e filosofia"
Palestra apresentada na "IX Semana Interdisciplinar de Estudos Anglo-Germânicos" (16-19/10/2000) na Faculdade de Letras da UFRJ. Publicado em Izabela M. Furtado Kestler, Ruth P. Nogueira e Sílvia B. de Melo (orgs.). *Estudos anglo-germânicos em perspectiva*. Rio de Janeiro: Faculdade de Letras da UFRJ, 2002, pp. 89-103.

26. "Onde começa a poesia"
Publicado em *Jornal de Resenhas (Folha de S. Paulo)*, n° 32, 08/11/1997.

BIBLIOGRAFIA

Abject Art. 1993. Catálogo da exposição, Whitney Museum of American Art, Nova York.

ABRAHAM, Nicolas e TOROK, Maria. 1976. *Cryptonymie — Le Verbier de l'homme aux loups*. Paris: Flammarion.

ABRAHAM, Nicolas e TOROK, Maria. 1995. *A casca e o núcleo*, trad. Maria J. Coracini. São Paulo: Escuta.

ABRAMS, Meyer Howard. 1953. *The mirror and the lamp. Romantic theory and the critical tradition*. Londres/Oxford/Nova York: Oxford University Press.

ACHUGAR, Hugo (org.). 1994. *En otras palabras, otras historias*. Montevidéu: Universidad de la Republica, Faculdad de Humanidades y Ciencias de la Educación, Departamento de Publicaciones.

ADORNO, Theodor W. 1973. "Engagement". *In*: *Notas de literatura*, trad. C. Galeão. Rio de Janeiro: Tempo Brasileiro.

ADORNO, Theodor W. 1975. *Negative Dialektik*. *In*: *Gesammelte Schriften*, vol. 6. Rolf Tiedemann, Gretel Adorno, Susan Buck-Morss, Klaus Schulz (orgs.). Frankfurt a.M.: Suhrkamp.

ADORNO, Theodor W. 1977. "Kulturkritik und Gesellschaft". *In*: *Gesammelte Schriften*, vol. 10. Frankfurt a.M.: Suhrkamp.

ADORNO, Theodor W. 1981. "Offener Brief an Rolf Hochhuth". *In*: *Noten zur Literatur*. Frankfurt a.M.: Suhrkamp.

ADORNO, Theodor W. 1982. *Teoria estética*, trad. Artur Mourão. Lisboa: Edições 70.

ADORNO, Theodor W. e HORKHEIMER, Max. 1985. *Dialética do Esclarecimento. Fragmentos filosóficos*, trad. G. Almeida. Rio de Janeiro: Jorge Zahar.

ADORNO, Theodor W. e HORKHEIMER, Max. 1987. *Dialektik der Aufklärung*. *In*: Max Horkheimer, *Gesammelte Schriften*, vol. 5. Frankfurt a.M.: Fischer.

AGAMBEN, Giorgio. 1998. *Quel che resta di Auschwitz. L'archivio e il testimone*. Turim: Bollati Boringhieri.

AGAMBEN, Giorgio. 2002. *Homo Sacer. O poder soberano e a vida nua I*. Belo Horizonte: UFMG.

ALLEMANN, Beda. 1986. "Einleitung". *In*: R. M. Rilke, *Werke*. Frankfurt a.M.: Insel, 4ª ed., vol. I, pp. I-XXXII.

ALTCAPPENBERG, Heinz-Th. Schulze. 1986. "Zwischen Ideal und Wirklischkeit. Zum Verständnis der Goethe-Zeichnungen". *In*: *Goethe in Italien: auf klassischem Boden begeistert: eine Ausstellung des Goethe-Museums Düsseldorf, Anton-und-Katharina-Kippenberg-Stiftung/ veranstaltet vom Arbeitskreis Selbständiger Kultur-Institute*. Mainz: Philipp von Zabern, pp. 99-112.

ALTER, Robert. 1993. *Anjos necessários: tradição e modernidade em Kafka, Benjamin e Scholem*. Rio de Janeiro: Imago.

ALZUGARAT, Alfredo. 1994. "El Testimonio en la revista *Casa de las Américas*". *In*: Hugo Achugar (org.). *En otras palabras, otras historias*. Montevidéu: Universidad de la Republica, Faculdad de Humanidades y Ciencias de la Educación, Departamento de Publicaciones, pp. 171-228.

AMÉRY, Jean. 1980. *At the Mind's Limits: Contemplations by a Survivor on Auschwitz and Its Realities*, trad. do alemão Sidney e Stella Rosenfeld. Bloomington: Indiana University Press.

AMÉRY, Jean. 2002. *Werke*, vol. II, Stuttgart: Klett-Cotta.

AMISHAI-MAISELS, Ziva. 1993. *Depiction and Interpretation: The Influence of the Holocaust on the Visual Arts*. Oxford: Butterworth-Heinemann.

ANDERS, Gunter. 1993. *Kafka: pró e contra, os autos do processo*, trad. Modesto Carone. São Paulo: Perspectiva.

ANDRÉ DU RAP. 2002. *Sobrevivente André du Rap, do massacre do Carandiru*, coordenação editorial Bruno Zeni. São Paulo: Labortexto Editorial.

ANISSIMOV, Myriam. 1996. *Primo Levi ou la tragédie d'un optimiste*. Paris: Jean-Claude Lattès.

ANTELME, Robert. 1957. *L'Espèce humaine*. Paris: Gallimard.

ARGUEDAS, José Maria. 1969. *El Sexto*. Lima: Editorial Horizonte.

ARISTÓTELES. 1980. *La Poétique*, org. e trad. Roselyne Dupont-Roc e Jean Lallot. Paris: Seuil.

ARISTÓTELES. 1988. *Poética*. In: Aristóteles, Horácio, Longino, *A Poética Clássica*, trad. J. Bruna. São Paulo: Cultrix.

ARISTÓTELES. 1993. *Poética*, trad. Eudoro de Souza. São Paulo: Ars Poetica.

ASCHER, Nelson. 1996. *Algo de sol*. São Paulo: Editora 34.

ASHFIELD, Andrew e BOLLA, Peter de (org.). 1996. *The Sublime. A reader in British eighteenth--century aesthetic theory*. Cambridge: Cambridge University Press.

ASSMANN, Aleida. 1993. *Arbeit am nationalen Gedächtnis*. Frankfurt a.M.: Campus.

ASSMANN, Aleida. 1998. *Zeit und Tradition. Kulturelle Strategien der Dauer*. Colônia: Böhlau.

ASSMANN, Aleida. 1999. *Erinnerungsräume. Formen und Wandlungen des kulturellen Gedächtnisses*. Munique: C. H. Beck.

ASSMANN, Jan. 1996. "Translating Gods: Religion as a Factor of Cultural (Un)Translatability". *In*: S. Budick, W. Iser (orgs.). *The Translatability of Cultures*. Stanford: Stanford University Press, pp. 25-36.

ASSMANN, Jan. 2000. "Hieroglyphen als mnemotechnisches System. William Warburton und die Grammatologie des 18. Jahrhunderts". *In*: Jörg Berns, Wolfgang Neuber (orgs.). *Seelenmachinen. Gattungstraditionen, Funktionen und Leistungsgrenzen der Mnemotechniken vom späten Mittelalter bis zum Beginn der Moderne*. Viena/Colônia/Weimar: Böhlau.

AUERBACH, Erich. 1938. *Figura*. In: *Archivum Romanicum*, Firenze, vol. XXII, n° 1, janeiro-março 1938, pp. 436-89.

AUERBACH, Erich. 1997. *Figura*, trad. Duda Machado, introdução de Modesto Carone. São Paulo: Ática.

AUROUX, Sylvain. 1990. "Traduction". *In*: *Encyclopédie Philosophique Universelle II, Les Notions Philosophiques*, vol. 2. Paris: Presses Universitaires de France.

BAER, Ulrich (org.). 2000. *'Niemand zeugt für den Zeugen'. Erinnerungskultur nach der Shoah*. Frankfurt a.M.: Suhrkamp.

BALLINGER, Pamela. 1998. "The Culture of Survivors. Post-Traumatic Stress Disorder and Traumatic Memory". *In*: *History & Memory*, Indiana University Press, vol. 10, n° 1, spring 1998, pp. 99-132.

BATTEUX, Charles. 1747. *Les Beaux Arts réduits à un même Principe*. Paris: Durand.

BATTEUX, Charles. 1774. *Traité de la Construction Oratoire*. In: *Principes de la Littérature*. Paris: Desaint et Saillant, 5ª ed.

BATTEUX, Charles. 1788. *Traité de l'arrangement des mots. Traduit du grec de Denys d'Halicarnasse avec des Réflexions sur la Langue Françoise, comparée avec la Langue Grecque*. Paris: Desaint et Saillant.

BAUMAN, Zygmunt. 1998. *Modernidade e Holocausto*. Rio de Janeiro: Jorge Zahar.

BAUMGARTEN, Alexander Gottlieb. 1983. *Meditationis philosophicae de nonnullis ad poema pertinentibus*. Hamburgo: Felix Meiner.

BEHLER, Ernst. 1966. *Friedrich Schlegel*. Hamburgo: Rowohlt

BENJAMIN, Walter. 1972. *Gesammelte Schriften*. R. Tiedemann, H. Schweppenhäuser (orgs.). Frankfurt a.M.: Suhrkamp, vol. III: *Kritiken und Rezensionen*.

BENJAMIN, Walter. 1972a. *Gesammelte Schriften*. R. Tiedemann, H. Schweppenhäuser (orgs.). Frankfurt a.M.: Suhrkamp, vol. IV: *Kleine Prosa. Baudelaire-Übertragungen*.

BENJAMIN, Walter. 1974. *Gesammelte Schriften*. R. Tiedemann, H. Schweppenhäuser (orgs.). Frankfurt a.M.: Suhrkamp, vol. I: *Abhandlungen*.

BENJAMIN, Walter. 1974a. *Gesammelte Schriften*. R. Tiedemann, H. Schweppenhäuser (orgs.). Frankfurt a.M.: Suhrkamp, vol. II: *Aufsätze, Essays, Vorträge*.

BENJAMIN, Walter. 1978. *Briefe*. Gershom Scholem, Theodor Adorno (orgs.). Frankfurt a.M.: Suhrkamp.

BENJAMIN, Walter. 1982. *Gesammelte Schriften*. R. Tiedemann, H. Schweppenhäuser (orgs.). Frankfurt a.M.: Suhrkamp, vol. V: *Das Passagen-Werk*.

BENJAMIN, Walter. 1984. *Origem do drama barroco alemão*, trad. e pref. Sérgio Paulo Rouanet. São Paulo: Brasiliense.

BENJAMIN, Walter. 1985. *Gesammelte Schriften*. R. Tiedemann, H. Schweppenhäuser (orgs.). Frankfurt a.M.: Suhrkamp, vol. VI: *Fragmente vermischten Inhalts. Autobiographische Schriften*.

BENJAMIN, Walter. 1985a. *Obras escolhidas*, vol. I, *Magia e técnica, arte e política*, trad. Sérgio Paulo Rouanet. São Paulo: Brasiliense.

BENJAMIN, Walter. 1986. "Crítica da violência. Crítica do poder", trad. Willi Bolle. *In*: W. Benjamin, *Documentos de cultura, documentos de barbárie*, Willi Bolle (org.). São Paulo: Cultrix/Edusp, pp. 160-75.

BENJAMIN, Walter. 1987. *Obras escolhidas*, vol. II, *Rua de mão única*, trad. R. R. Torres F. e J. C. M. Barbosa. São Paulo: Brasiliense.

BENJAMIN, Walter. 1989. *Gesammelte Schriften*. R. Tiedemann, H. Schweppenhäuser (orgs.). Frankfurt a.M.: Suhrkamp, vol. VII: *Nachträge*.

BENJAMIN, Walter. 1989a. *Obras escolhidas*, vol. III, *Charles Baudelaire, um lírico no auge do capitalismo*, trad. J. C. M. Barbosa e H. A. Baptista. São Paulo: Brasiliense.

BENJAMIN, Walter. 1993. *O conceito de crítica de arte no Romantismo Alemão*, trad., pref. e notas M. Seligmann-Silva. São Paulo: Iluminuras/Edusp.

BENJAMIN, Walter. 1999. *Gesammelte Schriften. Supplement I: Kleinere Übersetzungen*. Rolf Tiedemann (org.). Frankfurt a.M.: Suhrkamp.

BENTHIEN, Claudia. 1999. *Haut. Literaturgeschichte — Körperbilder — Grenzdiskurse*. Reinbeck bei Hamburgo: Rowohlt.

BENVENISTE, Émile. 1995. *O vocabulário das instituições indo-europeias*, vol. I: *Economia, parentesco, sociedade* e vol. II: *Poder, direito, religião*, trad. D. Bottmann. Campinas: Editora da Unicamp.

BERG, Nicolas (org.). 1996. *Shoah — Formen der Erinnerung*. Munique: Fink.

BERGMAN, Martin. 1996. "Fünf Stadien in der Entwickung der psychoanalytischen Trauma-Konzeption". *In*: *Mittelweg*, vol. 2, pp. 12-22.

BERMAN, Antoine. 1984. *L'Épreuve de l'Étranger. Culture et traduction dans l'Allemagne Romantique.* Paris: Gallimard.

BERMAN, Antoine. 1986. "L'essence platonicienne de la traduction". *Revue d'esthétique*, n° 12: 63-73.

BERMAN, Antoine. 1987. "Hölderlin, ou la traduction comme manifestation". *In*: B. Böschernstein, J. Le Rider (orgs.). *Hölderlin vu de France*. Tübingen: Gunter Narr.

BEVERLEY, John e ACHUGAR, Hugo (orgs.). 1992. *La voz del otro: testimonio, subalternidad y verdad narrativa*. Lima/Pittsburg: Latinoamericana Editores.

BIRKEN-BERTSCH, Hanno e MARKNER, Reinhard. 2000. *Rechtschreibreform und Nationalsozialismus. Ein Kapitel aus der politischen Geschichte der deutschen Sprache*. Götingen: Wallstein-Verlag, Veröffentlichungen der Deutsche Akademie für Sprache und Dichtung (Darmstadt).

BLUMENBERG, Hans. 1981. *Die Lesbarkeit der Welt*. Frankfurt a.M.: Suhrkamp.

BOHLEBER, Werner. 2000. "Die Entwicklung der Traumatheorie in der Psychoanalyse". *In*: *Psyche. Zeitschrift für Psychoanalyse und Ihre Anwendungen*. Frankfurt a.M.: Klett-Cotta, 9/10 (2000), pp. 797-839 (*Trauma, Gewalt und Kollektives Gedächtnis*).

BOHRER, Karl Heinz. 1998. "Gewalt und Ästhetik als Bedingungsverhältnis". *In*: *Merkur*, vol. 4, abr. 1998, pp. 281-93.

BOLTANSKI, Christian. 1997. "Interview to Tamar Garb". *In*: Didier Semin, Tamar Garb, Donald Kuspit, *Christian Boltanski*. Londres: Phaidon.

BORSDORF, Ulrich e GRÜTTER, Heinrich Theodor (orgs.). 1999. *Orte der Erinnerung. Denkmal, Gedenkstätte, Museum*. Frankfurt a.M./Nova York: Campus.

BROSZAT, Martin e FRIEDLÄNDER, Saul. 1990. "A Controversy about the Historicization of National Socialism". *In*: Peter Baldwin (org.). *Reworking the Past. Hitler, the Holocaust and the Historians*. Boston: Beacon, pp. 102-34.

BUDICK, Sanford e ISER, Wolfgang (orgs.). 1996. *The Translatability of Cultures*. Stanford: Stanford University Press.

BURGOS, Elisabeth. 1997. *Me llamo Rigoberta Menchú y así me nació la conciencia*. Barcelona: Seix Barral, 7ª ed.

BURKE, Edmund. 1990. *A Philosophical Enquiry into the Origins of our Ideas of the Sublime and Beautiful*. Oxford/Nova York: Oxford University Press.

BURKE, Edmund. 1993. *Uma investigação filosófica sobre a origem de nossas ideias do sublime e do belo*, trad. Enid Dobránszky. Campinas: Papirus/Unicamp.

BURY, Emmanuel. 1995. "Traduction et classicisme". *In*: Roger Zuber, *Les "Belles Infidèles" et la formation du goût classique. Perrot d'Ablancourt et Guez de Balzac*. Paris: Albin Michel.

BUSCH, Werner. 1985. *Die Notwendige Arabeske. Wirklichkeitsaneignung und Stilisierung in der deutschen Kunst des 19. Jh*. Berlin: Gebr. Mann.

BUSCH, Werner. 1993. *Das sentimentalische Bild. Die Krise der Kunst im 18. Jahrhundert und die Geburt der Moderne*. Munique: C. H. Beck.

BUSCH, Werner. 1999. "Der Berg als Gegenstand von Naturwissenschaft und Kunst. Zu Goethes Geologischem Begriff". *In*: Schulze, Sabine (org.). *Goethe und die Kunst*. Ostfildern: Hatje Cantz, pp. 485-97.

BUSTAMANTE, Francisco. 1994. "La impronta jurídica y religiosa en el testimonio literario latinoamericano". *In*: Hugo Achugar (org.). *En otras palabras, otras historias*. Montevidéu: Universidad de la Republica, Faculdad de Humanidades y Ciencias de la Educación, Departamento de Publicaciones, pp. 61-90.

BYKOVA, Marina. 1993. "Probleme der philosophischen Übersetzung". *In*: Armin Paul Frank, Kurt-Jürgen Maaß, Fritz Paul, Horst Turk (orgs.). *Übersetzen, verstehen, Brücken bauen. Geisteswissenschaftliches und literarisches Übersetzen im internationalen Kulturaustausch*. Berlim: Erich Schmidt, pp. 248-55.

CAMPOS, Augusto de. 1992. *Irmãos germanos*. Florianópolis: Noa Noa.

CAMPOS, Augusto de. 1994. *Rilke: poesia-coisa*. Rio de Janeiro: Imago.

CAMPOS, Augusto de. 2001. *Coisas e anjos de Rilke*. São Paulo: Perspectiva.

CAMPOS, Haroldo de, *et al*. 1965. *Teoria da poesia concreta*. São Paulo: Invenção.

CAMPOS, Haroldo de. 1977. "Ideograma, anagrama, diagrama: uma leitura de Fenollosa". *In*: Haroldo de Campos (org.). *Ideograma: lógica, poesia, linguagem*. São Paulo: Cultrix/Edusp.

CAMPOS, Haroldo de. 1977a. "Da tradução como criação e como crítica" (1962). *A arte no horizonte do provável*. São Paulo: Perspectiva.

CAMPOS, Haroldo de. 1981. *Deus e o Diabo no* Fausto *de Goethe*. São Paulo: Perspectiva.

CAMPOS, Haroldo de. 1984. "Poesia e modernidade: o poema pós-utópico". *In*: *Folhetim*, n° 404, 14/10/1984 (agora sob o nome "Poesia e modernidade: da morte do verso à constelação. O poema pós-utópico". *In*: *O arco-íris branco. Ensaios de literatura e cultura*. Rio de Janeiro: Imago, 1997, pp. 243-69.

CAMPOS, Haroldo de. 1989. "Da tradução à transficcionalidade". *In*: *34 Letras*, n° 3, março 1989.

CAMPOS, Haroldo de. 1990. *Qohélet. O-que-sabe. Eclesiastes: poema sapiencial*. São Paulo: Perspectiva.

CAMPOS, Haroldo de. 1991. "Paul Valéry et la poétique de la traduction". *In*: *Bulletin des Études valéryennes*, n° 58.

CAMPOS, Haroldo de. 1992. *Metalinguagem e outras metas*. São Paulo: Perspectiva.

CAMPOS, Haroldo de. 1992a. "O que é mais importante: a escrita ou o escrito?". *In*: *Revista USP*, n° 15.

CAMPOS, Haroldo de. 1993. *Bere'Shit. A cena da origem*. São Paulo: Perspectiva.

CARUTH, Cathy. 1991. "Unclaimed Experience: Trauma and the Possibility of History". *In*: *Yale French Studies*, n° 79, 1991, pp. 181-92.

CARUTH, Cathy (org.). 1995. *Trauma. Explorations in Memory*. Baltimore/Londres: Johns Hopkins University Press.

CARUTH, Cathy. 1996. *Unclaimed Experience. Trauma, Narrative, and History*. Baltimore/Londres: Johns Hopkins University Press.

CARUTH, Cathy. 2000. "Modalidades do Despertar Traumático (Freud, Lacan e a Ética da Memória)", trad. C. Valladão de Mattos. *In*: Nestrovski e Seligmann-Silva, *Catástrofe e representação*, pp. 111-36.

CAYROL, Jean. 1997. *Nuit et Brouillard*. Paris: Fayard.

CELAN, Paul. 1983. *Gesammelte Werke in fünf Bänden*. Beda Alleman, Stefan Reichert (orgs.). Frankfurt a.M.: Suhrkamp.

CELAN, Paul. 1997. *Die Gedichte aus dem Nachlass*. Frankfurt a.M.: Suhrkamp.

CHARMATZ, Konrad. 1976. *Pesadelos. Como é que eu escapei dos fornos de Auschwitz e Dachau (Memórias)*, trad. do iídiche Ana Lifschitz. São Paulo: Novo Momento.

CHAUI, Marilena. 2000. "Brasil, o mito fundador". *In*: *Mais!*, *Folha de S. Paulo*, 26/03/2000.

CHENG, François. 1991. *Vide et plein. Le langage pictural chinois*. Paris: Seuil.

CHÉROUX, Clément (org.). 2001. *Mémoire des Camps. Photographies des Camps de Concentration et d'Extermination nazis (1933-1999)*. Paris: Marval.

CHRÉTIEN, Jean-Louis. 2002. *Saint Augustin et les actes de parole*. Paris: Presses Universitaires de France.

CÍCERO. 1976. *De oratore/ Über den Redner*, trad. Harald Merklin. Stuttgart: Reclam.

COHEN, J. 1985. "Trauma and Repression". *In*: *Psychoanalytic Inquiry*, vol. 5, pp. 163-89.

CURTIUS, Ernst Robert. 1993. *Europäische Literatur una lateinisches Mittelalter*. Tübingen/Basel: Francke, 11ª ed.

CYTRYNOWICZ, Roney. 1990. *Memória da barbárie*. São Paulo: Edusp/Nova Stella.

CYTRYNOWICZ, Roney. 1994. *A vida secreta dos relógios e outras histórias*. São Paulo: Scritta.

DABAG, Mihran e PLATT, Kristin. 1998. *Genozid und Moderne, Bd. 1, Strukturen kollektiver Gewalt im 20. Jahrhundert*. Opladen: Leske.

DABAG, Mihran e PLATT, Kristin. 2000. *Genozid und Moderne, Bd. 2, Erinnern, Verarbeiten, Weitergeben*. Opladen: Leske.

DE MAN, Paul. 1980. *Allegories of Reading*. New Haven: Yale University Press.

DE SETA, Cesare. 1992. *Italia del grand tour: da Montaigne a Goethe*. Nápoles: Electa.

DELBO, Charlotte. 1970. *Auschwitz et aprés I: Aucun de nous ne reviendra*. Paris: Éditions de Minuit.

DELEUZE, Gilles. 1984. *Francis Bacon. Logique de la sensation*. Paris: Éditions de la Différence.

DERRIDA, Jacques. 1972. "Les sources de Valéry. Qual, Quelle". *In*: *MLN* 87, pp. 563-99.

DERRIDA, Jacques. 1978. *La vérité en peinture*. Paris: Flammarion.

DERRIDA, Jacques. 1982. *L'oreille de l'autre. otobiographies, transferts, traductions. Textes et debats avec Jacques Derrida*. Montreal: VLB.

DERRIDA, Jacques. 1985. "Préjugés. Devant la loi". *In*: J. Derrida et al. (orgs.). *La faculté de juger*. Paris: pp. 87-139.

DERRIDA, Jacques. 1987. "Des tours de Babel". *In*: *Psyché. Inventions de l'autre*. Paris: Galilée.

DERRIDA, Jacques. 1990. *Mémoires d'aveugle. L'autoportrait et autres ruines*. Paris: Réunion des Musées Nationaux.

DERRIDA, Jacques. 1992. *Points de suspension*. Paris: Galilée.

DERRIDA, Jacques. 1995. *Mal d'archive*. Paris: Galilée.

DERRIDA, Jacques. 1996. *Le Monolinguisme de l'autre ou la prothèse d'origine*. Paris: Galilée.

DERRIDA, Jacques. 1997. *De l'hospitalité*. Paris: Calmann-Levy.

DERRIDA, Jacques. 1998. *Demeure. Maurice Blanchot*. Paris: Galilée.

DERRIDA, Jacques. 1999. "Fora. As palavras angulosas de Nicolas Abraham e Maria Torok", trad. F. Landa. *In*: Fábio Landa, *Ensaio sobre a criação teórica em psicanálise. Seguido de Fora de Jacques Derrida*. São Paulo: Unesp/Fapesp, pp. 269-319.

DETIENNE, Marcel. 1988. *Dioniso a céu aberto*, trad. Carmem Cavalcanti. Rio de Janeiro: Jorge Zahar.

D'HULST, Lieven (org.). s.d. *Cent ans de théorie française de la traduction. De Batteux à Littré (1748-1847)*. Lille: Presses Universitaires de Lille.

DICK, Manfred. 1967. *Die Entwicklung des Gedankens der Poesie in den Fragmenten des Novalis*. Bonn: Bouvier.

DIDEROT, Denis. 1965. *Lettre sur les sourds et muets* [*à l'usage de ceux qui entendent et qui parlent*], *Diderot Studies VII*. Otis Fellows (org.). Genève: Droz.

DIECKMANN, Herbert. 1966. "Das Abscheuliche und Schreckliche in der Kunsttheorie der 18. Jahrhunderts". *In: Die nicht mehr schönen Künste. Grenzphänomene des Ästhetischen*. Munique: Wilhelm Fink, pp. 271-317.

DOSTAL, Robert J. 1993. "Das Übersetzen Kants ins Englische". *In*: Armin Paul Frank, Kurt-Jürgen Maaß, Fritz Paul, Horst Turk (orgs.). *Übersetzen, verstehen, Brücken bauen. Geisteswissenschaftliches und literarisches Übersetzen im internationalen Kulturaustausch*. Berlim: Erich Schmidt, pp. 256-68.

DRÜHL, Sven. 2001. "Düstere Legenden. Vom Mythos des Suizids und der Autoamputation der Aktionkunst". *In*: *Kunstforum*, vol. 153, janeiro-março 2001, pp. 74-82.

DUBOIS, Philippe. 1998. *O ato fotográfico*, trad. M. Appenzeller. Campinas: Papirus, 2ª ed.

DU BOS, Jean Baptiste. 1770. *Réflexions critiques sur la Poësie et sur la Peinture* (1719). Paris: Pissot, 7ª ed.

Duden. Das Herkunftswörterbuch. 1989. Manheim: Dudenverlag.

EMERY, Bernard. 1993. "Les mémoires de prison dans la littérature lusophone. Vieux monde et monde nouveau". *In*: *Mémoires et autobiographies. Actes du colloque de Fribourg — 1990*. Grenoble: Université Stendhal, pp. 83-100.

ÉSQUILO. 1992. *Os Persas*, trad. Mário da Gama Kury. Rio de Janeiro: Jorge Zahar.

FABIAN, Bernhard. 1968. "Das Lehrgedicht als Problem der Poetik". *In: Die nicht mehr schönen Künste*, H. R. Jauß (org.). Munique: Wihelm Fink, pp. 67-89.

FEHÉR, István. 1993. "Übersetzbarkeit philosophischer Texte und philosophische Probleme ihrer Übersetzung: Der Fall Heidegger". *In*: Armin Paul Frank, Kurt-Jürgen Maaß, Fritz Paul, Horst Turk (orgs.). *Übersetzen, verstehen, Brücken bauen. Geisteswissenschaftliches und literarisches Übersetzen im internationalen Kulturaustausch*. Berlim: Erich Schmidt Verlag, pp. 269-85.

FENICHEL, Otto. 1981. "Der Begriff 'Trauma' in der heutigen psychoanalytischen Neurosenlehre" (1937). *In*: *Aufsätze*, vol. II. Olten: Psychosozial-Verlag, pp. 58-79.

FERENCZI, Sandor. 1919. *Zur Psychoanalyse der Kriegsneurosen*. Leipzig/Viena: Int. Psychoanalytischer Verlag.

FERNOW, Carl Ludwig. 1806. *Leben des Künstlers Asmus Jakob Carstens, ein Beitrag zur Kunsgeschichte des achtzehnten Jahrhunderts*. Leipzig: Johann Friedrich Hartknoch.

FICHTE, Johann Gottlieb. 1971. *Sämtliche Werke*, vol. I, I. H. Fichte (org.). Berlim: Walter de Gruyter & Co.

FICHTE, Johann Gottlieb. 1980. *A doutrina-da-ciência de 1794 e outros escritos*, trad. Rubens Rodrigues Torres Filho. São Paulo: Abril.

FORGET, Philippe (org.). 1984. *Text und Interpretation. Deutsch-französische Debatte*. Munique: Fink.

FOSTER, Hal. 1995. "Der Kult der Abjektion". *In*: *Gewalt/ Geschäfte. Eine Ausstellung zum Topos der Gewalt in der gegenwärtigen künstlerichen Auseinandersetzung* (org.). Berlim: Neue Gesellschaft für Bildende Kunst.

FOSTER, Hal. 1996. *The Return of the Real*. Londres/Cambridge: MIT Press.

FOUCAULT, Michel. 1999. *A verdade e as formas jurídicas*, trad. R. Machado. Rio de Janeiro: Nau Editora.

FRANK, Armin Paul; MAASS, Kurt-Jürgen; PAUL, Fritz; TURK, Horst (orgs.). 1993. *Übersetzen, verstehen, Brücken bauen. Geisteswissenschaftliches und literarisches Übersetzen im internationalen Kulturaustausch*. Berlim: Erich Schmidt Verlag.

FRANK, Manfred e KURZ, Gerhard. 1977. "Ordo inversus. Zu Reflexionsfigur bei Novalis, Hölderlin, Kleist und Kafka". *In*: Anton, Herbert (org.). *Geist und Zeit. Festschrift für Arthur Henkel*. Heidelberg: Winter, pp. 75-97.

FRANK, Manfred. 1983. "Die Dichtung als 'Neue Mythologie'". *In*: Karl Heinz Bohrer (org.). *Mythos und Moderne*. Frankfurt a.M.: Suhrkamp.

FRANK, Manfred. 1992. *Stil in der Philosophie*. Stuttgart: Reclam.

FRANK, Manfred. 1995. "Friedrich von Hardenbergs philosophischer Ausgangspunkt". *In*: Wolfram Hogrebe (org.). *Fichtes Wissenschaftslehre 1794. Philosophische Resonanzen*. Frankfurt a.M.: Suhrkamp, pp. 13-34.

FREUD, Sigmund. s.d. "O estranho", trad. sob a direção geral e revisão técnica de Jayme Salomão. *In*: *Edição standard das obras psicológicas completas de Sigmund Freud*, vol. 17. Rio de Janeiro: Imago.

FREUD, Sigmund. 1970. *Freud-Studienausgabe*. Frankfurt a.M.: Fischer Verlag.

FRIEDLÄNDER, Saul. 1991. *Reflections of Nazism: An Essay on Kitsch and Death*. Bloomington: Indiana University Press.

FRIEDLÄNDER, Saul (org.). 1992. *Probing the Limits of Representation. Nazism and the Final Solution*. Cambridge/Londres: Harvard University Press.

GADAMER, Hans-Georg. 1990. *Wahrheit und Methode. Grundzüge einer philosophischen Hermeneutik*. Tübingen: J. C. B. Mohr, 6ª ed.

GADAMER, Hans-Georg. 1993. *Wahrheit und Methode. Ergänzungen. Gesammelte Werke*, vol. 2: *Hermeneutik II*. Tübingen: J. C. B. Mohr.

GADAMER, Hans-Georg. 1993a. *Kunst als Aussage. Gesammelte Werke*, vol. 8: *Ästhetik und Poetik I*. Tübingen: J. C. B. Mohr.

GAGNEBIN, Jeanne-Marie. 2003. "Após Auschwitz". *In*: *História, memória, literatura. O testemunho na era das catástrofes*. M. Seligmann-Silva (org.). Campinas: Unicamp/Fapesp.

GASCHÉ, Rodolphe. 1989. "Setzung and Übersetzung: Notes on Paul de Man". *In*: Rajnath (org.). *Deconstruction: A Critique*. Londres: McMillan.

GERZ, Jochen. 1992. *2146 Steine: Mahnmal gegen Rassismus — Saarbrücken*. Stuttgart: Gerd Hätje.

GERZ, Jochen. 1995. *Gegenwart der Kunst. Interviews (1970-1995)*. Regensburg: Lindinger/Schid Verlag.

GERZ, Jochen. 1996. *La question secrète*. Arles: Actes du Sud.

GERZ, Jochen e SHALEV-GERZ, Esther. 1994. *Das Hamburgoer Mahnmal gegen Faschismus*. Hamburgo: Gerd Hatje.

Gewalt/ Geschäfte. Eine Ausstellung zum Topos der Gewalt in der gegenwärtigen künstlerichen Auseinandersetzung. 1995. Catálogo da exposição, Neue Gesellschaft für Bildende Kunst, Berlim.

GOETHE, Johann Wolfgang von. s.d. "Antik und Moderne", "Philostrats Gemälde". *In*: Goethe, *Sämtliche Schriften*, vol. XIII. Zurique: Artemis Verlag/DTV.

GOETHE, Johann Wolfgang von. 1962. *Briefe*. Karl Mandelkow (org.). Hamburgo: C. Wegner.

GOETHE, Johann Wolfgang von. 1974. *Goethes Werke in zwölf Bänden*. Berlin/Weimar: Aufbau Verlag.

GOETHE, Johann Wolfgang von. 1989. *Werke. Hamburgoer Ausgabe*. Munique: Hanser.

GOETHE, Johann Wolfgang von. 1992. *Italienische Reise*. Christof Thoenes, Andreas Beyer, Norbert Miller (orgs.). Munique: Hanser.

GOETHE, Johann Wolfgang von. 1997. *Italienische Reise*. Frankfurt a.M.: Goldmann, 4ª ed.

GOETHE, Johann Wolfgang von. 1999. *Viagem à Itália. 1786-1788*, trad. Sérgio Tellaroli. São Paulo: Companhia das Letras.

GOTMANN, Anne. 1997. "La question de l'hospitalité aujourd'hui". In: *Communications*, vol. 65, pp. 5-19 (Dossiê "L'Hospitalité").

GROSS, Elisabeth. 1990. "The Body of Signification". In: *Abjection, Melancholia, and Love. The Work of Julia Kristeva*. John Fletcher, Andrew Benjamin (orgs.). Londres/Nova York: Routledge.

HABERMAS, Jürgen. 1998. *Die postnationale Konstellation*. Frankfurt a.M.: Suhrkamp. (*A constelação pós-nacional. Ensaios políticos*, trad. M. Seligmann-Silva. São Paulo: Littera Mundi, 2001.)

HACHMEISTER, Gretchen L. 2002. *Italy in the German literary imagination: Goethe's "Italian journey" and its reception by Eichendorff, Platen, and Heine*. Rochester: Camden House.

HALLIWELL, Stephen. 1986. *Aristotle's poetics*. Chapel Hill: University of North Carolina Press.

HAMANN, Johann Georg. 1968. *Aesthetica in nuce*. Stuttgart: Reclam.

HANKAMER, Paul. 1927. *Die Sprache. Ihr Begriff und ihre Deutung im sechzehnten und siebzehnten Jahrhundert*. Bonn: Friedrich Cohen. (Reedição: Hildesheim: Georg Olms, 1965.)

HANSEN-LÖVE, Aage A. 1978. *Der russische Formalismus. Methodologische Rekonstruktion seiner Entwicklung aus dem Prinzip der Verfremdung*. Viena: Verlag der Österreichischen Akademie der Wissenschaften.

HARTMAN, Geoffrey (org.). 1994. *Holocaust Remembrance: The Shapes of Memory*. Cambridge/Oxford: Blackwell.

HARTMAN, Geoffrey. 1994. "Apprendre des survivants: remarques sur l'histoire orale et les archives vidéo de témoignages sur l'holocauste à l'université de Yale". In: *Le monde Juif*, nº 150 ("Témoigner et Transmettre"), jan.-abr. 1994, pp. 67-84.

HARTMAN, Geoffrey. 1996. *The Longest Shadow in the Aftermath of the Holocaust*. Bloomington: Indiana University Press.

HARTOG, François. 1999. *O espelho de Heródoto. Ensaio sobre a representação do outro*, trad. J. Brandão. Belo Horizonte: UFMG.

HEGEL, Georg Wilhelm Friedrich. 1986. *Vorlesungen über die Ästhetik*, vol. III. Franfurt a.M.: Suhrkamp.

HEGEL, Georg Wilhelm Friedrich. 1999. *Lições sobre a Estética*, vol. I, trad. M. Wele. São Paulo: Edusp.

Heinrich Christoph Jussow 1754-1825. Ein hessischer Architekt des Klassizismus. 1999. Museum Fridericianum, Staatliche Museen Kassel.

HEINE, Heinrich. 1921. *Reisebilder. Dritter Teil. Italien*. In: Heinrich Heine. *Sämtliche Werke in zwölf Teilen*, vols. 5-7. Leipzig: Deutsche Klassiker-Bibliothek.

HELLINGRATH, Norbert von. 1911. *Pindarübetragungen von Hölderlin*. Iena: Diederichs.

HERDER, Johann Gottfried. 1985. *Über die neuere deutsche Literatur. Ausgewählte Werke in Einzelausgaben. Schriften zur Literatur 1*. R. Otto (org.). Berlin/Weimar: Aufbau Verlag.

HERDER, Johann Gottfried. 1990. *Kritische Wälder*. Berlim/Weimar: Aufbau Verlag.

HEUBECK, Alfred e HOEKSTRA, Arie. 1990. *A Commentary on Homer's Odyssey*, vol. II. Oxford: Clarendon Press.

HOHEISEL, Horst e KNITZ, Andreas. 1999. *Zermahlene Geschichte. Kunst als Umweg*. Weimar: Thüringisches Hauptstaatsarchiv.

HOMERO. 1974. *L'Odyssée*, ed. bilíngue grego/francês, trad. Victor Bérard. Paris: Belles Lettres.

HOMERO. 1990. *Ilias, Odysee*, trad. Johann Heinrich Voss. Frankfurt a.M.: Insel.

HOMERO. 1990a. *Odysee*, ed. bilíngue grego/alemão, trad. Anton Weiher. Munique/Zurique: Artemis Verlag, 9ª ed.

HOMERO. 1996. *Odisseia*, trad. Manuel Odorico Mendes, ed. Antonio Medina Rodrigues. São Paulo: Edusp.

HOMERO. 2002. *Ilíada*, vol. I, trad. Haroldo de Campos, Trajano Vieira (org.). São Paulo: Mandarim.

HOMERO. s.d. *Odisseia*, trad. Carlos Alberto Nunes. São Paulo: Ediouro.

HOROWITZ, Sara R. 1998. "Auto/Biography and Fiction after Auschwitz: Probing the Boundaries of Second-generation Aesthetics". *In*: Efraim Sicher (org.). *Breaking Crystal. Writing and Memory after Auschwitz*. Urbana/Chicago: University of Illinois Press.

HUMBOLDT, Wilhelm von. 1986. "Latium und Hellas". *In*: *Werke in fünf Bänden*, vol. 2. Andreas Flitner, Klaus Giel (orgs.). Darmstadt: Wiss. Buchgesellschaft, 4ª ed.

HUYSSEN, Andreas. 1994. "Denkmal und Erinnerung im Zeitalter der Posmoderne". *In*: James E. Young (org.). *Mahnmale des Holocaust. Motive, Rituale und Stätten des Gedenkens*. Munique: Prestel.

IGEL, Regina. 1997. *Imigrantes judeus/ Escritores brasileiros*. São Paulo: Perspectiva.

JAKOBSON, Roman. 1988. "Aspectos linguísticos da tradução". *Linguística e comunicação*, trad. I. Blikstein e J. P. Paes. São Paulo: Cultrix, pp. 64-72.

JAMESON, Frederic e MIYOSHI, Masao (orgs.). 1998. *The Cultures of Globalization*. Durham/Londres: Duke University Press.

JARA, René e VIDAL, Hernán (orgs.). 1986. *Testimonio y literatura*. Minneapolis: Institute for the Study of Ideologies and Literature.

JENSEN, Wilhelm. 1997. *Delirios e sonhos na gradiva de Jensen*. Rio de Janeiro: Imago.

JIMENEZ, Marc. 2000. "Pour une esthétique du risque". *Le risque en art*. Paris: Klincksieck, pp. 103-13.

JOCENIR. 2001. *Diário de um detento: o livro*. São Paulo: Labortexto Editorial, 2ª ed.

JOUIN, M. Henry. 1883. *Conférences de l'Académie Royale de peinture et de sculpture recueillis, annotées et précédées d'une étude sur Les Artistes et les Écrivains de M. Henry Jouin*. Paris: A. Quantin imprimeur-éditeur.

KAFKA, Franz. 1994. *Gesammelte Werke in zwölf Bänden. Nach der Kritische Ausgabe*. Hans-Gerd Koch (org.). Frankfurt a.M.: Fischer.

KANT, Immanuel. 1959. *Kritik der Urteilskraft*. Hamburgo: Felix Meiner.

KANT, Immanuel. 1992. *Crítica da faculdade do Juízo*, trad. e notas A. Marques e V. Rohden. s.l.p.: Imprensa Nacional/Casa da Moeda.

KAPUR, Geeta. 1998. "Globalization and Culture: Navigating the Void". *In*: F. Jameson, M. Miyoshi (orgs.). *The Cultures of Globalization*. Durham/Londres: Duke University Press, pp. 191-217.

KEMP, Martin e WALLACE, Marina. 2000. *Spetacular Bodies. The Art and Science of the Human Body from Leonardo to Now*. Berkeley/Los Angeles/Londres: University of California Press.

KLEIN, Wolf Peter. 1992. *Am Anfang war das Wort. Theorie- und wissenschaftsgeschichtliche Elemente frühzeitlichen Sprachbewusstseins*. Berlim: Akademie Verlag.

KLOEPFER, Rolf. 1967. *Die Theorie der literarischen Übersetzung*. Munique: Fink.

KLOPSTOCK, Friedrich Gottlieb. 1989. *Gedanken über die Natur der Poesie*. W. Menninghaus (org.). Frankfurt a.M.: Suhrkamp.

KLÜGER, Ruth. 1994. *weiter leben. Eine Jugend*. Frankfurt a.M.: DTV.

Koch, Gertrud. 1992. *Die Einstellung ist die Einstellung. Visuelle Konstruktionen des Judentums*. Frankfurt a.M.: Suhrkamp.

Koch, Gertrud (org.). 1999. *Bruchlinien. Tendenzen der Holocaustforschung*, Colônia/Weimar/Viena: Böhlau.

Köhn, Eckhardt. 2000. "Sammler". *In*: *Benjamins Begriffe*. M. Opitz, E. Wizisla (orgs.). Frankfurt a.M.: Suhrkamp, vol. II, pp. 695-724.

Kolitz, Zvi. 1994. *Jossel Rakovers Wendung zu Gott*. Möchlin/Villingen: Rauhreif Verlag.

Kommerel, Max. 1928. *Der Dichter als Führer in der deutschen Klassik. Klopstock, Herder, Goethe, Schiller, Jean Paul, Hölderlin*. Berlim: Georg Bondi.

Krauss, Rosalind. 1993. *The Optical Unconscious*. Londres/Cambridge: MIT Press (quarta reimpressão, 1996).

Kreikenbom, Detlev. 1994. "Verstreute Bemerkungen zu Goethes Anschauung antiker Kunst". *In*: Sabine Schulze (org.). *Goethe und die Kunst*. Frankfurt/Weimar: Hatje, pp. 31-46.

Kristeva, Julia. 1980. *Pouvoirs de l'horreur. Essai sur l'Abjection*. Paris: Seuil.

Kuhn, Dorothea. 1992. "'La metamorfosi delle piante': pressuposti e scopi di Goethe". *In*: *Goethe in Sicilia: disegni e acquarelli da Weimar*. Paolo Chiarini, Andrea Landolfi, Roberto Venuti (orgs.). Palermo: Artemide Edizioni, pp. 87-95.

Kurz, Gerhard. 1988. "Poetische Logik. Zu Hölderlins 'Anmerkungen' zu 'Oedipus' und 'Antigonae'". *In*: Chr. Jamme (org.). *Jenseits des Idealismus. Hölderlin letzte Homburger Jahre (1804-1806)*. Bonn: Bouvier.

Lacan, Jacques. 1964. "Le réel comme trauma". *In*: *Seminaires*, livro XI, *Les quatre concepts fondamentaux de la psychanalyse*. Paris: Seuil.

Lacan, Jacques. 1988. "Tiquê e Autômaton". *In*: *O Seminário: os quatro conceitos da Psicanálise*, livro XI, trad. M. D. Magno. Rio de Janeiro: Jorge Zahar. pp. 55-65.

Lacoue-Labarthe, Philippe e Nancy, Jean-Luc. 1978. *L'absolu littéraire. Theorie de la littérature du romantisme allemand*. Paris: Seuil.

Lacoue-Labarthe, Philippe. 1986. *L'imitation des modernes. Typographies II*. Paris: Galilée.

Lacoue-Labarthe, Philippe. 2000. *A imitação dos modernos*, trad. Virgínia de Araujo Figueiredo e João Camillo Penna. São Paulo: Paz e Terra.

Lacoue-Labarthe, Philippe e Nancy, Jean-Luc. 2002. *O mito nazista*, trad. M. Seligmann-Silva. São Paulo: Iluminuras.

Langer, Lawrence. 1979. *The Holocaust and the Literary Imagination*. New Haven: Yale University Press.

Langer, Lawrence. 1991. *Holocaust Testimonies. The Ruins of Memory*. New Haven/Londres: Yale University Press.

Langer, Lawrence. 1998. *Preempting the Holocaust*. New Haven/Londres: Yale University Press.

Lanzmann, Claude. 1985. *Shoah*. Paris: Fayard.

Laplanche, Jean. 1988. "Le Mur et l'Arcade". *In*: *Nouvelle Revue de Psychanalyse*, n° 37, 1988, pp. 95-110.

Laplanche, Jean e Pontalis, Jean-Bertrand. 1988. *Vocabulário da Psicanálise*, trad. Pedro Tamen. São Paulo: Martins Fontes, 10ª ed.

Laub, Dori e Felman, Shoshana. 1991. *Testemony: Literature, Psychoanalysis, History*. Londres: Routledge.

Laub, Dori. 1995. "Truth and Testimony: The Progress and the Struggle". *In*: Caruth, Cathy (org.). *Trauma. Explorations in Memory*. Baltimore/Londres: Johns Hopkins University Press, pp. 61-75.

Lausberg, Heinrich. 1990. *Handbuch der literarischen Rhetorik*. Stuttgart: Franz Steiner Verlag. 3ª ed.

Lear, Jonathan. 1992. "Katharsis". *In*: *Essays on Aristotle's Poetics*. Amélie Oksenberg Rorty (org.). Oxford: Alden Press, pp. 315-40.

Lechantre, Michel. 1972. "L'hiéroglyphe intérieur". *In*: *MLN* 87, pp. 630-43.

Leibniz, Gottfried Wilhelm. 2000. *L'harmonie des langues*. Paris: Seuil.

Lejeune, Philippe. 1975. *Le pacte autobiographique*. Paris: Seuil.

León, Antonio Vera. 1992. "Hacer hablar: La transcripcion testimonial". *In*: John Beverley, Hugo Achugar (orgs.). *La voz del otro: testimonio, subalternidad y verdad narrativa*. Lima/Pittsburg: Latinoamericana Editores, pp. 181-99.

Lessing, Gotthold Ephraim. 1880. *Lessings Laokoon*. Hugo Blümner (org.). 2ª ed. revista e aumentada. Berlim: Weidmannsche Buchhandlung.

Lessing, Gotthold Ephraim. 1891. *Sämtliche Schriften*, vol. 17. Karl Lachmann (org.). Stuttgart: Göschen.

Lessing, Gotthold Ephraim. 1982. *Hamburgoische Dramaturgie*. *In*: *Lessings Werke*, vol. II. Kurt Wölfel (org.). Frankfurt a.M.: Insel Verlag.

Lessing, Gotthold Ephraim. 1990. *Gotthold Ephraim Lessing Werke und Briefe in zwölf Bänden*, vol. 5/2. Wilfried Barner (org.). Frankfurt a.M.: Deutscher Klassik Verlag.

Lessing, Gotthold Ephraim. 1998. *Laocoonte ou sobre as fronteiras da pintura e da poesia*, trad., introd. e notas M. Seligmann-Silva. São Paulo: Iluminuras.

Letras de Liberdade. 2000. Autores diversos. São Paulo: WB Editores.

Levi, Primo. 1988. *É isto um homem?*, trad. Luigi del Re. Rio de Janeiro: Rocco.

Levi, Primo. 1988. *O sistema periódico*, trad. M. Rosário Pedreira, Lisboa: Gradiva.

Levi, Primo. 1990. *Os afogados e os sobreviventes*, trad. L. S. Henriques. Rio de Janeiro: Paz e Terra.

Levi, Primo. 1995. *Le Devoir de mémoire*, entretiens avec Anna Bravo et Federico Cereja, Paris: Mille et une Nuits.

Levi, Primo. 1997. *A trégua*, trad. Marco Lucchesi. São Paulo: Companhia das Letras.

Levi, Primo. 1999. *Se não agora quando?*, trad. Nilson Moulin. São Paulo: Companhia das Letras.

Lévinas, Emmanuel. 1974. *Autrement qu'être ou au-delà de l'essence*. La Haye: M. Nijhoff.

Lévinas, Emmanuel. 1991. *Le temps et l'autre*, Paris: Presses Universitaires de France, 4ª ed.

Lévinas, Emmanuel. 1998. "Aimer la Thora plus que Dieu". *In*: Zvi Kolitz, *Yossel Rakover s'adresse à Dieu*. Paris: Calmann-Lévy, pp. 101-11.

Lispector, Elisa. 1971. *No exílio*. 2ª ed. revisada. Brasília: Ebrasa.

Locke, John. 1975. *An Essay Concerning Human Understanding* (1689). Oxford: Oxford University Press.

Loftus, Elisabeth F. 1993. "The reality of repressed memories". *In*: *American Psychologist*, 48: 5, May, pp. 518-37.

Longinus. 1988. *Do Sublime*. *In*: Aristóteles, Horácio, Longino, *A Poética Clássica*, trad. J. Bruna. São Paulo: Cultrix.

Luz, Rogério. 1998. "Ser imagem para outro (Winnicott/Bacon)". *In*: R. Luz e Maria Ivone A. Lins, *D. W. Winnicott. Experiência Clínica & Experiência Estética*. Rio de Janeiro: Revinter, pp. 248-59.

Lyotard, Jean François. 1988. *L'inhumain*. Paris: Galilée.

MÄCHLER, Stefan. 2000. *Der Fall Wilkomirski. Über die Wahrheit einer Biographie*. Zurique: Pendo Verlag.

MAISAK, Petra. 1986. "Et in Arcadia ego. Zum Motto der 'Italienischen Reise'". *In*: *Goethe in Italien: auf klassischem Boden begeistert: eine Ausstellung des Goethe-Museums Düsseldorf, Anton-und-Katharina-Kippenberg-Stiftung/ veranstaltet vom Arbeitskreis Selbständiger Kultur-Institute*. Mainz: Philipp von Zabern, pp. 66-87.

MARIN, Louis. 1997. "La tête de Méduse comme tableau d'histoire". *In*: *Détruire la Peinture*. Paris: Flammarion, pp. 173-82. (1ª ed., Galilée, 1977.)

MARIN, Louis. 2000. *Sublime Poussin*, trad. Mary Amazonas Leite de Barros. São Paulo: Edusp.

MATTOS, Claudia Valladão de. 2004. "A Pintura de Paisagem entre Arte e Ciência: Goethe, Hackert, Humboldt". *In*: *Terceira Margem*, ano VIII, nº 10, pp. 152-69.

MATHY, Dietrich. 1989. "Zur frühromantischen Selbstaufhebung des Erhabenen im Schönen". *In*: *Das Erhabene. Zwischen Grenzerfahrung und Größenwahn*. Christine Pries (org.). Weinheim: Acta humaniora, pp. 143-60.

MAURER, Karl. 1976. "Die literarische Übersetzung als Form fremdbestimmter Textkonstitution". *Poetica* 8, pp. 233-57.

MAUSS, Marcel. 1999. *Ensaios sociológicos*, trad. L. Gaio e J. Guinsburg. São Paulo: Perspectiva, 2ª ed.

MENDELSSOHN, Moses. 1986. *Ästhetische Schriften*. Otto F. Best (org.). Darmstadt: Wissenschaftliche Buchgesellschaft.

MENDES, Luiz Alberto. 2001. *Memórias de um sobrevivente*. São Paulo: Companhia das Letras.

MENKE, Bettine. 1991. *Sprachfiguren. Name — Allegorie — Bild nach Walter Benjamin*. Munique: Fink.

MENKE, Christoph. 1995. "Der ästhetische Blick: Affekt und Gewalt, Lust und Katharsis". *In*: Gertrud Koch (org.). *Auge und Affekt, Wahrnehmung und Interaktion*. Frankfurt a.M.: Fischer, pp. 230-46.

MENNINGHAUS, Winfried. 1987. *Unendliche Verdopplung. Die frühromantische Grundlegung der Kunsttheorie im Begriff absoluter Selbstreflexion*. Frankfurt a.M.: Suhrkamp.

MENNINGHAUS, Winfried. 1999. *Ekel. Theorie und Geschichte einer starken Empfindung*. Frankfurt a.M.: Suhrkamp.

MESCHONNIC, Henri. 1973. *Pour la poétique II: Épistemologie de l'écriture, poétique de la traduction*. Paris: Gallimard.

MEYER, Hugo. 1965. "Préface". *In*: Diderot, *Lettre sur les sourds et muets à l'usage de ceux qui entendent et qui parlent, Diderot Studies VII*. Otis Fellows (org.). Genebra: Librairie Droz.

MICHAELIS, Johann David. 1762. *De l'influence des opinions sur le langage et du langage sur les opinions*. Bremen: George Louis Förster. (Edição fac-similar: Stuttgart/Bad Cannstatt: Friedrich Frommann Verlag, 1974.)

MILLER, Norbert. 2002. *Wanderer: Goethe in Italien*. Munique: Hanser.

MISSAC, Pierre. 1998. *Passagem de Walter Benjamin*, trad. Lilian Escorel, apresentação Olgária Matos. São Paulo: Iluminuras.

MITSCHERLICH, Alexander e MITSCHERLICH, Margarete. 1977. *Die Unfähigkeit zu trauern*. Munique: Piper. (1ª ed., 1967.)

MORITZ, Karl Philipp. 1962. *Schriften zur Ästhetik und Poetik*. H. J. Schrimpf (org.). Tübingen: M. Niemeyer.

MOTZKIN, Gabriel. 1996. "Memory and Cultural Translation". *In*: S. Budick, W. Iser (orgs.). *The Translatability of Cultures*. Stanford: Stanford University Press, pp. 265-81.

Mythologie der Vernunft. Hegels "älteste Systemprogramm" des deutschen Idealismus, 1984. Christoph Jamme, Helmut Schneider (orgs.). Frankfurt a.M.: Suhrkamp.

NAGY, Gregory. 1992. *Greek Mythology and Poetics*. Ithaca/Londres: Cornell University Press.

NAGY, Gregory. 1994. *Le meilleur des Achéens. La fabrique du héros dans la poésie grecque archaïque*, trad. Jeannie Carlier e Nicole Loraux. Paris: Seuil.

NEGRINI, Pedro Paulo. 2002. *Enjaulado. O amargo relato de um condenado pelo sistema penal*. Rio de Janeiro: Gryphus.

NESTROVSKI, Arthur e SELIGMANN-SILVA, Márcio (org.). 2000. *Catástrofe e representação*. São Paulo: Escuta.

NEUMANN, Gerhard. 1976. *Ideenparadiese. Untersuchungen zur Aphoristik von Lichtenberg, Novalis, Friedrich Schlegel und Goethe*. Munique: W. Fink.

NICHTHAUSER, Joseph. 1972. *Quero viver... Memórias de um ex-morto*. São Paulo: Ricla.

NIEDERLAND, William Niederland. 1968. "Clinical observations on the 'Survivor Syndrome". *International Journal of Psychoanalysis*, 49, pp. 313-5.

NIEDERLAND, William Niederland. 1980. *Folgen der Verfolgung: Das Überlebenden-Syndrom. Seelenmord*. Frankfurt a.M.: Suhrkamp.

NIETZSCHE, Friedrich. 1983. *O nascimento da tragédia no espírito da música*, trad. Rubens Rodrigues Torres Filho. In: *Nietzsche*, São Paulo: Abril.

NIETZSCHE, Friedrich. 1988. *Ecce homo*. In: *Kritische Studienausgabe*. G. Colli, M. Montinari (orgs.). Munique: DTV: Berlim/Nova York: Walter de Gruyter, vol. 6.

NIETZSCHE, Friedrich. 1988a. *Zur Genealogie der Moral. Eine Streitschrift*. In: *Kritische Studienausgabe*. G. Colli, M. Montinari (orgs.). Munique: DTV: Berlim/Nova York: Walter de Gruyter, vol. 5.

NIETZSCHE, Friedrich. 1988b. *Die fröhliche Wissenschaft*. In: *Kritische Studienausgabe*. G. Colli, M. Montinari (orgs.). Munique: DTV:Berlim/Nova York: Walter de Gruyter, vol.3.

NIETZSCHE, Friedrich. 1988c. "Von Nutzen und Nachteil des Historie für das Leben", *Unzeigemässe Betrachtungen*. In: *Kritische Studienausgabe*. G. Colli, M. Montinari (orgs.). Munique/Berlim: DTV, de Gruyter, vol. I.

NOVALIS, Friedrich. 1978. *Werke, Tagebücher und Briefe*. H.-J. Mähl, R. Samuel (orgs.). Munique: Hanser, três vols.

NOVALIS, Friedrich. 1988. *Pólen. Fragmentos, diálogos, monólogo*, intr., trad. e comentários Rubens Rodrigues Torres Filho. São Paulo: Iluminuras.

PANOFSKY, Erwin. 1976. *Significado nas artes visuais*, trad. M. C. Kneese e J. Guinsburg. São Paulo: Perspectiva.

PARVULESCO, Marguerite-Marie. 2000. "Calligraphie, peinture et poésie dans la peinture de lettrés". In: *Equinoxe*, 17/18, printemps 2000, pp. 137-43.

PAZ, Octavio. 1973. *El signo y el Garabato*. México: J. Mortiz.

PENNA, João Camillo. 2003. "Notas sobre o testemunho hispano-americano". In: *História, memória, literatura. O testemunho na era das catástrofes*. M. Seligmann-Silva (org.). Campinas: Editora da Unicamp/Fapesp.

PEREC, Georges. 1995. *W ou a memória da infância*, trad. Paulo Neves. São Paulo: Companhia das Letras.

PERNIOLA, Mario. 2000. *Pensando o ritual: sexualidade, morte, mundo*, trad. Maria do Rosário Toschi. São Paulo: Studio Nobel.

PFOTENHAUER, Helmut. 1995. "Winckelmann und Heinse. Die Typen der Beschreibungskunst im 18. Jahrhundert oder die Geburt der neueren Kunstgeschichte". *In*: Gottfried Boehm, Helmut Pfotenhauer (orgs.). *Beschreibungskunst — Kunstbeschreibung*. Munique: Fink, pp. 313-40.

PLATÃO. 1979. *Las Leyes*. *In*: *Obras completas*, trad. Francisco Samaranch. Madri: Aguilar, pp. 1265-516.

PONZI, Mauro. 2001. "Goethe Bild von Rom: Fiktion und Wahrheit". *In*: *Goethe und Italien*. Willi Hirdt, Birgit Tappert (orgs.). Bonn: Bouvier Verlag, pp. 275-91.

POTTS, Alex. 1994. *Flesh and the Ideal. Winckelmann and the origins of art history*. New Haven/ Londres: Yale University Press.

PROFITLICH, Ulrich (org.). 1999. *Tragödien-Theorie. Texte und Kommentare vom Barock bis zur Gegenwart*. Reinbek bei Hamburgo: Rowohlt.

QUEIROZ, Sônia Maria de Melo. 2000. *Transcrição e escritura. Metamorfoses do conto oral no Brasil*. Tese de doutoramento, Programa de Estudos Pós-Graduados em Comunicação e Semiótica da PUC-SP.

QUINCY, Quatremère de. 1989. *Lettres à Miranda sur le déplacement des monuments de l'art de l'Italie* (1796). Édouard Pommier (org.). Paris: Macula.

QUINDEAU, Ilka. 1995. *Trauma und Geschichte. Interpretationen autobiographischer Erzählungen von Überlebenden des Holocaust*. Frankfurt a.M.: Brandes & Apsel.

QUINE, Willard van Orman. 1980. *Wort und Gegenstand (Word and Object)*, trad. J. Schulte. Stuttgart: Reclam.

QUINTILIANO, Marco Fabio. 1989. *The Institutio Oratoria*, trad. H. E. Butler. Londres: Harvard University Press.

RAFFESTIN, Claude. 1997. "Réinventer l'hospitalité". *In*: *Communications*, vol. 65, pp. 165-77 (Dossiê "L'Hospitalité").

RAMOS, Hosmany. 2002. *Pavilhão 9. Paixão e morte no Carandiru*. São Paulo: Geração Editorial, 3ª ed.

RANDALL, Margaret. 1992. "Que es, y como se hace un Testimonio?". *In*: John Beverley, Hugo Achugar (orgs.). *La voz del otro: testimonio, subalternidad y verdad narrativa*. Lima/ Pittsburg: Latinoamericana Editores, pp. 21-45.

REICHEL, Peter. 1999. *Politik mit der Erinnerung. Gedächtnisorte im Streit um die nationalsozialistische Vergangenheit*. Frankfurt a.M.: Fischer.

REINHARDT, Karl. 1982. "Hölderlin et Sophocle" (1951), trad. P. David. *In*: *Po&sie*, n° 23.

Rhetorica ad Herennium. 1994. Trad. Theodor Nüßlein. Zurique: Artemis und Winkler.

RICOEUR, Paul. 2000. *La mémoire, l'histoire, l'oubli*. Paris: Seuil.

RILKE, Rainer Maria. 1986. *Werke*. Frankfurt a.M.: Insel Verlag, 4ª ed.

RILKE, Rainer Maria. 1993. *Poemas*, trad. José Paulo Paes. São Paulo: Companhia das Letras.

ROBBE-GRILLET, Alain, 1961. "Nature, humanisme, tragédie". *In*: *Pour un nouveau roman*. Paris: Éditions de Minuit.

ROBBE-GRILLET, Alain. 1971. "Natureza, humanismo, tragédia", trad. A. Goldberg. *In*: G. Velho (org.). *Sociologia da arte*. Rio de Janeiro: Zahar.

RODRIGUES, Humberto. 2002. *Vidas do Carandiru. Histórias reais*. São Paulo: Geração Editorial.

ROLNIK, Malka. 1990. *Os Abismos*. Curitiba: Montana.

RORTY, Richard. 1982. "Philosophy as a kind of writing. An essay on Derrida". *In*: R. Rorty, *Consequences of pragmatism (Essays 1972-1980)*. Minneapolis: University of Minnesota Press, pp. 90-109.

ROSENFIELD, Kathrin. 2000. *Antígona — de Sófocles a Hölderlin*. Porto Alegre: L&PM.

ROUSSEAU, Jean-Jacques. 1974. *Essai sur l'origine des langues*. A. Kremer-Marietti (org.). Paris: Aubier Montaigne.

SALZMAN, Lisa. 1999. *Anselm Kiefer and Art After Auschwitz*. Cambridge: Cambridge University Press.

SANTO AGOSTINHO. 1999. *Confissões*, trad. J. Oliveira Santos e A. Ambrósio de Pina. Petrópolis: Vozes.

SCHÄFFER, Peter. 1995. "Text, Auslegung und Kommentar im rabbinischen Judentum". *In*: J. Assmann, B. Gladigow (orgs.). *Text und Kommentar*. Munique: Wilhelm Fink, pp. 163-86.

SCHÉRER, René. 1997. "Cosmopolitisme et hospitalité". *In*: *Communications*, vol. 65, pp. 59-67 (Dossiê "L'Hospitalité").

SCHILLER, Friedrich. 1966. *Werke in drei Bänden*. Munique: Hanser.

SCHLEGEL, Friedrich. 1958 e seguintes. *Kritische Friedrich Schlegel Ausgabe*. Ernst Behler (org.). Munique/Paderborn/Viena: Ferdinand Schoningh (I, 1979; II, 1967; IV, 1959; XII, 1964; XIII, 1964; XVI, 1981; XVIII, 1963).

SCHLEGEL, Friedrich. 1988a. *Kritische Schriften und Fragmente*. Munique/Paderborn/Viena/Zurique: Ferdinand Schoningh.

SCHLEGEL, Friedrich. 1997. *O dialeto dos fragmentos*, trad., apresentação e notas Márcio Suzuki. São Paulo: Iluminuras.

SCHMIDT, Erich. 1886. "Einleitung" *in*: Goethe, *Tagebücher und Briefe Goethes aus Italien an Frau von Stein und Herder. Mit Beilagen*, Weimar: Goethe-Gesellschaft.

SCHNEIDERS, Hans-Wolfgang. 1995. *Die Ambivalenz des Fremden. Übersetzungstheorie im Zeitalter der Aufklärungf (Frankreich und Italien)*. Bonn: Romanischer Verlag.

SCHOLEM, Gershom. 1970. "Rede Über Israel". *Judaica II*. Frankfurt a.M.: Suhrkamp.

SCHULZE, Sabine (org.). 1999. *Goethe und die Kunst*. Ostfildern: Hatje Cantz Verlag.

SCHWARTZ, Kessel. 1983. *Studies on twentieth-century Spanish and Spanish-American literature*. Lanham (MD)/Londres: University Press of America.

SCHWERING, Markus. 1994. "Romantische Geschichtsauffassung — Mittelarterbild und Europagedanke". *In*: Helmut Schanze (org.). *Romantik-Handbuch*. Tübingen: Alfred Körner Verlag, pp. 541-55.

SEBALD, Winfried Georg Maximilian. 1994. *Die Ausgewanderten. Vier lange Erzählungen*. Frankfurt a.M.: Fischer.

SEBALD, Winfried Georg Maximilian. 1999. *Luftkrieg und Literatur*. Munique: Hanser.

SEBALD, Winfried Georg Maximilian. 2001. *Os emigrantes*, trad. L. Luft. Rio de Janeiro: Record.

SEELE, Astrid. 1995. *Römische Übersetzer, Nöte, Freiheiten, Absichten*. Darmstadt: Wissenschaftliche Buchgesellschaft.

SELIGMANN-SILVA, Márcio. 1996. *Prosa — Poesie — Unübersetzbarkeit. Wege durch das 18. Jahrhundert und von den Frühromantikern bis zur Gegenwart*. Tese doutoral, Instituto de Teoria Literária e Literatura Comparada da Universidade Livre de Berlim, dezembro, 1996.

SELIGMANN-SILVA, Márcio. 1999. *Ler o livro do mundo. Walter Benjamin: romantismo e crítica poética*. São Paulo: Iluminuras.

SELIGMANN-SILVA, Márcio. 1999a. "*Double bind*: Walter Benjamin, a tradução como modelo de criação absoluta e como crítica". *In*: *Leituras de Walter Benjamin*, M. Seligmann-Silva (org.). São Paulo: Annablume/Fapesp, pp. 15-46.

SELIGMANN-SILVA, Márcio. 2000. "História como trauma". *In*: A. Nestrovski, M. Seligmann-Silva (orgs.). *Catástrofe e representação*. São Paulo: Escuta, pp. 73-98.

SELIGMANN-SILVA, Márcio. 2000a. "Auschwitz: história e memória". In: *Pro-posições*, vol. 11, número 2 (32), Faculdade de Educação da Unicamp, Campinas, jul./2000, pp. 78-87.

SELIGMANN-SILVA, Márcio. 2003. "Catástrofe, história e memória em Walter Benjamin e Chris Marker: a escritura da memória". In: *História, memória, literatura. O testemunho na era das catástrofes*. M. Seligmann-Silva (org.). Campinas: Unicamp, pp. 391-417.

SELIGMANN-SILVA, Márcio (org.). 2003a. *História, memória, literatura. O testemunho na era das catástrofes*. Campinas: Unicamp.

SELIGMANN-SILVA, Márcio. 2003b. *Adorno*. São Paulo: Publifolha.

SEPHIHA, H. Vidal. 1972. "Langues juives, langues calques et langues vivantes". In: *La Linguistique* 1972/2, vol. 8, 59-68.

SHAKESPEARE, William. 1997. *Rei Lear*, trad. Millôr Fernandes. Porto Alegre: L&PM.

SIEGRIST, Christoph. 1993. "'Letters of the Divine Alphabet' — Lavater's Concept of Physiognomy". In: Ellis Shookman (org.). *The Faces of Physiognomy: Interdisciplinary Approaches to Johann Caspar Lavater*. Columbia: Camden House, pp. 25-39.

SIMONDON, Michele. 1982. *La mémoire et l'oubli dans la pensée grecque jusqu'à la fin du Ve siècle avant J.-C. — Psychologie archaique, mythes et doctrines*. Paris: Les Belles Lettres.

SMITH, Gary e EMRICH, Hinderk M. (org.). 1996. *Vom Nutzen des Vergessens*. Berlim: Akademie Verlag.

SPIEGELMAN, Art. 1986-1991. *Maus. A Survivor's Tale*. Nova York: Pantheon Books.

SPRENGEL, Peter. 1997. "Reisebechreibung und Autobiographie". In: Goethe, *Italienische Reise*. Frankfurt a.M.: Goldmann, 4ª ed., pp. 518-52.

STAROBINSKI, Jean. 1988. *1789. Os emblemas da razão*, trad. M. L. Machado. São Paulo: Companhia das Letras.

STEINER, George. 1975. *After Babel. Aspects of language and translation*. Nova York/Londres: Oxford University Press.

STEINER, Wendy. 1982. *The colors of Rhetoric*. Chicago: University of Chicago Press.

SYLVESTER, David. 1993. *Interviews with Francis Bacon*. Nova York: Thames and Hudson.

SZONDI, Peter. 1970. "Friedrich Schlegels Theorie der Dichtarten. Versuch einer Rekonstruktion auf Grund der Fragmente aus dem Nachlass". In: *Euphorion*, LXIV, pp. 181-99.

SZONDI, Peter. 1973. "Friedrich Schlegel und die romantische Ironie. Mit einer Beilage über Tiecks Komödien". In: H.-E. Hass, G.-A. Mohrlüder (orgs.). *Ironie als literarisches Phänomen*. Colônia: Kiepenheuer & Witsch.

SZONDI, Peter. 1984. "Antike und Moderne in der Ästhetik der Goethezeit". *Poetik und Geschichtsphilosophie I. Studienausgabe der Vorlesungen*, vol. 2. Frankfurt a.M.: Suhrkamp, pp. 13-64.

TAUSCH, Harald. 2000. *Entfernung der Antike. Carl Ludwig Fernow im Kontext der Kunsttheorie um 1800*. Tübingen: Niemeyer.

TODOROV, Tzvetan. 1999. *O homem desenraizado*, trad. Christina Cabo. Rio de Janeiro: Record.

TODOROV, Tzvetan. 1994. *Face à l'extreme*. Paris: Seuil.

TRAVERSO, Enzo. 1997. "L'imperatif catégorique d'Adorno". *L'Histoire déchirée*. Paris: Cerf, pp. 123-43.

TRIGO, Salvato. s.d. *Ensaios de literatura comparada Afro-luso-brasileira*. Lisboa: Veag.

VALÉRY, Paul. 1957. *Œuvres*. Paris: Gallimard (Bibliothèque de la Pleiade), vol. I.

VALÉRY, Paul. 1960. *Œuvres*. Paris: Gallimard (Bibliothèque de la Pleiade), vol. II.

VANDIER-NICOLAS, Nicole. 1985. *Art et sagesse en Chine*. Paris: Presses Universitaires de France.

VARELLA, Drauzio. 1999. *Estação Carandiru*. São Paulo: Companhia das Letras.
VENUTI, Lawrence. 1998. *The Scandals of Translation: towards an ethics of difference*. Londres/Nova York: Routledge.
VERMEER, Hans. 1992. *Skizzen zu einer Geschichte der Translation*. Frankfurt a.M.: IKO.
VERNANT, Jean-Pierre. 2001. *Entre Mito & Política*, trad. Cristina Murachco. São Paulo: Edusp.
VIDAL-NAQUET, Pierre. 1987. *Les assassins de la mémoire. "Un Eichmann de papier" et autres essais sur le révisionisme*. Paris: La Découverte.
VIDAL-NAQUET, Pierre. 2002. *O mundo de Homero*, trad. J. Batista Neto. São Paulo: Companhia da Letras.
WEBER, Gerhard. 1992. *Novalis und Valéry. Ver-Dichtung des Ich. 1800/1900*. Bonn/Berlim: Bouvier.
WEIGEL, Sigrid. 1996. "Pathologie und Normalisierung in deutschen Gedächtnisdiskurs". In: Gary Smith, Hinderk M. Emrich (orgs.). *Vom Nutzen des Vergessens*. Berlim: Akademie Verlag, pp. 241-63.
WEIGEL, Sigrid. 1996a. *Body- and Image-space: Re-reading Walter Benjamin*. Londres: Routledge.
WEIGEL, Sigrid. 1999. "Télescopage im Unbewußtsein. Zum Verhältnis von Trauma, Geschichtsbegriff und Literatur". In: S. Weigel (org.). *Trauma. Zwischen Psychoanalyse und kulturellen Deutungsmuster*. Colônia/Weimar/Viena: Böhlau, pp. 51-76.
WEIGEL, Sigrid. 2000. "Zeugnis und Zeugenschaft, Klage und Anklage". In: *Zeugnis und Zeugenschaft: Jahrbuch des Einstein Forums 1999*. Berlim: Akademie-Verlag, pp. 111-35.
WEINRICH, Harald. 1997. *Lethe. Kunst und Kritik des Vergessens*. Munique: C. H. Beck.
WELSCH, Wolfgang. 1990. *Ästhetisches Denken*. Stuttgart: Reclam.
WERNER, Uta. 1998. *Textgräber. Paul Celan geologische Lyrik*. Munique: Fink.
WIEVIORKA, Annette. 1998. *L'ére du témoin*. Paris: Plon.
WILKOMIRSKI, Binjamin. 1995. *Bruchstücke. Aus einer Kindheit. 1939-1948*. Frankfurt a.M.: Suhrkamp.
WILKOMIRSKI, Binjamin. 1998. *Fragmentos. Memórias de uma infância 1939-1948*, trad. Sérgio Tellaroli. São Paulo: Companhia das Letras.
WINCKELMANN, Johann Joachim. 1975. *Reflexões sobre a arte antiga*, trad. Herbert Caro e Leonardo Tochtrop. Porto Alegre: Movimento.
WINCKELMANN, Johann Joachim. 1993. *Geschichte der Kunst des Altertums*. Darmstadt: Wissenschaftliche Buchgesellschaft, Bibliothek Klassischer Texte.
WINCKELMANN, Johann Joachim. 1995. *Von der Nachahmung der griechischen Werke in der Malerei und Bildhauerkunst. In*: Winckelmann, Anton Raphael Mengs e Wilhelm Heinse, *Frühklassizismus*. Helmut Pfotenhauer et al. (orgs.). Frankfurt a.M.: Deutsche Klassiker Verlag.
WINNICOTT, Donald W. 1975. "O papel de espelho da mãe e da família no desenvolvimento infantil". In: *O brincar e a realidade*, trad. J. O. de A. Abreu e Vanede Nobre. Rio de Janeiro: Imago.
WITTGENSTEIN, Ludwig. 1984. *Vorlesungen 1930-1935*, trad. Joachim Schulte. Frankfurt a.M.: Suhrkamp.
WITTGENSTEIN, Ludwig. 1990. *Philosophische Untersuchungen. In: Werkausgabe*, vol. 1. Frankfurt a.M.: Suhrkamp, 7ª ed.
YATES, Frances A. 1974. *Art of Memory*. Chicago: University of Chicago Press. (Tradução pela Unicamp, no prelo.)
YATES, Frances A. 1987. *Giordano Bruno e a tradição hermética*, trad. Y. Steidel de Toledo. São Paulo: Cultrix.

YOUNG, James. 1993. *The Texture of Memory: Holocaust Memorials and Meaning*. New Haven/Londres: Yale University Press.

YOUNG, James. 2000. *At Memory's Edge. After-Images of the Holocaust in Contemporary Art and Architecture*. New Haven/Londres: Yale University Press.

ZELLE, Carsten. 1993. "Soul Semiology: On Lavater's Physiognomic Principles". *In*: Ellis Shookman (org.). *The Faces of Physiognomy: Interdisciplinary Approaches to Johann Caspar Lavater*. Columbia: Camden House, pp. 40-59.

ZIMMERMAN, Marc. 1992. "El *outro* de Rigoberta: Los testimonios de Ignacio Bizarro Ujpan y la resistencia indigena en Guatemala". *In*: John Beverley, Hugo Achugar (orgs.). *La voz del otro: testimonio, subalternidad y verdad narrativa*. Lima/Pittsburg: Latinoamericana Editores, pp. 229-43.

ZUBER, Roger. 1995. *Les "Belles Infidèles" et la formation du goût classique. Perrot d'Ablancourt et Guez de Balzac*. Paris: Albin Michel.

SOBRE O AUTOR

Professor titular de Teoria Literária na Universidade Estadual de Campinas e pesquisador do CNPq, Márcio Seligmann-Silva nasceu em São Paulo em 1964. Formou-se em História pela PUC de São Paulo, em 1986, defendendo o mestrado em Literatura Alemã na Faculdade de Filosofia, Letras e Ciências Humanas da USP, em 1991. Desse ano até 1996, residiu em Berlim, onde se doutorou em Teoria Literária e Literatura Comparada na Universidade Livre dessa cidade. Foi professor visitante no Zentrum Für Literaturforschung de Berlin, em dezembro de 2002; no Departamento de Alemão da Universidade de Yale, nos Estados Unidos, de julho de 2004 a fevereiro de 2005, onde concluiu seu pós-doutorado; no curso de Pós-Graduação em Filosofia da Universidade de Buenos Aires, em novembro de 2005; e na Universidad del Claustro de Sor Juana, na Cidade do México, em 2006.

Como tradutor, verteu obras de Walter Benjamin (*O conceito de crítica de arte no romantismo alemão*, Iluminuras, 1993), G. E. Lessing (*Laocoonte. Ou sobre as fronteiras da poesia e da pintura*, Iluminuras/Secretaria de Estado da Cultura, 1998) e autores como Philippe Lacoue-Labarthe, Jean-Luc Nancy, J. Habermas e outros. Foi responsável pela organização dos volumes *Leituras de Walter Benjamin* (Annablume/Fapesp, 1999) e *História, memória, literatura: o testemunho na era das catástrofes* (Unicamp, 2003) e, com Arthur Nestrovski, de *Catástrofe e representação* (Escuta, 2000). Coeditou ainda as obras: *Comparative Literature: Sharing Knowledges for Preserving Cultural Diversity — Encyclopaedia of Life Support Systems* (Eolss Publishers, Oxford, UK, 2010); *Escritas da violência — Vol. 1: O testemunho*, e *Vol. 2: Representações da violência na história e na cultura contemporâneas da América Latina* (7 Letras, 2012); e *Imagem e memória* (FALE/UFMG, 2012). É autor também de *Ler o livro do mundo — Walter Benjamin: romantismo e crítica poética* (Iluminuras/Fapesp, 1999), *Adorno* (Publifolha, 2003) e *O local da diferença: ensaios sobre memória, arte, literatura e tradução* (Editora 34, 2005, vencedor de Prêmio Jabuti na categoria Teoria/Crítica Literária).

Este livro foi composto em Sabon, pela Bracher & Malta, com CTP da New Print e impressão da Graphium em papel Pólen Soft 70 g/m² da Cia. Suzano de Papel e Celulose para a Editora 34, em maio de 2018.